JN436444

은둔의 나라 러시아
역사 속 민중

이정희

서울대학교 인문대학 서양사학과를 졸업하고 동 대학에서 박사학위를 받았다. 미국 University of Michigan(Ann Arbor) 대학교 락캄대학원, 러시아 및 동유럽사 박사과정을 수학했다. 모스크바 동방학 연구소 교환교수, 한국러시아사학회장, 대구사학회장을 역임했다. 35년간 영남대학교 역사학과 교수를 역임하였다. 저서로는『러시아 혁명과 노동자, 기대와 갈등의 역사 1917~21』,『동유럽사 』세계기업의 역사 시리즈 3부작『기업가와 유토피아』『기업가와 디스토피아』『기업가와 박애』등이 있으며, 러시아 근현대사 관련 논문이 다수 있다.

은둔의 나라 러시아
역사 속 민중㊦- 높은 장벽을 오르며
초판 발행 2020년 1월 5일
지은이 이정희
디자인 정재완
펴낸이 서길수
펴낸곳 영남대학교출판부
출판등록 1975년 9월 5일 경산 제16-1호
주소 경상북도 경산시 대학로 280
전화 053) 810-1801~3
FAX 053) 810-4722
홈페이지 book.yu.ac.kr

ISBN 978-89-7581-811-0 94920
ISBN 978-89-7581-587-4 (세트)

이 도서의 국립중앙도서관 출판예정도서목록(CIP)은
서지정보유통지원시스템 홈페이지(http://seoji.nl.go.kr)와
국가자료종합목록 구축시스템(http://kolis-net.nl.go.kr)에서 이용하실 수 있습니다.
(CIP제어번호 : CIP2019051056)

은둔의 나라 러시아
역사 속 민중 (下)

높은 장벽을 오르며

이정희 지음

영남대학교출판부

머리말

'역사는 지혜의 여신 미네르바의 올빼미 눈과 같다'라는 말이 있다. 낮이 끝나고 밤이 되어야 올빼미는 사물을 잘 볼 수 있다. 이처럼 역사가도 역사가 다 끝난 이후에야 과거를 제대로 정확하게 본다는 뜻이리라. 그런 점에서 무수한 정치사회적 변동과 이념상의 혼란을 겪은 러시아 사회주의 혁명사를 공부하는 것은 아직도 상당한 지혜를 필요로 한다. 오늘날 러시아인 스스로도 자신의 과거 혁명사를 제대로 보려는 용기를 충분히 발휘하지 못하고 있다. 한 가지 일례를 들자면 2017년 10월은 1917년 사회주의 10월 혁명 100주년이 되는 날이었다. 그러나 러시아인들은 이 사건을 대대적으로 특필하기를 주저했다. 스탈린을 혹평한 트로츠키를 공부하는 학자들에 대해서 도저히 이해할 수 없다는 듯 혼란스럽고도 복잡한 마음으로 쳐다보는 것이다. 그만큼 올빼미가 이 사건을 제대로 볼 수 있는 밤이 아직 오지 않은 것일까?

은둔의 나라 러시아 역사의 2부는 1917년 2월 혁명부터 시작하여 1991년 페레스트로이카의 실패까지 70여 년간의 공산주의 역사를 다룬다. 차가운 역사적 혜안으로 보기엔 아직도 가까운 시기이다. 하물며 공산주의 체제에서 오랫동안 정치이념의 선전 수단으로 활용 되어온 '민중'의 모습을 논하는 것은 자칫 러시아 현실사회주의, 이른바 소비에트 공산주의 체제의 존재이유(raison d'être)를 정당화하는 것으로 오해받기 십상이다. 역사 결정론의 이념이 파놓은 함정에 빠져 '민중'의 얼굴을 제대로 찾아내기가 어려워진 것이다.

역사에서 '민중'이란 단지 빈곤하고 교육이나 재능을 갖지 못한 무산 계층을 의미하는 것이 아니다. '민중'은 그보다 훨씬 더 실존적 개념이다. 무엇보다 '민중'은 온갖 종류의 억압에 저항하는 피지배 계층을 뜻한다. 우선 그들은 끈임없이 일하는 평민이다. 그들은 생계를 위한 토지와 자치, 그리고 인간답게 살려는 자유를 갈망하는 소박하면서도 생명력이 넘치는 중간 하부계층을 뜻한다.

1917년 혁명기에 등장한 '민중'은 혁명활동에도 불구하고 어떤 삶을 살게 되었는가. 새로운 독재와 억압으로 변화한 권력집중과 지배이념, 그리고 앞길을 예측할 수 없었던 공산주의 실험 속에서 양심의 자유, 자치권과 자신의 토지(land and freedom)모두를 상실하였다. 그럼에도 불구하고 70 여년간의 거대한 독재 권력과 지배이념 속에서도 러시아 민중은 적응과 저항을 반복하면서 살아 남았다.

이 책은 1917년 러시아 혁명 이후 사회주의 붕괴에 이르기까지 살아 남기 위해 몸부림치던 이름 없는 무명의 노동자들, 농민들, 여성 산업노동자들, 대숙청 사건의 희생자와 수행자들, 지식인 여성들의 숨은 목소리와 모습을 찾아 보았다. 이들은 역사의 하부구조에 속하는 '민중'이었다. 이들을 통해서 우리는 감추어져 잘 보이지 않던 과거를 들추어내는 행보를 내딛어 보고자 한다.

러시아에서 볼셰비키와 혁명 세력들은 스스로도 예기치 않게 급속도로 권력을 장악하였다. 이후 사회주의 국가를 건설한다는 것은 세계사에서 처음 발을 내딛는 사건이었다. 무릇 모든 혁명이 그렇듯이 완전히 붕괴된 구제도의 잔해더미 위에서 새롭게 중앙권력의 통합, 소수 민족의 통합, 치안 질서의 정상화, 사회 계층간 극한 대립의 해결, 피폐화된 생산 경제 복구 등 모든 것을 한꺼번에 해결해야 한다. 게다가 국제 전쟁까지 번지는 경우도 있다. 군사적으로 우위에 있는 대외 세력의 군사적 위협을 벗어나는 과제까지 뒤따른다.

그러나 사회주의 혁명세력에게 가장 큰 난제는 높은 목청으로 외치며 선언했던 '무계급 사회 건설'의 이념을 실현해야 하는 중압감이었다. 혁명에서 권력을 쟁취한 직후부터 레닌과 볼셰비키들은 전제정 말기이후 오랫 동안 고난 속에서 저항해 온 '민중'의 요구에 직면하였다. 이후 1989년 페레스트로이카(구조개혁)시기까지 소비에트 사회주의의 실험에서 '민중'은 그야말로 오를 수 없는 역사의 장벽을 오르는 듯한 고난을 겪었다.

오늘날 우리들은 끈임 없이 질문을 퍼붓는다. '노동자들은 과연 해방되었는가?' '농민은 과연 그토록 염원하던 토지와 자유를 얻었는가?' '여성은 진정하게 해방되었는가?' '대숙청 동안 왜 그처럼 많은 피를 흘려야 했는가?' '새로운 질서에서 누가 가장 이득을 보았는가?' 마지막으로 가장 뜨거운 질문은 이것일 것이다. '러시아 혁명은 과연 사회주의적이었는가?'이 모든 물음들은 혁명을 추종했던 사람들이나 그 약속에 환상을 품었던 사람들에게는 당황스러운 질문일 것이다. 1917년 2월 혁명 이후의 러시아의 역사는 이런 이유 때문에 도저히 넘을 수 없는 '높은 장벽을 오르며'라는 이름을 부쳐볼 수 있다. 우리는 그 답을 찾는 여정을 계속해야 한다. 이 책은 이 여정의 안내자로서 일부라도 역할을 할 수 있으면 기쁘겠다.

집필을 하는 동안 우리시대 나라의 장래를 걱정하시면서 늘 진지하게 토론해 주셨던 서울문리대 청류회 선배님들, 끝없는 연구 활동을 격려해 주신 영남대학교 역사학과의 동료 교수님들과 러시아사학회 후배교수님들께 진정으로 감사드린다. 또한 정신적으로도 지치지 않도록 지지해 준 남편 배태영, 아들 수현, 딸 수정에게도 결실을 바치고 싶다.

마지막으로 힘든 여건 속에서도 이 책의 출판을 흔쾌히 도와준 영남대학교 출판부와 긴 원고를 검토해 주신 운영위원회에 진정으로 감사를 드린다.

2019년 12월
경산 압량벌 영남대학교 연구실에서
이정희

차례

일러두기

러시아어 표기에 경음보다는 격음을 주로 사용하였으며
이미 범례로 널리 알려진 것은 경음을 그대로 사용하였다.

예: 경음의 표기 경우 - 짜르, 까자끄, 뷔드비젠쯔이
격음의 표기 경우 - 페레스트로이카, 스탈린, 콜론타이

1장 1917년 러시아 10월 혁명은 사회주의적이었는가?[*]

1. 노동자 계급과 의식

1917년 10월 혁명은 과연 사회주의적이었는가? 이것은 참으로 도발적인 물음이 아닐 수 없다. 이 물음에 답하기 위해서는 우리는 반드시 혁명에 참가하여 최종 권력을 쟁취한 노동자 대중, 볼셰비키 그리고 여타 사회주의 정당들의 목표와 의식 세계, 사회주의 의미에 대한 인식, 그들이 사용한 혁명의 언어들을 살펴 볼 필요가 있다.

잘 알려져 있는 것처럼 1917년 10월 혁명은 온건파 사회주의자 – 산업 노동대중 – 볼셰비키의 3자 연합으로 성사되었다. 당시 10월 혁명에서 근본적으로 '계급이 없는 평등 사회' 즉, '무계급 사회'로의 전환이라는 슬로건이 가장 구심적 역할을 하였다.[1] 그러나 러시아 10월 혁명의 해석 중 노동자 계급의 역할에 대해서는 아직도 무수한 의견과 신화가 둘러 쌓여 있다. 가장 큰 이유는 볼셰비키 당이 수립한 소비에트 체제가 종국에 가서는 붕괴하였기 때문에 혁명에서 서로 제휴하였던 볼셰비키와 노동자 계급의 진정한 관계나 노동자들의 역할에 대한 해석이 다시 미궁 속으로 빠져 들게 된 탓이기도 하다.

혁명 직후 노동자 계급에 대한 연구는 단연히 소비에트 학자들이 주도하였다. 1920년대의 대표적 소비에트 역사가였던 A. 판크라토바를 위시하여 50년대의 A. G. 라쉰, Z. V. 스쩨파노프, 70년대의 L. S. 가포넨코, A. G. 예고로바, V. I. 셀리츠키, M. L. 이트킨, E. G. 김펠슨, V. 노사츠, 80년대의 A. S. 브리노프, I. I. 민쯔, V. A. 뷔노그라도프 등이 대표적 연구자였다. 그러나 이들은 많은 분량의 사료를 편집하였음에도 불구하고, 정작 혁명 당시에 노동자 계급의 집단 의식이나 개인의 내면적 가치관에 대한 주제에서는 매우 소극적이다. 그 이유는 두말 할 나위없이 위로부터의 소비에트 국가 권력이 역사서술에 철저히 개입하고 있었던 탓이었다.[2]

소비에트 역사에 의하면 노동자 대중은 예외 없이 언제나 볼셰비키 당을 추종하는 집단이었다. 오직 볼셰비키만이 당시대 상황을 마르크스적 분석 토대 위에서 파악하려고 했다는 것이다. 그들만이 혁명의 역사법칙적인 방향을 파악하고 실천한 유일한 정당이라는 도식에서 벗어나지 않았다. 이런 도식은 러시아 노동자 계급의 혁명 활동의 기저에 숨은 내적 동기나 행동 요인에 관한 심층적 분석을 허용하지 않는다. 당의 지침에 따른 역사 서술은 언제나 단조롭고 진부하며 비판적 시각과 생명력이 결여되어 있다. 때로는 사실을 그릇되게 과장하여 왜곡하는 결과도 갖고 있다. 예를 들면 이들은 1917년 10월 직후부터 1918년 6월 사이 노동자 대중 내부 자체에 존재한 갈등이나 입장 대립, 노동자들과 볼셰비키 당 사이의 의견 분열, 1921년 3월 노동자들의 새로운 저항, 당이 노동대중의 주체적 행동을 탄압한 사실을 신빙성 있게 공개하지 않았고 전혀 우연적인 것으로만 취급하였다.

이에 비하여 오히려 서방 사회사가들의 해석은 훨씬 더 섬세하다. P. 아브리치는 노동자 대중의 과격주의와 행동주의를 볼셰비키 지도와 전혀 상관없었다고 본다. 러시아 인민에게 전통적으로 뿌리 깊은 무정부주의적 반란의 성향이나 반 권위주의적 성향에서 비롯되었다고 주장한다. 1917년 내내 발생한 공장 내의 공장위원회(Factory Committees)의 자치적 운동을 이 맥락에서 논의하고 있다. J. H. 키이프 역시 노동자·농민의 조직이 근본적으로 중앙 권위에 대한 적대감, 반란의 전통, 자생적인 저항

에서 연유한 것으로 분석한다.[3]

10월 혁명에서 노동자 계급의 역할을 논의하는데 가장 큰 실마리는 노동자들의 '의식'(Consciousness)의 문제이다. 여기서 '의식'이란 혁명 활동에서 새 질서에 대한 그들의 목표와 내용, '사회주의'에 대한 개념과 인식, 또한 이를 달성하기 위한 주체적이면서도 독립적 조직과 활동 등을 포함한다.

D. 켄커, D. 만델, S. 스미스, R. G. 수니 등 젊은 세대의 수정주의적 역사학자들은 당시대 러시아 노동자들이 군중 심리나 본능적 반란의 정서에 의해 움직였거나 교육과 사고 수준이 낮은 빈민 집단이거나 비합리적인 농민-노동자라는 상을 거부한다.[4] 수정주의 사가들에 의하면 1917년 내내 노동자들은 각종 실제 정치적 체험, 시시각각으로 변화하는 상황에 대한 대응, 이에 따른 집회와 조직 활동의 경험을 통하여 판단력이 크게 성장하였고 이것은 '의식'을 성장시키는데 결정적이었다고 주장한다. 이들 사이에도 약간의 이견이 존재한다. S. 스미스는 뻬쩨르부르크 공장지대 노동자들의 근본 동기는 온건파 임시정부가 부르주아지와 프롤레타리아 사이의 경제적 협력 체제를 유지하지 못하는 것에 대해 불만을 품게 되었고 이것이 온건파 임시 정부 붕괴의 결정적 요인이라 보았다. 이에 비해 D. 만델은 무엇보다 정치적 반동세력에 의한 반 혁명의 위협, 1차 대전 전쟁에 대한 분노를 혁명의 근본 이유로 보고 있다. 여성 사학자인 D. 켄커는 노동자들 사이에서 분명히 '사회주의적 의식'이 성장하고 있었으며 자본주의적 고용주에 대한 적개심이 주된 역할을 했다고 주장한다.

'아래서부터의 역사'를 위한 이들 역사가들의 일련의 날카로운 사회사적 논의는 혁명의 원인분석에 대한 전적으로 새로운 시도이다. 1917년 2월 혁명에서 시작하여 10월 온건파권력이 붕괴한 후 1918년 6월 내전이 발발한 시기까지 노동자 계급과 함께 제휴했던 볼셰비키 당은 최종적으로 권력장악에 성공하였다. 그러나 그 이후 이 양자의 관계는 연합과 분열, 지지 그리고 대립 등의 복합적인 지그재그 변화상을 보여주고 있었다. 이런 변화들은 노동자들의 의식에 대한 심층적인 연구 없이는 설명이 불가능하다. 분명히 1917년 내내 노동자들은 난생 처음으로 수도와 대도시의 거대한 산업 공장 지대에서 민주적이고도 자치적인 조직 활동을 체험하였다. 이들은 당시 최고 정치 기구인 두마와 경쟁하였다. 이들은 처음으로 공장 노동자 대표자를 선출하여 중앙으로 파견하였으며 자체적으로 전국 조직을 경험하였다. 또 산업 공장 내에 생산과 분배를 직접 통제하는 실험을 시도하기도 했다. 이것을 우리는 우연적인 사건으로만 치부할 수 없다.

1917~18년 내내 노동자들은 전쟁, 반혁명이나 계급적 내란이 갖고 올 위기와 절망적 빈곤속에서 스스로를 보호하고 계급 전체의 이익을 보장받을 새 질서를 염원하면서 끊임없는 정치적 선택의 연속선상에 놓였다. 우리는 이것을 원초적 반란, 무정부주의적 행동주의, 혹은 단순히 선전·선동에 의해 움직인 것으로만 설명할 수 없을 것이다. 결국, 선택을 위해서는 장기적이고 미래지향적인 가치관을 가져야 했다. 또 이를 실현시키기 위한 방법이나 전략 등이 필요하였을 것이다. 우리는 이것을 바로 '의식'이라고 표현할 수 있다.

노동자들의 의식수준이나 내용이 어떤 것이었는가라는 물음에 답하기 위하여 1917년 2월 혁명 직후에 노동자들은 과연 '사회주의가 무엇인가?'라는 질문에 대해 얼마만큼 이해하고 있었는가를 따져 볼 필요가 있다. 초기의 인식 내용이 10월 혁명 때의 그것과 동일한 것인가? 달랐는가? 왜 점차 멘셰비키 당으로부터 등을 돌리고 볼셰비키와 연합하였는가? 볼셰비키와의 연합이나 협력이 얼마 동안 지속되었는가? 가장 의식적이며 활력적인 모습을 보인 노동자들은 구성, 성분, 출신 지역 면에서 누구였는가? 노동자 대중과 인텔리겐찌야 지식인층과의 관계는 어떠했는가? 자본주의 체제에 대한 태도는 어떠했는가? 자본가 세력에 대해 적대감을 갖기 시작한 근본적 원인은 어디에서 비롯된 것인가? 궁극적으로 그들이 열망하고 희구한 사회질서는 어떤 형태인가? 그것이 과연 달성되었는가? 이 모든 질문은 매우 흥미롭다. 무엇보다도 이것은 '10월 혁명은 과연 사회주의적이었는가?'라는 물음으로 압축할 수도 있다.

이를 위해 검토해야 할 증거들은 일반 노동자들 사이에서 오고 가는 연설과 언어에 포함되어 있을 것이다. 특히 노동자 조직들의 집행부에서 행해진 연설문, 발언, 회의록, 언론지에 보낸 서명 글, 신문의 보고서, 당시 활동가의 회고록, 노동조합, 공장위원회의 회의록, 소비에트 선거와 결의문들이 중요하다.[5] 이들의 분석을 통해서 우리는 노동자들의 세계관, 혁명의 목표에 대한 진정한 그들의 기대들, 제 정당과 여러 사회집단에 대한 태도와 분위기 및 정서 등을 살펴 보자.

2. 노동자 계급과 행동주의

노동자 계급의 내적 의식 수준을 논하기 위해서는 계급 구조와 성분 그리고 행동 양식에 대한 분석이 필수적이다. '계급' 그 자체의 발생과 형성에서 '주관적 체험이나 내적 의식'이 우선적 요인인지 아니면 '객관적 사회 경제적 구조'가 우선적 요인인지에 대한 이론적 논란은 제쳐 두고 본 장에서는 러시아의 산업 구조와 노동자의 성분 상 특성에 대해서 먼저 간략히 살펴 보자.

저자는 앞 책에서 19세기 말 전제 시대 러시아 산업화의 후진성과 노동자 계급의 형성 과정과 특수성을 논한 적이 있었다.[6] 서구의 경우와 달리 러시아에서는 산업의 구조가 봉건적 가내 수공업 형태나 자본주의적 기계 공업 형태가 거의 동시에 나타났다. 이것은 독립적 숙련공이나 소생산자의 존재가 극히 미약하거나 결핍되어 있음을 뜻한다.[7] 노동자들 대다수는 처음부터 농노형태를 벗어나지 않은 채 자본에 예속된 임노동자의 성격으로 탄생되었다.[8] 또 도시 공장 노동자들은 시대착오적이고도 압제적 전제정의 정치 억압과 자본주의적 수탈을 동시에 겪고 있었다. 이 때문에 1890년대부터 이미 매우 호전적이면서도 폭력적인 대규모의 산업적 저항을 시작하였다. 서구의 합법적 노동조합이나 수공업 숙련공을 중심으로 하는 점진적 저항 운동을 경험하기 전에 급진적 행동주의 전통이 먼저 나타난 것이다.[9] L. 헤임슨은 대단히 설득력 있게 자신의 유명한 연구에서 상층과 하층 계급 사이의 깊은 대립과 분열이 이미 1905~1914년 7월에 나타났으며, 제 1차 세계대전이라는 변수가 없다고 하더라도 페트로그라드와 모스크바 등지 도시 공장 노동자들의 계급적 봉기 조짐이 나타났다고 지적한 바 있다.[10]

1917년 러시아의 총 인구는 1억 2천만 명이었다. 순수 프롤레타리아 노동자 수는 1897년의 120만 명에서 1914년의 220만 명, 1917년에는 350만 명으로 갑자기 급속히 증가하였다. 이들의 가족의 수를 합치면 산업지대 빈곤층은 거의 천만 명에 이른다.[11] 수도 페트로그라드는 인구 240만 명 중 대기업의 산업노동 인구가 1890년의 7만 3천 명에서 1917년에는 41만 명(남자 세대주만)으로 급증하였다. 당연히 수도에 극도로 열악한 거주 상태와 노동 환경의 악화 현상을 갖고 왔다. 이 중 60% 이상이 기계 · 금속공이었다. 또한 산업 공장 200여개 중 38개의 대 기업이 60%의 산업 인구를 집중적으로 고용하는 고도의 독점 현상을 보여준다.[12] 제 1차 대전 참전 중, 무기, 금속, 화학 부문이 팽창하여 1년 동안 17만 명이 증가하였다. 이들 대부분은 농촌에서 갓 올라 온 젊은 세대의 미숙련공과 빈곤 여성 노동자들이었다. 러시아의 산업 노동자 계급이 과연 도시화된 프롤레타리아 층인가 아니면 농촌에 여전히 가족 관계를 가진 농민-노동자인가라는 물음은 논란이 심하다. E. 존슨의 연구에 의하면 노동자들의 출신 성분은 도시와 농촌의 양방향으로 이주를 반복하는 것으로 나타난다. 이런 배경 때문에 도시와 농촌은 그때 그때 상황에 따라 서로 강한 영향을 주고 받았다는 것이다.[13]

대기업의 고도 집중은 자연히 불건강한 도시문화를 낳게 되었다. 빈부의 구별이 뚜렷한 거주밀집 지대, 열악한 조건의 작업환경이 강화되어 갔다. 미숙련 노동자의 도시 산업지대로의 잦은 이주로 인한 불안정감, 좌절감이 나날이 커져갔다. 특히 수도 페트로그라드 동북부의 비보르크

(Vyborg) 구역은 1917년 전체에 걸쳐 가장 호전적이고도 급진적인 행동파를 양성한 용광로가 되었다.[14] 또 가까이 있는 발트 해안의 수병이나 수도 근교의 요새지의 병사들과의 밀접한 접촉으로 반란과 선동 사상이 군대 내에도 금방 확산되었다. 비보르크(Vyborg) 구역은 금속·기계설비와 같은 고도의 숙련도를 요하는 산업 지대로서 이곳 노동자들은 계급의 자부심이 매우 컸다. 이들은 정치 사회문제, 정책 개혁에 깊은 관심을 가졌다. 언론·홍보활동을 활발하게 했으며, 집회에도 높은 참석률을 보였다. 또 이들은 꽤 합리적인 조직 훈련을 스스로 하는 등 매우 의식 수준이 높은 열성적인 노동자들로 성장하고 있었다.

이에 비하여 수도의 남부, 동부 구역은 여성이거나 농촌에서 갓 올라온 농민노동자들, 미숙련공이 대다수였다. 이들은 정치 문제보다 개별적 경제적 향상, 임금인상, 농촌의 토지 재분배 슬로건에 큰 관심을 갖고 있었다. 이들은 평소의 결속감이나 합리적 조직은 약하나 일단 일상의 생계의 위협이나, 실업, 식량위기 등의 절망적 사태에 부딪히면 오히려 더욱 폭발적이고 본능적 행동주의 양상을 보였으며, 결코 점진주의나 합법적 저항 방법을 믿지 않았다.[15]

러시아의 미숙련 노동자들은 이미 1905년 10월 노동 총파업, 1912~14년간 봉기, 1914년 7월의 폭동을 경험한 사람들이었다. 이들은 후일 1917년 10월 권력 장악을 위한 봉기와 심지어 혁명의 이듬해인 1918년 2월의 시위 등에서도 주역이었다. 그러나 미숙련공의 행동주의나 계급적 배타주의가 곧 '의식화'를 의미하는 것은 아니다. '의식'은 적어도 그들의 소외감이나 상실감, 두려움에만 머무는 것이 아니라 계급적 일체감과 명확한 목표, 합리적 투쟁 방법과 정기적 집단 회합의 기능을 가져야 한다.

만델의 분석에 의하면 미숙련공들도 어느 정도는 꽤 의식적인 행태를 보이지만 흔히 숙련공들이 갖는 타협성은 볼 수 없었다. 숙련된 인쇄공이나 고도의 정밀도와 전문지식을 가진 기계공, 금속공, 소자산자 층에 속하는 노동자들 중 일부분은 자유주의적 시각을 갖기도 했으며 지식인 범주에 포함되기도 하였다. 이들은 전쟁 문제에 관해서는 애국심, 민족적 자부심을 중시하는 경향이 있었다. 또 이들은 노동자 – 인텔리겐챠 – 부르주아와의 연합을 필수적인 것으로 지지하며, 무정부주의적인 폭력적 봉기를 경계하였다. 그 뿐 아니라 이들 숙련공과 교육 수준을 갖춘 노동자들은 1918년 1월 제헌의회 소집을 강력히 요구하면서 제헌 의회를 해산한 볼셰비키를 맹렬히 비난하였다. 이들은 내전이 시작될 무렵 노조의 자율성을 위해 마지막까지 저항하였다. 이런 사실들은 노동자들의 의식의 내용들이 계층별로 약간 상이함을 말해 준다.

산업 노동자들의 경제적 투쟁이나 정치 파업의 숫자에 관한 매우 흥미로운 통계가 있다. 다음 도표를 자세히 보자.[16]

년도	경제 파업지수	정치 파업지수	평균 파업지수		총파업지수
1910	42,846	3,777			46,623
1911	96,730	8,389			105,110
1912	175,678	549,813			725,491
1913	384,654	502,442	280	485	887,096
1914. 1～7월	413,972	1035,312	265	407	1449,284
1914. 8～12월	31,907	2,845	523	406	34,752
1915	397,259	155,835	485	1,034	553,094
1916	776,064	310,300	665	1,410	1086,364
1917. 2월	380,978	826,593			1148,354
1917. 2월 26일					306,489

1910~1916년 사이의 파업의 증가율을 보면 독특한 추세가 나타난다. 1905~12년은 두마 체제가 도입되고 노동 조합이 처음으로 합법화를 경험하던 시대이다. 이 때는 파업의 수가 감소한다. 그러나 1913년부터 전

제정의 반동이 시작되고 두마가 무능해지자 파업이 다시 재개되면서 위험한 수준으로 폭증하고 있다. 제 1차 세계 대전이 발발하고 전제정 러시아가 참전하게 되자 전시 초기에 일시 정치 파업이 주춤하였다. 그러나 곧 이 후퇴는 다시 멈춘다. 1914년 7월부터 재개하는 추세를 보이고 있다. 전시에는 인텔리겐찌야의 지도나 교류 없이 폭동이 전개되었다. 노동자와 부르주아지와의 이해 관계, 또한 지식인들과의 이해 관계가 결코 일치하지 않는다는 인식이 확산된 것이다.[17] 무장폭동을 시도한 세대는 대다수가 젊고 소외 받고 농촌에서 갓 올라온 빈곤층이었다. 이들은 서구식 노조주의를 경험한 적도 없었고 믿으려 하지도 않는 계층이었다. 이들은 전쟁으로 인해 가장 심하게 경제적 고통을 받았다. 패전이 지속되자 전쟁의 필요성에 대한 신념을 상실하였다. 모든 고통의 원인이 전제정부와 상층 지배층에게 있다는 선전을 쉽게 받아들였던 것이다. 이 때문에 노동자 계급의 파업의 동기는 경제적 이유에서 쉽게 정치적 이유로 전환하였다.[18]

3. 온건파 임시정부와 노동자의 갈등

'이중 권력(Dual Power)'이란 무엇인가

제 1차 세계대전에 러시아가 참전을 선언한 것은 사실상 정부나 온건파 지식인, 그리고 사회 전반에 치명적 결과를 가져다 주었다. 러시아는 전연 전쟁에 준비가 되어 있지 않을 뿐더러 아직 대다수 국민에게 국민의식이 별로 성장하지 않았다. 계속되는 패전, 희생자의 참상, 경제적 피폐함과 공포는 하부 민중에게 금방 염전사상을 확산시켰다. 빈곤과 식량위기 가운데에서 1917년 2월 25일 빵 시위로 시작된 민중 봉기는 곧 정부를 붕괴시키는 2월 혁명으로 비화하였다.

역사 서술상으로 2월 혁명은 흔히 자유주의 혁명 혹은 부르주아적 혁명으로 부른다. 그러나 이 지칭에는 모순이 있다. 2월 혁명의 주역은 민중이었다. 결코 자유주의적 부르주아 계층이 주역이 아니었다.[19] 2월 혁명이 발발하자 지금까지 무기력하게 존재해 있던 두마의 의원들이 긴급하게 모였다. 온건 자유주의적 임시 정부를 구성하였다. 그러나 이 정부는 명칭과 달리 엄밀히 말해 부르주아 층이 형성한 것도, 그 중심이 된 것도 아니었다. 오직 이론상 자유주의적 입헌체제를 꿈꾸던 지식인 인텔리겐찌야들이 만든 정부였다.[20] 그들은 실제 정치에 전혀 경험이 없었다. 그뿐만 아니라 자유주의 체제를 밑받침하는 물질적 기반이나 경제적 지지 계층을 갖고 있지도 못한 지극히 약체 집단이었다.

1890~1917년 사이 노동 저항의 운동에서 노동계급은 자신의 열망과 목적에 대해 부르주아지가 매우 적대적이라고 느꼈지만 2월 혁명의 환희 속에서 그 상호불신은 어느 정도 감소하였다. 이 덕택으로 자유주의자 및 입헌 자유주의당(KD)과 노동자 계급 사이에 '이중 권력'(dual power)이라는 특이한 별칭 하에 일시적 계급 협조 체제가 성립되었다. 이 협력은 어쩌면 온건 자유주의자들과 노동자 사이에 혁명의 성공을 지켜 줄 근본 요소가 될 수도 있었다. 그러나 러시아의 오랜 역사적 체험에서 볼때 이 가능성은 얼마나 미미한 상황이었던가? 그 어떤 사회나 집단도 이 힘든 관계

1-1. 1917년 2월 혁명, 수도 페트로그라드 궁전의 습격

를 유지하기란 어려운 것이었다.

2월 혁명 이후 새 정부는 과연 유산자 계층과 노동자들을 동시에 만족시킬 수 있는 공장 임금, 토지 개혁 그리고 헌법 제정 등의 정책을 수립할 수 있을까? 또, 그 실천이 가능할 것인가? '이중 권력' 체제가 이 문제에 합의할 수 있을 것인가? 만일 그렇지 못할 경우 노동자 계급은 대안으로 어떤 체제를 요구할 것인가? 모든 쟁점은 다 아슬아슬한 권력 위기를 갖고 올 사안들이었다.

'이중 권력'의 구조는 맨 처음부터 매우 불안정성을 가지고 출발하였다. 임시 정부와 두마는 공식적으로는 자유주의적 체제를 지향하는 합법 정부였다. 그러나 공적 원칙과 법은 아래서부터 조직된 노동자들의 임시 대표 회의체인 '소비에트(Soviet)'로부터 반드시 사전 동의를 얻어야 했다. 소비에트는 필요하다면 임시정부의 정책이나 법안을 무효화할 수도 있다는 것이었다. 노동자 계급의 관점에서 볼 때, 소비에트가 합법적 권위의 우월한 원천이며 임시 정부나 내각은 그 뜻을 수행하는 위임자라는 의미였다.[21] 가히 혁명적인 인식이 아닐 수 없었다. 여기에는 2월 혁명의 봉기의 주역이 민중이라는 인식이 깔려 있었기 때문이다. 노동자 계급이 권력에 직접 참여하거나 개입할 것을 사양한 것은 경험부족으로 아직 권력 인수의 준비가 되지 않았고 임시 정부와의 조건부 지지가 일단 잠정적 합의를 보았기 때문이었다.[22] 임시정부를 옹호하는 집단은 대체로 사무직 노동자, 철도 노조, 소 자산가, 자영농, 입헌 자유주의적 지식인들, 상인, 기업가, 관료, 그리고 온건 사회주의자들이었다.[23] 부르주아지나 자유주의자들에 대한 노동자 계급의 근본적 불신감이 완전히 사라진 것은 아니었다. 3월 초부터 정책들의 논의에서 임시 정부와 소비에트 양대 세력 간에 이견과 분열의 싹이 나타나기 시작하였다. 독자적으로 정부를 세울 힘이 없었던 입헌 자유주의자들에게 극심한 난항이 예상되고 있었다.

일반 민중에게 비교적 인기가 높았던 온건파 사회주의자들 즉, 멘세비키와 사회혁명당 우파는 '이중 권력'에 대하여 어떤 입장을 가졌는가? 당시 상황 해결을 위해서 이것은 매우 중요한 요소이다. 사회주의자들 가운데 다수파에 속했던 멘셰비키는 마르크스주의 이론에 의거하여 자유주의적 임시 정부의 권력에 대한 참여를 거부했다. 자유주의 정부에 참정을 회피하는 것은 마르크스 이론을 곧이곧대로 교조적으로 해석한 탓이었다. 온건파 사회주의자들은 러시아에서 자본주의가 일정 수준으로 오를 때까지는 결코 권력에 동참하지 않을 것이며, 합법적 노조를 통하여 노동자 계급의 독립적인 힘, 의식과 조직을 키우는 것을 주된 목표로 삼았다.[24] 특히 멘셰비키는 임시 정부와 협력하기보다는 감시 체제로 남아있거나 민중의 요구를 충족시키도록 압력을 넣는 역할에 머물고자 했다. 이 정책은 2월 혁명을 부르주아적 단계로 보려는 온건 사회주의자들의 도그마였다. 이런 입장은 임시 정부의 효율성을 더욱 약화시키는 데 이바지하였다.

G. 쉬클라레브스키는 2월 혁명 정부가 중간층이나 사회 실세를 권력지지 기반으로 갖지 못한 것이 붕괴의 최대 원인으로 설명한다. 통치 기반이 취약한 탓으로 임시 정부는 물리적 통제권을 행사할 수 없었다. 각종 개혁 정책은 계속 무산되었다. 이 때문에 임시 정부는 민중으로부터 쉽게 소외당하였다는 것이다.[25] 사실 정책상의 혼란을 해결하기 위해서는 최대한 빠른 시일 내에 제헌 의회를 구성하여 헌법과 정체 문제를 확정짓고 선거를 치루어야 했다. 그러나 부르주아지나 입헌 자유주의자들은 민중의 계속되는 봉기와 전쟁 탓으로 제헌 의회 소집에서 도저히 승리를 장담할 수 없었다. 이런 탓으로 임시정부는 제헌의회 소집과 선거를 계속 연기하고 있었다. 선거의 결과에 확신이 설 때까지, 전쟁이 어느 정도 회복세를 가질 때까지, 민중의 소요가 가라앉고 통제될 때까지 시간을 벌고 싶었다. 그러나 입헌 자유주의자들은 민중의 동요를 법적 절차로만 막을 수 없고, 사회화의 개혁 없이 절대로 다수 지지를 확보할 수 없다는 사실을 깨닫지 못하고 있었다. 한편, 온건 사회주의자들 역시 임시 정부의 제헌 의회 소집의 회피 전략을 비난하였지만 실제로는 그들 자신도 묵인하고 있었다. 이런 이유 때문에 오늘날 역사가들은 당시 인텔리겐찌야 출신

정치가들은 실제적 정치 문제에서 비현실적인 역사철학과 이상주의적 자유주의 이론에만 의존하고 있었다고 비판한다.[26]

한편 노동자 계급은 '이중 권력' 시기에 권력 참여 문제나 미래 체제에 대해 어떤 계획이나 희망, 인식을 갖고 있었는가? 2월 직후에 주목할 점은 아직까지는 노동자 계급이 반드시 소비에트 조직의 정치권력 참여를 바란 것은 아니었다. 계급 간에 존재하던 과거의 적대감에도 불구하고 1917년 2월 혁명 이후 '이중 권력'을 지지한 것은 무엇 때문이었을까? 그것은 당연히 전제정이 붕괴되고 난 후, 노동자들은 아직 짜르에 의한 반혁명에 대한 두려움이 너무도 컸기 때문이었다. 반혁명 세력과의 내전을 치를 이념과 힘이 준비되어 있지 않았기 때문에 자연 계급 갈등보다 계급 협조, 단합이 필요하였다.[27] '이중 권력' 체제가 성립될 때에도 수도의 가장 핵심적 노동자 대표자들의 정치체제에 대한 의식은 아직은 계급적 노선에 크게 얽매여 있지 않았다. 단지 막연한 권력 배분의 원칙에 머물고 있었다. 가장 큰 관심사는 인간답게 살기 위해서 필요한 사회 경제적 개혁에의 절실한 욕구와 이를 실현시키기 위한 하부 조직의 활동에 쏠려 있었다.[28] 이런 입장은 적어도 아직까지는 충분한 수준의 '사회주의적 의식'으로 볼 수 없는 세계관이었다.

4. 노동자 계급의 조직 활동 경험들

계급은 집단감정이나 혹은 소외 의식만으로 '의식'이 성장하는 것은 아니다. 공동의 유대감과 목표와 가치관은 계급 내부 조직이나 실천적 행동, 의사 교환, 민주적 대표 선거를 통해서 성숙할 수 있다.[29] 이런 점에서 1917년 2월 혁명은 확실히 노동자들에게 흥분이 넘치는 기회를 제공하였다. 처음으로 그들은 마치 터지는 봇물처럼 합법적 조직상의 활동을 전개하는 경험을 가졌다. 매일 매일 무수한 공장과 가두의 집회, 여론 교환, 지도층과의 잦은 협상을 통해 '자기 의식적' 활동을 전개하면서 빠르게 성숙해 갔다.

2월 혁명 직후 노동자들에게 가장 절실한 과제는 '신 질서'를 세울 때까지 혁명의 성과를 보호하는 것이었다. 이를 위해서 계급의 조직을 제도화하고, 동원하는 기구를 만드는 작업이었다. 노동자들은 전국, 시, 그리고 구역별 소비에트 회의, 산업별 노조, 공장위원회(FC), 민병대치안 조직, 호전적 적위대, 그 외에도 각종 직업별, 문화별, 회의체 등을 우후죽순 격으로 만들었다.[30]

이중 가장 혁명적인 조직은 당연히 소비에트 회의였다. 소비에트는 2월 혁명 발발 직후, 수도의 대기업 공장에서 자연발생적으로 만들어진 노동자들의 직접적 대표기구였다. 당연히 소비에트 회의는 최상위 정치적 권위를 가진 조직이 되었다. 이것은 주로 임시 정부와 맞서서 최상위 정치 권력의 감시와 감독의 문제, 정책참여의 문제를 다루었다. 이에 비해 두 번째로 중요한 조직은 하위에 속하는 공장위원회 조직이었다. 이것은 하위 공장 내 민주주의, 내규, 경영감독 등 경제문제를 다루었다.[31] 또, 한편 산업별 노조는 정치나 경영권의 문제보다는 주로 노동자의 지위, 임금, 작업환경, 산업체 내에서의 경제적 권리 등을 보호하기 위한 합법적 노사 관계의 협상 기구로 활동을 벌였다. 1917년 수도 페트로그라드에서만 노조 가입 회원 수는 225만 명으로 증가하였다. 혁명 이전에 비해서 정말 충격적이 수준이며 놀랄만한 경험이 아닐 수 없다. 이것은 수도를 필두로 해서 모스크바, 키예프, 민스크, 오뎃샤, 예카쩨리노슬라브, 바쿠, 우랄 등지에도 확산되어 갔다. 각 조직은 서로 중복되거나 경쟁하면서 노동자 요구에 부응하였고, 중앙 정부와 경쟁, 또는 연합하면서 정치 변화에 최대 요인으로 작용하였다.[32]

이같은 일련의 조직 활동 속에서 노동자들은 주로 어떤 논제에 관해 관심을 가졌으며 그 참가 규모는 어느 정도였을까? 이에 모스크바를 실례로 들어보자. 모스크바는 비숙련공의 비율이 더 큰 전통적 산업 위주의 도시였다. 산업 노동자의 수자도 수도 페트로그라드의 3분지 2에 해당되는 21

만 명에 이른다. 비 산업부문 노동자와 합하면 약 58만 명 정도였다. 모스크바에서 노동자들의 회합의 참가자 수는 1917년 3월의 10만 9천명에서 9월의 12만 5천명으로 증가하였다.[33] 이런 규모의 민주적 참여의 경험은 역사상 유례가 없는 것이었다. 당연히 모두를 흥분시키기에 충분하였다.

전국적으로 가장 활발한 정치 회합을 가진 사건은 크게 네 번의 경우였다. 3월 초 최초의 소비에트를 위시한 공장위원회 조직 활동이 시작되었을 때, 그리고 4월의 밀류코프 외무상 퇴진을 요구한 수도의 민중의 대규모 반전 시위의 경우, 세 번째는 8월 군부 내 우익 코르닐로프의 쿠데타 시도에 대한 저항이 일어났을 때, 그리고 9월의 소비에트 지도부 내에 노선 분열이 일어났을 때였다. 이들 회합에서 가장 절실한 관심사와 변화의 추이를 살펴보자.[34]

	정치적 논제					경제적 논제		
	임시정부 지지 건	전쟁 목적	소비에트 지지 건	반전 문제	제헌의회	8시간 노동제	공장감시	노동자 직접관리
3	25,330	26,220		15,230	16,740	52,670		
4	14,620	32,260	30,110	23,130		경제정책 14,370		
5	임시정부 지지반대 8,080		국제노동자 우대 6,300		가격통제 6,660	경제정책 12,410	공공규제 10,540	
6			선거법 16,200		제헌의회 소집 11,020	14,370	9,600	노동자 직접관리 28,850
7	사형제 폐지 10,890	반혁명 반대 6,720	볼셰비키 지지 12,380		언론집회 자유 21,770	공제조합 설립 13,800		
8	모스크바 국가회의 반대 61,980	반혁명 반대 53,980	반 소비에트 61,980	반전 53,360	언론집회 자유 43,760			
9		반혁명 반대 103,440	적위대 설립 13,790	반전 13,350		식량구입 13,730	연료·원료 구입 24,170	
10	임시정부 반대 16,970	국제노동자유대 8,080	소비에트 지지 15,500		소비에트 권력지지 51,560	파업분쟁 108,000		

<소비에트 내 회합과 투표에 참가한 대표자 수>

이상에서 보면 1917년 동안에 정치적 논제가 경제적 논제보다 압도적으로 큰 비중을 차지하고 있다. 정치적 논제 중 가장 뜨거운 사안들은 전쟁 참여 반대, 반 혁명 조짐에 대한 저항, 소비에트 권력에 대한 지지안이었다. 노동 조직 간에도 경쟁과 대립은 자주 일어났다. 가장 큰 대립은 당연히 소비에트와 공장 위원회의 대립, 그리고 노동조합과 공장위원회의 대립이었다. 공장 위원회는 갈수록 과격해졌다. 이것은 일차적으로 공장 내의 기초 풀뿌리와 같은 최하위 조직이 되었고 노동자들의 일상 생활과 밀접하였으며 시시각각으로 여론에 부응하였다. 공장위원회는 매우 신속하게 민주적인 결정권을 행사하여 인기가 높았다. 그 규모도 컸다. 그러나 지역주의 경향을 띰으로서 소비에트와 행동 통일이 깨어질 때가 많았다. 이에 비해서 노동 조합은 주로 합법적 노사 관계나 경제적 지위문제에 주력하였다.[35] 공장 위원회는 여기에 전혀 만족하지 않았다.

공장위원회는 점차 정치적 사안, 경영권 감시를 강조하였다. 필요시엔 법을 초월한 폭력 사용까지도 불사하였다. 소비에트와 공장위원회 양 기구의 마찰이 빈번하였다.[36] 이 경쟁은 1917년 전체에 걸쳐 정치 변화의 가장 큰 요인이 되었다. 공장위원회는 만일 소비에트와 이해관계가 일치하면 소비에트를 열렬히 지원했다. 그렇지 않을 땐 소비에트 입장을 무시하고 기각하는 수가 많았다. 이같은 공장 위원회의 과격하고도 호전적인 행동주의의 원인에 관해서 P. 아브리치나 J. H. 키이프는 이것이 러시아 인민의 전통적 무정부주의적 성향과 반 중앙권위주의 문화에 기인한다고 해석한다.[37] 어쨌던 3~10월 사이 공장 위원회 회합의 규모와 결의문을 자세히 조사해 보면 그들의 투표 참여율과 규모가 점점 커지고 있으며, 동시에 중앙집중적 구조를 추구하고 있었다. 이런 추세는 노동자들의 의식 성장의 변화상을 말해주는 단서임에는 틀림 없었다.

그러면 공장위원회와 볼셰비키당과의 관계는 어떤 것이었을까? 볼셰비키가 공장위원회의 조직을 지도했다는 주장은 근거가 전혀 약하다. 실제 4월 말까지 멘셰비키와 달리 볼셰비키는 노동자들이 밀집한 구역에서 지지율이 약세였다. 임시 연립정부나 두마에서 전적으로 제외되어 있었다. 볼셰비키 당의 강령이나 레닌의 테제 역시 수도의 비보르크 공장 구역의 일부 과격파를 제외하고선 구체적 주목을 받지 못하였다.

공장위원회 간부회원 대다수는 정당 면에서 비가입자였다. 가입자들 가운데에는 볼셰비키, 사회혁명당(SR), 멘셰비키의 가입자들이 섞여 있었다. 특히 중요한 자료가 남아 있는 모스크바 시 소비에트 선거에서 각 정당에 대한 지지율의 변화를 살펴 보자.[38]

	볼셰비키당	멘셰비키당	사회혁명당	입헌자유당	총
6월	75,409	76,409	374,885	108,781	615,393
9월	199,337	15,787	54,410	101,846	387,280

<모스크바 시 소비에트 투표 지지율>

이 간단한 표에서 우리는 매우 흥미로운 변화를 감지할 수 있다. 소비에트회 내에서 9월에야 비로소 볼셰비키당의 득표율이 상승하였다. 이전에 볼셰비키는 노동조합이나 소비에트 지도부에서 다수를 차지한 적이 거의 없었다. 5월 말 제 1차 전페트로그라드시 공장위원회 총회의 결과를 보고 난 이후 레닌은 자신의 혁명 전략에서 민중의 욕구에 맞추기 위해 재빨리 '노동자 관리'(Workers' Control)'와 '소비에트 권력'의 구호를 내세웠다.[39] 볼셰비키 당은 공장위원회와 소비에트, 또 공장위원회와 노동조합이 내부적으로 분열될 때마다 유리한 국면을 얻었다. 레닌은 공장위원회 내부의 의견 분열이 일어 날 때마다 즉각 당의 세부적 입장을 바꾸어 적응하는 기민함을 보였다. 볼셰비키는 차츰 온건파 사회주의자들로부터 표를 빼앗아 갔다. 정당 간의 경쟁을 보면서 노동자들 역시 조직내의 선거에서 자신의 목표에 가장 유리한 정당을 그때마다 바꾸고 있었다. 이것은 노동자 계급의 의식과 목표, 그리고 정체성의 성장을 파악하는 데 좋은 증거가 된다.

전선에서 참패 소식이 날라올 때마다 '이중 권력'은 인기가 점점 하락하고 불안정해졌다. 자유주의적 임시 정부는 여러 가지 정책상의 실패를 무수히 거듭하였다. 경제는 나날이 악화되었다. 국가 보조에도 불구하고 기업주들의 직장폐쇄 요청이 늘어났다. 임시 정부는 정치 체제 면에서나 산업경제 규제 면에서 자본주의 기업가들이나 노동자 양 집단을 다 통제하지 못하고 있었다. 상황이 악화될 때마다 노동자들에게 임시 정부는 '노동계급의 적'으로 의심받았다. 다시 러시아는 제 1차 대전 직전 1914년 7월에 생겨났던 '상층부-하층부' 사이의 계급적 총체적 분열과 대립이라는 위험한 양상이 서서히 되살아나고 있었다.

임시 정부와 노동자들이 가장 격렬하게 충돌한 첫 번째 의제는 '전쟁 목적'의 문제였다. 온건 자유주의자들에게는 혁명 이후 참전이란 독일이라는 권위적 절대주의 국가와 민주국가가 된 러시아와의 대립이라는 의미를 띠었다. 그러므로 그들에게는 제 1차 대전은 민족의 자유와 권리를 위한 시민 전쟁이며 애국 전쟁이었다.[40] 외상 밀류코프는 연합국과의 동맹이야말로 2월 혁명의 보호에 절대적으로 유리하다고 보았다. 그러나 노동자들은 정복이나 승리를 위한 목적이 아니라 오직 혁명을 보호하는 방어 전쟁 범위 한에서만 참전에 동의를 하였다. 염전 사상이 확산되고 있었지만 노동자들은 반전시위를 극도로 자제하고 있었다. 그 이유는 전선의 병사 소비에트와의 연대가 깨어질 것을 두려워 한 때문이었다. 이와 같은 민감한 상황에서 임시 정부가 터키의 콘스탄티노플 정복계획을 선포하고 승리전을 약속한 것은 마치 노동자와 새로운 민중 봉기를 사전에 억압하기 위한 음모로 비춰졌다. 임시 정부는 러시아 노동자 대중에게 민족적 대결과 계급적 갈등이 서로 충돌할 때 민족적 대의가 더 큰 호소력을 거둘 것이라고 너무 쉽게 판단하였다. 그러나 이것은 착오였다. 역사가 M. 페로는 임시정부 지도자들이 이 문제에 대하여 그토록 미숙하고 비현실적인 식견을 갖고 있었던 점은 과거에 현실 정치를 전혀 경험하지 못한 인텔리겐찌야 출신이었기 때문으로 지적하였다. 수도에서 4월 반전

시위가 폭발하였다. 이 시위는 임시정부의 신임도를 추락시켰다. 동시에 이 사건은 볼셰비키에게 극적으로 유리한 국면을 가져다 주었다. 노동자들은 비로소 레닌의 4월 테제인 '빵, 토지, 평화'의 구호에 관심을 보이기 시작하였다. 이 구호 중에서 '평화'의 구호는 가장 큰 인기를 얻었다.[41]

임시 정부를 무력하게 만든 두 번째 요인은 경제 통제 정책의 실패와 토지 개혁안에 대한 정부의 애매모호한 입장과 태도였다. 특히 식량 수급의 실패, 가격 정책의 실패, 물가고, 기아와 궁핍 등 경제적 붕괴는 전쟁문제만큼이나 치명적인 결과를 가져왔다. 식량문제는 3월 이후로 각 공장에서 배급제로 실시되었으나 4월부터는 농촌의 노동력 격감, 생산성 저하, 곡물 유통질서 마비로 점차 보유고와 배급량이 줄어들었다. 곡가는 점점 앙등하였다. 3월 ~ 6월 동안 148%[42], 6월 ~ 10월에는 217%로 앙등하였다. 배급량은 오히려 줄어들었다.[43] 식량은 특히 도시의 노동자를 공포로 몰아넣었다.

산업 분야의 생산성은 7월에 연초보다 33~75%까지 하락되었다. 연료난, 원자재 구입난, 주문 감소, 시장 계통의 혼란, 고용주의 부패 등으로 이윤율이 격감하였다. 직장 가동중지의 사례가 늘어났다. 당연히 고용주는 사유 재산의 상실을 두려워하여 차라리 직장폐쇄를 택하려 하였다. 기업이 국가보조금을 받고 있음에도 불구하고 생산성이 격감하자 고용주와 노동자 계급은 서로를 비난하였다.[44] 노동자는 국가의 강력한 개입, 통제가격, 기업자산의 감시를 원하였다. 그러나 정부는 도시에서의 유통 질서에 개입할 물리력을 갖추지 못하였다. 농촌에서조차 식량시장 독점권을 확보하지 못하였다.

물질적 궁핍에 이어 노동자들에게 가장 두려운 사태는 실직과 해고의 위협이었다.[45] 4월에 수도에서만 3만 5천의 파업자수가 발생하였고, 6월에는 17만 5천으로, 9월에 110만으로, 10월에 120만으로 증가하였다.[46] 이중 7월까지 수도의 산업 노동력은 4만 명이 해고되었는데 규모는 12-17%로서 대부분이 미숙련공이었다.[47] 9월에는 전선 공격이 늦추어졌다. 갑자기 금속공의 21%가 해고되었다. 산업 생산면에서 7월에 60개 공장이, 9월에 171개 공장이 직장 폐쇄 신고를 내었다.[48] 이에 처음에는 노동자들은 파업으로 맞섰다. 그러나 노조의 노력에도 불구하고 실업과 생계의 위기는 멈추지 않았다. 이제 노동자들에게 정치적 방법만이 유일하다는 믿음이 점차 확산되었다.[49] 임시 정부는 사회 경제개혁 면에서 아직도 재산권의 사회화를 무정부주의적 사상으로 여기고 있었다. 아직은 근본적 토지 개혁이나 사유 재산권의 개혁은 거부하는 입장을 취하고 있었다. 노동자들은 절망적 무력감에 빠지게 되었다.

7월부터 경제적 파국이 심해지자 숙련공과 미숙련공이 서서히 합류하기 시작하였다.[50] 동시 상층 권력 층과 정부 내에서 불길한 사태가 발생하였다. 8월 군부 내 극우파의 군 지도부에 의한 반 혁명 쿠데타 음모가 폭로되었다. 특히 반혁명 세력이 임시정부의 고위층 임원이라는 사실은 노동자들에게 커다란 경악감을 주었다. 2월 혁명 이후 노동자들이 가장 두려워한 것은 반혁명과 내전 상황이었다. 이 점에서 볼 때 군부와 정부 측근의 쿠데타 시도는 노동대중에게 배신감과 적개심을 불러일으키기에 충분하였다. 코르닐로프의 군사적 쿠데타 음모는 노동자들로 하여금 임시 정부 뿐만 아니라 온건파 사회주의자와 소비에트 지도부까지도 불신하게 만들었다. 이것은 공장위원회의 호전성을 극도로 자극하는 계기가 되었다.[51] 이제 계급 협조 체제는 노동자 대중에게 더 이상 정치적 권리를 보장해 줄 수 없다는 결론에 다다르게 만들었다. 노동자 계급은 임시정부와 전제 정부의 세력을 동일시하였고, 온건파 자유주의 정부와 동맹은 끝났다고 여기게 되었다. 이리하여 노동자 계급의 의식이 갑자기 급진적으로 전환하기 시작했다. 8월의 우익 쿠데타 사건은 노동자의 '의식'이 경제적, 사회적 투쟁보다는 정치적 권력의 문제로 관심을 돌리게 한 결정적 전환점이 된 것이다. 우리는 이 순간에서 노동자들의 정치적 의식이 '얼마나 사회주의적이었을까?' 라는 질문을 제기해 볼 수 있다. 이 질문에 답하기 위해 노동자들이 선택한 '소비에트 권력'과 '노동자 관리'의 의미를 좀 더 깊이 살펴 보자.[52]

5. '소비에트 권력'의 의미

러시아 혁명의 역사에서 '소비에트 권력'(Soviet Power)의 용어만큼 짙은 어둠속의 반딧불처럼 찰나적이며, 복합적이고 마술적인 의미를 띤 것은 없을 것이다. 소비에트가 권력을 쥐어야 한다는 주장은 레닌이 그의 4월의 테제에서 이미 나타났지만[53] 그 당시에 노동자들에게 별 인기를 얻지 못한 채 수사적 강령으로만 존재하였다. 볼셰비키 당원들 조차 당시에는 막연히 상징적인 뜻으로만 묵인하는 정도였다. '이중 권력'시기에 일부 온건파 사회주의자들이나 멘셰비키가 연립 내각에서 자유주의자들보다도 우세한 지지기반을 누렸음에도 불구하고 '소비에트 권력' 용어를 거부하였다는 것은 아이러니컬하다. 이 이유는 2월 혁명 본질과 러시아 자본주의의 단계에 대해 볼셰비키와 전연 다른 입장과 해석을 가졌기 때문이다.

그런데 8월 코르닐로프 우익 쿠데타 음모가 폭로된 후, 노동자들 사이에 갑자기 반 우익, 반 자본가의 적대감이 급증하였다. 이로부터 볼셰비키의 강령에 대한 관심이 커지기 시작하였다. 이것은 노동자들의 정치 의식의 변화를 평가하는 중요한 잣대가 된다. 9월이 시작되면서 노동자들의 소비에트 지부 대표자 선거, 공장위원회 대표자 선거 심지어 시 두마 선거에서 각 정당에 대한 지지율에서 큰 변화가 나타났다. 몇몇 지부의 선거에서 볼셰비키와 멘셰비키에 대한 지지율이 역전되었다. 이것은 매우 흥미로운 현상이었다.[54]

9~10월 모스크바의 공장 내 정당 지지율을 살펴 보자. 볼셰비키 성향의 입후보가 68%, 멘셰비 성향의 후보자가 16%, 사회혁명당 출신의 후보자가 4%로 나타났다. 농민층으로부터 항상 다수 지지파를 갖고 있던 사회혁명당(SR)의 몰락은 충격적일 정도였다. 근본적 이유는 당연히 레닌이 기민하게 전술상으로 만들어 내놓은 '빵, 토지, 평화'의 슬로건이 준 효과였다. '토지'는 '흑토지대 토지의 재분배'를 의미하는 것이었다. 그 외에도 구체적인 사안들이었던 국채발행 안, 임시정부 지지 안, '소비에트 권

력'안, 식량공급 규제안, 제헌의회 소집 등의 안에 대한 공장위원회 선거에서는 갑자기 볼셰비키의 강령으로 지지가 쏠려가기 시작하였다.

특히 8월 7일 모스크바의 제 2차 공장위원회 회의에서 '소비에트 권력' 구호의 의미가 현실성을 갖고 다가왔다.[55] 이제 노동자들은 '2월 혁명의 보호'라든가 계급 제휴가 아니라 노골적으로 '소비에트 권력,' '노동자 민주주의' 체제라는 언어와 용어를 담은 연설을 시작했다. 이런 변화는 전선에서 6월 대 참패 이후 노동자 봉기, 우익 쿠데타, 8월 농촌에서의 반란 등 연이은 사회적 갈등과 대립이 크게 작용하였다.[56]

한편, 멘셰비키를 위시하여 온건 사회주의 정당들은 계급 협조를 강조하면서도 아직도 내각과 임시정부의 권력에 참가하는 것을 주저하거나 거부하는 태도를 보였다. 이런 모습은 노동자들을 매우 실망시켰다. 이 상황에서 노동자 대표자 회의는 차츰 '미래에 과연 누가 소비에트 권력의 주체가 되어야 할 것인가'를 논의하기 시작했다. 만일 노동자 대표만으로 정부를 구성한다면 이는 '노동자 계급의 독재'일 것이다. 그렇다면 노동자가 아닌 농민층과 병사들, 쁘띠 부르주아들은 누구의 편에 설 것인가? 또 러시아 농민은 과연 도시 프롤레타리아를 지지할 것인가? 제헌의회 참가 자격은 어느 계층으로 한정할 것인가? 등등의 복잡한 정치적 논제들이 나타났다. 이 시점의 일련의 연설이나 논의에서 러시아의 노동자들의 인식 세계 속에서 마르크스주의적 색채를 띤 언어나 어휘보다도 다분히 과거 19세기의 인민주의 운동과 전통에서 활용하던 개념과 용어들이 다시 나타났다.[57]

러시아 노동자들의 인식 속에서는 '노동자 - 자본가'의 계급 대립보다 '억압자 - 피억압자'의 구분이 더욱 강하게 표현되고 있다. 9월 소비에트 회의 선거부터 노동자들은 자신을 억압받는 민중, 인민의 범주에 넣고 종전의 막연한 '소비에트 권력' 구호 대신 '혁명적인 노동자-농민에게 소비에트 권력을!'이라는 레닌의 구호를 채택하였다. 새 질서와 권력에는 일체 자본가적 고용주나 부르주아 계층뿐만 아니라 지식층이나 인텔리겐

1-2. 1917년 10월 노동자 혁명, 권력의 장악의 성공

찌야를 배제한다는 원칙을 내세웠다.[58] 9월 '소비에트 권력'의 의미는 2월의 그것보다 더욱 과격하고 계급 의식적인 의미를 지닌 것이었다. 이와 동시에 소비에트 지도부보다도 공장위원회의 대표회가 정치적으로 더 큰 영향력을 행사하였다. 이들은 과격한 행동주의를 공개적으로 승인하였다. 공장위원회 대표회의는 우익에 대항하기 위해 무장과 적위대 편성을 지지하고 소비에트가 권력을 직접 장악할 것을 승인하였다.[59]

만일 10월에도 노동자들이 아직은 공개적으로 '공장위원회 권력'의 용어를 쓰지 않고 '소비에트 권력'용어를 계속 사용할 필요를 느꼈다면 그 이유는 농민, 병사, 지식인과의 연대를 필요로 했기 때문이었다. 훨씬 더 뜨거운 열광적 지지를 얻은 구호는 '빈곤 노동자·빈농의 권력'이었으나 표현은 예전처럼 애매한 '소비에트 권력'이라고 하였다. 이런점에서 '소비에트 권력'의 구호는 아직 막연하고 상황에 따라 색깔과 모습이 변화하는 카멜레온과 같은 마술적 의미를 담고 있었다.

9월 말 임시정부에서는 여전히 부르주와 출신이 기용되고 있었다. 온

건파 사회주의자들은 아직도 여전히 직접적 권력 인수를 주저하고 있었다. 노동자들은 평화적인 방법에 의한 사회주의자들의 내각 인수 가능성을 포기하기 시작했다. 무장 반란의 방법에 동조하였다. 그러나 노동자대표에게 가장 두려운 불확실한 사실은 아직 전선의 병사들의 입장에 대해서 확신을 가질 수 없었다. 왜냐하면 국내에서 내전이 일어나도 전선의 군대와 병사가 동조해주지 않으면 무모한 반란으로만 끝나기 때문이었다. 그리하여 소비에트가 권력을 장악해야 한다는 볼셰비키 당의 노골적 재촉에도 불구하고 섣부른 무장봉기의 시도는 자제하였다.

공장위원회나 노동자 대표자회는 자유주의적 임시정부에 더 이상 기대를 걸지 않았지만 '모든 사회주의자들이 참여한 정부'를 구성한다는 원칙과 미래 새 질서는 오직 소비에트에게만 책임을 진다는 의미로써 '소비에트 권력'의 용어는 계속 사용하였다. 수차례의 봉기를 시도한 끝에 마침내 10월 24일 밤 노동자들은 볼셰비키와 연합한 계획 하에 황궁을 탈취하고 케렌스키 정부를 몰아 내면서 무장 봉기의 성공을 거두었다. 온건 자유주의 임시정부는 붕괴하였다. 그렇다면 원래 목표대로 10월 봉기 직후 과연 소비에트 회의가 권력을 장악하였는가?

역사의 여신은 전혀 소비에트에게 미소를 보내지 않았다. '소비에트 권력'의 막연한 의미는 다시 커다란 난관에 직면하였다. 왜냐하면 10월 봉기 준비 계획에 참여한 소비에트, 공장위원회, 노동조합 급진파, 적위대 조직의 노동자들은 '모든 자유주의 세력'을 배제한다는 원칙과 '노동자·농민의 직접적 권력 참여'의 원칙을 내세웠으나, 봉기 직후 멘셰비키를 위시한 온건 사회주의자들은 이 봉기 사태를 전혀 인정하려 들지 않았다. 오히려 볼셰비키의 무장 봉기에 의한 권력 장악을 불법적인 것으로 맹비난하였다. 당연히 온건 사회주의자들은 혁명 이후의 '소비에트 권력'에 참여하기를 절대 거부하였다.

이런 사태는 공장위원회 뿐만 아니라 소비에트회를 매우 당황시켰다. 곧 1917년 11월부터 '권력 구성'의 문제를 둘러싸고 사회주의 정당들 사이에 내분과 권력 투쟁이 진행되었다. 상황의 혼돈은 여기에 멈추지 않았다. 두려운 예상대로 구 질서의 우익이 반 혁명을 위한 내전을 선포하였다. 새로운 유혈적 전쟁과 내전의 상황이 목전에 다가 온 것이다. 반 혁명세력의 진압과 내전이라는 명분하에 볼셰비키는 '소비에트 권력'의 실행을 연기하고 내전 승리를 위한 전위대로서 볼셰비키에게 권력을 집중할 것을 요구하였다. 볼셰비키는 '소비에트 권력'과 '혁명 전위대의 권력'의 의미를 아무런 어려움없이 혼용하였다. 이것은 또 다시 볼셰비키의 권력'과 동의의 의미로 쉽게 혼용되었다.[60] 노동자들은 혁명 이후 또 다시 힘든 권력경쟁의 새로운 시험대에 오르게 되었다.

6. '노동자 관리'(Workers' Control)의 의미

1917년 3월~10월 사이 러시아 노동자들의 계급 의식은 정치변동과 대응을 경험하면서 빠르게 변화해갔다는 것은 앞장에서 말하였다. 이 변화를 보여주는 또 다른 중요한 잣대는 공장 내에서 발생한 '노동자 관리' 운동이었다. 이것은 역사상 유례가 없을 정도로 급진적 계급 투쟁의 양상을 띠었다. '노동자 관리'라는 것은 산업 생산관리와 분배에서 노동자가 직접 참여하여 주도한다는 의미를 띤다. 따라서 이것은 정치 의식면에서 급진적 민주주의 형태를 보여주었다. 그뿐만 아니라 실제 공장 내 생산 활동 면에서도 급진적 계급의식을 성장시키는 데 기여하였다.

러시아어로 '관리'(kontrole), 또는 '노동자 관리'(Rabochii Kontrol)란 원래 직접적 '경영'(Management)이나 지배의 뜻보다 간접적 '감시'(Checking), '감독' (Inspection)의 뜻에 더 가깝다.[61] 다시 말해서 이것은 노동자의 직접 경영이나 공장 인수가 아니었다. 임시 정부의 경제 정책이나 자본가들의 기업 운영에 대한 감시, 공장 내부생활에 관한 내규, 훈련까지 포함하는 간접 경영을 뜻하였다. 노동자 관리에는 엄밀히 보아 7 종류의 관리가 있을 정도로 내용이 지엽적인 것에서 전반적인 것까지, 또 온건한 내용에서 과격한 내용까지 그 활동 범주가 다양하였다. 3월~ 6월 사이 전국에서 '노동자 관리' 활동이 총 1,500건이 보고되었다. 그 중 실제로 과격한 자치 경영의 요구는 불과 36건이었다. 가장 빈번한 관리 활동은 노동조건, 노동훈련을 포함한 생산과정과 기술상의 관리, 고용과 해고에 관한 관리가 압도적 비중을 차지하였다. 그 다음의 중요한 활동은 재정과 분배에 관한 감독이나 감시 활동이었다.[62]

대체적으로 '노동자 관리' 운동은 처음에는 주로 공장 내의 치안, 재산도피의 감시, 2월 혁명의 보호를 위한 방어적 활동에 주력했다. 차츰 계급 협조가 무너짐에 따라 감시 감독활동이 불가능하게 되었다. 노동자들은 고용주와의 이해 관계가 완전히 대립된다고 여겼고 기업주는 감시 받기보다는 차라리 생산가동을 중지하거나 투자를 취소하는 방법을 택하려고 하였다. 직장 폐쇄가 늘고 해고가 증가함에 따라 일반 미숙련공들이 생계의 가장 큰 위협을 느끼게 되었다. 7월 4일 폭동 이후에 직장 폐쇄 건이 10배 이상 늘었다. 실업과 해고의 불안과 두려움은 곧 정부와 자본가들에 대한 적개심으로 변했다. 모든 생산 실패와 빈곤의 원인이 자본가들의 음모나 경영자 측의 사보타쥬라고 보는 여론이 확산되었다.[63] 지금까지의 '노동자 관리'가 자본 유출이나 생산 감소 그리고 경영 파산을 막는데 효과가 없음이 나타나자, 7월부터 노동자들은 공장 내에서 현저하게 직접 개입과 경영 참가권을 요구하는 급진적 '노동자 관리'를 노골적으로 요구하기 시작하였다.

S. 스미스는 '노동자 관리' 운동이 흔히 공장 내에서 일어난 즉흥적인 무정부주의의 영향이라든가 농민-노동자의 반란의 전통 탓이라는 주장에 대해 반박한다.[64] 사실 노동자들 사이에서 무정부주의자들의 인기는 극히 저조하였다. 또한 생산의 증가는 노동자들의 자치적 경영 만으로서는 쉽게 실현 될 수 없었다. 중앙의 노동자 조직의 권력이라는 지렛대 없이는 효과적이지 못하였다. 이 때문에 노동자들은 점차 전국적으로 타 지

역, 타 공장의 공장위원회와 공동 보조를 취하고, 중앙집중적으로 조직하기 위해 노력했다.[65] 이 때문에 S. 스미스는 '노동자 관리' 운동이 무정부주의적 행동이라든가 혹은 폭력적인 봉기의 양상만으로 해석할 수 없다는 것이다.

'노동자 관리' 운동이 볼셰비키의 선동 결과가 아니라 노동자들의 직접적 생산 체험에서 나온 것이라는 점은 '노동자 관리'에 대한 레닌의 사상에도 분명히 나타난다. 6월 레닌의 산업 생산 과정에 대한 경제관은 사실 노동자 대중의 그것보다 훨씬 온건하였다.[66] 레닌은 미래 신질서에서 '노동자 관리'는 과도기적 단계라고 생각했다. 그러나 노동자들에게 이것은 궁극적 목표였다. 7월 봉기 이후 레닌은 '노동자 관리'에 대한 노동자들의 과격한 요구와 행동주의에 놀랐다. 그는 노동자 대중의 요구에 맞추기 위해 급진적 형태의 '노동자 관리'를 인정하지 않을 수 없었다. 노동자들은 합법적 기구로서의 노동조합이 산업과 생산 현장에서의 요구를 실현시켜 주리라고 전혀 믿지 않았다. 대신 노동자들은 공장위원회가 직접적 결정권을 행사하도록 바랐다.

온건 사회주의 정당들의 지도부 역시 '노동자 관리'를 인정하려고 들지 않았다. 그 이유는 이러하였다. 첫째, 직접 관리는 기술과 전문 지식이 없이는 불가능하다고 보았고 둘째, 전국적인 '노동자 관리' 체계가 성립되지 않은 상태에서 섣부른 개입은 노동자들이 생산 실패에 대한 책임을 져야할 위험이 있으며 셋째, 아직은 부르주아와 계급 협조가 필요한 단계라고 규정지었다. 마지막으로, 공장 내에서 직접 관리는 정치권력 문제가 해결 된 이후에야 가능하다는 이유였다.[67] 그러나 7월 4일 봉기 이후, 노동자들은 임시 정부나 온건 사회주의자들이 기업의 직장 폐쇄를 막아주지 못하는 데 대해 절망하였다. 온건 사회주의자와 노동 대중의 관계는 분열하기 시작했다.[68] 만일 공장위원회 조직들이 탄압받아 궤멸된다면, 미래 노동자들의 지위는 다시 전제정의 상태로 전락할 것이다. 징벌을 받고 자유가 박탈될 것이며 예속 상태에 빠지리라는 두려움 때문에 '직접

관리'에 대한 요구는 더욱 강경해졌다. 직접적 '노동자 관리'는 이제 단순히 기업 내의 고용주의 위법과 부패를 감시하는 수단이 아니라 혁명 자체를 보호하고 노동자 계급 전체의 삶을 보장해 줄 유일한 방법이라 여겼다. 노동자 관리'는 사회주의화를 위한 사전 단계라는 것이다.[69] 이것은 의식 상의 새로운 급진적 전환을 의미한다.

7월 4일 봉기 이후 노동자들의 연설문이나 회의록에 이제는 '사회주의,' '사회주의적 생산과정'이라는 용어가 빈번하게 등장하였다. 이것은 결코 볼셰비키에 의한 마르크스주의 이념의 세뇌나 교육의 결과가 아니었다. 노동자들의 집단적인 계급 활동, 상황의 체험에 따른 자치권을 원하는 실존적 인식상의 변화를 의미하는 것이었다. 점차 '노동자 관리' 운동은 정치 목표를 위한 움직임에 영향력을 행사하기 시작했다. 도시의 각 공장 내의 적위대의 편성, 자금조달과 더불어 일부는 공장의 점거, 자체 방어 활동까지 전개하였다.[70] 공장위원회 조직들은 '노동자 직접관리'를 통해 권력 장악을 위한 실질적인 최하위 조직망을 확보하였다.[71]

그러면 10월 봉기가 성공한 이후 '노동자 관리' 운동은 어떻게 진화하였을까. 역사가들은 이점에서 비상한 관심을 쏟았다. 왜냐하면 '노동자 관리' 운동이 근본적으로 사회주의적 이념이나 세계관과 밀접하였기 때문이다. 그러나 봉기 직후부터 '노동자 관리'의 실제는 총체적인 좌절과 굴절을 겪게 되었다. 그 가장 큰 이유는 봉기 직후 모든 공장에서 생산 과정이 심한 마비 상태와 혼란 속에 빠졌기 때문이며, 두 번째 중요한 이유는 레닌이 입장을 선회하였기 때문이었다. 레닌은 근본적으로 경제 생산면에서는 중앙집권적 '국가 통제'를 추구하였다. 그는 혁명 이후 러시아가 이제부터 프롤레타리아 국가가 되었으므로 '국가에 의한 통제'가 바로 '프롤레타리아 계급에 의한 관리'와 동일하다고 선언했다. 그러므로 노동자들에 의한 자치적 '노동자 관리'는 '국가에 의한 관리'와 병존할 수 없는 것이었다. 그에게 공장 내에서 자주적 '노동자 관리'는 집단에 의한 이기적 활동에 지나지 않는 것이었다. 볼셰비키는 '소비에트 권력'을 둘러싸고 온건 사회주의자들과 권력투쟁을 전개하면서 공장위원회에 의한 '노동자 직접관리'에서 자치적 권한을 몰수하는 조치를 시작하였다.[72]

7. 볼셰비키와 노동자 계급의 관계

10월 24일 봉기 자체의 근본적 성격은 노동자 대중이 온건파 사회주의자들과의 제휴를 포기하고 급진파인 볼셰비키와의 동맹을 선택한 것이라 볼 수 있다. 이 동맹의 밑바닥에는 초보적이나마 노동자 계급의 사회주의적 의식이 내포되어 있음은 앞서 논의하였다.[73] 봉기 이후 노동자 계급과 이들 정당과의 관계에 대해 살펴 보자.

10월 봉기 이후 멘셰비키는 볼셰비키의 무력 봉기를 비합법적인 것으로 맹비난했다. 오직 제헌 의회와 합법적 선거에 의해서 구성된 정부를 세워야 한다고 주장했다. 이후에만 노동자 계급과 농민층과의 괴리를 막을 수 있으며 내전을 피할 수 있다고 강조했다. 이에 비해 볼셰비키는 비록 9월부터 소비에트 시 선거에서 볼셰비키가 다수파를 획득한 사실이 있다고 해도 제헌의회 투표의 결과에서 압승을 확신할 수 없었다. 그러므로 레닌은 먼저 볼셰비키가 새 정부에서 유리한 고지를 확보하기 위해선 전술상 제헌의회를 소집하기보다 봉기의 방법이 최선의 방안이라고 생각하였다. 한편 노동자들은 8월 우익 쿠데타 사건을 접한 이후 더 이상 제헌의회의 방법에 희망을 걸지 않았다. 멘셰비키가 다른 대안을 제시하지도 못하자 자연스럽게 볼셰비키와의 동맹을 택하기로 한 것이었다. 10월 봉기는 7월 4일 봉기와 달리 치밀한 계획과 무장의 사전준비와 다수 대중의 동조 분위기 가운데 진행되었다. 이 때문에 노동자 계급 스스로도 놀랄 만큼 쉽게 권력을 장악하였다.

10월 봉기의 참가자는 구체적으로 누구였을까? 그들은 소비에트 하부 조직인 군사혁명위원회, 적위대 행동파, 볼셰비키에 공감한 노동자 대표자들 4만 3천여 명, 불과 5~6천의 수도경비 병사들이었다.[74] 참가한 노동자들 가운데에서는 특히 26~31세의 금속 노동자들이 압도적이었다. 무기를 가진 노동자, 적위대의 숫자는 불과 1~3만을 넘지 않았다. 수도 근교의 수비 부대, 발트 해 수병들의 지지 선언과 까자끄 부대의 중립 보장을 배경으로 봉기 세력은 수도 내의 각 요지, 치안거점, 통신망을 장악하기 위한 비밀 각축전을 벌였으나 큰 유혈 없이 쉽게 병사와 노동 대중의 정부 청사 점거가 성공하였다. 2월 혁명과 비교하여 보면 봉기 참가자는 놀랄 만큼 소수였다. 그 후, 각 산업 공장지대, 모스크바 시, 우랄 지대의 소비에트들과 공장위원회들이 봉기에 지지를 보냈다. 이들도 수도의 권력 장악을 모방하여 각 지역에서 권력 쟁탈을 위한 행동에 돌입했다. 봉기 참여자의 수가 소수라는 사실은 그 후 계속해서 노동 대중의 권력 분배에 불리한 요인으로 작용했지만 당시는 다수 일반이 침묵이나 공감으로 동조함으로서 묵인되었다.

비판과 저항 그리고 반대의 목소리는 주로 시 두마 내의 인물들, 노동자 소비에트의 과거 집행부와 농민 소비에트 지도부, 멘셰비키 당의 방어론자, 예비의회 대표자, 퇴역 군인회 단체에서 나왔다. 이들은 하나같이 무장이라는 방법에 관해 비난하였다. 그러나 공장위원회와 다수 노동자 대중은 결과에 공감하였고 큰 동요를 보이지 않았다. 이제 이들은 멘셰비키 당이나 임시 정부가 2월 혁명의 결과를 보호할 수 있으리라고는 아무도 믿지 않았던 탓이었다. 그 외의 다른 비판의 소리는 주로 자유주의적 민주적 성향의 지식인 집단, 관료, 사무직 노동자, 중간층 상인들, 언론가, 공학 기사, 인쇄 노조, 철도 노조에서 나왔다. 이들은 봉기를 선동에 의한 것이라고 비난하였다. 예전의 1905년 혁명에서는 최대의 중심 역할을 하였던 철도 노동자들은 10월 혁명의 방법에 관해서는 분열된 입장을 보이고 있었다. 이것은 앞으로 깊은 연구를 요한다.[75]

그러나 강한 계급적 적대감과 사회주의 의식을 보인 행동파 노동자들은 권력 참여의 기회에 가까이 근접하였으나 완전히 보장 받은 상태는 아니었다. 왜냐하면 다음의 심각한 과제가 가로 놓여 있었다. 첫째, 봉기의 동맹세력으로서 볼셰비키와 어떤 방법으로 대등한 관계를 정립할 수 있을 것인가? 둘째, 소비에트기구 내에서 노동자, 농민, 병사들의 이해의 차이는 어떻게 조정할 것인가? 마지막으로 내전에 돌입할 경우, 노동자 민주주의를 보존할 방법은 무엇일까라는 문제였다.

노동자 계급은 자치적 권력을 수립하는 면에서 경험이 부족하였고 완전한 해방을 위한 민주적 정치 참여 기구가 준비된 상태는 결코 아니었다. 10월 봉기 직후 전러소비에트 총회는 일단 모든 종류의 사회주의적 정당으로 구성된 단독정부를 선출하기로 선포하였다. 또 농민층에게 사유재산 폐지가 아니라, 토지 소유권의 균등과 토지개혁, 농촌지역 자치기구를 약속했다. 시민들에게는 투기 근절, 생활 수준의 변화, 보통 선거권, 누진세, 차등과세, 사법부의 독립, 관리의 선거 등등을 선언하였다. 이런 약속이나 선언들은 무계급 사회나 사회주의 이념이라기보다는 차라리 매우 도덕적이고, 민중적 민주주의 질서와 인민주의 열망에 더 가까운 것이었다. 이 때문에 멘셰비키는 새 소비에트 권력 구성 방안은 마르크스주의적인 것도 사회주의적인 것도 아니라고 비판하기도 했다.

봉기 이후 권력을 구성할 두 가지 대안이 제시되었다. 첫째 방법은 볼셰비키와 멘셰비키 좌파, 국제주의자를 중심으로 '모든 동질적 사회주의자들'의 연합 정부를 구성하는 방안이었다. 두 번째 안은 볼셰비키 단독으로 정부를 구성하는 안이었다. 소비에트 지도부와 온건파와, 볼셰비키 내의 유화파들은 첫 번째 방법을 지지하였다.[76] 이때의 다수 노동대중 역시 노조와 마찬가지로 '모든 동질적 사회주의자들의 연합적 정부' 구성을 지지하였다. 그러나 온건 사회주의자들과 멘셰비키는 줄기차게 제헌의회를 소집할 것과 권력 문제를 범국민적으로 논할 것을 요구하였다.[77] 또 철도 노조와 소비에트 지도부 및 온건파 사이에서도 이견이 발생하면서 분열이 시작되었다. 비 볼셰비키 정당 간의 연합의 가능성이 점점 사라졌다. 이는 볼셰비키 내의 강경파와 레닌에게 절호의 기회를 주는 요인이 되었다. '모든 동질적 사회주의 자들의 연합적 정부' 안을 지지하던 세력의 숙청의 구실이 생긴 것이었다.

이어서 각 사회주의적 정당들은 경제 규제 방안에서도 서로 대립하였다. 레닌은 재빠르게 단독 볼셰비키만의 정부와 권력을 쟁취하기 위한 방안으로 즉각 공장위원회 조직을 이용하였다. 그는 공장위원회를 중심으로 노동자들의 대표에 의한 최고경제위원회(SEC)를 창설하는 방안을 제안하였다. 이에 반해, 온건사회주의자들과 멘셰비키, 금속노동조합 지도자인 쉴랴프니코프(Shliapnikov), 페도토프(G. Fedotov), 슈미트(V. Schmidt), 알스키(A. T. Arskii)는 전러노동자관리위원단(ARCWC)를 만들어 이들에 의한 산업관리 규제에 관한 방안을 제시하였다.[78] 두 번째 방안은 볼셰비키 단독의 정부수립 계획을 제어할 효과를 갖고 있었다. 이것은 온건 사회주의자들 사이에 큰 호응을 얻었다. 이처럼 10월 봉기 이후 사태는 각 정당들은 이념 문제보다 실질적 권력을 어떻게 분배할 것인가라는 문제에서 심하게 대립하고 있었다.

이 사이 소비에트와 공장위원회 사이 대립과 충돌 역시 점점 심화되고 있었다.[79] 노동자 소비에트는 심각한 딜레마에 빠지게 되었다. 권력 참여에 좀 더 가까이 접근할 기회를 가진 노동자 계급에게 가장 필요한 것은 무엇이었을까? 그것은 무엇보다도 노동자들 스스로 계급적 의사를 표현할 수 있는 전국적이고도 민주적 대표기구와 조직망을 가져야 했다. 이를 통해서 정당이나 정부와의 협상에서 자율적 권한과 능력을 가질 수 있어야 했다. 이를 위해서는 노동자들은 하위 조직에서 선거의 원칙과 독립적 활동을 위한 재정적 자금, 의사 교환을 위한 언론지, 교육 계몽을 위한 실제 활동이 절대 필요한 것이었다. 이런 것들이야말로 '의식'에 필수적인 요건이었다. 또 다른 중요한 조건은 경제적 붕괴를 막기 위해 산업생산 활동을 중앙집중식으로 시급히 통합할 수 있어야 했다. 이를 위해서는 봉기 이후 무정부적으로 난립하는 '노동자 관리'운동을 국민 경제의 복구라는 대의에서 합리적으로 재수립해야 했다. 경제면에서의 개혁이 인간의 존엄성과 인간답게 살기 위한 도덕적인 목표를 달성하기 위한 것이라는 사실에 모든 계급이 공감하도록 만들어야 했다. 그러나 당시에 과연 노동자 계급은 이런 과제를 실현할 수 있을 것인가?

1917년 11월부터 1918년 3월까지 공장위원회는 짧은 시기 동안 하부 산업현장에서 극도의 자의적 산업 통제권을 행사하였다. 거의 모든 경제 질서가 마비 상태에 빠졌다. 혼란과 궁핍은 10월 봉기 이전보다 더욱 심화되었다. 공장위원회는 10월 소비에트의 법령을 무시하고 기업 재산을 몰수하고 공장을 겸병하였으며 때로는 일반 노동대중의 생활에도 개입하였다. 레닌은 전술상 이를 묵인하였다. 상부의 권력구조가 해결되지 않는 가운데 일반 대중은 다시 생계의 위협 속으로 빠져들었다. 과격파, 행동 대원들에 의한 자의적 몰수는 다수 대중과의 괴리감을 낳기가 보통이었다. 계급의식은 점차 지역 간의 적대감이나 파당, 지위간의 적대감으로 교체되는 모습을 띠었다. 가장 큰 극렬함은 무장능력을 갖춘 적위대가 벌였다. 적위대는 공식적인 치안이 마비된 상태에서 무소불위의 권한을 행사하였다. 종종 일반 노동자와 노동 조합들과 유혈적인 충돌까지 벌였다. 특히 1918년 1월 5일 우랄 지대의 노동자들은 볼셰비키의 권력 남용을 비난하면서 제헌 의회 소집을 요구하는 시위가 발발하였다. 이에 대한 적위대의 무자비한 탄압은 계급 의식과 권력의 욕망이 무질서하게 뒤섞이는 절정의 혼돈의 한 사례였다.[80]

실제로 10월 봉기의 성공은 부르주아지와 온건 자유주의자들을 권력에서 축출했다는 점에서만 권력 장악이라고 할 수 있다. 그러나 노동자들의 '소비에트 권력'이라는 목표에서 보면 겨우 한 발짝의 단계에 지나지 않았다. 레닌조차도 생산수단이나 공장의 사회화를 즉각적으로 가능한 과제로 여기지 않았다. 그는 은행, 금융, 통신, 철도 등 국영기업의 부분적 국유화는 선포하였지만, 사유재산의 몰수대신 차등과세와 가격통제, 식량 등 생필품의 배급, 경제 규제는 요원한 과제였다. 그는 이 모든 것을 혁명 정부의 각 위원회의 임시 관리 하에 놓는 것으로 목표를 삼았다. 볼셰비키에게 이 보다 더 긴급한 목전의 과제는 확실한 단독의 권력장악이었다. 이를 위해서는 다른 사회주의적 정당과 집단을 축출하는 것이었다. 누가 누구를 먼저 밀어제치는가라는 필살의 순간이었다. 1918년 1월~6월 사이 경제 파국이 더욱 심화되고 있었다. 수도 페트로그라드의 소비에트 시 선거에서 볼셰비키가 획득한 지지율은 10월에 비하여 하락하였다. 과반수에 못 미치는 45%였다.[81] 나머지는 멘셰비키, 사회혁명당을 위시한 사회주의적 정당들이 차지했다. 볼셰비키는 다시 초조하지 않을 수 없었다. 아직은 전연 궁극적 승리자가 아닌 것이었다.

볼셰비키는 온건사회주의자들을 축출하는 권력 투쟁에서 확실한 지위를 차지할 때까지 공장위원회와 적위대의 무차별 권력남용과 행동을 못 본 체 방치하였다. 공장위원회와 적위대의 자의적인 극렬한 행동으로 온건파가 몰락할 뿐 아니라 일반 노동자 대중 역시 치명적 수준으로 자율권을 침식당하였다. 노동자 조직들 사이에서도 내분이 심화되면서 응집력을 잃어갔다. 노동자들은 이제는 볼셰비키 당 단독의 정부를 지지할 것인가 아니면 반 혁명으로 뒤집힐 것인가라는 양극의 딜레마에 빠지게 되었다.[82] 1918년 6월에 볼셰비키는 갖가지 수단을 동원하여 멘셰비키와 국제주의자를 음모와 내란죄로 체포하고 권력에서 축출하는 데 몰두하였다.[83] 그러나 이와 비슷한 시기에 공장위원회의 무질서한 '노동자 관리'실험 그 자체도 취약해지는 운명을 겪기 시작하였다.

공장위원회는 자체의 재정적 기초나 전국적 차원에서의 타 부문과의 상호 조정력을 전연 갖고 있지 못했다. 섣불리 '노동자 관리' 운동을 자의적으로 행사함으로서 경제의 무질서와 재정 고갈, 노동력 격감, 임금 하락, 생산의 하락의 비난을 받아야 했다. 직장 폐쇄와 무질서한 경영으로 1918년 6월까지 실업자의 수는 150만에 이르렀다. 빈곤은 계급의식 형성에 도움되는 것만은 아니다. 오히려 장애가 될 수도 있는 것이다. 공장들의 파산 위기는 미숙련공에게 가장 큰 타격을 주었다. 결국 이 상황에서 대다수 노동자들은 귀향의 방법을 택하였다. 수도의 노동자수는 급속도로 줄어 들었다. 1917년 1월에는 40만 6천명이었으나, 1918년에 33만 9천으로, 5월에 14만 2천으로, 9월엔 12만으로 30% 수준으로 감소하였다. 이것은 어떤 결과를 가져다 주는 것이었을까? 노동력의 격감과 귀향 사태는 계급의 연대감이나 결속력을 감소시키는 결과를 낳았다.[84]

수도 노동력의 격감에 이어 집단적 계급의식을 약화시킨 두 번째 커다란 요인은 내전이었다. 전쟁의 선포로 인해 의식적 활동의 최선두에 섰던 전위적 노동자들은 적군이나 행정 간부로 충원되거나 징집되었다. 그 수가 3만 3천에 이르렀다. 페트로그라드 내에서 '소비에트 권력' 목표를 위해 싸울 사람은 극소수밖에 남지 않았다. 내전을 위해 선발되어 나갈수록 남은 노동자들의 자율적 세력은 약화되는 것이었다. 대단히 역설적인 결과였다. 또 1918년 6월 볼셰비키 당원 역시 숙청, 탈퇴, 징집 등으로 1만 3천명으로 줄어서 10월 봉기 때의 3분지 1의 규모로 감소하였다. 이들 조차도 봉기 이후에 갑자기 가입한 인물들이 81.5%에 해당되었다.[85] 국가 기구로 차출되어간 노동자들이 과연 계급적 이익을 대표하는 자율성을 가질 수 있을 것인가? 그것은 결코 불가능한 일이다. 6월 내전이 발발하자 볼셰비키 당과 레닌은 산업과 경영을 중앙집권적 국가 관리 하에 두는 작업에 착수하였다. 이것은 '노동자 관리'를 폐지함을 의미한다. 동시에 '소비에트 권력' 역시 '프롤레타리아 독재'라는 의미와 동일하게 사용되었다. 궁극적으로 이것은 다시 볼셰비키 '당 독재'의 형태로 변형되었다.[86]

이상에서 우리는 1917년 러시아 혁명 과정에서 노동자들의 계급 의식의 성장과 변화상을 살펴보고 다음과 같이 몇 가지 근본적 사실을 요약할 수 있다.

1917년 2월 혁명이후 1918년 6월까지 노동자들의 조직상의 활동, 의식 내용이나 목표들은 사건의 전환 때마다 격심한 변화상을 보여 주었다. 2월 혁명 직후에는 노동자들은 전제정의 붕괴가 준 환희와 해방감으로 인해 자본가들과 온건 자유주의자들과의 계급적 적대감이 일시 완화되어 계급 협조체제를 받아들였다. 처음에 이들이 바라던 새로운 질서는 사회주의 체제라기보다는 인간의 기본권과 민주적인 참정권, 인간답게 살 수 있는 생계수준, 경제적 권리를 보장받을 수 있는 도덕적인 경제 질서, 고용주로부터 노동자들의 인간적 존엄성을 보장받고 대우받을 수 있는 권리, 공장 내에서의 민주주의, 대표자 선출권 등이었다.

그러나 차츰 전쟁 참여 문제, 경제적 개혁과 산업 관리권에서 계급간의 근본적 입장의 차이가 나타났다. 계속되는 전쟁의 참패와 경제적 피폐로 인한 두려움이 커져 갈수록 자본주의적 자유경제 체제로서는 자신들의 빈곤한 경제적 처지가 해결될 수 없으리라는 의혹과 불신감이 생겨났다. 급기야 극우파의 반혁명의 움직임이 발생하자 2월 혁명의 성과가 보호받을 수 없으리라는 확신으로 비화되었다.

9월부터 노동자들의 의식은 두드러지게 급진화 되기 시작하였다. 이런 심리적 전환은 온건 사회주의 정당이나 멘셰비키에 대한 지지를 포기하고 볼셰비키와의 제휴를 선택하게 만들었던 주요 요인이었다. 10월 봉기 이후 노동자 대중이 바라는 새로운 정부와 권력 형태는 '모든 사회주의자들에 의한 연합 권력'이었다. 사회 개혁 면에서 노동자들은 산업 공장에서 노동자들의 임금과 고용을 보장해 줄 수 있는 '노동자 관리,' 차등 과세, 토지의 평등한 재분배를 염원하였다. 이것은 근본적으로 프롤레타리아의 독재라기보다는 민주적 사회주의 질서에 가까운 것이었다.

소비에트와 공장위원회의 조직이나 혁명 활동은 1917년 혁명에서 가장 민중적인 요소이다. 이것은 노동자 대중을 계몽시키면서, 정치 의식의 성장을 이루는데 결정적으로 기여하였다. 그러나 이들 노동자 자치기구들은 전국적 규모의 노동조직으로 통합하거나 정당으로부터 자율적인 권한을 가질 기회와 시간을 갖지 못하였다. 내전의 발발로 인하여 그러한 기회를 갖기에는 시간이 너무도 짧았다. 결과적으로 내전에 승리한 이후 권력 투쟁에서 최종 승리한 볼셰비키는 '소비에트 권력'이라는 미명하에 노동자들의 대표 선출권을 폐지하는 데에 착수하였다. 이로서 노동자 민주주의의 이념은 새로운 패러독스컬한 시험대에 오르게 되었다.

2장 레닌과 프롤레타리아 국가: 민중은 과연 권력을 얻었는가?

1. 레닌의 사상의 기초

1917년 10월 레닌은 마르크스주의에 입각한 사회주의 국가 수립을 위한 권력 쟁탈에 성공하였다.[1] 그러나 우리에게는 여전히 중요한 역사적 의문이 남는다. 러시아 민중은 과연 권력을 얻었는가? 혁명 이후 100년 동안 레닌의 혁명 이론은 한편에서는 추종자들에 의해 우상시되었고, 또 다른 한편에서는 전체주의적 권력을 추구한 악마화로 보는 평가를 받았다. 또 일부는 레닌이 실천적 저술가로서는 탁월하나 마르크스주의의 이론가로서는 논리의 모순이 많으며 상황에 따라 여기저기 이론을 절충함으로서 입장의 변화가 자주 일어난 비정통적 마르크르주의자라고 보기도 한다.[2] 다만 레닌이 사회주의 이론상의 발달에 기여한 바가 있다면 사회주의 혁명 운동에서 당 조직 이론, 혁명 운동의 선전과 선동의 전술, 권력 통합을 위한 장치와 기구에 관한 이론이라는 것이다. 그러므로 사회주의 국가수립에서 근본적으로 중요한 요인들, 즉 생산력 발전을 달성하는 문제, 계급 평등화, 의식의 성장, 등 미래 사회주의 질서의 진정한 원리에 관해서는 성숙한 결정론을 내놓지 못하고 있다고 본다. 이 때문에 레닌의 혁명 이론을 오직 권력 추구라는 목적을 향했던 원시적 마르크스주의자라고 비판한다.[3]

레닌의 권력 조직과 프롤레타리아 독재, 그리고 국가 이론들은 그의 체계에서 본질적 일부를 이루는 것은 틀림없다. 그러나 한편으로는 이 모든 해석은 당 시대 러시아 상황의 특수성을 고려하지 않은 채, 특정 부분만 과잉 해석하여 너무 단순히 보는 경향이 있다. 사실 레닌은 전제정 러시아 시절의 지하 활동기, 혁명기, 내전기, 신생 국가 수립기 등 너무도 다양하고도 빠른 시대적 변화 상황을 겪은 인물이었다. 더욱이 그는 내전이 끝난 후 3년 만에 뇌졸증으로 사망하는 운명을 겪었다. 실제 문제에 봉착할 때마다 즉각 방향을 정해야 했기 때문에 레닌은 어느 면에서 자신의 사상을 체계화할 여유가 없었다. 이 점은 러시아 혁명사에서 매우 불리한 징조를 예고하는 요소이기도 하다. 그러므로 그의 주장이나 이론들은 반드시 시시각각 변화하던 당시대 러시아의 역사적 상황을 떠나서는 결코 제대로 분석할 수 없을 것이다. 그런데 자주 잊혀지는 흥미로운 또 다른 사실 중의 하나는 레닌 자신이 이론과 실제 사이의 간극과 이로 인한 갈등을 심각하게 고민했으며 이것을 스스로 솔직히 고백하기도 하였다. 그는 사회주의 질서를 10월 혁명 직전에는 '유토피아적 새로운 사회'로 환상적으로 묘사했지만, 1917년 10월 혁명 이후에는 신생 사회주의 국가에서 일어날 수 있는 당 독재와 관료제의 위험성을 예견하며 깊은 우려에 빠지기도 했다는 점이다.

오늘날 러시아에서는 현실 사회주의가 실패하고 페레스트로이카 구조개혁마저 실패하고 최후 몰락하였다. 지금 러시아에서는 자유 의회주의 체제가 도입되어 전연 새로운 시대를 맞이하고 있다. 이제 레닌주의는 사회주의 이론가나 역사가들의 재평가라는 심각한 시험대에 올라와 있다. 심지어 생명력이 사라진 시신이 되어 망각의 저편으로 지나간 먼 과거시대의 산물로 치부되기도 한다. 붕괴와 실패는 자주 극단적인 감상적 매도로까지 이어지기도 한다. 그러나 어쩌면 그의 모든 사상이 실험 상태에 있던 그 시대의 산물이라는 점을 잊게 만들고 단지 결과론에만 의존한다면 진정한 옳음과 그름의 분별을 흐리게 할 수도 있다.

레닌의 혁명 이론의 주제는 그가 처한 상황에 따라 다양했다. 그의 핵심적 저술로는 『러시아 자본주의 발달』(1899, *CW*.3),[4] 『인민의 벗이란 무엇인가?』(*Vospominania*, I), 『무엇을 할 것인가?』(1902. *CW*.5), 『제국주의』(1916, *CW*. 19), 「국가와 혁명」(1917, *CW*. 23), 「프롤레타리아 혁명과 변절자 카우츠키」(1918, *SW*. 3), 「제 2차 코민테른 대회 보고서」(1920, *SW*. 3), 「협동조합론」(1923) 등이 대표적 저술이다.

레닌은 그의 일련의 저술과 사상에서 마르크스주의에서 더욱 나아가 몇 가지 이론을 추가하였다. 그 중에서 가장 유명한 것은 다음과 같다. 첫째, 자발성의 이론이었다. 이것은 달리 표현하여 의지주의(voluntarism)로 알려져 있다.[5] 그에 의하면 계급은 사회의 생산력 수준과 구조의 발달에 의해 생겨나지만 그것 자체만으로는 혁명이 오지 않는다는 것이다. '혁명이란 오는 것'(Coming)이 아니라 '의도적으로 만들어야 하는 것'(Making)이다. 민중은 속박되어 있는 약한 존재이므로 그 스스로 힘만으로는 해방될 수 없다는 것이다. 이에 의식의 주입과 계획적 정치 투쟁이 필요하다고 보았다. 이런 의도적인 의지주의(voluntarism) 이론은 레닌 사상에서 가장 큰 꼭지점 중의 하나이다.

둘째, 프롤레타리아 계급에게 의식을 불어넣어 주는 진보적 집단, 즉 '뱅가드' 혹은 '전위 부대'(Vanguard of Proletariat)의 필요성을 강조한다. 레닌에 의하면 전위 부대란 당을 의미한다. 당이란 반드시 프롤레타리아 계급의 출신성분이 아니라해도 상관없었다. 목표와 세계관에서 일치하기 때문에 이 양자를 구분 지을 필요가 없다는 것이다. 전위 부대는 의식 면에서 가장 앞서며 운동을 이끌고 지도하는 존재라고 보았다. 또 그는 노동자 계급의 본능적이고도 자생적인 운동 즉, 자연발생성(Spontaneity)을 믿지 않았다. 오직 엄격히 조직되고 훈련되어 있으며 헌신적인 직업적 혁명가들 즉, 전위부대에 의해 지도 받아야 한다고 보았다. 레닌은 바로 이 '전위 부대'의 이론에서 동료이자 멘셰비키 지도자인 마르토프와 완전히 결별하게 되었다.

셋째, 마르크스가 농민을 토지 사유권에 집착하는 '쁘띠 부르주아적' 요소로 간주한데 반하여 레닌은 러시아의 농민계급을 반(semi) 프롤레타리아 계급으로 보았다. 그는 러시아 노동자와 농민의 연합이야말로 후진국 러시아에서의 사회주의 혁명을 쟁취하는 데에 필수적 전제조건으로 평가했다.[6] 농민공동체 사상이나 농민 자치권을 추구한 인민주의자들의 입장과도 전혀 달랐다. 이러한 사상은 매우 전술적인 것으로 1917년 혁명운동에서 만들어낸 '빵, 토지, 평화' 슬로건에 잘 나타난다.

넷째, 그의 또 다른 중요한 이론적인 특징은 프롤레타리아 계급의 봉기 시작점에 관한 것이다. 레닌은 1914년 1차 대전 발발 시 모든 유럽 각국의 사회주의자들과 완연히 다른 시각을 보여주었다. 제국주의 전쟁의 발발은 바로 사회주의 혁명이 시작되어야 할 출발점이라고 주장하였다. 제 1차 세계대전은 본질적으로 독점 금융자본주의에서 비롯된 유럽 국가들 간의 충돌이라 주장한 유럽의 좌파 이론가들의 사상과 맥을 같이 한다. 그러나 그 다음의 단계에서 그는 궤를 달리하였다. 그에게 제 1차 대전은 결코 민족주의 전쟁이 아니라 제국주의 전쟁이었다. 이 전쟁은 자본주의의 몰락을 갖고 올 것이며, 국내에 계급 전쟁과 내전을 유발시킬 조건을 만든다고 하였다. 제 1차 대전 당시 그는 스위스에 추방되어 머물고 있었다. 선전지침과 저술 활동작업을 통해 비밀히 러시아 국내의 볼셰비키를 지도하고 있었다. 전쟁이 발발하자 그는 자신의 저서, 『제국주의 전쟁』속에서 각국의 노동자들은 1차 대전에 참전해서는 안되며 그 대신 계급적 내전을 일으켜야 한다고 주장하였다.[7] 이런 사상은 전제정 자체 뿐만 아니라 각국의 사회주의자들에게도 매우 도발적이며 과격한 입장을 보여주는 것이었다.

1890~1905년 사이 러시아에서는 국가 주도의 산업화가 급속도로 진전되어 기형적인 경제구조가 생겨나고 있었다. 페트로그라드 노동자들의 파업운동이 점점 더 크게 확산되고 있었다.[8] 전제정의 혹독한 탄압 아래 파업운동은 자주 정치적 저항의 성격으로 비화되었다. 레닌은 노동자 계급이 자유주의를 지향하는 시민적 권리 투쟁을 전개하는데 있어서 부르

2-1. 1917년 10혁명 성공, 소비에트회에서 레닌의 사회주의 공화국 선언

주아나 중산층과 제휴해서는 그 어떤 성과도 얻어낼 수 없으리라고 보았다. 노동자 계급의 동맹 세력으로서는 지식인이 가장 적절하다고 본 것은 레닌뿐만 아니라 당시 급진적 인텔리겐찌야 대부분의 생각이기도 했다.[9] 1902년 그는 인텔리겐찌야 출신의 혁명가들에게 행동 지침으로서 『무엇을 할 것인가?』를 썼다. 여기서 그는 당시대 수정주의적 사회주의 지식인들이나 경제주의자들이 내세운 타협적 행동지침을 기회주의적이며 속물적인 것으로 맹비난하였다. 대신 그는 노동운동 지도자들에게 혁명 의식, 계급 의식화 활동 그리고 봉기를 통한 정치 투쟁의 중요성을 주입할 것을 강조한다.[10] 이 부분은 시대 상황에 기민하게 적응하는 레닌의 공격적인 분석과 전술상의 감각을 보여주는 것이었다.

레닌의 자발성(voluntarism) 사상과 제국주의 이론에 이어 우리에게 비상한 흥미를 끄는 부분은 러시아 1917년 혁명활동이 정점에 달하던 같은 해 8월에 집필한 「프롤레타리아 독재」 이론이다 (이하 PT). 이 저서에 의거하여 민중에게 민주적 권력의 기회와 참여를 약속하는 가운데 볼셰비키는 민중과 연합하여 10월 혁명을 성사시켰다. 이 때문에 '과연 민중은 권력을 얻었는가?'라는 물음은 항상 그의 혁명이론에 관한 한 중요한 쟁점한 가운데 서 있다. 그러나 이 속에는 유토피아를 그리는 민주주의적 측면과 함께 독재의 싹을 키우는 권위주의적 측면을 갖는 이중성의 모습을 갖고 있어서 사회주의 이론가들 사이에 논란이 심하다.

프롤레타리아 독재의 개념은 마르크스·엥겔스에게 이미 사용된 바 있었다.[11] 레닌은 그보다 한층 더 세밀하고 과격한 수준으로 발전시켜 적용하였다. 후일 그를 전체주의적 공산주의 이론의 시조로 부르는 근본적 이유는 바로 「프롤레타리아 독재」 이론이다.[12] 이 때문에 흔히 레닌은 권력욕망에서 혁명을 추구한 쟈코방 당 스타일의 혁명가라는 평가를 받는다.

그러나 이런 평가는 러시아의 상황과 관련 지어 검토해 볼 필요가 있다. 그렇게 하지 않으면 자칫 몇 가지를 간과함으로서 피상적인 관찰이라는 비판을 면하기 어렵다. 레닌의 일련의 글 속에서 특히 민중의 권력 즉, 프롤레타리아 독재에 관한 사상을 시시각각 변화하던 당시 상황과 연관지으면서 어떻게 적용되고 변형되었는지 살펴보자.

2. 레닌의 국가관과 프롤레타리아 독재

'프롤레타리아 독재'의 개념은 마르크스의 『공산당 선언』(1848)과 『프랑스에서의 계급투쟁』에서 먼저 나타났다.[13] 마르크스는 자본주의 체제 내에서 작용하는 명백한 경제적 법칙의 결과로 사회의 양분화가 반드시 일어난다고 보았다. 노동자는 수적으로 가장 큰 다수를 대표하면서 궁극적으로 계급투쟁을 통해 혁명을 성취하여 '정치적 지배권'을 얻게 된다고 기술하였다.[14]

1848년 2혁명 이후 1848~50년 사이 프랑스에서의 계급투쟁을 목격하면서 마르크스는 국가와 공산주의 관계를 다음과 같이 논하였다.

> 국가란 계급적 통치를 의미하는데 생산 수단을 가진 한 계급이 정치

> 과정을 통제한다. 프롤레타리아 계급의 독재는 민중을 대표하므로 급격히 민주적 성격을 띤다. 프롤레타리아는 산업화에서 수적으로 우세한 계급이 되고 고용주에 대항해서 공동이익을 방어하기 위해 부르주아지 정치적 패권에 도전할 것이며… 보통선거제가 도입되면 프롤레타리아는 차츰 부르주아 체제를 붕괴시키는 데 성공할 것이다.[15]

그러나 1848년 혁명 이후 프랑스에서 부르주아지는 권력독점을 영구화시키기 위해 보통선거제 도입을 불가능하게 만들었다. 선거를 통해 부르주아 독재자인 루이 나폴레옹이 황제가 되었다. 이에 마르크스는 의회제와 선거의 방식을 통해 프롤레타리아가 지배권을 얻으리라는 신념을 포기하였다. 그 대신 자본주의와 공산주의 체제 사이에서 일시적으로 혁명적 전환의 시기가 요구되며 이때에 국가란 프롤레타리아 독재를 의미하는 정치적 전환의 시기가 오리라 예언하였다. 그러나 이 독재는 그 자체가 목적은 아니며 계급 없는 사회주의 사회의 수립과 국가 소멸을 위한 과도기로서 이행의 일시적 조건이라고 말하였다. 이 때 마르크스는 프롤레타리아 독재에 대해 더 엄밀한 설명을 제공해 주지는 않았다. 다만 그는 '프롤레타리아 계급의 독재는 계급차별 철폐를 위한 필연적인 전환점이다'라고만 설명하였다.[16]

그런데 마르크스의 프롤레타리아 독재의 정치적 의미에 대한 막연한 원칙은 1871년 '파리 콤뮨'을 겪고 난 이후 흥미있는 변화를 겪었다. 마르크스는 '파리 콤뮨'을 '노동자를 경제적으로 해방시키기 위해 발견된 정치형태'라고 정의내리고 프롤레타리아 독재의 최초 모형이라고 말하였다.

> 콤뮨은 도시에서 보편선거로 선출된 도시 위원단으로 구성되었다.… 대다수는 노동자이거나 노동자를 대표하는 이들이었다. 콤뮨은 의회가 아니라 직접 일하는 행정 기구이며 동시에 입법 기구였다.… 경찰 역시 중앙 정부의 하수인이 아니며 정치적인 성격은 벗어버리고 콤뮨

에 책임지고 소환되는 기구가 된다. 행정부의 모든 관리나 지부들도 마찬가지였다. 콤뮨의 상부 구성원에서 아래로 이르기까지 모든 공무는 노동자의 임금의 수준으로 지불받는다.[17]

'파리 콤뮨'은 지극히 단명하였고 실패로 끝났다. 콤뮨의 실패는 서구 마르크스주의자들에게 사회주의로 가는 방법으로서 격렬한 폭력적 혁명 방법이나 프롤레타리아 독재 이론에 의문을 품게 하는 계기가 되었다. 이 무렵 마르크스는 미출간된 서한에서 의회나 노조에서 다수파가 민중이 된다면 평화적 방법으로 사회주의로의 전환이 가능하리라고 단지 애매하게만 암시하였다.[18] 마르크스 사후 1890년대 유럽 각국에서는 사회주의적 노동 정당이 탄생되었다. 의회와 행정부에 대한 이들의 영향력이 커져 갔다. 이로서 프롤레타리아 독재 이론 자체의 중요성이 감소하거나 크게는 사라졌다. 가장 대표적인 반대자는 수정론을 강조한 독일의 사회 민주주의자였던 E. 베른슈타인이었다. 그를 위시한 점진적 사회주의자들은 프롤레타리아 독재 용어 자체도 거부하였다. 훨씬 약화된 의미로 프롤레타리아 권력, 또는 민중의 비례대표 선출을 선언하였다. 대신 프롤레타리아 독재의 개념은 덜 발달된 나라들, 러시아와 동유럽의 후진적인 제 국가의 혁명적 좌파들 사이에서만 주로 사용되었다.

1891~1917년 동안 레닌은 국가 권력의 구성 문제는 아직 전혀 생각하지 못하고 있었다. 지하 투쟁의 기간 동안 다만 당의 중앙집권화를 강조해 왔고 국가 권력을 쟁취한 이후에는 부르주아의 재 집권을 막기 위해서 막연히 프롤레타리아 독재가 중요하리라 본 듯하다. 그런데 갑자기 1917년 7월에 권력의 문제가 중요한 논제로 거론되었다. 이 순간은 러시아의 민중의 갈수록 거세지는 봉기와 저항으로 인하여 임시 정부의 권력이 폭풍 속의 등불처럼 취약해지던 시점이었다. 이때 부하린은 제국주의에 대한 논의에서 레닌보다 훨씬 앞서 있었는데 이 속에서 그는 국가의 공권력의 폐지를 논하였다.

> 금융 자본은 현대국가 내의 모든 중앙집권화된 조직과 기구 속에 그 힘을 응축시키고 있다. 민주적이거나 자유주의적 성분조차도 근대 제국주의 하에선 무릎을 꿇었다. 계급보다 더 우위에 군림하는 '국가'라고 하는 신화적 존재는 사라지고 국가는 중립성을 상실하였다. …계급적 대립의 원리만 극에 달하여 있다. 여기다가 자본가 세력은 모든 생산의 직접적인 기업주이며 동시 조직자가 되었다.… 제국주의 전쟁의 학살 행위는 민중으로 하여금 이같은 국가권력을 철저히 파괴시켜야 한다는 인식을 심어주고 있다.[19]

7월 러시아 민중의 혁명적 봉기 사태가 심화되었다. 레닌은 비로소 부하린의 국가 권력에 대한 비판적 분석과 공권적 국가형태의 새로운 이론의 필요성을 인정하기 시작하였다. 국가는 더 이상 계급에 대해 중립이지 않으며 2월 혁명 이후 임시 정부는 오직 부르주아 계급의 이익에 종속되어 민중을 수탈한다고 주장했다. 레닌은 프롤레타리아 독재의 필요성에 대한 입장을 분명하게 정해야 했다. 이 변화는 바로 유명한 「국가와 혁명」(1917)의 저술에서 두드러지게 표현되었다.[20]

원래 국가가 계급의 이익에 종속된다는 주장은 힐퍼딩의 금융자본이론에서 개진된 바 있다. 레닌의 국가이론은 국가의 사회학적 이론에 의거한 분석이라기보다는 당면한 실천적 필요와 상황에 적응하기 위해 만들어졌다. 제 1차 대전으로 인하여 러시아 부르주아지들은 더욱 더 국가기구에 의존하려는 추세를 보였고 자본주의 하에서 국가는 중립성을 상실하고 점차 독점적 유형으로 변화한다고 판단하였다.

> '국가는 계급 대립을 약화 시키고 질서를 갖고 오기 위해 권력을 필요로 한다'라고 보는 엥겔스의 논리는 계급 반목과 국가의 기능에 대한 마르크스의 이론을 왜곡하고 있다. …그의 말대로 계급을 화해시킬 수가 있다면 국가란 존재할 필요가 없다고 본다. 국가란 계급을 화해시

키는 것이 아니라 계급의 지배의 기구이다. 즉 피지배 계급의 저항의 수단을 박탈하는 것이지 대립을 약화시키는 것이 아니다.[21]

1917년 멘셰비키와 사회혁명당은 계급 협조체제를 바라는 온건파 정부에 대해서 '국가란 계급의 협조를 추진하는 존재이다'라고 주장했다. 이에 대해서 레닌은 이것은 쁘띠 부르주아지의 이론이라고 공격하였다.

> 만일 국가가 사회 밖에 존재하여 계급 지배를 영구화시키는 기구라면 피지배 계급의 해방은 폭력적 혁명 없이는 불가능할 것이고 모든 국가의 기구, 즉 군대, 감옥, 경찰, 관료, 의회 등이 분쇄되지 않고서는 불가능할 것이다.[22]

레닌은 국가 존재 자체에 대해서 점점 더 비판적이며 적대적인 입장을 취하였다. 그대신 혁명 이후에 도래할 프롤레타리아 독재에 관해서 다음처럼 예언했다.[23]

> 국가는 계급 반목의 산물로서 국가가 커질수록 계급의 반목도 커진다. 그러므로 계급 반목의 해소를 위해서 사회주의 혁명은 반드시 국가를 폐지해야 할 것이다. …낮은 단계의 공산주의 사회에서는 프롤레타리아 독재가 필요하나 높은 단계의 공산주의 사회에서는 사라질 것이다. …[24]

그러나 그의 국가관은 프롤레타리아 독재에 관해서 지나치게 유토피아화 하는 모순에 빠지게 되었다. 만일 국가를 민병대나 소비에트 기구가 무장하여 부순다면 이것 역시 억압적 강제 세력이 아닌가라는 비판적 의문에 레닌은 다음과 같은 논리를 펴나갔다.

> 콤뮨에서의 무장은 질적 변화를 일으킨 것이므로 콤뮨은 국가가 아니

다. 그 근거는 민병대는 선출된 것이고 그 목적은 계급을 철폐하고 국가를 없애는 것이기 때문이다.[25]

이처럼 당시의 레닌에게 프롤레타리아 독재란 강제적 역할을 의미하는 것이 아니었다. 이것은 부르주아지나 반동파에겐 강제력을 의미하나 프롤레타리아에겐 자발적인 환영을 얻는다는 것이었다. 또 프롤레타리아는 일시적 기간 동안만 전위적인 역할을 한다는 것이었다. 매우 공상적인 생각이 아닐 수 없다고 본다. 그렇다면 자치 기구로서 콤뮨 내에서 프롤레타리아는 어떤 존재인가? 새 콤뮨 사회는 민중 그 자체이며, 전체 민중이며 특권적 일부도 괴리된 일부도 아니다. 그러므로 프롤레타리아는 국가의 권력을 인수한 이후에도 부르주아의 경제적 기초가 아직 여전히 존재하고 있기 때문에 이들 경제적 통제권을 몰수하기 위해 일시적인 독재와 강제력을 행사한다. 이 이행 과정은 오직 프롤레타리아에 의해서만 성취될 수 있다. 쁘띠 부르주아 층은 자기 기만과 또 자본에 의한 압력 때문에 독재권을 행사할 수 없다. 농민층이나 소농층은 프롤레타리아층의 편에 설 수는 있으나 혁명을 성취한 이후에만 즉, 다시 말해 프롤레타리아 독재 이후에 올 사회의 이득을 충분히 인식한 이후에만 이에 가담할 수 있다고 했다.[26] 이때만 해도 레닌은 프롤레타리아 독재 시기에 토지를 소유하고 있는 농민층에 대한 강제력의 사용은 절대 금지한다는 원칙을 갖고 있었다. 또한 사회주의로의 이행 방법에 매우 낙관적 태도를 가졌다. 그는 프롤레타리아 독재는 사회주의 자체가 아니라 오직 과도기임을 못박았다. 그는 특히 그 기간이 짧아야 할 것과 도덕적 가치를 포함해야 하는 것이 필수적 요건임을 강조하였다.[27]

그러나 이런 사상은 과연 1917년 10월 봉기와 실제로 권력을 장악한 이후에도 그대로 유지될 것인가? 권력을 쟁취한 이후에 이것을 다시 민주적 민중 기구에 이양시킨다는 것, 이것은 쉽지 않은 일이다. 이 지점에서 우리는 몇 가지 중요한 문제를 제기할 수 있다. 첫째, 프롤레타리아 독재가 언제 끝나는지? 둘째, 국가권력을 인수 통합하고 난 이후에 누가 그 권력을 계승할 것인지? 그 계급이 프롤레타리아 계급인지? 새로운 계급인지? 셋째, 프롤레타리아 계급이나 다수파를 민중과 같은 의미로 쓸 수 있는지? 넷째, 새 국가에서 권력의 계승방법은 어떤 것인지? 이 모든 실제적인 질문들은 권력장악에 성공한 직후에는 날카로운 가시처럼 그를 찌를 문제들이었다.

3. 10월 혁명과 '프롤레타리아 독재'

1917년 8월 러시아 상황은 점점 혼돈 속으로 빠지고 있었다. 당시 임시정부와 소비에트가 협조한 '이중 권력'은 그야말로 폭풍속의 촛불같았다. 정부는 극도로 불안정한 권력 구조속에 놓여 있었다. 양 세력은 1917년 2월 이후 10월 사이 전쟁 목적과 산업 경영권의 논제를 둘러싸고 격하게 대립했다.[28] 레닌을 위시한 볼셰비키 과격파들은 이 대립과 분열을 전략적으로 유리하게 이용하였다. 그는 '빵! 토지! 평화!'라는 슬로건을 내세웠다. 이것은 '도시 노동자에겐 임금과 생산 관리권을!' '농민에겐 토지 재분배를!' '병사에겐 종전을!' 뜻하는 것이었다.[29] 4월에 레닌은 다시 자신의 혁명 목표를 총칭적인 뜻으로 '모든 권력을 소비에트로!'라는 구호로 압축하고 있었다. 그러나 그의 구호는 아직은 노동자, 농민 소비에트의 중앙, 각 시 지부 내에서 그다지 큰 관심을 끈 상태는 아니었었다.[30] 소비에트 조직, 노동 조합, 민병대 지도부 내에서 아직까지는 멘셰비키나 온건파 사회주의자의 지지자들이 다수파를 차지하고 있었다.

그런데 상황이 급전환하게 되었다. 1917년 여름 경제적 위기가 점증하였다. 제 1차 대전에서의 대 참패가 연속적으로 이어졌다. 세계 대전에 관한 볼셰비키와 온건파들의 해석의 차이는 매우 컸다. 볼셰비키들에게 1차 세계 대전은 민족 간의 대립에 의한 것이 아니었다. 각국의 부르주아 계급 간의 전쟁, 착취자들 사이의 충돌 즉, 제국주의적 전쟁이었다. 그것은 러시아의 노동자·농민을 더욱 착취하게 되는 지배층의 권력 유지를 위한 전쟁을 의미한다고 보았다. 이에 비하면 온건파에게 제 1차 대전은 애국 전쟁이면서도 진보적인 시민 전쟁으로 비춰졌다. 또한 온건파가 보기에 2월 혁명을 일으킨 러시아에게 이제 전쟁은 자국의 자유를 보존하며, 혁명 정부의 정당성을 유지하기 위한 전쟁이었다. 동시에 이 전쟁은 범게르만주의의 권위적이고도 독재적인 체제에 대항하는 전쟁이었다. 자연히 이 전쟁은 러시아가 서구 자유주의 국가로부터 혁명 정부를 인정받고 내부의 분열을 막고 국민적 통합을 이루게 하는 수단이기도 했다.

이에 대해 소비에트의 입장은 어떠했을까? 2월 혁명 당시 도시 노동자와 농촌 농민들 사이에서는 염전 사상이 팽배하고 있었다. 그러나 반전 시위는 아직 자제하고 있었다. 가장 큰 이유는 노동자와 전선의 병사 소비에트와의 균열을 두려워하였기 때문이었다. 이들을 연합시키기 위한 전략으로서 레닌은 자신의 '4월 테제'에서 전쟁에 대한 태도를 다음과 같이 밝히고 있다.

> 전쟁의 연장은 혁명의 성과와 그 발전에 커다란 위험을 안겨다 줄 것이다. 러시아에서 임시 정부로의 권력 이양은 적어도 러시아에 관한 한, 전쟁의 성격과 의미에 있어서 아무런 변화를 가져다 줄 수 없다. 왜냐하면 임시 정부는 여전히 지주와 자본가들의 정부이기 때문에 …[31]

레닌에 따르면 2월 혁명 정부는 영국과 프랑스와 전제 러시아 사이에 있던 비밀 조약을 밝혀내지 않고 있다는 것이다. 또한 국민들과 협의도 없이 러시아 자본가들이 중국, 페르샤, 터키 및 오스트리아를 마음대로 훔치도록 돕고 있다는 것이다. 즉, 레닌의 분석에서는 금융 자본의 이해에 묶여 있는 자본가 계급이 국제차관, 이권 할양, 군수 산업에 투자하고 있다는 것이다. 그러므로 수십 억불의 이윤을 포기할 수 없기 때문에 영토 합병 역시 포기할 수 없다는 것이었다. 이 같은 조약상의 비밀을 감춤으로써 전쟁의 진정한 목적에 관해서 러시아 국민들을 속이고 있다고 주장하였다.[32]

6월 전선에서의 대 참패와 이에 따른 경제적인 참담한 상황, 또 8월 말의 우익 군부의 쿠데타의 시도는 완전히 임시 정부의 위신을 추락시키는 계기가 되었다. 또 이 결과는 소비에트 조직 자체 내에서도 분열을 갖고 왔다. 8월 말부터 차츰 소비에트 시 지부 선거에서 '소비에트 권력'의 구호가 강렬한 흡인력을 갖기 시작했다. 레닌은 이 상황에 기민하게 적응하였다. 8월 여름 그는 긴급하게 『국가와 혁명』을 집필하였다. 이 저술에서 그는 혁명의 목표와 혁명을 보호할 국가 이론을 만들어 내었다.

『국가와 혁명』에서 레닌은 '소비에트' 조직이야말로 바로 프롤레타리아 독재를 수행할 기구라고 선언했다. 그는 소비에트 회의체에게 권력 인수의 역할을 부과하였다. 즉 소비에트와 프롤레타리아 독재를 일치시킨 것이다. 프롤레타리아 계급의 독재는 계급 없는 사회로 가는 과도기일 뿐이며, 인류사에서 마지막 국가의 형태를 의미하는 것이라고 하였다.[33] 이런 근거에서 레닌은 프롤레타리아 독재의 필요성을 극도로 확대 해석하였고, 계급 혁명의 연장선 상에 놓여있는 것으로 정당화하였다. 그에 의하면 2월 임시 정부와 두마는 부르주아의 가면일 뿐이며, 부르주아 독재의 상징에 지나지 않았다. 한편, 7~8월의 대 참패와 농촌에서의 대 기근은 경제와 민중 생활을 더욱 비참한 상태로 몰고 가고 있었다. 정부에 대한 증오심과 불신을 극단으로 치닫게 했다. 온건파 임시정부의 연이은 실책에 실망한 상황 때문에 소비에트 조직, 공장위원회, 노동조합 등, 여러 노동자들 조직은 갑자기 레닌의 사상에 관심을 돌리기 시작하였다.[34]

이에 또 다른 중요한 선전과 이론이 언급되어야 하는데 그것은 '공장 내에서 생산과 분배의 통제권'에 관한 것이었다. 레닌은 재빨리 그가 제시한 미래 사회주의 사회 모습을 제시하였다. 모든 강제 수단은 사라지고 아래서부터의 자치를 통해 단순화된 경제 기구만 존재하며 노동자들이 산업을 자치적으로 통제(Workers' Self-Control)할 것이라고 약속하였다.[35]

> 생산과 비축, 판매에 관한 노동자의 관리는 …5인 이상의 노동자를 고용하거나 1년 1만 루블 이상의 생산품을 가진 모든 산업, 상업, 금융, 농촌 및 기타 기업의 경우에 모두 도입될 것이다. …노동자 관리는 모든 노동자와 고용된 고용인들에 의해 수행될 것이며 … 그들의 대표는 총회에서 선출될 것이며 … 선거기록부는 정부와 지역 소비에트 대표회에 전달된다. …[36]

'노동자 관리'에 관한 한 레닌의 적응은 참으로 절묘한 것이었다. 이미 6월부터 총체적 경제위기가 확산되자 페트로그라드 각 공장에서 노동자들은 우발적으로 산업 경영권을 침해하거나 간접 감독 이상으로 개입하는 사태가 빈번하게 나타났다. 이 순간 레닌의 주장은 상황의 결과에 적응한 것이지 미리 갖춘 청사진이나 이론에 의거한 것은 아니었다.

공장 내에서 노동자들의 과격한 행동은 레닌이나 사회주의자들의 사상의 결과라기보다 계급 간의 불신이 적개심으로 바뀐 상황의 결과였다. '노동자 관리'에 관하여 노동자들과 레닌의 관계를 추적해 보면 매우 특기할 사실이 나타난다. 산업 경영에 대한 노동자들의 우발적인 개입 속에서도 레닌의 경제 관리 사상은 구호 자체의 과격함과는 달리 노동 대중의 그것보다 훨씬 온건하였으며 큰 차이가 존재하고 있었다.[37] 다시 말해서 레닌은 소비에트 감시와 '노동자 관리'는 과도기적인 단계가 되리라고 보았으나 노동 대중에게는 궁극적 목표로 보였다.

한편, 경제 상황은 6월 대참패 이후 여름동안 더욱 악화일로로 치닫고 있었다. 레닌은 다시 노동 대중의 요구에 적응하기 위해 급진적 형태의 관리를 인정하지 않을 수 없었다. 그런 점에서 당시 그의 구호는 자신도 미리 예측하지 못한 즉흥적인 것이었다고 분석할 수 있다. 점차 프롤레타리아 독재에 관한 그의 구호는 계급 적대감이 극도로 고조된 페트로그라드의 노동 대중에게 먹혀 들어갔다. 마침내 노동자들은 9월의 시 두마, 소비에트 시 지부선거에서 볼셰비키에게 다수표를 던졌다. 공장의 하부 조직이 상부의 행정적 통제로부터 이탈하고 산업경영에 개입하려는 필사적이면서도 공격적인 성향으로 변화해 갔다. 이것은 결정적으로 볼셰비키와 노동자의 동맹을 가능케 하였고 10월 봉기 세력의 기반이 되었다.[38]

'모든 권력을 소비에트로!'라는 뜻은 정부의 행정·관료기구나 생산경영에 대중과 선출된 대표들의 직접적 참여를 의미하는 것이었다. 레닌은 소비에트, 민병대, 공장위원회 등의 조직을 통해 직접 참여를 약속하였다. 그는 러시아에서 이미 자본주의의 발달로 인해 생산이 대규모화, 집중화되고 있었기 때문에 프롤레타리아가 집단적으로 경영하기가 용이하며 보통 교육을 통해 생산 관리, 회계, 경영, 분배의 과정 자체를 쉽게 배울 수 있으리라 선전했다. 아마 10월 봉기 직전까지 레닌은 러시아 노동자들의 문화적 수준을 크게 낙관하고 있었던 듯하다. 그는 다음처럼 희망하였다.

> 사실 모든 은행과 기업연합을 국유화하고 상업적 비밀을 폐지하고 노동자 관리를 확보한다는 것은 전 국민의 노동력을 절감하는 일일 뿐만 아니라 노동 대중의 작업 조건을 향상시킬 수 있다. …소비에트가 권력을 쥐게 되면 부르주아와 연립했을 때보다 더욱 더 빠르게 러시아는 경제적으로 회복될 것이다. 사회주의화한 경제력과 노동자들은 자본주의 국가보다 더 애국적으로 경제기초를 복구시킬 것이다.[39]

4. 신생 사회주의 국가에서 민중의 권력

10월 24일 봉기는 온건 자유주의 정당으로부터 프롤레타리아의 권력장악이라는 점에서는 성공이었다. 그러나 소비에트 조직에 의한 생산 관리나 생산 수단의 사회화는 아직은 요원한 일이었다. 레닌은 봉기 직후 마르크스의 주장에 따라 프롤레타리아 독재의 필요성과 정당성의 근거로서 다음과 같이 선언하였다. 첫째, 그것이 장차 계급의 구별을 철폐하기 위한 것, 둘째, 지배 계급이 의존하고 있었던 생산 관계를 폐지하기 위한 것, 셋째, 그 다음 제 사회 관계를 파기하기 위한 것으로 못박았다.[40] 프롤레타리아 독재는 한편에서는 프롤레타리아 민주정의 목표를 가지는 것이라고 했다.

그러나 계급의 독재 그 자체 만으로서는 사회주의적 변혁을 위한 충분한 조건은 아니다. 여기에서 더 나아가 프롤레타리아 계급과 국가와의 관계와 프롤레타리아 계급과 사회주의 경제 사이의 관계에 대한 현실적 원칙을 포함해야 한다. 다시 말해, 만일 프롤레타리아가 직접통치하고 관리하려면 사회주의적인 생산 관계를 광범위 하게 받아들이고 또 그 이념을 구체적으로 실천할 수 있는 민주적인 조직기구와 재정을 가져야만 진정으로 프롤레타리아 권력이 가능하다고 볼 수 있다. 마르크스도 역시 프랑스 혁명 이후의 혼란과 파리 콤뮨 사건 동안 프롤레타리아 독재 권력을 수립할 것과 부르주아의 모든 지배기구나 권력을 탈취해야 한다고 강조했었다. 그러나 그 결과로 탈취한 권력이 국가주의적인 것으로 되는지 자치주의적으로 변형되는지에 대해서는 극히 애매한 답변밖에 하지 못하였다.[41] 그러므로 러시아에서 혁명이후 프롤레타리아 독재의 첫 단계가 도래할 시점에, 프롤레타리아 독재의 정치 기구 형태와 당의 역할에 관한 모든 이론은 전적으로 레닌이 고안해 내어야 할 몫이었다.

그러나 실제에 있어서 10월 봉기 직후 프롤레타리아 독재이념은 권력남용의 가능성이 엄청나게 컸다. 이를 방지할 방안이나 프롤레타리아와 국가와의 관계에 관해서는 모든 것이 불투명하였다. 더구나 마르크스 이론에서는 생산 관리나 분배 과정에 대한 구체적 문제는 아무런 언급이 없었다. 경제적 관리과 결정 권한이 노동자 기구의 집단적 결정인지, 당 권한 인지, 행정 기구의 결정인지도 언급이 없었다. 레닌 자신도 10월의 봉기 직후, 볼셰비키가 권력 장악에 보다 유리한 위치에 놓였지만 아직은 온건파 사회주의 정당과 치열하게 경쟁해야 했다. 그러므로 사회화와 국가통제에 의한 국유화의 구분을 전혀 언급하지 않고 미루기만 하였다. 이것이 의도적인지 비의도적인지는 불확실하다. 산업 경영권의 장악이 프롤레타리아계급의 집단적 결정인지 소비에트의 결정에 따르는 것인지 당의 명령에 따라야 할 것인지에 대해서도 언급하지 않았다. 토지국유화 선언은 강령으로만 존재하고 있었다.[42] 농촌에서는 토지겸병의 혼란 속에서 개인주의적 성향의 미르(Mir)가 다시 부활되고 있었다. 농민들은 신생 혁명 정부의 토지 사용권 개입에 저항하였다. 도시에서는 공장 내의 '노동자 관리'(Workers' Control)가 마구 자의적으로 이루어지고 있었다. 생산과 유통의 질서가 점차 무정부적인 상태에 빠져 들었다. 이 당시 레닌과 볼셰비키의 초미의 관심사는 오직 사회주의적 정당들 사이에서의 절대적으로 우월한 권력을 갖기 위한 권력 투쟁이었다.

봉기 직후 혼란 중 레닌은 자치적 콤뮨 수립의 과제를 한 번도 언급치 않았고 사태를 묵시하였다. 간혹 그는 러시아에서 공산주의를 수립하려는 노력이 약간 시기상조이며, 유토피아적인 오류일지 모른다고 암묵적으로 언급하기만 했다.[43] 그는 부르주아지에 대한 승리만으로 공산주의가 도래하지 않는다고 주장하였다. 그는 다시금 공산주의는 세계적인 현상이기 때문에 금융 자본과 제국주의가 패배한 이후에야 가능하다는 논리로 되돌아가고 있었다. 그는 차츰 콤뮨보다 좀 더 강화된 노동훈련, 일인경영주제, 강력한 중앙집권적 정부 등의 필요성을 논하기 시작하였다. 이런 점에서 1918년 1월 이후 그의 프롤레타리아 독재 이론은 다시 혁명 이전의 지하 혁명활동 시대의 논리로 되돌아가는 모습을 보여준다.

레닌이 다시 프롤레타리아 독재 사상을 언급하기 시작한 것은 1918년 10월이었다. 이때는 이미 사회주의적 제 정당 사이의 유혈적 권력 투쟁에서 볼셰비키가 완전히 승리하고 난 직후였다.[44] 그러나 이때 그의 저술과 사상을 자세히 보면 그는 프롤레타리아 독재 용어를 콤뮨의 수립을 위해서가 아니라 '신생 소비에트 국가'의 수립을 위하여 사용하였다. 레닌은 이제 세계를 부르주아 독재와 프롤레타리아 독재의 두 가지 노선으로 나

2-2. 내전의 승리. 크레믈린에서 적군의 사열식

누었다. 그 사이의 중간 상태를 일체 부정하였다. 레닌은 완전히 이분법적 흑백 논리로 돌아갔다. 이 속에서 자치적 콤뮨의 용어는 사라져 갔다. 그는 콤뮨은 궁극적 질서이기는 하나 유럽 혁명의 도래까지는 불가능하며 포기할 것을 선언하였다.[45] 이미 1918년 3월 이후 레닌은 소비에트 기구 내의 선거권과 노동 조합의 선거제를 폐지하였다. '노동자 관리' 운동을 쁘띠 부르주아적인 것으로 탄핵하고 극복되어야 할 방식으로 규정지었다. 참으로 이중적인 태도가 아닐 수 없는 바였다.

레닌이 프롤레타리아 독재가 끝날 수 있는 시기는 오직 미래 세계 자본주의 국가의 붕괴 무렵일 뿐이라고 주장하기 시작한 것은 그가 혁명 이론 상에서 미세하지만 분명히 변화했음을 보이는 것이었다. 이것은 그가 다시 1914년 당시대의 중앙집권적인 국가 이론 분석의 틀로 되돌아가며, 1917년 『국가와 혁명』에서 보인 유토피아적 이론을 포기함을 뜻한다. 이러한 사상적 회귀에는 러시아의 내전의 시작, 서구 자본주의 국가의 침입, 유럽의 사민당의 패배 등이 심각하게 작용하였다고 볼 수 있다. 또한 국내에서의 조기 사회주의 국가수립이 불가능하다고 깨닫게 된 것도 그 중요한 결과 중의 하나였다. 러시아에서 미래 사회주의 혁명은 오직 프롤레타리아 독재에 의해서만 성취시킬 수 있다고 보는 주장은 제 2인터내셔날의 붕괴, 제 2차 코민테른의 강령에서 점점 강하게 나타났다. 프롤레타리아 독재는 이제 그에게서 국내의 문제가 아니라 국제적인 문제로 확대된 세계관이 되었다.

> 세계는 프롤레타리아 사회와 부르주아적 자본주의 사회로 둘로만 나뉘어져 있고 그 사이의 유동적인 체제들은 본질적으로 둘 중 어느 하나에 속할 뿐이지, 중간 단계는 존재하지 않는다. …입헌의회나 혹은 국민의회와 평화적인 단결이란 부르주아 독재를 꿈꾸는 자들의 위선적인 속임수일 뿐이다.[46]

당시 러시아의 경제 구조는 여러 가지의 구조들, 자연 농업경제, 소규모 상품생산, 사적 자본주의, 국가자본주의, 사회주의 등의 유형이 한데 뒤엉켜 있는 복합형이었다. 사실 단일한 형태의 이행기를 갖는 것은 불가능했다.[47] 이 때문에 레닌은 러시아에서 사회주의적 생산 관계로의 전환을 위한 핵심 노선으로서 농민과 노동자의 유대를 절대적으로 중시하였다. 또 그는 러시아의 농민의 계층 분화에서 빈농·중농의 도움이 있어야만 프롤레타리아 독재가 가능하리라고 파악하였다.[48] 빈농과 중농이 점차 도시 노동자들의 지도력에 따르게 되면, 부농(Kulak)은 서서히 소외되거나 혹은 강제력에 의해 감소될 것이라 보았다. 그러나 이 낙관론은

1918년 여름동안의 대 기근과 농촌에서 농민들의 흑토지 재분배의 요구로 말미암아 완전히 무너지고 말았다. 신생 소비에트 국가의 당면한 가장 심각한 경제적 문제는 도시민과 적군의 생계를 위한 식량 확보였다. 특히 내전 동안 식량, 무기 확보는 볼셰비키의 생사가 달린 과제가 되었다. 강제 징수는 자연히 농민층 전체의 저항을 받게 되었다. 레닌의 프롤레타리아 독재의 경제적 전략 상의 특징은 이제 무엇보다 쁘띠 부르주아 층의 분쇄에 집중되었다. 임금 노동자와 수공업자, 빈농, 중농을 프롤레타리아 계급으로 보았지만 자치적 경제 활동이나 자유로운 생산 활동을 추구하려는 사람을 모두 쁘띠 부르주아 층으로 구분지었다. 무작의적으로 이들을 탄핵하며 재산권 몰수에 강제력을 행사하였다.[49]

그러나 농촌의 농민들 사이에서는 새로운 현상이 나타나고 있었다. 흑토지 재분배와 지주 토지몰수, 교회와 황제영지의 국유화가 진행되고 있을 즈음, 1919~1923년 사이 농민층에서도 전반적으로 토지 소유 크기 면에서, 또 분포 면에서 변화가 나타났다. 중농층이 증가하고 부농이 격감하였다. 자연이 볼셰비키 정부는 점차 부농이 아니라 중농을 대상으로 곡물을 강제 징수하기 시작했다.[50] 토지 국유화 선언에도 불구하고 실제적으로는 농촌에서 사회주의적인 공동 생산이나 협동 조합의 조직의 발달 가능성은 극히 미약했다. 오히려 개인주의적 성향과 사유재산을 보호 받으려는 농촌의 집단적 공동 촌락제 미르(Mir)가 부활했다. 이로서 농업 생산성 증가와 사회주의적 변형은 서로 모순되는 상황에 빠지게 되었다.[51] 레닌의 프롤레타리아 독재는 생산의 마비와 식량 위기에 직면하게 되었다. 볼셰비키는 도시의 행동파 노동자 기구를 인위적으로 조직하여 통치 기구 내의 엘리트에 의한 반-볼셰비키적 행위에 공격을 가할수 밖에 없었다. 곧 지방에서 부농이나 아니라 중농층에 대한 공격이 무차별적으로 자행되었다. 이것은 농민층 전반으로부터 저항을 야기하였으며, 이것은 노농연대를 통해 사회주의 질서를 수립할 수 있다는 레닌의 이론에 큰 딜레마를 가져다 주었다.

> 혁명에서 우리는 농민과 더불어 권력을 장악하였다. 농촌에서 계급투쟁이 아직 전개되지 않는 한, 이것은 어느 의미로 부르주아적 혁명이다. 농촌에서 사회주의 혁명은 엄밀하게 말하여 1918년 여름부터 전개되어 왔다. …
> 농촌에서 빈농위원회 조직이 강화되었고 소비에트가 선출되어 프롤레타리아계급의 지배권을 확립하였다. …그러나 작금의 가장 중요한 당면한 문제는 중농에 대한 우리의 태도이다. …이들에게 강제력을 행사하는 것은 손쉬운 일이지만 이들은 안정되거나 확실히 정의된 계급이 아니다. …또한 농촌에서 흔히 모험적 공산주의자들이 정직하지 못하게 권력을 행사하게 되면 농민층은 소비에트 권력과 공산주의를 분리해서 생각하게 되며 오히려 공산주의에 큰 해를 끼칠 수 있다. …섣부른 강제력을 써서는 결코 안 된다. …처음에 농민을 도우라, 그 다음엔 그들의 신임을 얻으라.[52]

그러나 내전이 지속될수록 도시에서의 경제는 점점 붕괴하였다. 레닌은 한편에서는 콤뮨의 완전한 포기, 프롤레타리아 독재 기간의 무기한 지속, 러시아 모델의 특수성을 선언하였다. 또 한편에서는 프롤레타리아계급 개념과 일반 노동자 대중의 개념을 구분하여 사용하기 시작했다. 1919년 봄부터 소비에트 조직이 지역적 구분에 의해서가 아니라 경제적 단위로, 즉 산업, 농촌, 공장 등의 단위로 재편성할 것을 지시하였다. 프롤레타리아 계급의 정의는 노동대중 출신에서 나온 계급적 성분보다 혁명에 대한 헌신성, 당성(redness)에 의해 결정된다고 강조하였다. 또한 프롤레타리아계급 자체도 엘리트 전위부대에 의한 중앙집권적인 통치에 종속되어야 함을 선언하였다.[53] 이것은 계급성보다 당성의 우위를 강조하는 것이었다. 계급성에 의한 논의에서 레닌이 가장 편집적인 태도를 보인 것은 노동조합의 기구에 대한 당의 권한을 확보하려는 데서 나타난다. 프롤레타리아 독재 시기엔, 노동 조합은 자치권을 갖기보다 당과 국가와 군대의 보완 기구로 변화되어야 했다.

> 프롤레타리아 독재 시기엔 노조는 더 나은 노동조건을 위해서 투쟁하는 것이 아니라 생산의 목적을 위해 노동자 계급을 조직하고, 교육하고, 훈련시키며, 집단을 분류하고 배속시키며, 궁극에 가서는 국가의 단일한 경제적 계획의 성취에 이바지해야 한다.[54]

이제 그는 프롤레타리아 독재는 프롤레타리아에 의해서가 아니라 의식 있는 전위대에 의해서만 수행 가능하다고 말하였다.[55] 레닌의 반-노조주의 정책은 많은 일반 노동자와 노조 지도자들을 놀라게 하였다. 아마 소비에트 정부의 딜레마는 노동자와 농민 자체를 통제할 수단으로 당의 권한 밖에 없다는 데에 기인하는 것이었다. 어쨌든 이것은 곧 1917년의 『국가와 혁명』에서 보여주던 레닌의 노동자 민주주의 이론을 완전히 포기함을 의미하였다.

볼셰비키는 1920년 봄부터 사회적인 지지 세력을 급속히 상실해 갔다. 혁명 당시의 페트로그라드의 노동자들과 의식적 지도자들은 내전 동안 그 수가 급격히 감소하였다. 노동자들은 개인적으로 필사적인 식량 확보를 위해 농촌으로 돌아가거나 당의 여러 조직 기구 속에 선발·배속되었다. 이제 노동자의 자율적인 목소리를 표현할 집단은 거의 사라지고 있었다. 노동자들과 당내 반대파들의 저항에도 불구하고 현실과 혁명의 약속 사이의 괴리는 커져만 갔다.[56]

만일 노동자가 수동적으로 되면 사회주의적 사회관계는 취약해지고 생산성은 줄어 들게 된다. 그 다음엔 새로운 독재와 강제력의 행사라는 악순환이 계속될 것이다. 당내에서의 관료주의화나 노동 조직의 비민주화에 극력 저항한 노동자 반대파의 지도자였던 A. 콜론타이는 선거제 원칙을 복귀시킬 것과, 당내의 일을 공개하고 의견 표현의 자유를 보장하며 특히 하부 당원의 목소리를 중시할 것을 요구했다. 그녀는 레닌이 '4월 테제'로 되돌아 갈 것을 호소하였다. 그러나 레닌은 당원의 가입에서 지식인 출신보다는 노동자 출신을 늘이는 것은 찬성하나 자율성이나 파당 조직의 존재에 관해서는 한 치의 양보도 없었다.

드디어 1921년 3월 크론스타트 섬에서 수병, 부두 노동자들에 의한 반-볼셰비키, 반-공산주의의 폭동이 폭발하였다. 소비에트 신생 국가의 정당성을 위협하는 사태가 일어난 것이다. 이에 당황하여[57] 레닌은 1921년 3월 제 10차 볼셰비키 전당대회를 개최하였다. 여기서 그는 모든 파당 정치, 분파 활동을 반동적인 것으로 규탄하고 탄핵할 것을 공표하였다. 이로서 신생 사회주의 국가에서 레닌의 프롤레타리아 독재 이론은 완전히 새로운 국면을 맞이하게 되었다.

5. 마지막 노력

크론스타트 병사들의 반란은 레닌에게 큰 충격과 좌절감을 주었다. 섬의 수병들은 10월 혁명과 내전시기 볼셰비키의 핵심 지지기반이었기 때문이다. 레닌은 이 반란이 심각한 경제적 고통에서 비롯된 것으로 보았다. 그는 노동자·농민들의 경제적 고통을 완화시키기 위해 강제적 경제 정책을 부분적으로 후퇴할 것을 결심하고 네프(NEP) 정책을 선언하였다. 그러나 이와 동시에 정치적으로는 레닌은 오히려 당의 중앙집권적인 권력을 더욱 강화시키는 작업을 진행하였다. 당시 상황에서 프롤레타리아 출신 노동자들 다수가 당에서 이탈하여 농촌으로 귀향했다. 내전 후 삶이 더욱 빈곤해지고 미래가 불투명해졌기 때문에 이들은 신생정부에 불만과 적개심을 나타내었다. 이제 레닌은 '프롤레타리아 독재'에 대하여 새로운 개념으로 전환하였다.

> 독재는 도시 노동자 계급에 의해서 수행될 수 없었다. 대신 그것은 당

의 과제이다. 사회주의의 실현은 프롤레타리아의 참여 없이 계급의 활력적 에너지를 갖고 있는 당의 전위대에 의해 수행될 것이다.[58]

프롤레타리아 독재는 이제 '프롤레타리아에 의한 부르주아에 대항한 독재'가 아니라 완전히 '프롤레타리아를 위한 당의 독재'라는 뜻으로 미묘하게 달라진 것이다. 당과 국가의 관계는 이제 어떻게 규정지을 것인가? 만일 국가의 기구가 자율성을 갖고 당과 분리된다면, 또 당에 대해 비판적인 입장을 취하고 중립적인 위치에 남아 있게 된다면 당은 어떻게 될 것인가? 볼셰비키 당은 금방 통제 수단과 지지 기반을 잃게 될 것이며, 소수 집단으로 전락하고 말 것임은 너무나 명백하다. 정말로 두려운 사태가 일어날 것이었다. 그렇게 된다면 1921년 봄 상황은 무정부주의자나 쁘띠 부르주아 층을 자극할 것이 틀림 없었다. 이에 레닌은 프롤레타리아 독재를 강하게 만드는 방법으로서 국가 기구의 행정적 중립을 몰수해야 한다고 보았다. 모든 기구는 당과 결합해야 한다. 더 나아가 국가의 최고 징계권 조차도 당이 가져야 한다는 결론에 도달하였다. 1921년 봄부터 인민최고위원회(내각)와 소비에트 대표회를 당에 종속시키는 작업에 본격적으로 착수하였다.[59] 제 10차 전당대회에서 레닌은 '중앙집중주의'와 '당의 분파 금지' 원칙을 강력하게 선포하였다. 이것은 볼셰비키의 당의 최고 우월권과 중앙집권적 권력의 서열식의 원칙을 최종적으로 못박은 사건이었다.

10차 전당 대회에서 당은 지금부터 다른 모든 종류의 강령이나 계획에 의거한 집단들, 노동자 반대파, 민주적 중앙집권파들이 해체될 것을 엄명하며 당 결정에 어떠한 불복종이라도 생길 땐 당에서 무조건 추방하기로 한다.[60]

이로서 소비에트 기구에 의한 민주주의적 관행은 종지부를 찍게 되었다. 레닌은 프롤레타리아계급을 새롭게 정의내렸다. 그는 완전히 다시

1900~1903년의 사상으로 복귀하였다. 그에 의하면 노동자는 결코 스스로 사회주의를 향해서 발전해 가지 않는다. 사회주의적 사상은 반드시 급진적인 당의 전위부대에서 나오며 운동의 목표도 이들이 정할 것이다. 프롤레타리아란 노동자 계급의 성분에 따라 결정되는 것이 아니라 목적이나 행동에 따라 정해진다. 노동자의 프롤레타리아 성분은 당이 심사하며 결정한다는 것이었다.[61]

이에 우리는 다음과 같은 최종적 질문을 할 수 있다. 레닌의 프롤레타리아 국가에서 민중은 과연 권력을 얻었는가? 그의 국가관에서 민중을 어떤 지위를 갖는가? 소비에트 국가관에서 어떤 변화가 일어났는가?

이 물음에는 매우 불길한 징후의 답이 따른다. 1917년 8월에는 분명히 레닌의 국가관에는 매우 유토피아적이고 초민주주의 국가관의 색채를 띠고 있었다. 그는 소비에트 기구가 최종 권력을 장악하며 일체의 권위주의적인 국가 무력 기구는 소멸되고 소비에트 하위에 놓일 것이라고 주장했다. 그러나 10월 봉기 이후 권력 투쟁, 내전을 거치면서 프롤레타리아 독재는 당에 유보 조항 없이 권력 남용의 무한한 가능성을 남겼다. 러시아의 낮은 정치문화 수준으로 인해 관료적 당에 의한 독재권이 '프롤레타리아 독재'라는 명분 하에 무제한 남용되었다. 말년의 레닌은 당의 관료주의적 권력 남용의 가능성을 크게 우려하였다. 그는 당이 자기 비판적 능력을 갖추도록 제도적 시도를 하였지만 이미 입법과 행정권을 집중한 정부 기구, 대표자 선거제를 전적으로 폐지하고 난 이후였다. 무엇보다도 당의 비판적 세력을 당 밖에서는 결코 허용하지 않는다는 원칙을 선포함으로서 자기 모순에 빠지기 시작하였던 것이다. '프롤레타리아 독재' 이론은 고도의 권력 그 자체가 갖기 쉬운 강압적 속성과 볼셰비키의 취약한 사회적 기반 등이 복합적으로 작용하여 볼셰비키 당의 영구적인 독재 권력에 이바지하였다.

1930년대에 러시아의 프롤레타리아 독재는 그 용어조차 별로 사용되지 않았다. 경제는 경제법칙이나 사회적 세력에 의해서가 아니라 계획에 의해서만 움직였다. 사회주의 의식 역시 합리적인 분석이나 토론과 주체 의식에 의해 심어지기보다는 세뇌, 선전, 인위적인 선동으로 심어져 갔다. 30년대 스탈린시대 소비에트 공산주의 사회에서는 의식(Consciousness)이란 객관적 구조나 자아에 대한 자율적 의식이 아니라 의도적인 계획에 의한 세뇌와 주입을 의미하게 되었다. 의식에 대한 이런 극적 형태가 스탈린 시대에 그대로 나타났다.[62] 그러므로 스탈린 시대는 어느 의미에서 레닌의 시대보다 사회 경제적 조건이 더 안정적이고 '프롤레타리아 독재'가 민중적인 국가로 변화할 수 있는 유리한 경제적 조건을 가졌지만 프롤레타리아의 자아 의식과 자기 의사 표현의 기회가 완전히 소멸되었다. 이것은 혁명의 가장 커다란 역설이었다.

3장 노동자 계급의 꿈은 실현되었는가(*)

1. 신생 사회주의 국가와 노동자 계급의 지위

러시아 혁명은 노동자 계급에게 민중적 민주주의, 생산 관리의 참여, 자치를 향한 열망을 폭발적으로 노출시킨 사건이었다. 노동자 민주주의란 간단히 말해서 '노동자 민중의,' '노동자 민중에 의한,' '노동자 민중을 위한' 정치 구조를 의미하는 것일 것이다. 러시아 신생 사회주의 국가 수립시기에 과연 이들의 꿈은 실현 되었는가? 가슴 두근거리는 질문이 아닐 수 없다.

1921~1928년은 신생 사회주의 국가 수립기에 해당된다. 동시에 이 시기는 신 경제정책, 즉 네프(New Economic Policy) 시기라는 별칭을 갖고 있다.[1] 레닌은 내전 종식 이후 비참한 경제 상황을 목격하고 충격 받아 즉각적 사회주의 질서 수립이 불가능하다고 판단하였다. 그는 모든 산업을 국유화한다는 것을 선포하면서도 동시에 소규모 시장 경제와 개인 산업을 허용하는 일종의 혼합경제 체제인 네프(NEP, New Economic Policy)를 선언하였다. 또 레닌은 당내 좌파의 반대에도 불구하고 각 분야에서 과거 구 질서 시대에 활동하던 전문가, 지식인, 문인, 예술가들을 기용하는 정책을 택하였다. 이것은 다시 한번 더 레닌의 기민한 정치적 적응력을 보여 주는 지도력이라고도 볼 수 있다.

네프 시기에는 이런 양면성 때문에 자연히 볼셰비키 당이나 사회 지도부 내에서 여러 갈래의 이념적 조류가 혼돈스럽게 병존하였다. 한편, 사회의 모든 계층에서도 심한 구조적 변동이 일어 나고 있었다. 과거의 자산가나 산업 자본가들은 모두 궤멸되고 사라졌다. 혁명에 동조하지 않은 인물들은 구 신분을 감추고 살거나 농촌이나 변방으로 떠나야 했다. 동시에 혁명과 내전기에 볼셰비키 당에 협조하였던 노동자들과 농민들 사이에서도 새로운 체제에 대한 기대, 두려움과 좌절감이 끈임 없이 바뀌면서 불안스러운 동요가 지속되고 있었다.

심지어 내전 말 볼셰비키의 강제적인 경제 정책과 탄압에 실망한 노동자들 사이에서도 볼셰비키 당에 저항하는 움직임이 자주 발생하였다. 그러나 소비에트 역사 서술은 이런 반 볼셰비키적인 움직임에 대해서 철저히 감추어 왔다. 극히 최근까지 1920년대 소비에트 사회내에서 노동자들의 생산 관리에 대한 민주적 참여의 권리 상의 변화에 관한 주제는 전혀 다루어지지 않았다. 하물며 새 질서에 대한 의식, 가치관 그리고 내면적인 심리 등에 관한 심층적 모습은 더더구나 알려지지 않았다. 네프 시기의 노동자들의 계급 의식의 문제에 관한 문제는 오직 간접적 자료나 추측에 의해서만 알 수 있다.[2]

내전 말기 볼셰비키의 강제적이었던 곡물징수 정책과 강제 노동 동원령에 대한 저항과 폭동의 불길이 곳곳에서 발생하기 시작하였다.[3] 이 저항은 볼셰비키 정부에게 반 혁명 세력에 대한 전쟁 만큼이나 두려운 위기상황이기도 했다. 1921년 제 10차 전러볼셰비키당 대회에서 채택된 신경제 정책은 산업 노동자의 입장에서 보면 1917년 10월 혁명에서 쟁취한 '자주적 노동자 관리'[4]의 이념에서는 오히려 크게 후퇴하는 바가 된다. 왜냐하면 이 노선과 동시에 볼셰비키는 전국의 모든 대기업의 국유화를 선언했을 뿐만 아니라 산업생산의 관리에서 더욱 중앙 집중적인 '국가 관리'방식을 공표하였기 때문이다.

이런 변화상에 대하여 1920년대 대표적 소련사가인 크리쯔만(L. Krits-

3-1. 내전기 우크라이나에서 인민의 기아상과 고통

man)이나 판크라토바(A. Pankratova)는 1917년의 자주적 '노동자 관리'가 부르주아 계급을 궤멸시키고 산업의 국유화를 위한 과도기적 단계로서 소임을 다했으며 내전이 끝난 이후에는 더 이상 적합하지 않다고 이유를 내세웠다. 그러나 이것은 엄밀히 말하여 객관적인 역사 분석이라기보다는 당의 교리에 입각한 피상적인 합리화에 지나지 않는다.[5] 왜냐하면 소련 사가들은 내전이 종식될 당시에 노동자들의 자주적 참여권의 폐지에 대하여 당내 반대파가 극렬하게 이념적 비판을 전개하였던 사실과 그 이면에 나타났던 노동자들의 저항에 관해서는 전혀 서술하지 않고 있다. 또 노동자들의 움직임이 빈번하게 국유화와 대립하던 사실을 솔직히 밝히지 않았다. 또한 그들은 '국가 관리'가 실제적으로 어떤 점에서 '노동자 관리'보다 더 효과적인지, 또 왜 '국가 관리'가 사회주의적 생산 관리의 방식에서 가장 선진적인 단계라고 할 수 있는지, 과연 '국가 관리'가 노동자들에게 국가 운영에 주체적으로 참여할 수 있는 기회를 줄 수 있었는지에 관해서 어떤 구체적인 논의도 보여주지 않았다.

호루시쵸프의 '해빙'과 '탈스탈린주의' 선언 이후 역사 서술이 약간의 자유를 얻었던 1970년대에 와서 김펠슨(G. Gimpel'son)이 혁명 직후 신생 사회주의 국가 수립기 노동자들의 사회적 심리에 관한 연구를 시도하였다. 그러나 그 역시 정치적 의식 성장을 오직 객관적 물질적인 조건에 의해서만 설명하는 레닌의 이론 틀을 결코 벗어나지 않았다.[6] 페레스트로이카 이후에 와서야 러시아 사가들은 전적으로 새로운 방법이 필요하다는 것을 자인하기 시작했다. 특히 고골레브스키(A. Gogolevskii)는 러시아 노동자 계급의 의식을 설명하기 위해서는 경제 발전 단계와 구조를 중시하는 마르크스주의적 이론에 의거한 틀보다도 노동자들의 내면적이고도 주관적인 세계를 설명하는 것이 필요하다는데 동의했다.[7]

한편 부이난(J. Buynan)을 위시한 서방의 혁명 초기의 자유주의적 보수 사가들 역시 볼셰비키는 반 혁명 세력을 궤멸시키기 위해 중앙집권화와 강제적 국유화를 실시했으며 이를 위해서 노동자 계급을 선전에 동원했다고 보았다.[8] 그러나 이들 역시 당시 볼셰비키의 선전 효과를 지나치게 과대 평가하고 있다는 비판을 피할 수 없다. 왜냐하면 노동자들과의 관계는 훨씬 더 복잡하고 분열적인 양상을 보이고 있었기 때문이다.[9]

따라서 본 장에서는 지금껏 알려지지 않았던 몇 가지 사료를 통해서 네프 시기의 산업 노동자들의 실제적 정치적 사회적 지위상의 변동과 볼셰비키 정권에 대한 인식 및 가치관의 내면적 변화를 추적해보고자 한다. 먼저 내전 말기에 일어났으나 감추어진 노동자 저항의 배경과 실제상을 살펴 보자. 그 다음 공장과 산업 현장에서 생산과 분배 관리권에 관한 볼셰비키의 독점적인 권력에 대해 노동자들이 어떤 태도를 보였는지 살펴 보자. 또 노동자들이 요구한 권리에 대해서 볼셰비키 당내의 지도부의 입장이 어떻게 갈라졌으며, 특히 노동자들을 옹호한 당내 좌파와 노동자 반대파(workers' opposition)[10]의 입장을 검토해 보자. 그 다음 네프 시기에 완전히 사라진 '노동자 자주관리'를 대치하기 위해 '당-국가 관리'를 도입한 과정을 살펴보자. 이 과정에서 당이 지명한 소위 '감시대-간부'층의 사회적 성분과 태도를 추적해 볼 필요가 있다. 이러한 물음들은 러시아 신생사회주의 국가에서 노동자계급의 지위상의 변화와 체제의 근본적 특성을 파악하는 데 중요한 열쇠를 갖고 있다고 본다.

2. 1921년 노동자 저항 운동의 발생

내전이 끝나기 전에 이미 볼셰비키는 강제적 전시 공산주의 경제와 노동 정책을 도저히 더 이상 지속할 수 없다는 사실을 명백히 깨닫고 있었다.[11] 왜냐하면 생산성은 최하위 수준으로 하락하고 있었고 불만이 도처에 확산되고 있었기 때문이다. 경제적 고통과 새 억압으로 인하여 1920년 여름 철도 노동자들의 격렬한 파업이 일어났다. 1920년 말에는 모스크바 곳곳에서 노동자 소요가 확산되고 있었다. 심지어 국영 기업에서도 파업이 발생하기 시작하였다.[12] 1921년 2월 금속노조 지도부까지 내전기 볼셰비키의 혹독한 노동 정책에 대해 신랄한 비판을 가하기 시작했다.[13]

10월 혁명의 가장 큰 협조 세력이었던 노동자들의 소요와 저항의 움직임은 레닌과 볼셰비키 당에게 '혁명은 수포로 돌아가지 않을까?'라는 심한 두려움을 자아내게 된 것은 자명한 일이었다. 내전기 동안은 노동자들은 볼셰비키의 비민주적인 노동 정책과 배급 정책은 어쩔 수 없는 불가피한 일로 받아 들였다. 그러나 전쟁이 종식되자 대다수 노동자들은 혁명의 본래의 이상이었던 '노동자 자주관리'와 경제적 노고에 대한 보상을 요구하기 시작했다.

점차 볼셰비키 당 지도부 내에서도 노조 역할과 자주적 '노동자 관리권'에 관한 문제를 둘러 싸고 여러 입장과 이념 상의 분열이 일어났다.[14] 당내 분열은 처음에는 노동력을 대규모를 이용하기 위해 활용했던 철도 노동자[15]에 대한 트로츠키의 가혹한 노동 정책에 대한 비난에서 시작되었다. 이후 이것은 점차 당의 '관료주의화'에 대한 비판으로 비화되면서 당내에서는 우파, 즉 보수파와 민주파의 분열로 확대되었다.[16] 적어도 아직까지는 볼셰비키 당은 이상주의적 이념 지향과 현실 권력 추구의 파벌이 뒤섞여 있었다. 다시 말해 1921년 까지는 당내에서 어느 정도 자유로운 이념 토론이 허용된 분위기를 갖고 있었다고 보인다.

신생 국가 수립 초기에 레닌에 이어 제 2인자의 지위를 갖고 있던 트로츠키는 오만한 성품과 더불어 자신의 내전에서의 역할과 승리 덕분으로 대단한 자부심을 갖고 있었다. 트로츠키는 강력한 중앙집권적 당의 권력 집중을 요구하면서 사회주의 국가에 대한 노동자들의 복종의 원칙을 강조하고 있었다. 트로츠키에 의하면 노조는 국가의 하위기구로 재편되어야 했다. 이것은 노동자로 하여금 '국가 관리'를 받아들이게 하고, 국가 계획에 따라 노동자를 훈련시키며, 생산성을 높이는 임무를 수행하는 기구였다.[17] 트로츠키의 주장은 외견상 당내 보수파의 주장과는 큰 차이가 없는 듯 보였지만, 인간적으로는 당내에서 별로 인기가 없었다. 레닌의 최측

3-1. 내전에 승리한 적군 총 사령관, 트로츠키

근으로서 지노비예프를 중심으로 한 당내 보수적 우파 세력은 트로츠키의 독주와 적군 내에서의 높은 인기에 대해서 커다란 질투와 위협을 느꼈다. 제 3인자로서 지노비예프는 반 트로츠키 입장을 갖고 트로츠키의 혹독한 노동 동원정책을 비판하는 선두그룹에 섰다.[18] 여기에 당내 민주적 좌파였던 쉴랴프니코프(Shliapnikov), 오신스키(Osinski), 콜론타이(A. Kollontai) 역시 노동자 조직을 군사화하려는 트로츠키의 구상을 권위주의적인 것으로 규정짓고 신랄하게 비판하는데 동조하였다. 특히 콜론타이는 민주적 좌파답게 1919년 당 계획안의 기초에 따라 '노동자 관리'를 회복할 것을 주장하였다.

> 노조 지도부는 노동자 조직 안에서 선출되어야 하며, 노조에 가입한 노동자들의 의사에 따라 정책을 결정해야 한다. 또 노조는 궁극적으로 <전러생산자대표회의>로 재편되어야 한다… 당은 원래의 강령에서 벗어났다. 당은 예전에는 노동대중이 원하는 바를 지도하고 반성하였으나 이제는 노동대중을 불신하고 있으며, 복종과 권위, 차별의식을 강조하는 자본주의적 의식에 젖어 있는 쁘띠부르주아 출신의 기술자들을 기용하면서 경영과 조직면에서 노동자들의 참여를 차단시키고 있다. 이는 마르크스주의적 실천이 아니다. 왜냐하면 노동자들의 참여와 경영에 대한 결정권 없이는 결코 새로운 사회주의적인 생산방식을 가지지 못할 것이기 때문이다.[19]

그녀의 연설은 참으로 민중적 민주주의를 대표하는 발언이었다. 이념적으로 보면 당시의 급진적 민주좌파들의 토론들은 거의 유토피아적 수준에 이른다. 특히 콜론타이는 트로츠키의 독재적 노동정책을 다음과 같이 맹비난하였다.

> 트로츠키는 노동자들에게 산업 조직가로서의 역할을 부여한다고 한

다. 그러나 그는 노동자들을 주체적이고도 창의적인 존재로 보는 것이 아니라 단순한 기계적 도구로만 보고 있다. 트로츠키의 문제점은 노동자들을 매질하여 지나치게 혹독한 강권적인 방법으로 훈련시키려고 한다는 점이다.[20]

한편 지노비예프는 트로츠키를 매우 경원시하였지만 당내 민주파에 대해서는 더 더욱 큰 혐오감을 표현하였다. 지노비예프는 레닌에게 맹종하는 인물로서 무엇보다도 당의 중앙집중적 권위를 최우선시 하였다. 모든 노동자계급이 당에 통일적으로 복종해야 한다고 보면서 당내 민주적 좌파를 맹렬히 비난하였다.[21]

'노동자 반대파'가 옹호하는 생산자 노조의 조합원의 대다수는 비당원들이다. 그들은 상당수가 멘셰비키이거나 사회혁명당일 것이다. 노조가 비공산주의자들로 가득 차 있다면 도대체 프롤레타리아 운동의 선봉대를 누구에게 맡길 것인가라는 점이 문제시된다.[22]

노조의 지위에 관한 당의 의견 분열이 새로운 분파주의로 변해 갈 조짐을 보이자, 레닌은 이것을 노동자들의 저항 이상으로 우려하였다. 레닌은 특히 '노동자 반대파'의 급진적인 행동에 대해서 크게 놀라 분노하였다. 그는 1921년 3월 전당 대회 초두에 이들을 맹비난하는 연설을 행하였다.[23] 민주적 좌파의 입장에서 볼 때, 레닌의 태도는 매우 실망스러운 것이 아닐 수 없었다.[24] 한편, 노동 조합의 자율권을 비판하는 점에서 트로츠키는 일견 당내 보수적 우파와 유사한 듯 하나 그의 입장은 이들과는 정치적으로는 근본적으로 궤를 달리하였다. 왜냐하면 트로츠키는 전선의 적군 지도자로서 맹활약하였고 이념상 철저한 계급 투쟁의 영속화를 강조했다. 이 때문에 그는 후방에 있던 당원의 행정적 관료주의를 혐오하였다. 트로츠키는 각 공장 내에서는 이미 계급투쟁이 중단되었다고 비판의 화살을 쏘아대고 있었다. 후방의 당 간부들이야말로 행정권력에만 몰두하고 있으며 혁명적 계급투쟁과는 아무 상관없는 관료적인 출세지향주의자들이라고 비난하였던 것이다. 어느 면에서 트로츠키의 계급투쟁 이론은 매우 이상주의적인 특성을 띠고 있었다. 당연히 그의 비판은 이미 행정적 질서 속에 재편되어 권력을 갖기 시작한 지노비에프를 위시한 당내 우파에게는 매우 '불편한 진실'이었다.

당 지도부가 내분을 지속하는 사이 1920년 말 노동자 소요는 각처에서 규모가 점점 커져 가고 있었다. 경제적 상황은 계속 악화되고 있었다. 1921년 초에 산업 생산성이 혁명 이전에 비해 16% 이하로 떨어졌다.[25] 1921년 초 식량 배급은 다시 1/3분이상 감소하게 되었다. 2월부터 모스크바를 위시하여 각 도시, 탐보프 지역 등 농촌 지역까지 노동자들의 반볼셰비키 시위가 확산되었다. 마침내 1921년 3월 10월 혁명 이후 사상 최대의 반볼셰비키적인 노동자 반란이 폭발하였다.[26] 이런 사실들은 소비에트 역사에서 잘 알려져 있지 않다. 외부 반혁명 세력의 침투와 영향에 의한 것으로 치부되면서 미미한 정도로만 역사 기록에 남아 있을 뿐이다. 노동자들은 당시 이 모든 궁핍의 원인이 결코 내전이 아니라 정부의 강제적인 식량 공출, 가혹한 배급제, 그리고 강제적 노동동원령 탓으로 생각하였다. 레닌의 설득 연설에도 불구하고 노동자들은 '자유노동', '더 많은 배급량,' '농민의 경작의 자유,' '자유로운 교환체제'의 깃발을 들고 시위를 벌였다. 이 소문은 특히 식량 사정이 좋지 않은 페트로그라드와 이에 근접한 크론슈타트 섬의 기지에까지 전해져 갔다.[27]

페트로그라드에서 가장 가까이 있는 해군 기지 섬인 크론슈타트 수병은 1917년 혁명 당시에 볼셰비키의 선전 운동의 강력한 지지기반이었다. 내전 동안 이 기지의 혁명 대원들 상당수가 적군 병사로 선발되었다. 그런데 1921년 3월에 크론슈타트 수병과 노동자들이 반볼셰비키 반란을 일으킨 것이었다. 반란의 원인은 비참한 생활 상태와 볼셰비키 당의 혹독한 공산주의적 정책에 있었다. 1921년 2월 말에 작성된 크론슈타트 수병 반란자들의 결의문 중 일부를 들어보자.

> 1. 현재의 소비에트는 노동자와 농민의 요구 중에서 가장 중요한 비밀 투표에 의한 선거와, 모든 노동자와 농민을 위한 선전을 표현할 수 있는 자유를 허용하지 않고 있다 …
> 2. 노조와 농민조직에 집회의 자유를 허용할 것,…
> 7. 지역별로 공산주의 체카(cheka, 비밀경찰)[28]기구를 설치하는 규정을 취소할 것, 어떤 정당도 사상을 유포하거나 재정적인 지원을 받는 데 있어서 특권적인 지위를 가지지 말 것…[29]
> 9. 모든 노동자들에게 동등한 식량 배급량을 줄 것…
> 10. 군대 내에 공산주의자 분견대를 두거나, 공장 내에 공산주의자로 구성된 감시대를 두는 규정을 폐지할 것…
> 15. 개인에 의한 자유로운 수공업 생산을 허용할 것…[30]

위의 요구 사항들의 내용은 겉으로는 대부분 경제적인 것으로 보인다. 레닌과 대다수 볼셰비키를 놀라게 한 것은 그 속에 있는 반공산주의적이고도 반볼셰비키적인 요구들이었다. 레닌에게는 '볼셰비키 공산주의자 퇴진', '소비에트 권력'의 실시, '제헌의회 소집' 등의 구호는 반혁명적인 구호로 보였다.[31] 심지어 일부 노동자들 사이에서 다시 멘셰비키와 사회혁명당의 인기가 오르기도 하였다. 수병과 노동자들이 가장 증오한 인물은 체카 (비밀경찰) 요원들과 볼셰비키 당 간부들, 그리고 적군장교들이었다. 그들은 볼셰비키가 임금제와 노예제를 폐지한다는 혁명의 본래의 약속을 위배하였다고 생각하였다.[32]

이 당시 반란자들은 '노동자 관리'에 대해서는 어떻게 생각하고 있었을까? 이것은 매우 흥미로운 질문이다. 그들은 분명히 '노동자들과 소 수공업자의 자유로운 노동'과 '자주적 결정권'을 요구하고 있었다. 그러나 '노동자 관리'에 관해서 이제 이 용어는 단지 '지역 공장위원회의 간부에 의한 감시'의 의미를 뜻할 뿐이었다.[33] 1921년 이미 산업관리에서 '노동자 관리'는 그저 어휘로만 존재하였다. 정부는 과거의 경영인과 기술자들을 요직에 배치하여 이들에게 다시 실질적인 결정권을 위임하고 있었다. 이것은 노동자들에게 자율적 경영권을 허용하는 것도 아니었고, 또 '노동자 관리'를 다른 기업과 조정할 수 있도록 허락하지도 않았다. 이 명칭은 노동자들로부터 더 이상 관심을 끌지 못했던 것이다. 그들의 주장을 들어보자.[34]

> 볼셰비키는 '노동자 관리' 방식 하의 생산조직을 와해시키고 이것을 국유화하였다. 노동자들은 자본주의의 노예에서 국가기업의 노예로 탈바꿈하였다. 동시에 노동조합은 중앙집권화된 공산주의적 건물로 변하였다. 노동조합의 활동은 공장을 경영하거나 노동자들의 교육적이고도 문화적인 발전을 위해 노동자들을 보조하기보다는 하잘데 없는 서류 꾸미기 작업으로 전락하였다. 오직 선거제를 부활시켜야만 다시 노동조합을 노동자들의 광범위한 자주결정권을 위한 자유로운 기구로 변화시킬 수 있다. 혁명적인 크론슈타트는 다른 종류의 사회주의를 위해 투쟁할 것이다. 왜냐하면 노동자 사회주의 공화국에서는 생산자 자신이 유일한 주인이며 자신의 산물을 옳다고 생각하는 대로 처리할 수 있기 때문이다.[35]

여기에서 발견할 수 있는 중요한 사실은 노동자들이 결코 혁명 이전의 과거로 되돌아가는 것은 바라지 않으며, 여전히 사회주의적 사회가 자신들의 고통을 벗어나게 해줄 해결책을 갖고 있으리라 기대하고 있다는 점이다. 그러나 볼셰비키 당은 이 반란을 외부 세력의 사주를 받은 쁘띠부르주아적인 반혁명 운동이라 규정지었다. 곧 대대적인 유혈적 진압을 지시하였다. 크론슈타트 수병-노동자 반란자들은 급진적 요구와 함께 16일간의 크론슈타트 자치시 수호를 위한 저항 끝에 패했다. 약 1,000여 명이 희생되고 수천여 명이 부상당했다. 지도자였던 페트리첸코를 위시하여 2,500여명이 형장과 강제노동 수용소로 사라졌다.[36] 이 비극적 결말에서 알 수 있는 중요한 사실은 노동자들이 분명히 자치와 공동 소유를 추구하는 사회주의를 희구하고 있음에도 불구하고, 내전을 겪는 동안 볼셰비키당과 노동자 민중 사이에 불신의 골이 엄청나게 깊어졌다는 점이다. 이것은 한편으로는 볼셰비키가 권력을 장악하는 데에는 성공하였으나, 또 다른 한편으로는 당과 민중을 연결하는 민주적 사회조직을 만들어 내지 못했음을 뜻한다. 크론슈타트 수병들은 1917년 혁명에서 선봉적인 역할을 행하였기 때문에, 이때 레닌의 충격은 엄청나게 컸다. 그는 당시 다음과 같이 고백하였다.

> 크론슈타트는 그 무엇보다도 더 극명하게 현실을 비춘 사건이다. 반란은 결코 고립된 우연적인 사건이 아니다. 보다 광범위한 사회적인 소요와 저항의 일부에 지나지 않는다. 전시 공산주의 시대의 경제 위기가 정치 위기로 바뀌었을 뿐이다. 미래의 볼셰비즘은 경각에 달려 있다.[37]

당시 크론슈타트의 반란의 소식을 들으면서 당내의 좌파였던 '노동자 반대파'는 어떤 태도를 취할 수 있었을까? 당연히 그들은 딜레마에 빠지지 않을 수 없었다. 그들은 반란의 소식을 들은 즉시 반란자들이 반혁명적이라고 같이 선언하였고 당의 진압을 승인하지 않을 수 없었다. '노동자 반대파'의 최대의 약점은 자신들의 급진적인 입장에도 불구하고 노동자들의 집단 저항이 발생했을 때나, 노동자-농민의 갈등이 발생했을 때에 결코 당 차원을 넘는 해결책을 제안할 수 없었다는 점이다.

크론슈타트 반란 이후 노동자들의 저항과 당의 분열에 심한 초조감을 느낀 레닌은 노동조합의 지위 문제에 관하여 자신이 이제 더 이상 보수적 강경파와 민주적 좌파 사이에서 애매한 중도적인 태도에 머물수 없다고 판단하였다. 그는 트로츠키나 당내 민주파의 입장을 다 비난하였다.[38] 레닌은 노동조합은 결코 산업관리에 직접 개입하거나 정부와 대립적 역할을 행해서는 안 된다고 못박았다. 그는 다음과 같이 단언하였다.

> 프롤레타리아 독재 하에서 노동조합은 국가와 당, 또는 소비에트와 당 사이를 중재하는 역할에 머물러야 한다. 프롤레타리아 독재란 노동조합의 독재가 아니다. 그것은 프롤레타리아 전위대에 의한 독재이다.[39]

그러나 레닌은 노동 조합의 지위의 문제에 관해서 내심과 달리 표면으로는 여전히 신중한 어조를 사용하였다. 레닌의 이와 같은 태도는 노동조합의 자치권을 무조건적 맹 비난하는 볼셰비키 내의 보수적 강경파와는 조금 달랐다. 레닌이 겉으로 계속 중재 기구로서의 노조의 기능을 주장하는 이유는 무엇이었을까? 레닌은 만일 노조가 정치적 결정권에서 완전히 제외될 경우, 노조가 대다수의 노동 인민으로 하여금 당에 냉담한 태도를 취하도록 자극할 지도 모른다고 걱정하였다. 또 이것이 노동자들의 생산 열기가 식어가는 사태를 낳을까봐 극히 두려워하였다. 전술의 천재였던 레닌은 이 사안에서 매우 실용적 입장을 취하였다.

> 노동 조합은 국가기구로 적합치 않다. 그들은 부패하기 쉽고 산만하며 이기적인 기구로 변하기 쉽기 때문에 프롤레타리아 독재기구로 부적당하다. 그러므로 노조는 통치하기보다는 프롤레타리아를 노동에 동원하고 조직하며 생산현장에서 노동대중에게 공산주의 원리를 가르치는 학교가 되어야 한다.[40]

우리는 여기에서 레닌이 노조가 국가기구로부터 중립적 위치를 가진다는 말이 곧 '노조가 자율적인 권한을 가진다'라는 의미를 지니지 않도록 매우 애매모호하면서도 이중적 의미의 표현을 사용하고 있음을 알 수 있다. 노동조합의 역할을 오직 교육 기구라고 규정하면서 노동조합은 정치적으로 중립이라는 것이다. 다시 말해 레닌은 노조가 국가 기구에 하부 기구로 복속된 것도 아니며, 독립적 지위를 가진 것도 아니면서 오직 작업장내에서의 노동 인민의 권리와 책임을 대변한다고 정의했다. 레닌은 이러한 모호한 원칙을 내세우면서 일단 트로츠키와 당내 좌파의 주장을 물리쳤다. 그러나 실상은 노조는 프롤레타리아 당의 기구와는 별개이면서도 국가권력의 하위 기구임은 변함없었다. 1921년 레닌에게는 권력 문제보다 더 절박한 문제는 생산성의 문제가 되었다. 이제 그에게 사회주의 이념의 새로운 개념과 가치 기준은 생산성 향상 문제에 집중되고 있었다. 이에 대해 당내 민주파였던 A. 콜론타이는 다음과 같이 한탄하였다.

> 레닌 동지는 생산성 향상을 위해 노동 조합에 경영권을 줄 수 없다고 하였다. 그러나 생산성 향상은 누구를 위한 것인가? 노동자는 혁명을 수행했음에도 불구하고 자신이 처한 곤경에서 벗어날 수 있는 아무런 수단도 가지지 못하였다. 노동자는 사소한 임무나 수행하는 도구로 전락하였다. 그러므로 우리들의 생각은 경제문제에서 최고 결정권을 가지는 <최고국민경제회의>를 폐지하자는 것이 아니라 이것을 노동기구의 하위에 두자는 것이다.[41]

레닌은 크론슈타트 반란의 진압에 성공한 후, 1921년 3월 제10차 전당대회에서 산업과 노동에서 새 원칙을 도입하였다. 그것은 차등 임금제와 식량 배급량 차별제, 노동 카드와 성과급제 및 지식인과 기술자 우대 정책을 포함하였다. 이로써 실질적으로 노동자들의 지위는 더욱 하락하였다.[42] 게다가 1921년 적군 동원령이 해제되면서, 퇴역 병사들이 도시로 대량 유입되었다. 실업률과 식량난이 더욱 가중되었다. 그러나 이미 노동자들은 식량가격은 물론이고 임금 면에서 결정 과정에 참여할 수 있는 어떤 권한도 가지지 못한 지위에 빠져들고 있었다.

3. 네프 시기 '산업생산 관리'에서 노동자 계급의 역할

세계사에서 최초로 사회주의적 계획경제를 실시한다는 것은 그야말로 '높은 장벽을 오르는 것'과 같다. 사회주의 국가는 자본주의 체제보다 더욱 높은 생산력에 도달한다는 이념을 내세워 왔다. 이것은 항상 크다란 강박 관념으로 볼셰비키 정권을 괴롭히고 있었다.

볼셰비키 정권은 산업 생산 현장에서 산업 경영권을 장악하기 위해 최우선적으로 '자주적 노동자 관리'를 강제로 폐지하였다. 이 대신 '노동자 국가 관리'의 이념을 고안하였다. 이 용어는 '노동자 국가'에 의한 관리라는 것이었다. 이제는 노동자 국가가 건설되었으므로 노동자들에 의한 자주관리는 더 이상 필요하지 않다는 논리였다. 볼셰비키는 이를 현실적으로 실행하기 위해 정부기구를 고안하였다. 인민위원회 직속에 경제를 중앙집권적으로 계획하고 수행하며 감독할 수 있는 별정의 행정기구를 창설하였다. 이것을 <중앙산업관리국>, 혹은 <중앙산업중추부>(glavkii tsentraly)[43]로 명명하였다.[44] 이 기구는 모든 철강, 석탄, 목재, 식료, 의류 등등 모든 산업을 부문별로 나누고 각자 생산과정을 당이 위에서 아래에 이르기까지 직접 감독 관리하는 권력을 가지게 된다. '생산 과정의 감독'은 단순히 경제에 대한 감독이 아니라 철저히 체제를 수호하는 정치적 목적에 이바지하는 것이기도 했다. 국가 기구에 의한 직접 감독 즉, '국가 관리'를 철저하게 확보하기 위해 볼셰비키 정부는 여러 종류의 행정부처의 감독 기능들 즉, 전쟁위원부, 식량위원부, 내무위원부, 최고국민경제회의, 각종 산업별 중추부 및 노조가 갖고 있는 각각의 감독 기능을 <국가관리인민위원회> (People's Committee of State Control, 이하 PKSK로 약함)[45]하에 통합시키기 위해 노력하였다.[46] <국가관리인민위원회>는 산업경제의 모든 부문을 직접 감시 감독할 권한을 갖게 되었다. 이것이야말로 사회주의 체제의 계획경제 시스템의 첫 기초가 되었다.

그러나 <국가관리인민위원회>는 노동자들과 당 사이의 깊은 골은 결코 메우지 못했다. 이에 대한 원인은 매우 중요하지만 안타깝게도 우리에게는 구체적인 증거가 부족하다. 왜냐하면 소련 역사서술에서는 각 계층의 계급 의식이나 주관적인 입장의 표현에 관한 사료나 연구는 거의 전무하기 때문이다. 그러므로 네프 시기의 노동자들의 태도와 의식에 관한 문제는 당시 산업관리 기구의 임원 중 노동자 출신의 성분상 수적 변화나 지위상 상승 및 하락을 통하여 일부나마 간접적으로 유추할 수 있다.

신생 사회주의 국가 수립 시기에 과연 노동자 계급이 산업 경영면이나 결정권에서 참여할 수 있는 기회가 실질적으로 증가하였는가? <표 1> 산업별 중추부의 임원의 사회적 성분의 비율을 통해 이 문제를 살펴보자.

<표 1> 산업별 중추부의 임원의 사회적 성분 (%)

출신 성분	육체 노동자 및 공장 상임 위원회	노조 가입 회원	고급 경영인	고급 기술자	중간급 경영인	중간급 기술자	정부 관리	공공 조직가	교수	자유 직종인
비율	20.2	3.1	14.6	15	11.8	10.8	10.5	3.5	4.9	5.6

출처: *Narodnoe khoziaistvo* 3-4 (1920), 62-66.

<표 1>에서 보면 산업별 중추부 이사회 임원들 중 전문적 경영인들과 관료들이 압도적으로 큰 비율을 차지하고 있다. 내전 동안 공장위원회 조직은 이미 자율성을 상실했기 때문에 육체 노동자 출신의 임원들은 당에서 지명한 인물이거나 공산주의 당원일 가능성이 농후하다. 따라서 노동자의 입장을 대표하는 유일한 집단은 노조 회원이었다. 그런데 이들이 경영 이사회나 책임 이사회에 참여하는 비율은 극히 낮게 나타나고 있다.

이 외에 노동자들의 참여도를 살필 수 있는 그 다음 중요한 잣대는 볼셰비키 당 자체의 변화상이다.[47] 1917년 초에 볼셰비키 당원은 2만 4천명에 지나지 않았다. 처음에는 대다수가 주로 인텔리겐찌야와 노동자 계급

출신의 직업적 지하 혁명가들이었고 당에서 사무직 노동자와 기술자 등 중산층에 속하는 전문가 출신들은 극히 소수였다. 그 후 10월 혁명 시점에 가서는 당원의 수가 거의 열배 이상 증가하여 24만에 이르렀다. 이 중 90%가 새로 가입한 사람들이었다. 1918년 6월에 사회주의적 정당들 사이에서 볼셰비키가 단독으로 권력을 장악할 수 있는 가능성이 커졌다. 이때 새로 당에 가입하는 사람들이 생겨났다. 이제 당원의 수가 36만으로 증가하였다. 이는 현실적으로 무엇을 의미하는가? 이것은 당연히 출세하거나 정치적 경력을 추구하려는 인물들이 당원에 가입했다고 보아야 할 것이다. 그러나 내전 중에는 혹독한 과업과 어려운 여건 탓으로 다시 당원의 수가 감소하여 1920년 초에는 15만까지 줄어 들었다. 그 후 내전에서 최종 승리가 확실해진 1921년 3월에는 그 수가 60만으로 다시 급증하였다.[48] 두말할 나위없이 이들은 신생국가에서 권력이나 지위상승을 꿈꾸는 경력파들이었다.

그러나 당원의 수적 증가가 하층 노동자 대중의 참여율의 증가를 의미하는 것은 아니었다. 왜냐하면 1921년의 당원의 90%는 내전 중에 충원된 인물들이다. 이들은 노동자 출신이 아니라 행정 목적을 위해 프롤레타리아 계급을 조직하는 데 기술을 발휘할 수 있는 사람들이어야 했다. 그리하여 조직 책임자나, 선전 선동가, 기술자들, 전문 경영가들, 군사 계획가, 적군 지휘관 등 간부급에서 충원되었다. 이 사실에 대해 레닌은 다음처럼 고백하였다.

> 당은 노동자계급보다 '더 프롤레타리아적인' 의식을 가지며 프롤레타리아 계급이 아니면서도 '프롤레타리아 독재'를 수행할 수 있다' [49]

당원의 숫적 규모에 이어 당원들의 사회적인 성분에서 어떤 변화가 일어났는지 D. 오를로프스키의 연구를 통해 살펴보자.[50]

<표 2> 당원의 사회적 성분(1000명, %)

년도	당원	사회적 출신(1000명, %)			
		노동자	농민	사무직	기타
1917	23.6	14.2/60.2	1.8/7.6	6.1/25.8	1.5/6.4
1918	115.0	65.4/56.9	16.7/14.5	25.8/22.4	7.1/6.2
1919	251.5	120.1/47.8	54.9/21.8	60.1/23.9	16.4/6.5
1920	431.4	188.8/43.8	108.4/25.1	104.7/24.3	29.5/6.8

<표 2>에서 보듯이 당원의 성분에서 육체 노동자 출신의 수적 비율이 1917년에서 1920년까지 60.2%에서 43.8%로 크게 감소하였다. 이에 비해 사무직 출신들은 비율 면에서는 큰 변화가 없었으나 실제 수적인 면에서 엄청나게 증가하였다.[51] 또 내전 동안 당원의 과반수가 농민과 사무직 출신들로 채워지고 있음을 알 수 있다.

그 다음 당원에 이어 인민을 대표하는 소비에트의 대표나 집행위원들은 누구였을까? 이를 위해 집행위원회의 사회적 성분을 살펴 보자.[52]

<표 3> 소비에트 집행위원회 성원의 사회적 성분 (%)

년도	주 소비에트 집행위원회		
	노동자	농민	사무직
1919	29.7	13.0	57.3
1920	34.1	8.8	57.1
년도	구역집행위원회		
	노동자	농민	사무직
1919	37.9	22.6	39.5
1920	32.8	20.8	46.4

<표 3>에서 1919년~20년 사이 상부 기구인 주 소비에트 집행부에서도 역시 사무직 출신의 인물들이 압도적으로 많은 비율을 차지하고 있다. 또

한 내전 말기부터는 하부 기구에서도 이들의 비율이 점점 커져 가고 있다. 소련 사가들은 이와 같이 내전 말기에 당이나 행정기구에서 사무직 출신 인물이나 이른바 쁘띠부르주아 출신의 인물들이 점점 다수를 차지하고 있다는 것으로 해석되지 않도록 애매하게 처리하고 있으나 노동자, 농민출신의 비율이 감소하고 있다는 것은 부인할 수 없다.

이와 같은 추세 속에서 레닌은 당과 국가 기구 내에서 노동자들의 비율이 줄어 들고 이 기구들이 관료주의화하는 경향을 크게 우려하였다. 그는 <국가관리인민위원회>의 활동이 저조한데 실망하고 당의 주도 하에 더욱 많은 수의 노동자들을 가담시켜야 한다고 주장하였다.[53] 1921년 6월 레닌은 노동자 대중의 참여를 유도하고 감시, 감독기구 자체의 관료주의화를 막기 위해 소비에트의 산하에 있는 <노농감시대>(Committee of Workers-Peasants Inspection)를 통해 당원의 관료주의를 고발하는데 적극적으로 이용하고자 하였다.[54] 그리하여 네프 시기 동안 레닌은 <노농감시대>를 확대하여 당 자체에 대한 감시와 감독 활동을 수행하도록 엄하게 명령하였다. 이처럼 레닌 자신은 당원의 불순함이나 부패 그리고 관료주의와 출세주의를 막기 위해 갖은 노력을 다했던 것이다. 그로서는 마지막 희망이었던 것이다.

> 현금의 <인민노농감시대>는 노동자-농민을 국가 통치에 참가하도록 유도하지 못하고 있다. 그래서 지금으로서는 <인민노농감시대>가 사라질 듯이 보인다… 얼마나 많은 노동자들이 유능한 요원으로서 이 계획에 참여하고 있는가? 비당원 노동자 출신 감시자들의 활동의 지속성과 성공의 정도는 어떠한가? 당은 이에 대한 정기적인 보고를 올려야 한다.[55]

이외에도 볼셰비키 정부는 노동자 출신의 감시 요원이나 감시대를 충원하기 위해서 노조의 대표들, 비 당원 청년들과 여성들 사이에서도 감시

요원이나 감독 및 감시대들을 선발하기 위해 선전하였다.[56] 그러나 <노농감시대>의 활약에도 불구하고 네프의 시행 이후 중앙의 정부 기구에 대한 관리나 감사는 대부분 회계학에 관한 전문 지식을 요하는 일이었기 때문에 노동자 출신의 참가 성과는 미미하였다. 또 네프 시기에 점차 <노농감시대>가 쓸 수 있는 돈과 재원이 더욱 줄어 들었기 때문에 지방에서는 감독 및 감시대 요원을 일반 노동자 사이에서보다도 점차 기업체의 간부들 사이에서 선발하여 충원하는 경우가 늘어났다. 노동자들의 참여의 비율은 점점 줄어들었다. 이것은 전혀 레닌이 의도한 바가 아니었다.

1921년 6월까지 <노농감시대> 산하의 지부 기구가 900개에 이르렀다. 여기에 참여한 사람은 3만 4천명에 이르렀다. 이들이 사회적 성분을 분석해 보면 노동자 출신이 11%, 농민출신이 2.1%, 볼셰비키 당원이 10.9%, 나머지는 모두 비당원 기술자 및 전문가 출신의 인물들이 차지하고 있었다.[57] 1922년 말까지 <노농감시대>에서 노동자들의 비율은 더욱 감소하여 3%까지 떨어졌다. 결국 국가 관리 기구에 인민 대중을 광범위하게 참여시키려고 했던 사회주의 이념의 본래 목적은 결코 성과를 거두지 못하였다.[58] 레닌은 이 점을 매우 초조하게 생각하였다. 그는 관료주의화 폐단을 막기 위해서 또 다른 방안을 고안하였다. 레닌은 당원 자체의 헌신성과 관료주의화를 감시하는 능력을 키우기 위해 당내에 <중앙관리위원회>(Central Control Committee, 이하 CCC로 약함)[59]를 만들었다. 이 기구와 <노농감시대>가 공조한다는 것이었다.

> 노동자-농민은 아직도 (문맹률이 높고)… 전문지식이 부족하여 통치하는 방법을 배우지 못하고 있다. 이것은 사회주의 국가 건설에서 가장 중요한 과제이다. 당원 출신의 노동자는 지도자로서 사회주의 정부 운영에 관한 일을 배우기 위해서 정부 기구의 일들을 감시하고 교정하는 임무에 참가해야 할 것이다. 국가기구의 임무 수행에 관해서 감시하는 권위있는 기구의 창출이 필요하다. <노농감시대>의 일이 바로 이러

한 일에 해당된다. 앞으로 정부기구를 더욱 효과적으로 감시, 감독하기 위해서 <노농감시대>를 개편할 필요가 있다.[60]

1922년 봄 당 우월주의 원칙에 대한 과도한 집착을 보이던 레닌은 마침내 <노농감시대>와 당의 <중앙관리위원회>를 통합하였다. 새로이 개편된 <중앙관리위원회-노농감시대>(ЦКК-РКИ, CCC-WCI) 공조 체제는 공식적으로 '당-국가 관리' 방식으로 불리면서 산업생산 관리면에서 감시, 감독권을 행사하였다. 처음에 레닌은 통합된 기구가 당원 가운데서 오직 15년 이상 당에 봉사하고 공평하다는 명성을 가진 프롤레타리아 노동자 출신의 인물로만 구성되어야 한다고 요청하였다. 그러나 이 선언은 지켜지지 못하였다.[61] 이리하여 거듭되는 레닌의 경고에도 불구하고 네프 시기에 노동자 계급은 계속해서 당과 국가 관리 주요기구에서 밀려나고 있었다.[62]

네프 시기에 선발된 산업과정에서 고급 결정권을 가진 '감시대 간부'(controller cadre)[63] 집단은 구체적으로 어떤 계층이나 집단에서 나왔을까? 오를로프스키에 의하면 이들은 크게 세 부류로 나누어진다.[64] 첫 번째 부류는 짜르 시대부터 관리직에 종사한 자들로서 소비에트 사회에서 다시 산업생산 행정직에 발탁된 집단이며,[65] 두 번째 부류는 과거 전제정에 저항한 적이 있던 반정부적인 조직의 출신이나 소비에트와 노동 조합, 공장위원회 및 소비조합 등의 혁명조직의 간부들로서 새 행정기구에 합류한 소위 경력파 집단이며,[66] 세 번째 부류는 볼셰비키당 기구에 임명된 열성적인 공산주의자들로서 강제적 권력을 행사할 수 있는 당원이었다. 오를로프스키는 이들 세 부류의 비중에 관해서는 밝히지 못하고 있다. 여기에서 우리는 네프 시기에 사회 구조상으로 복합적이고도 중첩적인 변동이 일어났고 노동자들 중 단지 극소수 일부가 바로 새로운 '감시대 간부' 집단에 합류하였던 것으로 추측할 수 있다.

그러나 역설적이게도 노동자 계급의 입장에서 보면, '감시대 간부' 집단에 선발된 노동자 간부들은 일반 노동자 민중의 이익을 대표하는 역할을 수행하는 것이 아니었다. 이들은 볼셰비키 정부에 봉사한 대가로 보수와 식량, 연료, 주택 등 물질적인 측면에서 높은 보상을 받고 중앙집권적인 감시, 감독체계에 참여하는 사람들이었다. 따라서 그들은 결코 국가 권력으로부터 벗어 난 자유로운 계급으로 성장할 수도 없었다. 더더구나 소비에트 사회의 민주화를 위한 세력으로 변할 수도 없었다.

4. 네프 시기 노동자의 의식과 가치관의 변화

네프 시기에 볼셰비키는 산업과 공장에서 생산 관리권을 독점하고 동시에 생산성을 회복하는 데에 어느 정도 성공을 거두었다.[67] 그러나 일반 노동자의 자유나 정치적 지위는 10월 혁명 당시와 비교했을 때 심각하게 전락한 셈이었다. 네프 시기의 노동정책은 기본적으로 고도의 중앙집권적 국유화, 전문적 '일인 관리제,' 기술자 우대, 차등임금제, 성과급제를 활용하였다. 이 제도는 노동자들 사이에 경쟁을 유발시켜서 산업 생산력을 향상시키는 것을 주된 목적으로 삼았다. 이 때문에 도시의 미숙련공뿐만 아니라 숙련공도 공장을 떠나 농촌으로 식량을 찾아 떠나는 숫자가 매우 증가하였다. 숙련공의 임금이 미숙련공보다 낮게 지급되는 경우도 있었고 사무직 노동자의 급료가 노동자의 경우보다도 300% 이상 책정되는 경우도 있었다. 심지어 1923년 1월에는 사무직 노동자와 육체노동자의 임금 격차가 최고 80:1에 이를 정도의 모순과 혼란이 발생하였다.[68] 이와 같은 노동정책은 노동자들을 전문가와 기술자, 숙련공 및 미숙련공으로 엄격히 구분하는 것을 의미한다. 이러한 차별 정책은 경영의 측면에서 전문가를 선호하고 노동자를 결정권에서 배제하며 일반 노동자 조직의 자치적 권리를 더욱 약화시켰다.[69]

네프가 생산성을 높이는데 어느 정도 효과를 내자 당에 대한 노조의 복종의 문제는 일단락되었다. 이제 노조 대회에서는 노동자의 산업 관리권에 관한 주제는 거론조차 되지 않았다. 이미 노조 내에서 대표를 뽑을 자유와 토론의 자유는 오래 전에 사라졌다. 심지어 국영기업 내에서 경영진과 노동자 사이에 분규가 발생하는 경우에도 그 중재권은 노동 조합이 아니라 당의 손에 있었다. 당시 네프 정책을 비판하는 입장에 있던 트로츠키와 지노비예프조차도 "노조에 대한 당의 중재는 유화적인 중재가 아니라 강제적인 중재이다"라고 자백할 정도였다.[70] 이 때문에 과거 노조 지도자들은 다음과 같이 한탄하였다.

> 경영 이사회의 임원 일부가 노조 내에서도 지명되고 있다. 그러나 경영 이사회에 임명된다고 해서 노조의 지위가 과거와 동일하다고 볼 수는 없다. 왜냐하면 노조지도자들이 경영 이사회에 선발된 후, 노조나 노동자의 입장에서 정책을 시행하는 것이 아니라 국가와 당, 경영인의 입장에서 정책을 시행하는 태도를 취함으로써 다수 대중과 괴리되었기 때문이다. 결국 볼셰비키 당이 권력 장악에 성공한 후 당을 다른 어떤 기구보다 우위에 둠으로써 모든 공적인 생활은 당원으로서의 경력을 위한 것에 지나지 않게 되었다. 따라서 노조는 점차 하위기구로 변모하고 노동자의 지위는 더욱 열등하게 전락하였다.[71]

이처럼 볼셰비키는 노동자들에게는 불리한 네프정책을 시행하면서 사회주의 이념 면에서 이 점을 어떻게 정당화하였을까? 레닌은 이미 내전 동안 당의 경제 정책에 대한 노동자-농민층의 저항을 보면서, 사회주의 정권 수립 이후 즉각 민주적인 산업관계나 사회주의적 생산 관계를 달성한다는 것이 불가능하다는 결론을 내렸던 듯하다. 노동자-농민의 자발적인 연합을 추구하고 국가 자본주의에서 사회주의로 나아가는 과도기의 프롤레타리아 독재 시기의 정책이라는 도식으로 합리화하였다.[72] 그에 의하면 네프는 오직 생산성을 회복하고 사회주의 경제의 기반을 창출하기 위한 것이다.

1921년에 이미 레닌 스스로도 더 이상 그가 예언했던 대로 프롤레타리아 독재가 이상주의적 방향으로 나아가지 않음을 인정하였다.[73] 실제로 이후 프롤레타리아 독재에 관한 한, 레닌의 가장 큰 이론적인 취약점은 혁명 이후 그것이 언제까지 지속되어야 하는지, 또 과연 프롤레타리아 독재 기간에 생산성이 향상되면 사회주의적 생산 관계는 자동적으로 성취될 것인가에 관한 논의는 전혀 이루어지지 않았다는 점이다.[74]

이 때문에 레닌은 그의 후계자들이 그의 사후 얼마든지 프롤레타리아 독재이론을 확대하거나 과장하여 국가 권력을 남용할 여지를 남겨 놓았다. 생산을 둘러싼 민주적 사회 관계의 목표를 도외시하고 물질적인 생산력의 향상에만 몰두하게 만들었다는 비판을 피할 수 없다고 본다.[75] 예를 들면, 레닌은 <노농감시대>를 각종 행정기구의 관료주의화를 고발하고 끊임 없이 당원들에게 헌신적인 혁명 의식을 고취시키기 위한 수단으로 사용할 것을 지시했다. 그러나 실상 <노농감시대>는 전혀 인민 대중의 헌신이나 자발적 참여를 유발하기 위한 기구로 운용되지 않았다. 행정 간부들이 개인적 지위상승을 위해서 업적을 보고하는 도구로 이용되었다.[76] 레닌의 사후 점차 <노농감시대>나 노조의 공식적인 정기 회의는 의례적인 형식에 지나지 않았다.

한편, 1921년 이후에 노동자 계급 자체 내에서는 계급적 결속감이 유지되고 있었는가? 이 문제에 답하기 위해 노동자 계급의 계층 변화에 관해 살펴보는 것이 큰 도움이 된다. 내전 동안 도시인구는 크게 격감하였다. 공장노동자의 숫자 역시 1/3로 줄어들었다.[77] 노동자 인구의 수적인 감소는 사회 구조상의 변동을 일으켰다. 그것은 혁명의 지지 세력을 감소시켰을 뿐만 아니라 의식의 변화도 수반하였다. 1917년과 달리 페트로그라드와 모스크바에서는 400만의 인구가 1920년에는 160만으로 줄어들고, 노동자 계급의 수는 42만에서 8만으로 줄어들었다. 이로써 노동자 계급 그 자체는 크게 분산되고 약화되었다. 내전 종식 이후 적군은 500만 중에서 사상자가 120만, 탈주자는 100~150만에 이르러 세력이 극히 약화되었다.

무장 해제 이후 적군의 일부는 도시 실업자가 되어 파업이나 반란에 가담하거나 또는 농촌과 변방에서 약탈자로 변모하기도 했다.[78]

내전 동안의 도시의 사회구조적인 변화에 관해 퀜커는 대단히 흥미로운 자료를 제시하고 있다.[79] 모스크바의 경우 1918~21년 사이에 인구 중 100만이 빠져나가고, 16만이 유입되었다.[80] 1926년까지 모스크바의 노동 인구는 계속 감소하였다. 그것은 1917년에는 41만이었으나 1920년 말에는 8만, 1923년에는 12만, 1926년에는 29만으로 증감하였다. 이 중에서도 1926년에 산업 노동자들은 18만에 지나지 않았다. 나머지는 대부분 관리직이나 행정직 그리고 서기 직에 종사하는 사람들이었다.[81] 또한 주변부의 인물들과 노년층, 그리고 농촌과 관련 있는 사람들은 농촌으로 되돌아갔다. 숙련공 중 2/3가 모스크바를 이탈하였다. 그들은 낮은 임금 때문에 더 이상 공장에 남아 있을 수 없었다. 농촌으로 갔거나 아니면 혁명 의식 때문에 적군에 자원하여 입대했다. 만일 선전, 선동 등 혁명적인 활동에 가담한 경력이 있으면 적군과 당, 그리고 지방 행정 기구의 요원으로 선발될 수 있었다. 대도시에 남은 자들은 자유직 종사자들과 사무직 노동자, 여성들, 그리고 나이든 숙련공들이었다. 그 외에 도시에 새로 들어온 자들은 도시 생활에 적응할 수 있거나, 또는 신생 정부의 정책에 동조하거나 신체제에서 새로운 직업과 경력을 추구하려는 자들이었다. 그리하여 도시 인구는 이미 노동자들이 주류가 아니라 복합적인 특색을 띠었고, 노동자들 또한 성향이 다양하였다.[82]

위와 같은 구조적이고도 수적인 변화가 일어나는 동안 노동자들의 의식과 체제에 대한 태도는 어떻게 변하고 있었을까? 체이스의 연구에 의하면 네프시기에 노동자들의 세계관과 인식 구조는 혁명 때와는 크게 달라졌다.[83] 1921년 네프 정책 이후에 성장한 신세대 노동자들 대다수는 10월 혁명 당시의 투쟁 활동에 실제로 참가한 경험이 없는 사람들이었다. 대부분 이들은 신생 정부의 주입식 세뇌 교육을 받고 성장하였다. 이 때문에 이들은 구 세대와는 달리 공통된 과거 투쟁경험이나 주체적 계급의식에 의해서 행동하지는 않았다. 그보다는 출신지, 직업 훈련 학교, 숙련도 또는 임금 수준에 따라 뭉쳐 있었다. 네프 시기 이들은 차별적 임금에 대해서 대단히 큰 경쟁심이나 질투심, 불만을 가지고 움직이는 집단이었다. 이들 신세대 노동자들은 소위 네프맨 즉, 부농, 상인, 지식인 및 전문기술자들에 대해서 비판적이고도 적대적인 태도를 취하고 있었다. 정부의 억압적인 노동정책에 대해서는 냉담과 체념, 작업장 이탈, 음주나 태만 등 소극적 저항의 태도를 취하는 것이 일쑤였다.[84]

이제 우리는 마지막 물음을 제기해야 할 때가 왔다. 네프 시기에 와서 과연 러시아에서 노동자 계급이 존재했다고 볼 수 있을 것인가? 내전 이래로 노동자들은 이미 점차 볼셰비키에 대등하게 맞설 만한 어떤 전국적인 자율적 조직이나 의식을 지니지 못한 약체가 되고 있었다. 이런 상황에서는 노동자들에게 임금 인상을 바라는 개별적인 직업 의식(Job Consciousness)은 존재할 수 있어도 노동자 계급 전체를 위한 공동체로서의 계급 의식(Class Consciousness)은 성장할 수 없다. 그리하여 네프 시기에는 출신별, 세대별, 지역별, 기술 내지 숙련도별 등으로 유대감이 더 강하게 작용하였다. 노동자들 사이에서도 서로 경계하는 추세가 나타났다. 그 뿐 아니라 노동자들 일부는 국가 기구에 선발되어 오히려 노동자들을 감시, 감독하는 역할을 맡게 됨으로써 일반 노동자들과는 다른 지위나 신분을 누리기도 하였다. 우리는 이 같은 변화를 노동자 계급의 분해라고 부를 수 있다.

우리가 영국의 노동사가인 톰슨(E. P. Thompson)의 주장대로,[85] 노동자 계급의 개념을 자신을 포함한 동질적인 집단에 대한 공동체적 의식, 공통된 문화적인 경험, 대립적인 사회 구조에 대한 저항감 및 주체적인 연대 의식의 유무를 기준으로 정의한다면, 1921년 이후 러시아 노동자들의 계급 의식은 확실히 크게 약화되고 있었으며 러시아 노동자계급은 쇠퇴하고 있었다고 말할 수 있다. 다시 말해 네프 시기에 러시아에서는 빈곤한 노동자는 무수히 존재하지만 노동자 계급은 해체되고 있었다는 말이 된다.

크론슈타트 반란이 일어났을 당시 페트로그라드 노동자들은 바로 이와 같은 현상을 보여주고 있었다. 이미 자주적인 노동자 계급의 조직이 와해되었기 때문에 페트로그라드 노동자들은 크론슈타트 반란에 동조하는 태도를 취할 수 없었던 것이다. 이 때문에 차후 노동자들의 복속은 더욱 용이하였다.[86]

1924년 레닌의 사후, 볼셰비키 사이에서는 산업화 필요성에 대한 논쟁이 전개되었다. 스탈린은 네프를 비판하고 급격한 산업화를 옹호하는 입장을 취하였다.[87] 그러나 스탈린은 산업화의 속도나 내용, 성장률, 공산품의 가격 및 임금 기준율의 결정에서 급진적 입장을 취하였지만 노동자들의 민주적 참여의 권리에 관해서는 전혀 언급하지 않았다.[88] 1929년 여러 가지 요인에 의해서 스탈린은 당중앙위원회에서 우위를 점하는데 성공하자마자 즉시 강제적 농업집단화를 실시하고 급격한 산업화 정책에 착수하였다. 이와 동시에 그는 형식상으로 남아 있던 산업의 집단적 관리 원칙이나 노동자들의 복지를 위하는 노조의 마지막 권한을 모두 폐지하였다.[89] 스탈린은 레닌이 강조한대로 노조를 오직 생산성을 높이기 위해 노동자들을 동원하고 훈련시키는 수단으로 이용하였다.[90] 노조는 모든 산업공장 내에서 정부의 노동정책을 전달하고 설득하면서 생산성을 높이기 위한 감시나 감독에 몰두하여야 했다. 이제 사회주의 국가의 최대의 이념은 '생산력 향상'에 못박혀 있었고, 이를 위해 움직여야 하는 노조는 이른바 어용적 노조로 전락하고 있었다.

4장 볼셰비키 정권과 농민의 갈등은 어떻게 끝났는가? 1925~30

1. 농촌에서의 계급투쟁

잘 알려져 있듯이 레닌은 1917년 혁명 슬로건에서 '빵, 토지, 평화'를 약속하였다.[1] 여기서 '토지'는 농민에게 토지를 평등하게 재분배할 것을 의미한다. 그러나 마르크스-레닌주의의 근본적 이념은 토지 국유화와 공동소유 및 사회화를 추구하기 때문에 레닌의 혁명 공약은 다분히 임시적 전술적인 것이었다.

1917년 10월 볼셰비키 당[2]의 봉기는 전적으로 소수파였던 도시의 급진적 노동자들에게 기반을 둔 것이었다. 농촌에서는 조건부 지지를 받은 상태에 지나지 않았다. 볼셰비키는 아직은 농민층의 의식에서 전혀 공산주의 이념을 침투시키지 못했다. 단지 <농민 소비에트>로부터 최소한의 중립적 지지를 약속받았을 뿐이었다. 이 때문에 내전 동안 실시했던 각종 독재적 공산주의 농촌 정책은 농민층들에게 대단히 큰 불만과 적개심을 자아내었다. 따라서 장차 내전 승리 이후 '토지!' 강령은 레닌과 볼셰비키에게 엄청난 부담으로 등장하리라는 것은 불을 보듯 명약관화한 상황이었다.

도시 노동자를 기반으로 한 소비에트 사회주의 질서에서 특히 '식량 문제'는 체제존립의 근간이었다. 내전 이후 인구구성에서 러시아 농민층은 여전히 압도적 비율을 차지하고 있었다. 농촌에서 '사회주의 질서'를 뿌리 내리지 못할 경우 러시아의 혁명은 그대로 물거품으로 끝나고 말 것이었다. 농촌에서 식량 생산의 위기와 굶주림은 도시 노동자들에게 위협적 불만을 낳을 것이고 이것은 곧장 볼셰비키에게는 정치적 위기와 직결된다. 이처럼 소비에트 사회에서 농촌과 도시의 협력 관계는 사회주의 혁명의 승패의 열쇠를 가지고 있었다. 과연 신생 정부는 이 난제를 어떻게 풀어 갈 것인가? 그야말로 '높디 높은 장벽'을 맨손으로 타고 오르는 듯한 과제가 아닐 수 없었던 것이다.

1920년대 '농촌에서 사회주의적 생산관계'는 근본적 의미로 빈농과 지주 사이 계급적 구분 폐지, 토지 및 기타 생산 수단의 사회화를 의미한다. 여기에서 더 나아가 정치조직에서 농민층의 소외나 억압의 폐지, 대등한 참여권한, 궁극적으로 농촌에서 직접 생산자의 참여를 기반으로 하는 신질서를 포함한다. 이것은 단지 전통적인 사적 토지 소유에 의거한 토지 경영의 폐지뿐만 아니라 정치참여, 생산 과정에서 결정권의 일치, 모든 종류의 소외와 착취를 소멸시키는 과제를 의미하는 것이었다.

그런데 1920년대 소비에트 농촌 사회에서 빈·부농 간의 '계급투쟁' 존재 자체에 대해 많은 논란이 있다. 소련 농업사를 연구하는 서방의 자유주의적 역사학자들은 1921~28년 네프시기 농촌에서의 계급 갈등과 대립의 존재는 전적으로 '위에서부터 만들어진 것'으로 주장한다.[3] 또 대규모의 '농업집단화'(mass-collectivization)는 소련 공산당이 '강요한 계급 투쟁'의 결정판이라 보고 있다. 이와 정반대로 소련측 학자들은 농민들 자체 내 빈·부 계급 갈등의 존재를 강조한다. 네프 시기[4] 농촌에서 점차 쁘띠 부르주아적 농민 계층이 성장했으며 1927~28년 소비에트의 곡물 위기는 바로 이들 부농(kulaks)의 투기로 발생한 것이라 주장했다. 이 때문에 소비에트 공산주의 정권은 1929~30년 사이 필연적으로 대규모 강제적 '농업집단화'를 추진할 수밖에 없었다고 당의 결정을 합리화시켜 왔다.

흥미롭게도 서방의 좌파 경향을 지녔던 경제사가인 E. H. 카아, A. 노브도 당 시대의 심화되어 가는 곡물 위기와 도시와 농촌의 사회 경제적 대립 탓으로 농업집단화 정책이 불가피했다고 공감했다.[5] 이들과 전연 다르게 서방학자들 중 마르크스주의자인 베틀랭(Bettelheim)은 농촌에서 분명히 빈·중농 자체 내에서 계급 투쟁이 스스로 발생했으나, 정치 권력 독점의 목적에서 개입한 소비에트 정권이 오히려 장애가 되었다고 주장하였다.[6] 냉전과 '철의 장막'으로 인한 사료 접근이 어려운 탓으로 소비에트 농촌에서의 진정한 변화상에 대한 이러한 양극적 논의들은 평행선을 이루며 대립해 왔다.

그런데 1980년대 이후 수정주의적 해석이 등장하면서 농촌에서의 변화상에 대해서도 새로운 연구 접근이 나타났다. S. 피츠패트릭은 네프 시기 동안 농촌에서 명백히 공산주의 이념을 흡수한 새로운 젊은 세대가 등장하기 시작했다고 지적한 것이다. 그녀는 이들이 자발적으로 쁘띠 부르주와 성향의 농민층을 공격했다고 본다. 이것은 1920년대 말 당시 소비에트 사회에서 전반적으로 확산되던 프롤레타리아 계급에 의한 '문화투쟁'의 조류와 궤도를 같이하는 흐름이었다고 지적했다.[7] 일견 이들 수정주의적 견해와 소비에트 공식 사가들의 선전적 수사, 좌파인 서구 마르크스주의적 주장에 유사성이 보이기도 한다. 왜냐하면 이 모든 해석들은 소련 공산당의 개입 요인을 적극적으로 인정하면서도 계급 혹은 계층이나 집단 사이의 갈등의 존재를 배제하지 않기 때문이다. 그러나 이 유사한 해석들이 단지 강조의 문제로 끝날 수가 없다. 1921~28년 네프 시대 농촌에서 당과 농민층의 대립, 중앙과 지방의 대립이 심화되고 있음은 사실이었다. 그렇다고 해도 도시와 농촌 사이의 불안한 관계를 해결하기 위해서 그토록 유혈적이었던 강제적 집단화가 과연 불가피한 유일한 대안이었던가라는 문제에 쉽게 일치할 수 없기 때문이다.

1920년대 소련 농촌 사회에서 볼셰비키 당(후일 공산당)이 강요한 '위에서부터 부과된 계급투쟁'만 있었다든가 혹은 그와 정반대로 농촌에서 발생한 부농(쿨락)이 농촌 프롤레타리아를 착취하고 자본을 축적하여 공산주의 정권에 저항했다는 주장은 다분히 냉전시대의 사고인 흑백이론의 산물로 보인다. 이것은 더 이상 1920년대 소비에트 농촌사회의 변동 상에 관한 충분한 설명력을 갖지 못한다. 자유주의적 서방학자들의 주장은 1930년대 스탈린 시대의 상을 1920년대에서도 그대로 적용해서 설명하고 있지만 오늘날 연구 결과에 의하면 더 이상 지지받기가 어려워졌다. 1920년대 소련사회와 농촌의 모습은 무수한 복합적 정치사회적 흐름이 뒤섞여 있었다. 이 시대상을 정확하게 다시 그려내야 할 필요가 있다. 농민층 사이에 일어난 태도의 차이들이 그냥 단순히 빈·부 계층 구분으로 나눠어지는 것이 아님을 보여주기 때문이다.

사실 농촌에서 계급의 불평등을 불식시키고 공산주의 이념으로 무장시키려는 볼셰비키 정책 노선에 대해 N. 부하린을 위시한 당 우파와 프레오브라젠스키를 중심으로 한 좌파 사이에서 끈임 없는 의견 상의 분열과 이념 대립이 있었던 것이 사실이다. 또 신생 볼셰비키 정부는 취약한 생산 능력 탓으로 끊임없는 식량 위기와 도시민의 저항의 가능성에 대한 두려움에 차있었다는 점도 사실이다. 그러므로 물음을 차라리 1920년대 전반에 걸쳐 볼셰비키 정권이 계속해서 농촌에서의 '계급투쟁'을 추진했음에도 불구하고 왜 농촌에서 대중적 기반을 갖는데 실패했을까라는 의문으로 바꾸어 물어보는 것이 더 현실적이다. 또, 볼셰비키 정권이 추진한 농민층 통합과 농촌에서의 계급투쟁 운동의 성과가 어떤 효과를 가져 왔으며 이것이 성공적이었을까라는 물음도 중요하다. 이런 논의는 1921~28년 사이 농촌 농민들의 구체적 일상 생활 및 가치관 그리고 정서에 관한 자료가 매우 필요하다. 또 이것은 후일 스탈린의 체제가 등장하게 된 사회적 요인을 네프 시기에서 많은 단서나 실마리를 제공할 수도 있을 것이다.[8]

본 장에서는 먼저 농촌에서 '사회주의적 생산관계'를 뿌리 내리기 위해 필사적으로 노력했던 볼셰비키의 계급 투쟁을 위한 운동을 검토해 보자. 이를 위해서 무엇보다 먼저 농민층 사이에 '계급 투쟁'을 수행한 기관으로서 '농촌평의회'(selsovet)와 전통적 농민생활에서 중심이 된 '토지 공동사회'(미르, mir)사이의 경쟁을 살펴볼 것이다. 둘째, 이 과정에서 레닌이 사회주의로의 이행에서 주된 역할을 해야 한다고 강조했던 '협동조합'운동의 성과를 검토할 것이다. 셋째, 신생 정부 수립 직후부터 볼셰비키 당과 농민층 사이에 직접적 갈등 원인이 된 농산물 가격, 세금 정책의 모순을 살펴볼 필요가 있다. 마지막으로 갑자기 '강제적 농업집단화'로 급격히 선회한 정책에 대한 빈농·중농·부농들 각각의 태도를 살펴보고, 이 과정에서 '강제적 농업집단화'운동의 선두 행동대원이던 농촌 공산주의자 청년 간부들의 멘탈리티를 검토해 보자.

이런 논의를 통해서 1921~28년 네프 시기 농촌에서 과연 '볼셰비키 정권과 농민층의 갈등이 어떻게 끝났는가?'라는 질문의 답을 찾을 것이다.

2. 네프와 사회주의 이념 문제

1921년 레닌은 내전에서 최종 승리에도 불구하고 우크라이나 농촌에서 끔찍한 기아상을 목격하고 커다란 충격을 받았다. 그는 이 난국을 타개하기 위하여 사회주의적 경제 질서 수립 입장을 일시적으로 중지할 필요를 강조했다. 대신 이른 바 '네프' 즉, 신경제 정책(New Economic Policy)을 선포하였다. 이 정책에서 보인 레닌의 현실 적응력과 정치력은 역사가들로부터 매우 높은 평가를 받는다. 농촌에서의 '네프'의 주요 내용은 근본적으로 '잉여농산물자유처분권'을 의미한다. 즉, 농민은 국가에 일정량을 납부한 후 나머지 농산물을 마음대로 시장에 내다 팔 수 있으며 사적 이익을 누리도록 허용 받았다. 물론 시장 경제라 해도 아주 작은 규모의 마을 시장에 지나지 않았다. 그러나 그 효과는 놀랄 정도로 단번에 나타났다. 갑자기 농민들은 생산에 의욕을 느꼈다. 자신의 소득이 될 수 있는 한, 부지런히 경작하고 근검절약하며 재원을 비축하기 위해 스스로 필사적으로 노력하기 시작한 것이다. 소비에트 농업에서 생산성이 갑자기 향

4-1. 농촌 농민공동체 회합 미르의 모습

상되기 시작하였다. 볼셰비키 당조차 놀랄 정도였다. 인간의 본능은 그런 것이다. 자신의 노력과 피땀의 대가가 정당하게 주어지면 희망을 갖기 시작하고, 기꺼이 노동을 행하며 가치를 창출하려고 노력하는 것이다.

한편, 소비에트 정권 초기 '농촌에서의 사회주의적 사회관계'의 계급적 기초를 수립하기 위한 이론적 기초를 검토해 보자. 그러나 이 문제에 관한 한 레닌과 볼셰비키 당의 계획은 극히 초보적 수준에 지나지 않았음이 드러난다. 레닌의 농업 문제 이론에는 몇 가지 대 전제가 존재하였다. 첫째, 러시아에서 사회주의 혁명은 결코 러시아 단독으로는 완수할 수 없고 곧 서구에서 사회주의 혁명이 도래해야만 확고해지리라는 것, 둘째, 대다수의 러시아 농민들은 '프롤레타리아적'이라기 보다는 '세미(semi)' 즉, '반 프롤레타리아'라는 막연한 믿음, 셋째, 사회주의적 생산양식의 최대 목표는 생산 능력의 증가를 위한 것이라는 신념, 넷째, 후진국 러시아에서 혁명이 성공하려면 노동자 계급과 농민층과의 협조가 절대적으로 필요하다는 원칙이었다.[9] 이 중에서도 특히 첫 번째 요소는 다른 세 가지 원칙에 큰 변수로 작용하였다. 이런 일련의 전제들은 아직은 혁명 후의 소비에트 정책들이 어떠한 장기적 안목을 갖고 있지 못했음을 말해 주고 있다. 그러므로 1921~28년 네프기의 농업 정책에는 장기 계획이 없었고 전혀 앞뒤가 일치하지 않는 임시변통적인 면이 많았다.

볼셰비키 정권의 농업 법령이나 정책들은 수시로 변하는 불안정한 성격을 띠고 있었다. 초기 볼셰비키의 근본 전략은 유럽 혁명이 도래할 때까지 기존의 권력을 유지하고 확장해 가는데 중요성을 두었다. 또 정권 수립 처음부터 당과 농민은 조건부로 타협하였기 때문에 양자 사이에는 언제나 불안정하며 상호 불신의 싹이 숨어 있었다. 그래도 레닌은 농민층을 연합 세력이 될 수 있다고 계속 강조했다. 1917년 당시 레닌의 수사를 보자.

> …러시아 농촌에서 권력에 대한 저항은 과거 역사에서 언제나 계속되어 왔다. 비록 모두가 그 중요성을 의식하지 못한다 할지라도 이 투쟁은 지금도 계속되고 있다. 이 점에서 농민은 도시 프롤레타리아와 같은 계급에 속한다고 볼 수 있다.[10]

한편, 농민의 입장에서 보면 볼셰비키 정권이 1921년 네프를 발표한 것은 마치 1917년 혁명 당시 볼셰비키가 선언한 "토지는 농민에게로!"라는 슬로건으로 되돌아 간 것처럼 보였다. 레닌이 사용한 '반'(semi)이라는 접두사는 적어도 부분적으로는 농민층의 동조가 볼셰비키가 원하는 성질과 동일하지 않다는 것을 자인하고 있다. 레닌은 러시아 농민이 궁극적으로는 토지의 공동 소유와 공동 경작의 형태를 받아들이리라 기대했지만 당시의 농민들의 토지 소유에 대한 열망이 강렬하다는 것을 잘 알고 있었다. 당시 농민층이 집착하고 있는 '미르' (mir), 즉 '농촌 공동체'의 토지소유 형태는 본질적으로 사회주의적인 것이 아니라 개인주의적이라는 점도 내심 잘 알고 있었다.

레닌의 농업 사상에서 두번째의 근본요소는 미래에는 대규모의 기계화 경작만이 사회주의 국가의 농업 문제를 해결할 수 있다는 믿음이었다.[11] 레닌이 '미르'와 달리 집단소유 농업 생산조직인 콜호즈, 소보즈, 아르텔, 콤뮨 중에서 콤뮨(농촌자치공동체, Commune)을 사회주의적 농업경영의 가장 진보적인 형태라고 생각한 것은 그것의 생산성 향상의 효과가 가장 클 것이라고 본 기대감 때문이었다.[12] 그러나 막상 토지소유와 생산 면에서 완전 공동체인 콤뮨에 어떻게 도달할 것인가? 이에 대해서 레닌은 일차적으로 농민들 스스로가 공동 협동조합에 먼저 가입한 동료들이 누리는 큰 이득을 보고 공감해야 하고 이로부터 콤뮨의 전면적 성립이 가능해진다고 믿었다. 그는 콤뮨 형성에 있어 폭력 사용은 절대 금지했다. 가장 성공적인 열쇠는 농민이 콤뮨의 우월성을 인정하고 '자발적으로 참여하는 데 있다'고 보았다. 그러나 현실에서 이 같은 사상은 거의 유토피아적인 공상에 지나지 않았다.[13]

내전 직후 끔찍한 기아 상태와 상상 이상의 비참한 경제적 상황에[14] 부딪힘으로써 즉각적 콤뮨 건설의 이념은 완전히 후퇴해야 했다. 농민에게 자유로운 개인주의적 생산, 판매 방법을 허용할 수밖에 없었다. 네프 구조가 사회주의 이념 상으로는 용납되지 않는다 하더라도 생산성 확보를 위해 상당 기간 지속될 수 밖에 없다는 점, 소비에트 체제에서 공산주의 농업 경영의 형태에 대한 농민층의 자발적 지지를 얻기 위한 이론 뿐만 아니라 이에 필요한 기초적 물적 자원조차 확보하지 못하고 있다는 것이 볼셰비키의 딜렘마였다.[15]

3. 농촌 신 질서와 농민층과의 갈등, 1925~28

네프 시기 볼셰비키는 항상 농민 계층의 재조직 문제보다 맨 먼저 농산물 생산력 향상문제에 급급해야 했다. 또, 농민층으로부터 볼셰비키 당의 지지를 얻거나 당과 농민의 우호적 관계를 확보하는 과제에도 늘 벽에 부딪혀야 했다. 이 두가지 과제 자체도 양자 간의 대립적 인식 탓에 충돌했다. 농민층의 저항은 내전기 동안 이미 전통적 토지 공동체 조직 가운데에서 사유권에 집착하는 미르(Mir)가 극적으로 다시 등장하여 전 농민층에게 확대되는 데에서 잘 나타난다. 미르는 공동체가 아니라 개별적 사적 토지들이 서로 모여있는 형태였다.[16] 당은 혁명 초기 개별 가구단위 농업은 이념 상으로나 실제 생산성이라는 기준에서 볼 때 결코 옹호하기가 어렵다고 여겼다. 그러나 당은 혁명 이후 농민 사회에서 자연발생적으로 생겨난 '미르'에 대해 농촌 경제의 혼란을 억제하기 위해서 임시적으로 이를 인정하지 않을 수 없었다. 1920년대 농민들 사이에서 자연발생적으로 개인 단위 농가보다 '미르'에 의한 자발적 토지 통합을 선택하는 추세가 러시아공화국(RSFSR) 전역에 걸쳐 계속되었다.[17]

혁명 직전에는 '미르'에 소속된 농민은 인구 중 50%도 안 되었다. 8백만 가구가 개인 토지소유 형태였고, 740만 가구가 '미르'에 의한 공동체 방식으로 소유하고 있었다. 그런데 이 '미르'가 1920년대에 다시 부활한 것이다. 이것은 어느 정도 볼셰비키의 토지 개혁에 대한 농민의 불안감과 저항 그리고 반작용에 의거한다. 볼셰비키가 대지주와 부농을 제거하고 황실과 교회의 토지를 몰수하고 있을 때, 대다수 소농들은 비교적 자유로운 '미르'의 조직 속에 토지와 재산을 묶어 내부적으로 상호 협동관계를 가짐으로써 불안한 상황 속에서 스스로를 보호하려고 했던 것이다. '미르'는 토지를 경작하는 농민들의 일상생활, 토지 경영, 분배에 관한 모든 문제에 자립적 책임과 광범위한 자치결정권을 갖는 농민자치조직으로 발전하고 있었다. 1927년 무렵 '미르'는 경제력의 전반적 향상 덕택으로 그 세력과 예산이 크게 팽창하였다. 1927년에 2억 2,200만 헥타르 즉, 전 농지의 95%가 이 같은 형태로 유지되었다.[18] 이 변화상에 대해 볼셰비키는 크게 당황하였다.

이에 비해 볼셰비키 당은 국가계획 하에 인위적으로 농민 대표기구로서 농촌소비에트 즉, '농촌평의회'(selsovet) 기구를 조직하고 이것을 침투시키려고 노력했다. 그럼에도 불구하고 농촌 경제를 움직이는 실질적 기관은 언제나 '미르'였다.[19] 당의 입장에서 볼 때 '미르'는 항상 심한 격론의 대상이 되었다. 당내 지도부는 한편에서는 '미르'야말로 러시아 농업의 후진성의 상징이며 농노제의 잔재라고 비난하였다. 또 다른 한편에서는 언젠가는 사회주의적 농업 경영 방식으로 연결될 중간 단계의 역할을 하는 것으로 '미르'를 묵인하기도 하였다. 혁명 이전 대부분의 볼셰비키는 의심없이 '미르'는 폐지되어야 한다고 믿었다. 그러나 네프을 시행하면서 레닌을 포함한 볼셰비키 지도부는 토지 조직의 형태 중에서 '개별 농가,' '미르,' '집단농장이'이나 '국영농장'혹은 그 중간 형태 등등 모든 것에 대해 중립의 입장을 취했을 뿐 아니라 애매한 태도로 자유를 허용하였다.[20] 이것은 볼셰비키 당이 생산력 향상의 문제에 너무 급급하여 '미르'의 장래에 대한 문제는 아직도 이론상 전연 준비가 되어 있지 못하고 있다는 증거였다.

그러나 사실 '사회주의 질서' 수립의 과제를 위해서 당은 '미르'에 대한 모순되고 애매한 태도 대신에 일찍부터 해체하는 작업을 병행했어야 했다. 가능한 한 일찍부터 지역 자체 출신의 농민 행동주의자가 공동생산의 조직을 형성할 수 있도록 권한을 주고, 낮은 단계의 자치 조직 운동 속에 당과 농민조직이 상호협력하면서 공제 조합 설립에 많은 예산을 투여해야만 했다. 그런데 '미르'와 집단농장은 이념상으로는 한참 거리가 먼 조직이라는 사실과 그 해체의 필수성을 깨닫게 것은 훨씬 나중에 새로운 정치 위기가 도래하던 시점이었다. 그것은 네프 경제에서 공산품과 농산물 사이의 가격 조정정책이 완전히 실패하면서 유통이 마비되고 당의 농산물 통제력이 상실되던 1928년이었다.

'미르'와 신생 정부의 농촌 소비에트 즉, '농촌평의회(selsovet)'[21] 경쟁에서 '농촌평의회'는 왜 이길 수 없었던가? 이것은 1920년대 정권과 농민과의 관계를 결정짓는 물음이기도 하다. 먼저 이 두 가지 농촌 조직의 차이를 살펴보자. '미르'는 촌락에서 선출된 대표들에 의해 운영되는 반면 '농촌평의회'는 정부가 임명하여 파견한 요원들로 구성되었다.[22] 혁명과 내전 동안 지방 정부에서 주춧돌 역할을 해 왔던 원로격인 지주(gentry)나 젬스트보는 모두 사라졌다. 당시 중앙정부와 지방 사회를 연결해 줄 수 있는 어떤 중간그룹이나 조직도 존재하지 못했다. 도시 노동자 소비에트 조직과는 달리 농촌 소비에트가 조직되긴 했으나 전혀 농민 대표 의회 역할은 하지 못하고 있었다. 그만큼 농민층은 볼셰비키를 불신하고 있었던 것이다. 볼셰비키 정부의 입장에서 보면 농촌 소비에트는 아직 정부 정책을 실시하기 위해 농민을 동원할 수 있는 수단을 전혀 가지지 못했음을 뜻한다. 물론 적군을 동원해 농민을 위협할 수도 있었을 테지만 이 방법은 위험했다. 좀 더 적극적인 지지를 얻기 위해서는 전적으로 도시민이나 중앙에서 파견한 당원의 역할에 의존할 수밖에 없었다.[23]

볼셰비키 정권이 농촌에서의 권력 통합 과정에서 마주친 무한한 장애를 이해하려면 먼저 러시아 촌락 특유의 일상 생활의 리듬을 깨달아야 한다. 외부적이며 낯선 요소에 대한 거의 본능적인 불신이나, 두려움 변화를 싫어하며 관습에 집착하는 태도, 토지를 개인 소유로 갖고 싶어 하는 필사적인 욕구 등등이다. 1920년 초 '농촌평의회'에 대해 농민들이 어떠한 태도를 취했던가는 스몰렌스크(Smolensk) 지방 문서가 폭로하고 있다.

> …1923년 일리노 면(Smolensk 관구에 속함)에서는 아직도 무장된 무리들이 떠돌고 있었고 농민들로부터 기부금을 강청하는 사례가 자주 일어났다. ……이런 가운데 농민에 의해 5인의 정부 관리들이 살해되었다. 그 중에는 면 소비에트 집행위원회 위원장도 포함되었다. 그 후 위원장은 단 한 번 외출하였고 그때는 언제나 진압할 수 있는 부대를 동반하였다.……인구가 14,000명인 면에서 당 조직은 겨우 7인의 당원과 3인의 당원후보자로 구성되었고 이들 대부분이 면 행정관리를 겸하였다. 당서기장은 12살까지만 농촌에서 살았던 노동자 출신이었다. 그는 1918년에 당에 입당하여 보안부(GPU, KGB 전신, 정치경찰에 해당)와 당 행정기관에서만 일하던 사람이었다. 그는 농업문제나 농민들의 태

도의 원인에 관해 지식이 부족하고 지도력이 없었다. 촌락평의회에 임명된 당원들은 단지 정기회의나 농업문제에 관한 토론에 참석하는 것으로 그쳤다.……평의회 의장은 당원들을 농지문제 해결을 위해 그 장소로 보냈으나 아무 성과를 얻을 수 없었다. 농민들이 그의 결정에 전혀 동의하지 않았기 때문이다. 두 번째 의장이 다시 직접 가서 해결하려 했으나 농민들은 그의 제안을 받아들이려고 하지 않았다.……그 다음에 하는 것이라곤 내내 행정적인 작업, 정보를 발송하거나 자료를 수집 정리하거나 상부에 보고하는 일들뿐이었다. 면 집행위원회의 당원들은 경제적 문제, 농업 생산력 향상 문제, 조합 구조 개편 문제나 농민 대표의 지도력을 키우는 문제에 전혀 능력이 없었고 모범이 되지 못하였다.[24]

한편, 농민들이 요구하는 것은 어떤 것이었을까?

…소비에트 정부에 대한 농민들의 분위기를 좌우하는 가장 주요한 요인은 경제적 관계에 관한 것들이었다. 특히 세금과 공산품의 가격정책과 농업세를 낮추는 문제들이 빈농, 중농의 기분을 결정지었다. 작년에 비해 농지세가 줄어든 세금청구서를 받으면 농민은 정부가 우호적이라 여겼고 공산품 가격이 내려가면 농민들은 도시 노동자층이 그들을 위하여 무엇인가를 하고 있다고 믿었다. 이런 경우 농민들은 소비에트 정부에 대해 태도를 일부 바꾸기도 하여 때로는 농촌평의회의 지시에 대해 적응하려는 듯한 모습을 보여주었다.[25]

이처럼 네프 시기 1921~28년 동안 농촌에서 농촌평의회의 위치는 그야말로 미약하기 짝이 없었다. 농촌은 일반적으로 혁명으로 인해 생겨난 도시에서의 정치 구조적 대변환으로부터도 거의 아무런 영향을 받지 않고 있었다.[26] '미르'의 기관이었던 촌락회(Skhod)가 농민에게 평의회보다 훨씬 더 우세한 위치에 있었던 또 다른 이유 중의 하나는 재정적인 능력 탓으로 보인다. 농촌평의회는 촌락회와 달리 기금을 가지지 못하였다. 예산안을 작성할 수 있는 곳은 3-6%에 지나지 않았다.[27] '미르'는 지방의 각종 공과금의 부담을 떠맡고 있었다. 심지어 '미르'가 평의회의 관리들에게 급료를 주는 경우도 있었다.[28] 이 같은 촌락회에서는 대부분 중· 부농들이 농업 관계의 일을 맡아보는 것이 상례였다.[29] 사정이 이러하였으므로 볼셰비키의 좌절감은 이만저만한 것이 아니었다.

이에 대해 당시 아직은 권력의 중심에 오르지 못했던 스탈린과 수하였던 몰로토프는 촌락회가 부농(Kulak)의 최후의 피난지라고 맹렬히 비판하였다.[30] 그러나 공산주의 학술원(Communist Academy) 보고서에 의하면 훨씬 더 객관적인 실제상이 보고되고 있다.[31] 이 보고에 의하면 촌락회에서 가장 우세한 집단은 중농이었다. 여기에서는 부농보다도 오히려 빈농들이 더 큰 영향력을 미치고 있었다.[32] 촌락회를 운영하는데 가장 관심이 있는 계층이 부농이라는 견해는 볼셰비키의 과장된 표현이었다. 또 루빈스크(Rybinsk)관구에서 실시된 통계조사에 의하면 대다수 부농은 '미르'보다는 개별적 단위의 농가를 더 좋아했으며, 빈농의 75%가 '미르'에 충실한 태도를 갖고 있었다. 중농의 입장은 갈라졌지만 55%가 '미르'를 선호했다.[33] 이로써 '미르'에 대한 계급간의 의견 구분은 큰 의미가 없는 무의미한 것임이 나타난다. 농민 대부분은 당이 주재한 '농촌평의회'보다도 '미르' 조직을 압도적으로 더 선호한 것이 분명하다. 이 같은 상황에서도 소비에트 정권은 '미르'에 대한 찬반의 논쟁만 거듭했을 뿐,[34] '미르' 이후의 농촌 사회주의적 조직을 위한 체계적이고 면밀한 이론이나 계획을 갖고 있지 못했고 막연히 시간을 낭비했다.

볼셰비키 정권이 사회주의적인 농촌 조직을 위해 활용하려고 했던 또 다른 기구는 협동 조합 조직이었다. 사실 협동 조합은 사회주의적 형태의 최고 단계는 아니라 해도 적어도 그 매개자 역할은 할 수 있었다.[35] 조합에서는 단지 경제적 측면에서 생산물을 내다팔거나 구매품을 조달하거나 가격을 조정할 수 있는 기능을 갖고 있었다. 조합의 설립은 부농들로부터도 좋은 반응을 얻고 있었기 때문에 1920년대 농촌지역에서 조합의 수가 매우 많았다.[36] 그러나 그 표면적 숫자보다 조합의 활동 범위를 검토해 볼 때 기능은 대단히 실망스러운 것이었다. 기능 면에서 협동조합은 '생산자 조합'(producers' cooporatives)과 '시장,' '소비자 조합'(consumers' cooperatives)으로 나뉘어졌다. 당의 입장에서 볼 때 협동 조합 운동의 단기적 목표는 농업 생산성의 향상으로서 농민이 토지를 더 효율적으로 경작하고 농촌에서 빈농들의 수준을 높이는 것이었다. 이 목적에서 조합의 성과는 대단치 못했다. 정부의 투자나 노력에 비해 '생산자 조합'은 언제나 적자 운영을 면치 못하고 있었다.[37] 그 증거로 낙농업, 가축업, 공산품을 위한 가공업, 감자, 삼, 목화, 사탕수수 재배에서는 조합이 생산품 조달에 큰 역할을 했으나 정작 가장 중요한 부문, 식량인 곡물 생산과 조달에서는 항상 기록이 극히 저조하였다.[38]

그러나 볼셰비키 정권은 아무리 시간이 걸린다 해도 '생산자 조합'이 어느 정도의 공동의 재산을 축적할 수 있을 때까지 추진했어야 했다. '생산자 조합'은 공동 토지경작으로 배당 이득이 소유주에게 지불되는 '낮은 단계의 조합'에서 점차적으로 축적된 이득으로 다른 생산 도구를 사들여 공동 재산으로 만드는 '높은 단계의 조합'까지 나아가야 한다. 이러한 수준에 도달하기 전까지는 사회주의적 집단농장의 실현은 실천이 불가능한 것이다. 그러나 실제 1921년에서 1928년까지 조합의 활동은 재정적 어려움 때문에 이같은 목표에는 전혀 도달하지 못하고 있었다.[39]

조합 운동에 대해 깊은 연구를 한 유명한 M. 레윈에 따르면 당시 식량 생산의 증가를 위해서 구 시대 농업학자나 기술자가 세부적인 문제까지 참가해야 했다. 그러나 실제 참여자 수는 전 소비에트 전체를 통틀어 겨우 3,000명밖에 되지 않았다. 이것은 10%에도 못 미치는 숫자였다. 야외 조사가 불가능하였고, 또 농기구 조달이나 활용 방법에 관해서도 농민에게 실질적 도움을 줄 정도의 기금이 확보되지 못했다. 이 수준으로는 생산성에 전혀 도움될 수가 없었다.[40] 게다가 시간이 흐름에 따라 조합 운동은 점차 빈농이나 중농의 소득 향상을 위한다는 공식적인 발표와는 달리 부농에 이바지하는 경우가 많았다. 왜냐하면 비교적 잘 사는 계층이 조직되기가 쉬웠고 이들이 조합의 이점을 가장 잘 의식했기 때문이다.[41] 그 결과 '조합 운동'은 겨우 판매 및 소비 부문의 조합 활동만 활발하였고 생산 활동에서 효과가 없었다. 이리하여 네프 시기 농민층 사이에서는 개인주의적 경영의 추세가 점점 강화되고 있었던 것이다. 볼셰비키 정권으로서는 초조하기 짝이 없는 결과였다.

통계에 따르면 1927~28년 사이에 농촌 조합에는 빈농의 25~30%, 중농의 40%, 부농의 50~60%가 각각 가입했다.[42] 바꾸어 말하면 조합에 가입한 회원의 30%가 빈농, 60%가 중농, 10%가 부농이었다. 사회주의로 향하는 길이 '미르'에서 출발하여 조합을 통해 완전한 '농업집단화'하는 데 있다고 본 볼셰비키의 막연한 도식은 이 숫자에 의해 그 근거가 무너진다. 왜냐하면 '미르'에 속해 있던 빈·중농보다 훨씬 더 높은 비율의 개별 단위의 부유한 농민들이 정부 관할 조합에 가입하여 있기 때문이다.[43] 결국 1928년 농산물과 공산품 사이의 가격위기와 식량 부족 위기가 도래했을 때 '농촌 조합'의 활동은 사회주의적 농업경영을 위한 실험과는 전혀 상관없는 무관한 방향으로 가고 있었던 것이다.

농업 연구사가인 G. L. 야니는 네프 시기 집단농장 건설을 위해 일부 실험하고자 했던 볼셰비키 정권의 예비 콜호즈 운동에서도 정부는 실제 공식 선언문과는 달리 여전히 막연하고도 어설픈 계획밖에 갖추지 못하였다고 지적한다.[44] 1928년까지 콜호즈의 구조와 운영 방법에 관해서 구체적 지시나 절차에 대한 계획서를 갖고 있지 못했다. 콜호즈에는 세 정류의 토지 경영형태가 있다. 그것은 토지, 농기구, 가축 등 주요 생산 수단의 공동화의 정도에 따라 콤뮨, 아르텔(Artel), 토즈(Toz) 3단계로 구분되었다. 이외에도 다른 각종의 조직들 즉, 공동기계 사용그룹이나, 공동 장치 구입 그룹, 각종 농업조직의 형태들이 모두 다 막연히 콜호즈라고 불리곤

하였다.[45] 이들 콜호즈 형태는 '미르'에 의한 토지 경작과 분배 형태에 밀려나는 상태가 계속되고 있었다.[46] 문서상으로만 존재한 콜호즈의 숫자도 대단히 많았다.[47]

신생 사회주의 국가 수립 초기 볼셰비키 정권은 콜호즈운동을 위시한 토지 국유화 과정에서 빈번하게 강제적 몰수, 추방, 구속이라는 방법을 동원했다. 그런데 이 과정에서 레닌은 강제적 방법이나 폭력사용을 절대 금지하면서 '자발적 집단농장화 운동'을 수시로 강조했다. 그는 무엇보다도 농산물 및 곡물 확보량을 높여야 했기 때문에 결코 강제적 위협의 정책을 쓸 수 없다고 주장했다. 그러나 이 정책을 제대로 실험하기 전에 레닌은 갑자기 조기 죽음을 맞이했다.

레닌의 사후 1926~27년 농촌에서 농산물 가격과 공산품 가격이 대립하는 협상가격의 위기, 이른 바 가위의 위기(scissors' crisis)가 점점 더 빈번하게 나타났다. 또 콜호즈가 감소하는 경향을 두드러지게 보이고 있었다.[48] 사유 재산을 콜호즈에 감추려는 목적에서 가입했던 농민들이 다시 개인 소유농장으로 되돌아가는 경향을 나타낸 것이다. 기존의 콜호즈조차 완전한 공동 소유제였던 콤뮨 형태에서 절반 공동소유제인 토즈(Toz)의 느슨한 형태로 변질되고 있었다.[49] 농민층의 이같은 행태의 최대의 원인은 콜호즈의 물질적 조건이 개인 농장에 비해 떨어지고 생산 능력이 전혀 개인 농장을 따르지 못한 데 있었다. 정부의 보조금은 생산 증가를 이룰 수 있는 수준으로 미치지 못했다. 또 다른 큰 이유는 그 복잡한 구조를 경영할 방법을 고안해 내지 못한 데에 있었다. 기존 콜호즈는 외부에서 노동력이나 기계를 비싼 값으로 빌려옴으로써 적자 운영이 계속되었다. 심지어 분배 면에서도 평등의 원칙을 지키기가 어려웠다.[50] 이 같은 상태에서 빈농층은 콜호즈에 있기보다는 차라리 부농에게 임금 노동을 제공하는 것이 더 손쉬운 일이었다. 볼셰비키는 당황하지 않을 수 없었다.

당시 농촌평의회나 당 조직에는 콜호즈를 도울 수 있는 공산주의자 전문가가 존재하고 있지도 않았다. 정부 상층의 개입이나 간섭은 극히 드

4-2. 콜호즈의 공동 농기계 사용 모습

문 경우에나 가능하였다. 1925~27년간 농촌 기구의 세부적 부문에서 볼셰비키는 제대로 기능을 행사하지 못하고 있었다.[51] 상층의 지시가 하부에서 시행되지 않았다. 경영 문제에서 무한한 혼란이 거듭되기만 하였다. M. 레윈은 초기 신생 사회주의 국가에서 콜호즈 운동이 그렇게 적은 후원과 지시를 받았음에도 불구하고 1928년까지 살아 남았다는 것 자체가 오히려 '기적'같은 일이라고 말했다. 상황이 이 정도였던 것이다.[52]

그렇다면 이 기간에 볼셰비키 당을 대신하여 구체적이며 세부적인 차원에서 토지 정리와 콜호즈 운동을 관장한 그룹은 누구였을까? 놀랍게도 농업사가인 야니는 그것은 주로 비 볼셰비키 농업전문가 그룹이라고 답한다. 네프 동안 볼셰비키 정부가 공산주의적 농업전문가나 기술진을 갖고 있지 못했다. 이 때문에 혁명 이전의 지식인 출신의 구 기술자와 전문인 그룹을 각 분야에 고용할 수 밖에 없었다. 특히 복잡하고 시간을 요하는 농업문제에서 이 현상은 예외일 수가 없었다. 토지 정리나 경작과 개간 문제에 관해서 볼셰비키 정권은 언제나 이들의 도움을 받아야 했다.

중요한 것은 1920년대 이들은 농촌 사회의 성격과 지방 수준의 중급 지도자들의 활동상에 결정적 도움을 주었고 큰 영향을 행사했다. 1920년대 초기 약 7,000명의 구 시대 출신의 전문가들이 인민농업위원회(NKZ) 산하에서 일하고 있었다. 1928년에 그 수는 17,000으로 증가하였다.[53] 토지 정리문제에 관한 전문가들 대다수는 전제정 시대부터 일해 온 사람들이었다. 1920년대 콜호즈 발달 문제에 대해서도 이들의 역할은 매우 중요하였다. 야니에 의하면 이들 농업 전문가들은 토지 구획의 합리적 재정리 작업에 주로 몰두하고 있었다. 아직 콜호즈, 소보즈 조직의 경영과 세부 운영에는 아직 집중할 수 없었다.[54] 역설적이게도 1920년대 토지 정리 사업에서는 이들의 활동이 당 보다 훨씬 더 유능한 기능을 가졌고 큰 영향력을 가지고 있었다. 심지어 구전문가 및 농업학자들과 기술진들, 또 구 농정 기관원들이 정부의 농업정책을 표현하는 구체적 법령과 공고문, 계획서를 직접 작성했다. 또 이들 대부분은 중등·고등교육기관의 농학, 경제학 부문의 지도자로서 일하였다.[55]

물론 농촌에 공산당 기관과 지부조직이 존재했지만 이들은 촌락출신이 아니었고, 최하위 촌락의 단위에서 떨어져 있는 상위의 지구(raion), 면(volost)에서 당직의 사무 행정을 맡고 있었다. 예를 들면 툴라(Tula) 주(guberniia)에서는 93%의 농촌 당원들이 다른 주에서 온 사람들이었다. 농촌평의회의 관리들이나 당원들이 조합운동에서 농민을 동원하지 못했던 것처럼 콜호즈 형성에서도 농민을 동원할 수 없었다.[56] 콜호즈 형성이 부진했던 것은 러시아 농민들이 전통적이며 관습적인 생활 이외의 사업에 참여할 자체적인 능력을 갖추지 못했기 때문이기도 했다. 이처럼 볼셰비키는 소수파인 도시 노동자들의 지지기반에 의거해서 국가 권력 통합 과제에 몰두하고 있었기 때문에 아직은 농촌에서 농민과 공동의 유대를 만든다는 일에는 전혀 손대지 못하고 있었다. 볼셰비키 정부는 '사회주의적 농업 경영'의 조기 실현이 불가능하다는 사실로 인하여 항상 농업 문제에 관한 한 무능함을 절감하고 있었다. 자연히 이들은 농민들이 행하는 비콜호즈 운동을 묵인하고 있었던 것이다. 구 질서 출신의 농업 전문가, 과학자·지식인들에게 집단농장화의 과제는 여전히 이차적인 사업에 머물 수밖에 없는 상황이었다. 그들의 업무 가운데 빈· 중농이 콜호즈에 가입할 수 있는 길을 간접적으로 준비하는 것만도 벅찬 것이었다.[57] 흔히 이것을 콜호즈 사업이라 부르기도 한 것은 당의 선전적인 수사 때문이었다.[58] 농민이 이 사업을 통해 토지를 합리적으로 정리했다 하더라도 경작 분배 면에서의 집단화를 원하지 않으면, 전문가들은 통례적으로 이 문제를 더 이상 다루지 못하고 미루어 놓을 수밖에 없었다.[59]

4. 곡물 위기와 강제적 농업집단화

네프 시기 볼셰비키와 농민층의 관계에서 수시로 등장하던 대립의 양상이 어떤 직접적인 계기로 인해 충돌로 폭발했을까? 최대의 갈등과 긴장의 요소는 곡물확보 정책과 농산물 가격 문제였다. 그중에서 특히 곡물 가격 정책은 도시민과 노동자들의 식량 확보를 위한 필살의 과제였다. 도시와 농촌간의 점점 커져가는 대립 속에서 농산물 가격 문제는 부농은 제쳐두고서라도 볼셰비키와 빈농·중농의 관계에도 심각한 영향을 주기 시작했다. 결론을 미리 말하자면, 네프 시기 동안 볼셰비키의 농산물 가격 정책은 한 마디로 모순과 불신을 가득히 낳는 방향으로 치달았다.

네프 시기 소비에트 농촌에서 실제로 계급 상의 분화나 계급적 차이는 매우 제한적이었다. 그것은 한편으로는 혁명기의 토지 몰수 덕택으로 상당히 평등한 경작지 분배가 이루어졌기 때문이었고 또 다른 한편으로는 네프 동안 사회 계층 간의 평준화 과정이 지속적으로 진행된 탓이었다. E. H. 카아의 연구에 의하면 이 동안 농촌에서는 중농의 비율이 증가하고 빈농의 비율이 감소했다. 부농(kulaki)의 경제적 비중은 미미한 정도로만 증가했다.[60] 이 같은 계층구조 변화는 빈농층을 두 가지 방향으로 나아가게 만들었다. 빈농 중 일부는 도시 무산 노동자 계층으로 합류해 갔고, 또 다른 일부는 중농의 지위 속으로 상승했다.[61] M. 레윈에 따르면 1920년대 농민 계층 구분에 관해서는 결코 단일한 기준을 찾아 낼 수가 없다는 것이다.[62] 이 문제는 대단히 복잡한 양상을 띠고 있다. 왜냐하면 빈농이나 중농들도 다 같이 기본적으로 어느정도 독립된 토지를 가지고 있었다. 농사기구나 생산수단을 쌍방에서 빌리거나 빌려오는 관계로 얽혀 있었다. 잦은 질병과 흉년으로 타격을 받는 층에는 부농도 언제나 포함되어 있었다. 토지의 면적도 좋은 기준이 되지 못했다. 왜냐하면 부농은 볼셰비키의 감시를 피하기 위해 토지를 많이 소유하기보다는 차라리 농기구를 임대해 주는 방법을 택했다. 수입을 현물로 축적하거나 거래를 일체 숨기려 하였기 때문이다. 또 노동력을 고용하기보다는 대가족제를 유지하며 가족수가 많은 중농인 것처럼 보이게 하기가 일쑤였다.[63] 이와 같은 성격의 계층 분화는 1925년 다른 정부 기관이 실시한 통계 조사에서도 증명되었다.

인민재정위원회와 노농감시대(Rabkrin)의 각종 통계는 소비에트 농민이 계층의 양극화 과정을 밟고 있다는 당내 좌파 세력의 과장된 수사와는 상반되는 것이었다.[64] 1927년 제 15차 공산당전당대회에서도 중농이 압도적이라는 사실을 보고하고 있다.

> 이 같은 사회적 분화는 달라진 사회 상태에 기인한다. 중농이 성장해 가고 있으며, 빈농은 상대적으로 감소해 가고 있다.[65]

그런데 특이하게도 서방 마르크스주의자인 C. 베틀랭은 다른 각도에서 볼셰비키의 이 발표를 비판한다. 그는 이 양상이 당의 정책에 기인하는 것이 아니라 네프 시기 빈·중농층이 행한 자체적 계급 투쟁의 결과라고 보고 있다. 베틀랭에 의하면 이 논의는 몇 가지 점에서 설득력을 지니고 있다. 풍작기를 보낸 1925년 여름 농촌시장에 나온 곡물의 88%는 빈농·중농이 내놓은 것이었다. 부농은 11.8%를 담당하고 있다는 것이다.[66]

빈·중농이 곡물을 파는 것은 절대량이 많아서가 아니다. 그들의 빚과 세금을 지불하기 위한 유동 자산의 부족 때문이며, 또 필수품인 공산품 특히 농기구, 재료를 구입하기 위한 것이었다. 또 다른 이유는 다음 해 경작 때에 부농에 의존하는 경우를 줄이기 위해서였다. 그 뿐만 아니라 도시 식량 공급을 위한 당의 곡물 조달 정책에 결정적으로 중요한 역할을 담당하는 계층은 바로 빈· 중농이었다는 것이다. 왜냐하면 이들의 곡물은 여름이나 가을에 벌써 도시에 유통되어 있는 반면 부농은 더 뒤에 그들의 잉여 농산물을 내놓았다. 채무의 위험이 없는 부농들은 농산물 가격이 낮을 때 굳이 팔려고 하지 않았다. 그러나 빈· 중농은 그럴 수가 없었다. 그런데도 불구하고 볼셰비키 정부는 1925~26년 여름과 가을의 곡물 확보의 실패 원인을 부농의 파업(kulaks' strike)에 돌렸다. 이것은 소비에트 정권의 판단의 헛점을 보여 준 것이다. 당은 부농이 모든 농장의 12%를 차지하며 잉여물의 61%를 보유한다는 피상적 숫자에만 의거하였다. 부농이 농촌 수입의 대부분을 차지하며 공산품과 소비 제품을 사들이는 주된 집단이라는 결론을 끌어 내었다.[67] 이런 단순 논리에 의거하여 1925년부터 정부의 농산물·공산품 가격 대립 책정은 전혀 예상치 못하는 결과를 갖고 왔다. 오히려 곡물을 먼저 내어놓는 빈농에게 커다란 손해와 타격을 주는 사태를 반복했다.

공산품 가격을 높이고 농산물 가격을 낮추면 부농은 곡물을 축적하면서 판매를 중지할 수 있다. 그러나 빈농은 더 큰 채무에 시달리게 된다. 게다가 가격 변동은 한 해에도 몇 번씩이나 거듭되어 농민들을 혼란에 빠뜨리게 하였다. 그것은 E. H. 카아의 말대로 계급이 가격 정책을 결정하는 것이 아니었다. 가격정책이 오히려 자의적으로 계급 분석의 결론을 이리저리 바꾸었던 것이다. 오직 곡물 확보에만 전념한 볼셰비키의 농산물 가격인하 정책은 실질적으로 자주 빈농을 도외시하는 방향으로 치달았다. 당은 미래에 빈· 중농이 농산물 생산증가에 큰 역할을 할 수 있다는 잠재력을 믿으려 하지 않았다. 실례를 보면 1927~28년 곡물 조달기의 첫 4분기(7월~9월말)에 입수한 곡물은 그 전년도인 1926~27년의 확보량보다 훨씬 많았다. 이 증가는 놀라운 의미를 갖고 있었다. 왜냐하면 1927~28년은 흉작이었기 때문이다. 또 C. 베틀랭 역시 1927년 가을에 입수된 곡물은 주로 빈농으로부터 나온 것으로 분석하였다.[68] 부농은 곡물의 가격이 오르지 않으리라고 판단하고 시장에 내놓지 않았지만, 빈· 중농은 가격이 더욱 인하되기 이전에 시장에 곡물을 내놓은 것이라는 결론이다. 1927년 봄 당의 농산물 가격 인하 정책은 빈농에게 타격을 가하기 시작했다.[69]

1927년 가을부터 빈·중농의 곡물 판매 능력은 완전히 감퇴하였다. 이 원인을 두 가지로 분석해 볼 수 있다. 첫째, 1927년 곡물 위기는 가을 공산품의 공급 감소와 긴밀한 관련이 있었다. 공산품의 품귀는 빈농의 수요를 전혀 채우지 못하였다. 사실 공산품은 빈농에게 필수 소비재나 농업 생산을 위한 각종 수단을 마련해 줄 성질의 것이었다. 따라서 1927년 가을 공산품의 가격상승과 품귀로 인해 빈농의 농산물 판매는 크게 줄었다. 빈· 중농이 받은 두 번째 타격의 요인은 농업 세금 인하였다. 이것 역시 빈· 중농이 팔아야 할 의무감을 약화시키는 쪽으로 나아갔다. 이들은 언제나 의무적으로 팔아야 하는 것만큼 또 공산품 구입이 가능한 만큼만 팔고 싶었을 것이다. 이 같은 요인이 없어질 때에는 그들은 가급적 곡물을 팔지 않으려 했다. 농산물을 축적함으로써 그들의 개인적 생계수준을 유지하고 싶었을 것이다. 또 그 다음 수확 때까지 부농으로부터 곡물을 되사야 하는 채무의 위험을 줄일 수 있기 때문이다.[70]

공산품 가격의 문제는 빈·중농에게 더욱 심각한 영향을 주었다. 1917년 혁명 이후 토지 재분배 시기에도 러시아 농민은 아직도 다른 많은 자원 즉, 가축, 기계, 농기구, 각종 생산설비 면에서는 공동분배를 받지 못하였다. 특히 빈농은 토지만 가졌을 뿐 농기구를 갖추지 못했다. 그러므로 전혀 독립 경작을 할 수가 없었다. 1920년대 전반에 일어난 농민 계급의 분화는 바로 여기서 기인하는 경우가 많았다.[71] 농기구 설비를 갖추지 못한 빈농은 그들의 토지 일부나 노동력을 팔거나 혹은 가축을 포함한 생산

수단을 임대할 수밖에 없었다. 여기서 공산품 및 농사 시설 기구의 공급 미달은 빈·중농에게 지속적인 타격을 입혔다. 이에 따라 농산물 생산량이 감소하고 곡물 위기가 초래될 때에도 농기구 설비를 비롯한 공산품 혜택을 받는 것은 자연히 구입 능력 있는 부농이었던 것이다.[72] 이것은 빈·중농이 농기구와 설비 면에서 자립하려는 노력과 부농에 대한 의존에서 벗어나려는 노력에서 볼셰비키 정권의 도움을 받지 못하였음을 의미한다.

가격 정책의 모순 이외에도 빈농에 대한 당의 정책이 실질적이지 못한 다른 사례가 많았다. 1926년 5월, 볼셰비키는 네프가 점차 부농에게 유리하게 움직인다고 보았다. 빈농과 농업프롤레타리아의 조직의 필요성을 역설하였다.[73] 볼셰비키는 반드시 각 지역 내의 농촌평의회, 조합, 농촌공제회를 중심으로 프롤레타리아 조직들이 만들어져야 한다고 주장했다. 볼셰비키의 입장에서 볼 때, 이 모든 조직은 결코 독립적 기구가 아니라 정부 기관 감독 하에서만 운영되어야 했다.[74] 그러나 감독제는 농민들이 조직들을 기피하거나 소극적으로 대하게 만들었다. 끝없는 불신과 냉담은 당이 농촌 지역에서 지지 기반을 키우는 데에 불리한 장애로 작용하였다. 이 상태에서는 진정한 의미의 계급 평등에 의거한 '사회주의적 생산 관계'의 자발적 수립이나 계급 투쟁을 위한 활동이 성공을 거둘 수가 없다. 흔히 당 기관지는 빈농 조직이 농촌에서 계급 투쟁의 지도그룹이며 집단농장 운동의 '전초 계급'이라고 선전했지만,[75] 이들의 활약상은 어떤 기록에도 나타나지 않고 있다.[76] 그 증거 중의 하나로, 그들은 특정한 캠페인을 벌일 때만 소집되었고 그 후엔 사라져 버렸다. 평소에는 그들은 아무런 관심을 받지 못했다.[77]

1928년 말까지 곡물위기는 계속되고 있었다. 볼셰비키는 극도로 초조하였다. 사실 1928년의 곡물 위기의 원인은 예년의 경우와 크게 다르지 않은 것이었다. 농산물 가격이 오르도록 농민이 기다리는 것은 자연스러운 현상이었다. 1925년에 한 때 협상 가격의 위기가 왔을 때에도 정부는 일시적으로 농산물 가격을 올리거나 공산품을 수입하여 공급 부족을 메우면서 곡물확보 및 세수 기간을 연장하였다. 그러나 1928년의 사태가 다시 도래하였을 때, 당의 분위기는 매우 달라져 있었다. 레닌의 사후 당 최고 정치국에서는 치열한 권력투쟁이 진행되었고 이미 트로츠키가 추방되었다. 서서히 당 중앙위원회에서는 네프를 공격하는 스탈린 중심의 과격한 좌파진영이 네프를 지지하는 온건파 부하린 진영을 수적으로 추월하고 있었다. 이미 이무렵 당에서는 민주적 토론이 허용되지 않은 채, 권위주의적 색채가 강하게 드리워지고 있었다.[78] 초기 사회주의국가 건설 이래 당내에서 혁명적 지하활동 세대와 달리 강력한 국가권력에 복종하는 세대가 등장하고 있었다. 특히 중앙위원회와 중하급 간부 그룹내에서는 스탈린을 위시한 권위주의적 강경 좌파 인물들이 채워지고 있었다. 이들은 파당 세력을 상당히 강화시킨 상태였다.

곡물징발 캠페인을 순회하던 중 농민층의 저항을 직접 목격한 스탈린은 크게 분노하였다. 그는 전격적으로 1928년의 곡물위기를 공개적으로 '부농의 투기'에 의한 것으로 단정지었다.[79] 모든 잉여물을 강제적으로 징발하도록 전국의 지방 당 간부들에게 지시를 내렸다. 동시에 곡물 징발이 부농에 대항하는 빈농의 '계급 투쟁'처럼 보이도록 모양새를 만들 것을 지시했다.[80] 그러면 강제적, 폭력적 방법을 정당화할 수 있으리라는 계산이었다. 그러나 이 전략은 중간급 지방 수준으로 내려 갈수록 간부들에게 커다란 혼선을 주었다. 어떤 지역에서는 강제 몰수를 부농에게만 적용하는 것으로, 다른 지역에서는 중농도 포함되는 것으로 해석하였다. 당시 소비에트 농촌사회 인구 대부분이 중농이라는 사실이 이에 큰 혼란을 주었다. 또 게다가 곡물 확보량은 개개인 당원들의 지위와 생존에 관한 문제가 되었다. 그 때문에 농민 일반과 농촌평의회, 당 기관 간부들은 극도의 혼란과 대립상태에 빠지게 되었다. 간부들 입장에서 볼 때 잉여 농산물의 많은 부분이 중농에 몰려있다는 점, 빈농 조직이 취약하여 대중 동원을 할 수 없다는 점 등에서 계급 투쟁의 슬로건을 농민에게 효과적으로 먹혀들게 할 수가 없었다.

스탈린과 당의 원래계획은 몰수한 곡물의 25%를 빈농을 위한 융자금으로 쓴다는 것이었으나 1928년 가을 정부는 빈농에게 융자금은 커녕 기초수준의 식량조차 확보하지 못하고 있었다. 당연히 이것은 당과 정부에게 더욱 불리한 결과를 가져다 주었다. 이 무렵 정부 측이 동원한 폭력적 수단에 대해서는 기록이 모두 삭제되었다. 그러나 당시대 극적 긴장상태를 상상하기는 어렵지 않다. 총 수확량은 1,100만 톤을 넘지 못했으며, 이것은 예상목표 1,200만 톤에 비해 훨씬 적은 양이었다. 그뿐 아니라 농민들로 하여금 다음 해 파종과 경작을 늘리게 하는 격려 요인이 주어지지 않은데서 장차 1928년과 동일한 곡물 위기가 다음 해 또 다시 도래하리라는 두려움을 낳았다.[81]

강제적 곡물징수를 수행한 후, 이제 당은 네프 정책을 완전히 종식시킬 것을 결정하였다. 이것은 개별 농가나 미르의 존재를 절멸시키고 오직 국가가 생산과 수확을 직접 경영하는 콜호즈·소브호즈에 의한 '농업집단화'로 대치시킨다는 것을 의미한다. 그러나 1928년 곡물징수의 방법이 전혀 계급투쟁에 의거한 것이 아니었던 것처럼[82] 대규모 농업집단화 과정 역시 계급투쟁의 노선에 의거한 것은 아니었다. 당과 농민사이에는 가공할 만한 전쟁상태가 예견되었다.

스탈린과 좌파 진영은 오직 '콜호즈 집단농장'이야말로 농민층 전체를 당의 통제하에 구속시킬 수 있는 유일한 노선이라고 선포하였다.[83] 콜호즈 운동의 목적에 대한 이와 같은 발상은 종전까지 네프시기에 일해 왔던 구 전문인 그룹과 직접적인 충돌을 가져왔다. 왜냐하면 그때까지 아직은 농업집단화는 농민의 자발적 협력을 바탕으로 이루어졌고 폭력의 사용은 금지되었기 때문이다. 따라서 이 전환은 네프 시기의 농업전문가로서 활동했던 구 전문인·지식인의 제거와 숙청을 촉발시키는 요인이 되었다.[84]

마침내 1929년 4월 16차 소련공산당협의회 정기총회는 대규모 '농업집단화'(Mass Collectivezation)를 채택하였다. 곧 1929년 12월부터 진행한 폭력적 농업집단화 운동과 1930년 가을 스탈린이 일시 후퇴를 선언할 때까지의 폭력과 저항의 사건들은 가히 1917년 2월이후 세 번째의 사회주의 혁명이라 불릴 수 있었다. 이 운동은 세계사에서 유례가 없을 정도의 농촌에서 유혈적인 상황과 변혁을 가지고 왔다.

1929년 가을부터 1930년 봄 사이의 '농업집단화'운동을 직접 수행한 그룹은 누구일까? 공산당이 이를 위해 취한 첫 단계 조치는 기존 농촌평의회와 당 기관 간부들을 대규모로 숙청하는 것이었다. 그 다음은 새로운 신병 공산당원을 모집하기 위한 캠페인을 벌이는 것이었다.[85] 이 숙청의 직접적 방법은 기존 농민 출신 당원이나 간부 요원들을 제거하고 도시에서 온 맹렬 집단, 젊은 공산주의자들로 대치하는 것이었다.[86] 이것은 농촌에서 젊은 세대의 공산주의자들, 이른 바 새로운 '경력 추구파'(혹은 정치적 출세파)를 창출하는 효과를 낳았다. 이것은 명백하게도 공산당의 권력 기반이 결코 농민층이 아니라 언제나 도시의 노동자들에게 있음을 의미하였다.

농촌에서 중·하급 간부의 출신상 성분 변화는 국가의 권위주의적 중앙권력구도 자체에서의 변혁과 일치하였다. 1929년 10월 스탈린과 당 중앙위원회는 전 소비에트의 농업 생산부문 지도자를 국가중앙의 단일한 하나의 중심 기구에 집결시키기로 결정하였다. 1929년까지 정부의 인민위원회(내각에 해당)의 농업부문 기구는 아직은 소련 전역과 공화국에 걸쳐 중앙집권화에 놓여 있지 않았다. 혁명 이후 당과 정부의 강력한 중앙집권적 체제를 감안해 볼 때 농업의 경우는 예외적이었던 것이다. 그 만큼 식량과 곡물 확보는 정부에게 항상 어렵고도 예민한 주제였던 것이다. 소비에트 정부는 이때까지 농업 부문에 관한 한, 각 공화국 내에 대한 개입이나 감독권을 가급적 제한하면서 약간의 자치권을 부여해왔다. 그러나 이제 대규모 '농업집단화'결정과 더불어 콜호즈, 소브호즈 설립은 소비에트 국가가 직접 중앙집권적 권력으로 다루기로 결정하였다. 이것은 권력 면에서도 전격적인 변혁을 의미하였다. 각 공화국에서는 그나마 허용되고 있던 농업부분의 자율 결정권은 완전히 몰수되었다. 당 중앙위원회와 정치국의 직접 통제 하에 놓이게 되었다. 이로서 정치적으로도 숙청이 뒤따랐다.[87] 이 숙청 작업으로 소련의 각 공화국 정부는 농촌 부문에서 중앙당과 스탈린의 정책을 지지하는 자들로 교체되었다. 1929년 농업 부문에 86,000명이 새 당원으로 임명 되었고, 1930년에 그 숫자는 228,000명으로 늘어났다. 이 중 47%가 도시 노동자 출신 인물들이었다.[88]

그러나 문제는 이들 신 당원들이 농촌에서 충분한 지도력을 발휘할 수 있는가라는 점이다.[89] 원래 지방 간부들의 가장 중요한 능력은 계급 투쟁, 공산주의 이념이라는 관점에서 빈·중농층에게 얼마나 큰 설득력과 지지를 확보할 수 있는가라는 점이다. 가장 효과적 성과를 위해서는 농촌 지도자들은 빈농층에서 나와야 했다. 빈농은 자기의 토지를 경작할 생산 수단을 갖지 못했기 때문에 당은 이들에게 미래에 일어날 토지 경영의 집단화와 자본 공유로부터 실질적 이득을 얻을 수 있으리라고 선전했다. 그럼에도 불구하고 네프 시기에 농촌 지도자 중 상당수가 부농 출신이라는 것은 잘 알려져 있다.[90] 이같은 상황이 이제는 완전히 뒤집혀지게 되었다. '농업집단화' 기간 중 농촌 지도자 간부들 대부분이 산업 노동자 출신이거나 촌락 외부에서 일하던 중앙의 당원 출신이었다. 당연히 이들은 농촌 생활과는 거리가 먼 자들이었다.[91] 이념 이론과 실제상의 갭이 더욱 더 커져갔다.

도시에서 온 '농업집단화'운동 지도부의 맹렬 집단의 사람들은 1929년 가을부터 1930년 봄까지 강제적 집단화 과정에서 결정적인 역할을 하였다. 이들은 농민층으로부터 적개심과 증오의 대상으로 비춰졌다. 이들은 폭도처럼 떼를 지어 농촌으로 내려왔다. 짧게는 그저 며칠씩 머무르며 집집마다 다니면서 종자를 강징하고, 부농을 변방으로 추방하거나 투옥시켰다. 또 빈·중농의 면밀한 구분 없이 토지와 생산수단을 무차별 몰수하였다. 이런 분위기 하에 콜호즈는 부농은 말할 것도 없이 일반 농민들에게 증오와 공포의 대상으로 나타났다. 또, 농민층으로부터 거의 내전상태를 방불케 할 정도의 폭력과 저항이 나타났다. 1929년 12월 중앙위원회 정기총회에서 당은 이들 파견 대원에게 유화적이거나 점진적 선전의 방법이나 태도에 관해 명확한 지시를 내린 바가 없었다. 중앙당의 입장에서 볼 때 이들이 조직 경험이 있고 정치적 충성심을 표명할 줄만 알면 그것으로 충분한 것이었다. 나머지는 그냥 암묵적인 묵인이었다. 이들이 농민의 권리나 이념의 민주적 측면을 존중했으리라고는 전혀 상상할 수 없다. 이들 맹렬파의 눈에 농촌의 농민은 단지 소비에트 정권에 비협조적이며 곡물투기에만 몰두하는 반인민적인 계층일 뿐이었다. 저항하는 농민은 그저 국가에 위협적이며 반혁명적 세력으로 간주되었다. 도시에서 온 선전가나 운동 대원들은 과거 농촌에서 생활하거나 농민과 직접 생산에 참여하거나 조직 경험을 전혀 갖지 않은 인물들이었다. 자연히 이들은 농민과 정부를 잇는 매개자의 역할을 하기 보다는 오히려 양자를 결렬시키고 적대적인 관계로 만드는 데 이바지했다.

'농업집단화'운동 파견부대의 맹렬한 선동 작업에 대항해서 기존 소비에트기구였던 농촌평의회의 역할은 어떠했는가? 베른슈타인은 극히 적은 지역을 제외하고서 일반적으로 농촌소비에트의 역할은 수동적이고 이차적이었다고 평가하고 있다.[92] 당시 한 보고자의 회고를 보자.

> …농촌소비에트는 집단화를 대중적인 운동의 방향으로 지도하는 역할을 전혀 행하지 못했다. 그들은 빈·중농이 주도권을 갖도록 조직하지도 않았다. 그 뿐만 아니라 콜호즈가 그들의 참가 없이 조직되었을 때도 그들은 임금계산 방법이나 농기구 설비문제, 가축 기금조달 문제조차 관심을 갖지 않았다.[93]

수도에서 온 노동자와 당원 중에서 선발되었던 유명한 "2만 5천 노동대원"(25 Thousand-Workers)은 비교적 수준 높은 조직 훈련을 받았던 젊은 공산주의자 선동대원들이었다. 전국적 '농업집단화'의 사업규모에 비교해 보면 턱도 없는 소수였다. 중앙의 금지에도 불구하고 이들 상당수가 농촌 콜호즈, 소브호즈 운영이나 농업 지식전파에 가담하기보다는 평의회나 당기관의 고급당원이나 요원으로서 정치 조직에만 몰두하기 일쑤였다. 이들이 능력을 갖춘 집단이라 해도 이미 불신감에 찬 농민들은 적의의 대상으로 받아 들였다.[94] 이로써 1929~30년 사이의 '농업집단화'는 아래서부터의 계급 투쟁이 아니라, 계급 투쟁이라는 미명 하에 국가가 농민에 대해 벌인 강제적 폭압을 행사하는 정책으로 변해갔다.

한편 강제적 '농업집단화' 동안 특히 빈·중농의 입장은 어떠했는지 살펴 보자. 일부 빈농을 제외하고는 대부분의 빈농과 중농의 불신감은 1928년 초 이미 당의 강제적 곡물징수 때부터 드러났다. 또 콜호즈에 대한 빈·중농층의 가장 큰 불신의 원인은 무엇보다도 선동가들이 콜호즈 구조에 관해 사전에 명확한 지식을 가지지 않은 데서 찾을 수 있다. M. 레윈은 이 점에 대해 다음처럼 지적한다.

> 질문자(농민): "콜호즈에서의 생활이 어떨 것인지, 또 우리들이 필요한 것 을 가질 수 있는지를 말해 주시오!"
> 강의자: "정말 어려운 문제입니다. 당신들의 생활이 어떨지를 나는 모릅니다. 왜냐면 그것은 오직 당신들의 일의 성과에 양과 질에 달렸기 때문입니다."
> 질문자(농민): "우리는 공식적으로 임금을 어떻게 지불 받는지 알고 싶습니다."
> 강의자: "불가능합니다. 모든 콜호즈마다 각기 다른 임금제도를 갖고 있습니다."[95]

대다수 빈·중농은 미래 집단화가 농민의 생계를 위협하리라는 공포감을 가지게 되었다. 그것은 이미 정부 당국의 농산물 가격제나 곡물 징수 정책을 볼 때 '농업집단화'에 대한 이론적 호소력을 잃은 탓이었다. 더욱

이 토지 공유화 이후 물질적 상환의 문제는 다른 사실 때문에 더욱 복잡해졌다. 중농의 경우 우선 그들은 생활 수준의 절대적인 하락을 두려워하였다. 그뿐 아니라 빈농에 비하여 일어날 상대적인 계층 전락의 가능성을 두려워하였다. 따라서 정부로서는 이 빈·중농의 지지를 얻으려면 각 계층에 따른 차별적 대우를 해주는 것이 바람직했다. 그러나 실제로는 그런 일은 일어나지 않았다. 1928년 곡물징수 캠페인 때 정부는 빈농에 더 많은 혜택을 약속하였으나,[96] 중농에게는 부농에 대한 것과 동일한 몰수방식을 적용하였다. 빈농은 빈농대로 새로운 불안, 즉 그들이 그나마 누려온 혜택이 콜호즈에서는 없어진다는 걱정에서 콜호즈를 크게 환영치 않았다. 스탈린은 집단화 캠페인 때 "콜호즈에서는 빈농과 중농의 구별은 없어질 것이다"라고 선언하였기 때문이다.[97] 빈농에게도 콜호즈 내에서 물질적 향상의 전망은 매우 막연하고 흐린 것이었다. 그러나 정부가 중농을 소외시키고 진행한 노선은 대중적 기반을 확보해야 하는 목표에서 볼 때 큰 실수였다.[98] 레닌은 생전에 이미 이 점에 대해서 심각하게 경고하였다.

> …중농과 경제적 관계를 맺는 데 있어 강압을 사용하는 것은 금물이며 이만큼 어리석은 것은 없다.[99]

빈·중농의 심리를 보여준 당시의 한 보고를 보자.

> …부농의 투옥과 추방은 다수 농민대중으로 하여금 정권에 적의를 갖게 했으며 추방된 농민에 대해 동정심이 일게 했다. 심지어 농민들은 모여서 부농을 위해 눈물을 흘리면서 콜호즈 관리에게 부농이 같이 일할 수 있도록 애걸하였다.[100]

농촌에서 부농은 실제로 결코 높은 비율이 아니었다. 대개 농촌지도자로 존경 받는 인물이거나 혈연 관계로 얽혀 있는 사람들이었다. 농민들은 서로를 빈·부 계층으로 구별짓기보다 흔히 전체가 단합된 모습을 취하였다.[101] 여기서 당의 계급투쟁 노선 즉 빈·중농층이 부농층에 전쟁을 벌인다고 하는 노선의 근거가 얼마나 취약했음을 엿볼 수 있다.

5. 소비에트 농민의 지위와 사회주의 이념

1929~30년 봄 사이 극도로 짧은 기간에 강제적 '농업집단화'가 일차적으로 완수되었다. 당시 콜호즈의 수적 변화를 살펴 보면 과정 상의 과격함과 폭력적 양상을 능히 추측할 수 있다. 1929년 여름 초기만 해도 콜호즈의 규모는 전체 농지의 4%에 불과하였다. 그러나 가을의 대규모 강제 합병을 겪고 난 이후 1930년 2월에는 54%에 다다랐다. 이로써 전통적인 개별경작 방식은 격감하였고 촌회와 '미르'는 파괴되었다. 콜호즈의 가입을 반대하거나 저항하는 자는 단지 부농 뿐만 아니라 빈·중농을 포함하여 누구라도 다 투옥, 추방되고 생명까지도 잃어야 했다. 이 강제성으로 인하여 무수한 농민들이 사람이 살지 않는 머나먼 유형지로 떠나야했다. 추방된 농민의 숫자는 50만 명에 다다랐다. 또 추가 150만 명은 더욱 더 먼 곳으로 이주해야 했다. 60만 명은 도시 등지로 탈주하였다.

첫 번째 단계에서 250만 명의 부농이 재산을 몰수당하거나 쫓겨났다.[102] 추방되거나 사라진 숫자는 농민 전체의 10%에 해당된다. 이것은 실제에서 어마어마한 숫자였다. 그 두려운 분위기는 농촌 전체를 감싸기 충분하였다. 그러나 1929~30년 2월까지 변화는 '농업집단화의' 겨우 첫 단계에 지나지 않았다. 당시 소비에트 정부의 이런 폭압적인 정책과 결과에 대해 최근 소련의 한 역사가가 다음과 같이 기록에 썼다.

> …레닌이 그토록 강조했던 집단화의 자발적 원칙의 위반은 사회주의 건설에 엄청난 손해를 입혔다. 1930년 2월 부농들은 당시의 격렬한 사

태에 직면하여 반 소비에트 운동을 조직하기도 했고 내면적 저항을 계속하게 만들었다.[103]

공산당 정부의 강제적 방식에 대항하여 곳곳에서 농민 대중의 저항과 폭동이 일어났다. 농민들은 가축을 콜호즈에 이양하기보다는 학살하는 방식을 선택했다. 러시아공화국에서만 해도 1930년 6월까지 3백 만 마리의 소와 4백 만 마리의 말이 학살되었다. 이 숫자는 전체의 25%에 해당한다.[104] 가축의 대량 학살은 후일 1980년대 사회주의의 붕괴 시점까지 생산성 하락에 영향을 미칠 정도로 충격적이었다. 저항과 충격 때문에 1930년 3월 소비에트 정부는 '농업집단화'의 속력을 일시 후퇴하기로 하였다. 만일 강제적인 집단화를 더 계속할 경우 다가오는 파종에 큰 차질을 빚을 것이었다. 또 그뿐만 아니라 농민들 사이에 만연한 불만과 소요는 반란의 위험을 안고 있었기 때문이다. 이에 1930년 3월에 스탈린은 '대성공에 따르는 어지러움!!'이라는 제목으로 포고문을 발표했다, 스탈린은 지방 농촌의 당 간부들에게 과격한 폭력의 책임을 전가하고 일시적 후퇴를 명령하였다.[105] 집단화 과정 중에 나타난 농민의 저항과 물질적인 손실이 당이 예견한 것보다 훨씬 컸음을 보여준다.

1929~30년간 첫 단계의 '농업집단화'의 성과는 그 경제적 이득이 과연 어느 정도인가에 대해서는 아직까지도 논쟁이 계속되고 있다. 그러나 적어도 이 같은 폭압적 강제 정책 덕택으로 농촌에서 공산당이 정치권력의 통합면에서 승리했다는 점에서는 의문의 여지가 없었다. 네프 시대 등장했던 개별 농가나 개인주의적 농업 요소는 완전히 궤멸되었다. 소비에트 정부는 이제부터 전 농촌에서 위에서의 일사분란한 감독의 방법을 행사할 수 있게 되었다. 다시 말해서 농업 생산 과정 전체와 농민의 생활을 정부의 통제 하에 묶어둘 수 있게 되었다. 농촌 농업경영에서 콜호즈 의장, 당세포 기관, 정치 경찰이 삼인조 감독체제를 형성하였다. 이 삼각 감독체제는 농촌에서 생산, 분배, 조직 면에서 오직 상부에서 내려오는 계획

4-3. 1931년 농업집단화 이후 발생한 기근으로 희생된 거리의 죽음들

수행과 목표 달성에 치중해야 했다. 적어도 표면적으로 농민층이 과거에 일으킨 곡물판매 저항이나 이로 인한 곡물위기는 일어나지 않을 듯했다.

이외에도 '농업집단화'를 계기로 1920년대 전반 주류적 역할을 했던 눈 안에 가시와 같은 원로 구지식인 출신 농업 전문가들이 모두 숙청되거나 제거되었다. 농촌에서 중앙 정부는 당 기구에 의한 획일적인 명령 체계가 가능하게 되었다. 1930년 초부터는 과거 1917년 혁명에서 지하 활동을 경험하지 않은 새로운 세대의 공산주의자들, 젊고 출세와 정치적 경력에 관심이 더 큰 노동자 출신의 관료 간부들이 대체하였다. 이들은 사회주의 세계혁명보다는 소비에트 국가의 물질적 부강에 더 몰두하였고 스탈린의 강경노선과 계열에 대한 충성을 국가적 사업에 헌신하는 것과 동일시하는 자들이었다.

이들은 농민 사회에서 진정으로 '아래서부터의 사회주의적 계급투쟁'의 목표를 달성하기보다는 오히려 농민을 자의적으로 통제할 수 있기를 바라며, 농민의 생계나 보호와는 관계없이 농업생산 과정과 생산물을 마음대로 처분하기를 바라는 자들이었다. 1929~30년간 격렬하고 무자비했던 집단화 과정은 스탈린 개인만의 잔인하거나 거칠은 성격 탓이라고 볼 수 없다. 지방에서 발생한 예상 밖의 잔혹한 사태는 소비에트 정권과 중·하급 당과 간부들이 이미 상당히 권력 지향적으로 변해있음을 뜻한다. 이제 권위적이고도 관료주의로 무장한 공산정부는 농촌의 전통적인 '미르'와 촌락회를 밀어내고 중앙 기구의 명령대로 수행하는 것은 당연하게 생각하였다.

1933년 다시 재개된 2차적 '농업집단화'의 종료 이후 농촌에서 생산성은 극도로 하락했다. 부족한 식량 생산탓으로 전국에 대기근이 발생하였다. 대기근으로 조기 사망하거나 아사한 인구는 3백만에 이르렀다. 이것은 소비에트 사회주의건설의 역사에서 숨은 비밀로 알려져 있다. 더욱 경악스러운 사실은 대기근과 아사에도 불구하고 소련 정부는 산업화의 기초 자재구입을 위해 콜호즈의 농산물을 대량으로 해외로 수출하였다.

'농업집단화'의 표면상의 성공은 또 다른 중요한 부정적인 내적 측면을 갖고 있었다. 강제적 수단에 의해서만 농민을 통제할 수 있는 상태가 되었기 때문에 앞으로 공산당정부는 영원히 콜호즈 내 농민의 생산성에서 자발적이며 창의적인 노력을 기대할 수 없게 되었다. 이후 격려 요인을 상실한 상태에서 농산물 생산성 증가는 일어나지 않았다. 결국 곡물 생산위기와 공급부족의 현상은 잠재적으로 언제나 소비에트 사회주의 정부를 괴롭히는 최대의 골치거리가 되었다. 이른 바 '아킬레스 뒤꿈치'가 된 것이다. 농민의 태도의 이중성은 생산성하락과 무언의 사보타지에서 자주 나타나곤 하였다.

우리는 마지막으로 다음과 같은 질문을 해 볼 수 있다. 1929~30간의 강제적 '농업집단화' 노선은 피할 수 없는 것이었을까? 이 질문에 대한 답은 어느 정도 앞에서 암시하였다. 당시 소비에트 공산당의 정견과 농민에 대한 지식과 태도로 보아 네프 경제를 오래 경영한다는 것은 불가능하였다. M. 레윈은 1929년 말의 폭력적 정책 전환은 이미 네프 후반기 생겨난 공산당과 농민층 사이의 불신과 적대감의 연쇄 반응이라는 것이다. 그 직접 원인은 이미 곡물징수 위기부터 비롯된 것이라고 지적한다. 결국 양자 간의 갈등은 네프 정책 시기 농촌에서 소비에트 정치 권력과 농민과의 건전한 관계 없이는 결코 해결될 수 없는 바였다. 네프 시기 가격 정책의 혼돈이 농민에게 가장 민감한 자극을 주리라는 사실에도 불구하고 그 불안한 혼합 경제를 1928년 말까지 구체적 대안 없이 계속했다는 것, 그 붕괴의 원인을 부농의 저항과 투기에 돌린 것은 1920년대 소련 정권이 농업 문제에 관한 이념적 준비가 절대적으로 부족했음을 말해 주는 것이었다.

5장 사회주의적 사랑의 신화: 알렉산드라 콜론타이와 '붉은 가족'

- 공산주의적 성적 도덕과 섹슈얼리티

1. A. 콜론타이의 여성해방 사상의 기초

사회주의가 성적 해방, 특히 섹슈얼리티 측면에서 여성에게 과연 무엇을 제공해 줄 수 있을까라는 물음은 참으로 흥미로운 주제이다. 20세기 초 많은 러시아 여성 혁명가들은 사회주의가 여성해방을 쟁취하는 데 가장 확실한 방법이라고 믿었다.[1] 그러나 사회주의 국가가 자동적으로 여성을 해방시켜 주리라는 믿음은 지나치게 단순한 것이었다.[2] 성 해방은 결혼과 가족 그리고 일에 관한 남녀의 사회경제적 평등 뿐만 아니라 내밀한 성적 행위들 즉, 성의 매매, 혼외의 연애까지 포함함으로서 인간사의 매우 복잡한 주제가 되고 있기 때문이다.

러시아 사회주의 혁명 이후 초기 소비에트 정부가 여성해방 이념을 어떻게 취급했는가를 알기 위해서 우리는 반드시 알렉산드라 콜론타이(Alexandra Kollontai)의 생애와 사상을 검토할 필요가 있다. 그녀는 볼셰비키 혁명사에서나 성적 혁명을 추구하는 페미니즘 역사에서나 매우 흥미로운 인물에 속한다.[3] 전제정과 보수적 가부장제 하에서 러시아 여성의 지위는 서구의 어느 경우보다도 열등하며 억압된 수준이라는 사실은 널리 알려져 있다.[4] 보수 반동의 사회에서 곧장 사회주의 혁명으로 뛰어 넘은 소비에트 사회에서 여성해방을 위한 콜론타이의 급진적 활동과 볼셰비키 당 사이의 갈등과 대립은 후일 소련에서 러시아 여성의 지위와 젠더 관계를 예고하는 상징적인 사건이었다. 그녀의 행적을 살피는 것은 이 문제를 다루는데 아주 좋은 지름길이다.

1872년 콜론타이는 유복한 가정에서 태어났다. 그러나 열정적 기질을 가진 그녀는 진부한 결혼생활에 만족하지 못하고 집을 떠났다. 1896년 그녀는 급진적 지하 혁명가였던 플레하노프와 레닌을 포함한 일군의 러시아 급진적 인텔리겐찌야를 만났다. 그녀는 그들과 더불어 독서 서클에서 마르크스주의를 공부하였다.[5] 젊은 시절의 콜론타이는 칼 카우츠키, 로자 룩셈부르크의 사상을 흠모하여 깊은 영향을 받았다. 1905년 러시아 혁명 이후 러시아에서 처음으로 서구의 부르주아적 페미니즘이 세간의 주목을 끌게 되었다. 이 운동을 보면서 콜론타이는 러시아 여성해방(Emancipation)에 관한 혁명적 이론의 필요성을 절감하였다.

콜론타이는 1908년에 볼셰비키에 가입하였다. 그 후 그녀는 러시아 여성의 지위에 관한 주제와 볼셰비즘을 접합하기 위한 공부를 시작했다. 1909년 『여성문제의 기초』(Sotsial'nye osnovy zhenskogo voprosa)는 바로 이 주제에 관한 그녀의 최초의 탁월한 논문이다.[6] 혁명 이후 1906~1914년 콜론타이는 독일과 스웨덴으로 추방당하였다. 이곳에서 그녀는 세계사에서 여성의 지위에 대한 자세한 연구에 접하게 되었다. 이 사이 그녀는 클라라 제트킨을 만나 국제 사회주의 여성연맹의 활동에도 가담하였다. 이후 점차 콜론타이는 러시아 여성해방의 주제를 볼셰비키의 혁명 강령의 일부로 삽입하는 데 성공하였다.

콜론타이는 1917년 볼셰비키 혁명 도중 노동자 사이에서 정치적 선전과 선동가로서도 활약했지만 동시에 공산주의와 페미니즘을 접합하려고 노력하였다. 콜론타이의 『공산주의와 가족』은 공산주의 질서 속에서 가족의 개념과 남녀의 성적 도덕의 기준을 정립하려는 시도였는데 이것은 내전 중인 1920년에 출판되었고[7] 곧 서구사회에 알려졌다. 당시 영국에서는 페미니스트 지도자인 실비아 팽크허스트(Sylvia Pankhurst)를 중심으로 급진적 <여성선거권연맹>조직이 결성되어 『우먼스 드레드노트』(The Women's Dreadnought)라는 신문을 발간하고 있었다. 이 신문은 콜론타이의 저술에 큰 관심을 보였다.

> 우리들은 최근 소비에트 공산 체제의 프롤레타리아 독재에 관해서나 적군의 승리에 관해서 많이 들었다. 그러나 공산주의 공화국 하에서 가족생활에 관해서는 거의 들은 바가 없다. 그런데 콜론타이의 글, 『공산주의와 가족』은 찬탄할 만하다… 그녀는 가족제도가 어떻게 해서 고대 원시 사회부터 자본주의 사회를 거쳐 사회주의를 향해서 발전해 갈 것인가를 설명한다… 또 자본주의적 빈곤과 불안정에서 벗어나 인류는 집단적인 가사 노동과 자녀 양육과 교육을 공동체의 책임 하에 두는 것으로 발전해 갈 것이라고 설명한다. 가족과 여성문제에서 러시아의 공산주의적 경향은 거대한 탄력을 받고 있다.[8]

볼셰비키의 내전 승리 후 그녀는 막 수립된 신생 소비에트 정부에서 활동하였다. 콜론타이가 획득한 가장 괄목할 만한 성과는 1921년 당 중앙위원회 산하에 독립적 여성 기구인 제노젤(Zhenotdel)[9] 즉, <여성국>을 설립한 것이다. 이것은 여성 노동자의 교육, 권리와 성적 해방을 위한 선전, 선동 기관이었을 뿐만 아니라 동시에 여성과 중앙 당을 연결하는 정치적 채널이었다. 콜론타이는 여성노동자, 농민, 이슬람의 소수 민족 여성을 위한 정치조직 활동에 몰두하였다. 이외에도 여성의 지위 향상을 위한 신혼인법과 이혼법 수립, 모성보호, 고아원, 여성교육 프로그램들을 위시하여 매춘 퇴치 문제에 관해 철저한 실천적 활동을 벌였다.

콜론타이의 사상과 정치활동의 편력에서 가장 독창적 측면은 그녀가 여성의 정치적, 경제적 평등 문제에 그치지 않고 결혼과 이혼, 매춘과 자유 연애, 성적 도덕, 섹슈얼리티, 성적 욕망에 관한 심리적 주제까지 취급하였다는 점이다. 20세기 초 서구 자체에서도 이 주제는 아직 초보 단계

5-1. 1920년 소비에트회 여성대표자들

에 머물고 있었기 때문에 초기 공산주의 국가 수립기 섹슈얼리티 문제에 대한 그녀의 공개적 논의와 저술은 우리에게 큰 흥미를 주고 있다.

일반적으로 성, 섹슈얼리티(sexuality)는 생물학적 개념인 성별(sex), 사회 경제적인 차이를 말하는 젠더(gender)와 구별된다. 섹슈얼리티는 성 행위를 비롯한 다양한 성적인 욕망과 정체성, 행태 등을 포함한 매우 내밀한(intimate) 인간관계에 관한 개념이다.

서구에서 1970년대부터 성의 자유화 물결이 일어나면서 '섹슈얼리티'에 대한 논의가 공개적으로 확대되기 시작하였다. 인간의 성적 욕망과 섹슈얼리티의 본성이 사회 구조나 문화와 분리 가능한 생물적인 본능에 기인하는 내재적인 것인가 아니면 개인과 사회의 상호작용을 통하여 후천적으로 구성되는 것인가에 관해서는 논란이 심하다.[10] 급진적 여성해방론자들의 주장에 의하면 섹슈얼리티는 철저하게 사회문화적인 결과물이었다. 가부장제는 정치, 경제적 측면에서 뿐만 아니라 섹슈얼리티 측면에서도 불평등을 고안하여 여성에 대한 통제의 기초로서 활용한다고 본다. 그리하여 급진주의자들은 여성 해방의 완전한 목표는 섹슈얼리티 영역에서도 억압을 종식시키는 것이었다. 이를테면 여성의 '자기 몸'(body)에 관한 자율권을 강조한다.[11] 콜론타이는 소비에트 사회주의 초기에 벌써 이 주제의 핵심을 파고 들었다. 그녀는 어떻게 하면 공산주의 체제에서 독립적인 사랑과 섹슈얼리티의 자유가 달성될 수 있을 것인지 그 조건에 관하여 이론적 분석을 시도하였던 것이다.

소비에트 시대에 콜론타이는 자유연애를 '물 한잔의 이론'에 비유한 사상가로 기억된다. 이에 의하면 '성(섹슈얼리티)이란 한 잔의 물을 마시는 것처럼 단순하고 자유로운 것이 되어야 한다'는 사상이었다.[12] 정말로 아찔하고도 도발적인 사상이었다. 그녀의 사상은 초기 소비에트 시대의 통념으로는 워낙 급진적이어서 마치 문란하고 무책임한 성적 자유를 전파하는 위험한 사상으로 즉각 비판 받았다. 레닌조차도 콜론타이의 자유로운 성 이론을 심하게 경고하였다.[13] 그러나 그녀는 레닌의 비판에도 불구하고 연애와 섹슈얼리티에 관한 과거의 억압적 규범을 비판하면서 레닌과 전적으로 다른 새로운 노선을 취하였다. 차츰 콜론타이는 공산주의와 페미니즘 사이의 관계를 총체적으로 연결지으면서 당시 누구도 생각하지 않았던 섹슈얼리티에 관한 쟁점을 제기하기 시작했다.[14]

최근까지 서구에서 콜론타이는 단지 극단적인 견해를 가진 좌파 공산주의 이론가 정도로만 알려져 있었다. 1970년대 여성운동의 제 2의 물결이 시작될 무렵에도 역사가들은 그녀의 성적 도덕 사상에 대해 회의적인 것 이상의 큰 관심을 갖지 않았다. 그러나 묘하게도 1980년대 소련 사회주의 체제가 붕괴될 무렵, 역사가들은 사랑, 결혼, 자유연애, 섹슈얼리티, 가족과 성적 도덕에 관한 콜론타이의 사상이 섹슈얼리티 면에서 양성 평등을 위한 근본적으로 중요한 단초를 제공하고 있음을 새삼 주목하였다.

서구에서 러시아 여성 운동 자체에 관한 연구는 1970년대에 시작되었다. 그들 중 특히 콜론타이의 생애에 관해서는 B. 판스워드, B. 클레멘츠, 그리고 R. 스타이츠가 심도있게 연구하였다. 그러나 콜론타이의 섹슈얼리티 측면에 관한 연구는 역사학자들에 의해서보다는 주로 페미니스트 여성학 연구자들에 의해 진행되었다.[15] 우리나라에서는 신민우가 판스워드의 저서를 번역하였는데 러시아사 연구 분야에서 이것은 귀중한 업적이 아닐 수 없다.[16] 그러나 아직은 우리나라에서 콜론타이의 섹슈얼리티 사상을 소비에트 사회주의 혁명사의 맥락과 관련지어 보는 연구는 부족하다.

소련에서 콜론타이의 사상이 이단적이며 위험하다고 비판 받았음에도 불구하고 그녀의 저술들이 금서목록에 포함되어 있지 않았다는 것은 특이한 일이다. 이것은 역설적으로 그만큼 젠더의 주제자체가 소련 체제에서 관심을 끌 만큼 중심적 주제로 등장해 본 적이 없다는 것을 의미한다. 덕택으로 콜론타이의 작품의 일부가 잘 보존되어 있다. 그러나 안타까운 점은 말년에 공식적 연대기 기록이외 콜론타이의 실제 생애나 좌절에 대한 자신의 생각을 표현한 개인 일기장, 서한, 회고록 자료는 거의 없다. 스탈린 시대 콜론타이는 자신의 신념이 현실에서 포기되거나 왜곡되었을 때, 어떤 반론이나 이의를 일체 표현하지 않았다. 아마도 자기 자식의 생명을 위해 숙청의 물결에서 벗어나기 위한 탓이었다고 보인다. 이 때문에 우리는 스탈린 시대의 일상에서 성적 도덕과 섹슈얼리티에 관한 실상을 파악하는 데 큰 제약 속에 있다.

스탈린 시대 이후에도 콜론타이의 페미니즘 사상에 관한 연구는 거의 존재하지 않고 있다. 오직 여성 혁명가나 스웨덴 대사로서의 모습만을 부각시키는 기록만 존재한다. 1960년 이후 약간의 자유화 물결의 자극을 받아 소비에트에서도 비로소 혁명사에서 콜론타이의 지위를 복구하기 위한 관한 새 관심을 가지기 시작하였다.[17] 그러나 이 시도는 미미한 성과 밖에 거두지 못하였다. 특히 가족 경제나 가사 노동에 관한 그녀의 주장은 다시 검열을 받았다. 정치적 논란거리는 완전히 제외 되었으며 생애기의 부분적 복원에 머무르고 말았다. 성적 도덕, 자유연애나 섹슈얼리티에 관한 이론들은 여전히 불미스러운 것으로 무시되거나 바람직하지 않은 것으로 삭제되었다.

콜론타이는 볼셰비키 반전활동, 레닌사상, 여성 문제, 노동조합 문제에 관해 많은 선전적 논문과 문학 작품을 남겼다. 본 장은 콜론타이의 저작 가운데에서 특히 성적 도덕과 섹슈얼리티, 결혼과 연애의 심리적 문제를 다루는 개척적인 글들인 『새 도덕과 노동계급』(Novaya moral' i rabochii klass, 1918)[18], 『성적 관계와 계급투쟁』(Otnoshenie mezhdu polami i klassovaia bor'ba),[19] 『결혼관계에서 공산주의 도덕에 관한 명제들』(Tezisy i koomunisticheskoi morali i oblasti brachnyk otnoshenii)[20], 『가족과 공산주의 국가』(Sem'ya i koomunisticheskoye gosudarstvo, 1918, 1920)[21], 『매춘과 이에 대해 투쟁하는 방법』(Prostitutsiia i mery bor'by s nei, 1921), 『삼 세대의 사랑』(Liubov' trtekh pololenii, 1927)[22], 『위대한 사랑 』(Svobodnaya liubov', 1925)[23], 『신 여성』(Novaya zhenshchina, 1913)[24], 『새로운 추악함』(Novaya ugroza, 1922)[25] 『젊은 노동자들에게 보내는 편지』(Pis'ma k trudiashcheisia molodezhi . Moral' kak orudie klassovogo gospodstva i klassovoi bor'by)[26] 등을 중심으로 초기 소비에트 시대 성적 가치관을 위한 콜론타이의 사상과 이론, 그리고 볼셰비키의 대응, 이념과 실상의 괴리 등을 검토하고자 한다. 콜론타이의 영향력의 상승과 몰락의 이야기는 소비에트 사회주의에서 성적 해방의 이념의 성과와 한계를 보여주는 또 하나의 잣대가 되리라고 본다.

2. 볼셰비키의 성적 가치관

콜론타이에게 섹슈얼리티 문제는 처음부터 중심 주제는 아니었다. 처음에 그녀는 주로 프롤레타리아 여성 노동자들의 정치 참여의 권리와 사회주의 혁명의식 사업에 주력했다. 그러나 내전 동안 혼돈에 빠진 여성의 결혼 및 성적 도덕문제에 봉착하면서 비로소 그녀는 섹슈얼리티 주제를 심각하게 보기 시작하였다. 이 때문에 B. 판스워드는 콜론타이를 러시아 혁명의 '최후의 양심'으로 칭하기도 하였다.[27] 여기서 그녀는 자신의 자유연애의 체험을 크게 반영하였다. 점차 자유연애와 섹슈얼리티 주제를 도전적으로 쟁점화하기 시작하였다. 세일라 라우보탐(Sheila Rowbotham)이 지적한대로 콜론타이는 공산주의와 페미니즘을 결합하는 과제에서 당시에 볼셰비키 당의 성적 가치의 이중성에 큰 자극과 분노를 느낀 듯하다.[28]

사실 콜론타이는 볼셰비키 당 자체에는 매우 뒤늦게 가입하였다. 1907년에 대다수 볼셰비키 당원들의 경시에도 불구하고 그녀는 처음으로 <여성노동자공제회>를 조직하였다.[29] 처음부터 당의 대부분의 남성들은 여성들만의 조직이 오히려 당 사업을 분열시킬 것이라고 경계하였다. 이처럼 볼셰비키는 아직 여성해방 그 자체를 부르주아적인 것으로 보는 시각에서 벗어나지 않고 있었던 것이다.

1908년 가을 콜론타이는 전제정부의 감시를 피하여 비밀리에 <전러여성대회>개최 준비에 착수했다.[30] 여기에 프롤레타리아 출신 45명의 여성노동자와 1,000여 명의 대표가 참석하였다. 이 대회에서 콜론타이는 중요한 행동강령을 선언하였다. 그러나 당시 볼셰비키 남성 당원들은 '여성들을 가정에서부터 해방시킨다'는 주장, '여성의 성적 자유'의 주장, '가족의 의무와 일의 욕구 사이의 갈등'을 전연 이해할 수 없었다. 가족과 결혼 제도의 문제는 단지 자유주의 여성 해방론자들의 주장만으로는 도저히 해결할 수 없는 주제이다. 그것은 거대한 경제 구조와 사회구조, 그리고 국가 권력 질서와도 깊이 얽혀 있다. 이 대립에서 콜론타이는 이미 섹슈얼리티 문제 즉, 여성의 성적 자유, 이혼, 매춘, 임신과 낙태 그리고 일과 자녀 양육 등을 포함한 주제들이 후일 사회주의 체제 내에서 모순과 갈등에 부딪힐 것을 예감했다. 이 무렵 그녀는 프롤레타리아 여성들에게 사회주의적 여성 해방의 의미를 다음과 같은 말로 설명하였다.

> 사회에서 가장 평범한 여성, 즉 미모도 없고, 능력도 없고, 용기도 없는 여성들도 미래에 마음 놓고 결혼을 거부하고, 자유연애가 가능하고,

5-2. <여성국>의 인종별, 지역별 대표자들

> 자녀 양육의 의무에서 벗어나 독립적으로 사회적 일에 몰두할 수 있도록 해줄 수 있는 것은 오직 사회주의 뿐이다.[31]

내전 동안 볼셰비키는 많은 산적한 문제 때문에 여성 문제에 전혀 관심을 쏟지 않았다. 여성들은 극빈자가 되었고 피폐한 상황 속에서 나날이 지쳐갔다. 또 다시 경제적으로 소외되고 있었다.[32] 이런 상황하에서 콜론타이는 당과 평범한 여성대중들 사이의 불신과 깊은 균열이 생기는 것을 걱정하였다. 그녀는 공산주의 기치에 여성을 모으기 위해 1918년 11월 16일 <제 1차 전러여성노동자·농민대회>를 조직하는 데 전력투구했다. 대회는 상상 이상이었다. 1000여 명의 여성들이 몰려왔던 것이다. 레닌도 크게 놀라워 했다.

이로서 콜론타이는 '임시 <여성국>'을 조직하는데 허락을 받았고 중앙위원회 내의 선전국 사이의 가교 역할을 맡았다. 이 대회의 결의문은 1908년 콜론타이가 지하 혁명 활동 시절의 첫 논문, 『여성문제의 사회적 기초』의 사상을 발전시킨 것이었다. 가장 근본적 내용은 결혼과 이혼의 자유, 의무적 가사 노동 철폐, 자녀 양육에 대한 국가 역할과 의무 강조, 이중적 성의 기준 철폐, 매춘에 대한 대항 등이었다.[33] 여기에다 콜론타이는 빈곤한 러시아 여성에게 제공할 공동 취사장과 탁아시설을 갖춘 공동체 가옥(Obshchii Dom)제도 도입을 역설했다.[34] 그러나 심화되는 내전기에 경제적 어려움 뿐만 아니라 가족 붕괴 현상이 사회 도처에서 나타났다. 그녀는 이제부터 여성 문제는 단순한 물질적 보조차원이 아니라 가족 제도 면에서 혁명적 변화가 일어나야 하며 남녀 연애에서도 공산주의적 도덕관과 신 여성상 가치관이 수립되어야 하다는 것을 발견하였다. 그녀는 곧 이 문제에 천착하게 되었다.[35]

혁명이나 내전은 과연 소비에트 러시아인의 성적 생활에 어떤 영향을 미쳤을까? 대체로 이 혼란 시기에 성적 생활은 대단히 거칠고 혼돈스러웠으며 우연적으로 영위되었다.[36] 1917년 혁명이 성공하자 마자 레닌은 새 포고령 속에 포함된 <신 결혼법>으로 공산주의 하에서 모든 여성은 남성과 동등한 지위에서 자유로운 결혼과 이혼을 선택할 수 있음을 공공연하게 선언하였다.[37] 이것은 법적으로 남녀의 성적 관계에서 자발적인 선택의 권리를 의미하였다. 점차 이 법안에 의거하여 내전기에 이혼율이 급상승하였다. 또 상당한 성적 무절제함과 방종 그리고 혼란이 확대되고 있었다. 그러나 엄밀히 말하여 공산주의 하에서 성적 자유와 평등이라는 것이 이념과 관련하여 어떤 의미를 띠는 것인지 심층적인 논의는 아직 나타나지 않고 있었다. 당내 여성 공산주의자들조차도 사회주의적 페미니즘에 대해 명백한 이론을 가진 이들이 없었다. 남자들은 이 주제에 더욱 무관심하였다. 전적으로 콜론타이에게 의존하고 있었다.[38]

네프 시대에 정부는 노동학부(rabfak), 스베들로프 공산주의 대학교, 콤소몰에 가입한 젊은 대학생들 사이에서 성적관행 및 도덕관에 대하여 설문조사를 시행한 적이 있다.[39] 혁명 직후 젊은이들 사이에서는 사회주의적 성적 규범에 대해 매우 혼돈스런 해석과 모순되는 행태가 존재하고 있었다.[40] 한편으로는 성적 규범이 느슨해지면서 전통적이며 수동적인 역할에서 벗어나 자유로운 연애와 문란한 성적 행동을 직접 체험하는 젊은이들이 급속도로 늘어났다. 또 다른 한편에서는 개인적 연애감정이나 자유분방한 성적 행동은 오히려 부르주아적인 것으로 비판하기도 했다. 대신 극도의 성적인 금욕이나 냉담한 가치관이 존재했다.[41] 즉 양극단의 행태가 뒤섞여 있던 것이다. 사랑이나 연애의 어휘 자체가 '쁘띠 부르주아적인 것'이며 '사랑이란 존재하지 않으며 단지 육체적인 욕구만 존재 한다'든가, 혹은 '애정의 표현없이 거칠은 성적 행동이 공산주의적인 것'으로 본다는 생각이 난무하였다. 전통적 구속을 거부하는 전자의 입장을 들어보면 매우 혼돈스러운 세계관이 나타난다.[42]

> 우리에게는 사랑이란 존재 하지 않는다. 단지 성적인 관계만이 있을 뿐이다. 왜냐하면 사랑이란 우리에게 심리적으로 비밀스런 관계를 만들어낸다. 우리에게는 단지 생리학만이 존재할 권리와 의무가 있다고 보는 사고방식이 있다.[43]

실제 네프 시대는 문화적으로도 여러 가지 가치관과 조류가 뒤섞인 혼돈의 시대였다. 이것은 성적 도덕 면에서의 혼란을 더욱 가중시켰다. 섹슈얼리티가 개인적이며 감상적인 것인가 아니면 양심과는 별개인 생리적 행동인가 하는 문제는 누구에게나 간단한 문제는 아닐 것이다. 종종 성적 자유를 누리던 젊은 여성들은 결국에는 배신으로 낙태 혹은 자살로 희생되는 경우가 허다했다. 이런 보고에 대해 당 지도부는 매우 당황스러워하였다. 콜론타이는 다음과 같이 당시의 성적 도덕의 혼란 상황을 솔직하게 지적하였다.

> 성적인 문제는 인류의 영원한 문제이다. 오늘날 소비에트 사회에서도 성적 혼란은 매우 심각한 지경에 이르고 있다. 어느 의미에서 훨씬 더

불건전하고 해로운 상태에 이르고 있다. 각자는 모든 수단을 통해서 스스로의 이익을 위해 필사적인 노력을 하고 있다. 매춘, 간통, 동성애, 이혼, 혼외관계, 혼외 사랑, 위자료, 미혼모, 심지어 영아 유기까지 서슴치 않고 있다. 이를 어떻게 해결할 수 있을까?… 우리 사회의 비극은 아직도 사유재산 관계와 개인주의적 도덕의 세계의 잔재에서 살고 있기 때문에 해결이 보이지 않는다. 우리는 결혼을 통해서 육체적 고독을 해결하거나 우리에게 가까이 있다는 이유에서 누구와 사랑에 빠질 수만 있다면 이 위기를 극복할 수 있으리라고 생각하지만 그것은 헛된 일이다.[44]

소비에트 학자나 정부는 네프 시기의 이런 성적인 방종이나 무절제한 행태에 당황하였다. 이것을 급진적 여성해방 사상가들이나 콜론타이의 자유연애 사상 탓으로 전가하였다.[45] 그러나 콜론타이의 저술을 내전기와 네프 시대 그리고 스탈린 체제의 시대상황과 연관 지으면서 검토해 볼 때 콜론타이 사상이 성적 무절제한 상황의 원인이 아니라 오히려 그런 상황에 대한 대처와 해결안으로서 등장했다고 볼 수 있다. 그러므로 콜론타이의 사상을 당시 시대적 상황과 관련지어 좀 더 면밀하게 살펴보자.

3. 콜론타이의 섹슈얼리티 사상과 '붉은 가족'

콜론타이의 섹슈얼리티에 관한 사상에서 가장 큰 주제는 크게 세 가지로 요약할 수 있다. 그것은 공산주의 체제에서 결혼의 의미, 사회주의적 신 여성상의 이미지, 그리고 사랑과 자유 연애에 관한 새로운 개념 정립이다. 콜론타이는 내전의 혼란 동안 장차 다가올 공산주의 국가에서 가족 제도를 보다 큰 정치적 차원에서 쟁점화하기 위해 『공산주의와 가족』을 집필하였다.

> 공산주의 사회 하에서도 가족이 계속해서 존재할 것인가? 새 노동자 국가는 남녀의 관계를 변화시키고 새 권리와 의무가 조화를 이루도록 해야 한다… 공산주의 사회에서는 새로운 관계가 정립된다… 가족 경제는 더 이상 국가 경제에도 이익을 주지 않는다. 가족은 더 이상 유익하지도 않고 생산적 노동을 가능하게 하지도 않는다. 낡은 부부관계, 남녀 관계는 해체되고 대신에 새로운 관계가 등장 할 것이다… 결혼의 해체가 불가능하다는 것은 거짓이다.[46]

콜론타이의 『공산주의와 가족』은 엥겔스의 『가족의 기원』(Origins of the Family)과 베벨의 『여성과 사회주의』(Woman and Socialism) 이후 매우 중요한 이론서가 된다. 그녀는 노동자 국가에서 모두 생산에 참여하게 되면 반드시 가족 관계는 물질적인 계산에 의한 관계에서 벗어날 수 있다고 강조하였다.

> 국가가 직업을 가지고 노동에 몰두하는 모든 여성을 남편 대신에 돌보게 될 것이다… 많은 사람들은 여성의 노예화나 권리 부재가 사유재산 제도에서 비롯된다고 주장한다. 이것은 잘못된 분석이다. 사유재산제는 노동의 분화로 이미 노예가 된 여성의 지위를 더욱 가속화시키는 것일 뿐이다. 여성의 종속의 첫 번째 원인은 사회적 생산의 기능에서 부차적인 존재로 전락하고 난 이후부터였다… 여성의 종속은 성별 노동 분화에서 시작되었다. 사회주의 사회에서는 성별 노동 분화를 없애는 것이 가장 큰 목표가 되어야 할 것이다.... 여성도 남성과 동등한 수준의 사회적 노동과 일을 할 수 있어야 한다… 그러면 미래 사회주의 사회에서는 여성이 가사 일에 매달릴 필요가 없을 것이다.[47]

이 주장은 아직은 공산주의 권력이 승리해야 한다는 일념에서 체제의 우위를 선전하기 위한 선언적 성격을 띠고 있다. 그 때문에 아직은 당과 콜론타이 사이에 대립상은 크게 나타나지는 않았다. 그러나 콜론타이는 점차 더욱 급진적으로 남녀 관계에 관한 논의를 전개한다.

> 사회주의 질서에서는 과거의 가족이 국가에 의해 강제로 해체되는 것이 아니라 사람들에게 가족이 더 이상 필요하지 않기 때문이다. 가족은 노동자로 하여금 좀 더 생산적인 노동에 참여하는 데 장애가 된다. 여자는 더 이상 남자에게 생계를 의존할 필요가 없게 된다. 결혼은 가족생활을 파행으로 몰고 가던 물질적 계산을 더 이상 유지하지 않게 된다. 과거에 여자는 남편에게 버림받으면 매춘의 길을 택하였다. 이제는 그러한 위험에서 보호될 것이다.[48]

혁명 직후 볼셰비키 프로그램에서는 가족 문제에 대한 구체적 이론이 존재하지 않았다. 당 이론가인 루나차르스키는 막연하게 가부장적 가족이 해체되리라는 생각을 표현한 적은 있었지만 실제로 볼셰비키 중 아무도 가족이 사라지리라고 생각하지 않았다.[49] 그런 인식하에서 1917년 12월 19일 레닌은 <새 가족법>을 선포하였다. 그러나 엄밀히 검토하면 여기서 가족 개념은 콜론타이의 생각과는 큰 거리가 있었다. 레닌은 핵가족을 유지하고자 하는데 반해 콜론타이는 핵가족의 부정적인 측면을 공격하였다.[50] 판스위드의 지적대로 콜론타이가 강조하는 것은 가족 자체의 붕괴가 아니라 가족의 물질적인 측면과 섹슈얼리티의 의존성을 공격하는 것이라고 할 수 있다. 콜론타이는 결혼이나 가족에 의해서 성적 위기가 발생하는 근본 이유가 의존적인 사랑의 개념에서 비롯된다고 보았다.

> 여성에게 있어서 사랑은 언제나 의존성을 내포해 왔다… 왜냐하면 자신을 경제적으로 먹여 살려 주는 이가 남편이었기 때문에 남편에 대한 사랑은 자연히 의존적인 특성을 지닌다. 또 남편의 외도나 실연은 마치 경제적 손실과 실직과 같은 상태였기 때문에 남편의 배신은 더욱 큰 절망과 질투와 증오심을 유발시키게 된다. 또한 사랑에 대한 여성

의 의존성 때문에 여성의 인격은 철저하게 성적 생활의 관점에서 평가 받는다.[51]

또 그녀는 바로 이런 잘못된 개념 속에서 수립된 결혼은 위선과 억압 그리고 인간성을 파괴하는 위기가 쉽게 발생한다고 주장한다.

> 물질적 계산과 이기주의에서 결혼한 배우자는 서로를 소유해야 한다는 사상이 기초를 이룬다… 이런 절대적인 소유욕에서 성적인 불평등과 성적인 위기가 나타난다. 그러나 실제 결혼은 비록 상호 사랑의 바탕으로 약속했다 할지라도 양자가 종종 보드카 속에서 서로를 잊고자 할 정도로 결혼은 견딜 수 없는 구속으로 변하기도 한다. 구속과 지배는 바로 이러한 극단적 이기주의와 소유욕에서 비롯된다.[52]

결혼과 성적 사랑의 개념에서 콜론타이의 분석은 매우 도발적일 뿐만 아니라 '공상적인' 수준에까지 이른 면이 있다. 사랑에 대한 그녀의 가장 기초적 명제는 공산주의자로서 동지적인 사랑, 사회주의적 공동체에 대한 헌신적인 정신을 가진 자에 대한 사랑이었다. 이것을 그녀는 '붉은 사랑'으로 지칭했다. 그녀는 '붉은 사랑'만이 진정한 사랑이라고 보았다. '물질적 의존 관계가 없는 결혼과 사랑이 지속될 수 없다'는 인류학적인 결론에 대해 그녀는 다음과 같이 도전했다.

> 결혼은 물질적 이익의 추구나 안락을 위한 결혼이 아니라 공동으로 생산적 노동을 통해서 사회에 기여하기 위한 것이다… 이 같은 결혼 즉, '붉은 결혼'은 가장 이상적인 결혼이다. 사유재산과 남편의 가부장적 권리와 아내의 가사 전담을 강조하는 전통적 가족을 완전히 해체해야 한다. 공산주의적 사상을 토대로 한 성적 도덕과 연애, 붉은 결혼을 추구하는 여성이야 말로 사회주의적 '신 여성'이다.[53]

어느 한편에서 보면 콜론타이의 결혼관은 대단히 이분법적이다. 공산주의적인 결혼관 아니면 물질적 부르주아적 결혼관으로 나뉜다.

> 가정에 묻혀 부르주아적 즐길 권리만 찾는 인형 같은 여성의 심리를 경멸해야 한다... 기생충적인 여성은 남성 노동계급에게 나쁜 영향을 미치게 될 것이다. 네프는 전통적인 여성관으로 다시 돌아가게 만들 것이다. 유혹적인 여성 즉, 부르주아카는 오직 남성을 유혹하여 자기에게 봉사하게 만들거나 아니면 자기의 보호자가 되게 만들려고 한다… 뱀과 같은 부르주아카의 향락의 재물이 되고 있는 남성 프롤레타리아는 타락해 갈 것이다. 네프 시대의 이런 여성 즉, 네프만샤는 신 여성과 정반대의 유형이다.[54]

그러나 당은 점차 콜론타이의 가족 해체 이론에 대해서 심한 불쾌감과 거부반응을 표현하였다. 더 심각한 문제는 일반 남자들의 적개심이었다.[55] 일반 남자들은 콜론타이의 급진적인 선전활동에 당황하기도 하고 자신의 가정의 여자들이 선전 활동에 관심을 보이거나 당 조직에 가입하는 것에 대하여 큰 적개심을 나타내었다. 이 때문에 레닌도 콜론타이를 경계하였다. 그는 제노쩰의 초대 국장직에 인품상으로 통제가 가능하면서도 상대적으로 유순한 기질을 가진 아르망드를 지명하였다. 그러나 1920년 아르망드가 갑자기 사망하자, 콜론타이가 제노쩰의 후임자로 지명되었다. <여성국>의 일을 맡으면서 콜론타이는 자유 연애, 자유 결혼, 매춘문제 등 섹슈얼리티에 관해서 공산주의와 성적 해방의 과제를 공개화 하는데 맹렬하게 노력하였다.

결혼 문제 못지않게 남녀 사이의 사랑의 감정이나 성적인 본능은 복잡하고 혼돈스러운 문제이다. 대부분의 사람들은 이 주제에서 전통적인 관념에서 벗어나는 것을 두려워하였다. 특히 성적 관계에 대해서는 레닌조차도 금욕주의 입장을 취하면서 '자유 연애'를 부르주아적인 것으로 경고하였다. 이에 비해 당시대 보헤미안적 시인인 예세닌은 우연적 섹슈얼리티를 찬양한 바 있다. 레닌은 예세닌를 젊은이들을 무책임한 타락으로 이끄는 것으로 심하게 비판하였다.[56]

콜론타이는 공산주의 국가에서의 자유로운 성적 도덕과 섹슈얼리티의 근본적 원칙을 내세웠다. 물질적 안락을 위한 결혼이나 의존적 사랑보다 여성의 자유로운 선택에 의한 사랑이나 독립적인 개성을 더욱 우월한 미덕으로 찬양하였다. 이를 위해 그녀는 순수한 사랑의 감정에서 출발하는 성적 관계를 찬미하였다. 그녀는 이것을 '날개 달린 에로스,' '에로틱한 친구' 등의 개념으로 비유하였다. 1910년 『도덕과 새로운 사회』에서 콜론타이는 프롤레타리아의 도덕적 능력, 즉 집단 공동체주의 도덕을 굳게 믿었다. 이와 같은 맥락에서 콜론타이는 사회주의 체제에서의 새로운 사랑의 형태를 적용하고자 줄기차게 노력하였다.

> 해체되지 않는 결혼… 그리고 매춘은 인간의 마음 속의 사랑을 질식시키면서 여성을 노예화한다. 그러나 미래 공동체에서 사랑의 형태는 밝고 생명을 풍요롭게 하는 사랑의 형태가 될 것이다. 그것은 인간성을 파괴하지 않고 돈에 의해 만들어진 사랑과는 다른 것이다.[57]

콜론타이는 비인간적인 성적 관계를 해결하는 길은 인간의 심리나 영혼의 개조보다도 사회경제적인 변화에 달려 있다고 보았다. 그녀는 부르주아적 결혼 제도 뿐만 아니라 소비에트 관습에서도 억압과 모순이 있다고 비판하였다.[58] 콜론타이는 부르주아적인 성 도덕을 부수고 새로운 것을 창조하는 프롤레타리아의 공산주의적 결혼으로 바뀌어져야 한다고 역설했다. 새 결혼개념은 남녀가 정치, 사회적 생활에 평등하게 마음껏 참여할 수 있도록 배려하는 것이며, 배우자에 대한 모든 권한의 행사는 포기하고 '동지적인 연대'를 강조한다. 사랑이나 결혼을 단지 개인 자신의 정신적, 육체적인 즐거움을 추구하기 위해서나, 혹은 스스로의 고독을 떨치기 위한 수단으로 보고 사랑에 집착하거나 성적인 관계에 몰입한다면 고독을 결코 해결할 수 없을 것이다. 개인주의적 사랑에 빠지면 상대방의 영혼에 대한 권리까지도 소유하려고 들게 되며 '개인적 자아에 대한 숭배'의 상태에 빠지게 된다. 이런 동기라면 고독은 결코 해결되지 않는다. 이보다는 따뜻한 창의적인 관계, 공동체를 위한 관계에서만 고독을 해결할 수 있다고 보았다.

> 그러므로 성적 관계에 완전한 새로운 개념이 정해져야 한다. 완전히 평등하고 완전히 자유롭고 순수한 우정을 바탕으로 사랑이 정해져야 한다. 동시에 우리는 영혼의 고독이라는 고통과 차가움 속에 남아 있어야 하는 용기를 가져야 할 것이다. 대신 새로운 관계, 집단정신으로 고독을 채워가야 할 것이다. 그렇게 않으면 우리는 오늘날의 성적인 위기 상에서 결코 헤어나지 못할 것이다.[59]

그러나 차츰 볼셰비키 지도부는 그녀의 성적 자유의 사상이 지나치게 자유 분방할 뿐만 아니라 음란하면서도 속물적인 것으로 매도하기 시작했다. 또 당은 콜론타이의 도발적인 사상이 내전 동안 젊은 이들의 성적인 위기나 방종의 원인이 되었다고 비난했다. 그러나 그녀는 내전기에도 여전히 부르주아적 잔재가 있었으며 그 때문에 혼돈이 발생하였다고 항변한다.

> 내전기의 성적 무분별한 혼란들은 오직 결혼의 불안정성, 전쟁으로 인한 고독, 소유욕 그리고 불평등함에서 기인하는 것이다.[60]

이 사이 1921년 콜론타이는 새로운 정치적 사건에 휘말려들었다. 당시 콜론타이는 산업과 공장현장에서 노동자들의 자주권을 옹호하는 당내 좌파인 <노동자반대파>에 가담하여 당의 관료주의화를 비판하는 운동을 전개하였다.[61] 이 사건으로 그녀는 당 중앙위원회에서 해임되어 자신의 정치적 영향력에서 큰 손실을 감수해야 했다. 그 후 콜론타이는 제노젤 즉, <여성국>에서도 해임되었다. 이것은 그녀의 여성해방 운동을 위한 영향력에 커다란 타격을 주었다.

콜론타이는 <여성국>에서 해임 된 후에 섹슈얼리티 관련의 단편 소설을 집필하면서 공산주의적 신 여성상을 그리는데 몰두하였다. 이런 맥락에서 우리는 『자매들』(Sestry, 1923)[62], 『삼 세대』(Liubov' trekh pokolenii, 1924)[63], 『바실리사 말리기나』(Vasilisa Maligina, 1927)[64], 『위대한 사랑』(Bol'shaia Liubov', 1927) 등의 작품을 일종의 간접 저항의 성격으로 평가할 수 있다. 그 후 그녀는 당 중앙위원회에서도 해임되어 해외 스웨덴 대사로 좌천되었다. 이곳에서 부임하던 중 『성적 관계와 계급투쟁』, 『날개 달린 에로스』 등을 발표하였다.[65] 이 작품에서 그녀는 핵심적으로 사랑의 감정이 없는 매춘행위나 물질적인 계산과 거래에서 맺어진 결혼의 관계를 '날개 없는 에로스'(wingless eros)라고 비유하였다.

> 만약 사랑의 감정이 존재한다면 노동계급은 반드시 그 왜곡을 끝내기 위해 투쟁해야 한다… 그러면 날개 없는 에로스는 그의 금빛 날개가 불결함이 묻은 침대 속에서 더러워 질것을 무서워하며 달아날 것이다.[66]

『성적 관계와 계급투쟁 』에서 콜론타이는 남녀의 새로운 성적 관계의 정립은 계급투쟁에도 유익하다고 보았다. 성적 관계의 재정립을 위한 콜론타이의 시도는 다른 어느 볼셰비키보다도 더욱 철저하게 계급투쟁의 목표에 일치하는 노력을 보여 준다. 그녀에 의하면 프롤레타리아의 새 도덕은 부르주아적 도덕보다 훨씬 고상하며 도덕적이다. 자유 연애나 자유 결혼은 프롤레타리아보다도 사유 재산권을 중시하는 부르주아적 질서의 안정을 더 심각하게 위협할 것이었다. 그러나 그녀의 사상은 남성 위주의 세계관에 젖어 있는 볼셰비키에게 제대로 전달될 수 없었다. 다수 볼셰비키는 콜론타이의 사랑에 대한 새 개념은 개인적 고통에 대한 처방이 아니라 더 넓은 사회적 변화에 대응하는 새로운 섹슈얼리티 이론이되는 것이라는 주장을 아무도 믿지 않았다.

한편, 『삼 세대』에서 콜론타이는 나로드니키 여성의 사랑, 지하 혁명 활동 중인 볼셰비키 여성의 사랑, 소비에트 시대 콤소몰 여성의 사랑 등, 세대에 따라 변화하는 세명의 사회주의 여성들의 성적 규범과 가치관을 심층적으로 리얼하게 묘사하였다.[67] 첫 세대 여성인 마리아는 자신이 새로이 발견한 사랑하는 남자를 따라서 물질적인 편의와 안락을 주던 전 남편을 과감하게 떠난다. 그녀의 연인은 인민주의 운동에 사상적으로 일치하는 나로드니키인 남자였다. 그녀에게는 개인적이면서도 자유로운 사상과 감정에 근거한 독점적 사랑이야말로 가장 이상적인 성적 규범이었다. 이 관계에서 마리아는 딸을 낳았다. 딸은 커가면서 지하혁명가의 길을 택하였다. 그녀의 딸 올가는 어머니인 마리아에 대해서 다음과 같이 묘사했다.

> 우리 어머니는 나로드니키였어요. 어머니는 성적 관계에서 자신의 도덕적 코드에 맞지 않는 관계는 철저히 경멸했어요. 부모에 의해 부유한 장교와 결혼을 했지만 영혼의 만족이 없는 사치스러운 가정생활은 그녀를 권태롭게하고 억압으로 작용했어요. 결국 같은 나로드니키인 나의 생부를 사랑하여 가출을 결심하고 남편에게 이혼을 요청 했어요. 사랑의 권리가 결혼의 권리보다 우세하다고 생각한 것이죠. 당시 지역 신문에서는 어머니의 행동에 대해서 찬반의 의견이 엇갈리고 큰 회오리를 일으키기도 했죠. 혁명 이후 새 아버지가 우유 짜는 여자와 성적인 혼외 관계에 빠지자 즉각 결별을 선언했어요. 아버지가 화해를 간청했지만 문제가 복잡해졌어요. 젊은 여자가 임신을 했기 때문이죠. 도시로 나와서 어머니는 다시 출판사에서 직업을 찾고 나를 키우면서 혼자 독립적으로 살아왔어요.[68]

두 번째 세대의 여성인 올가는 어머니와 전혀 다르다. 올가는 지하활동 중에 비밀리 피신하여 가정교사로 지낸 한 저택에서 뜻밖에 지적이고도 부유한 부르주아 가정의 유부남인 M을 만난다. 그를 감정적으로 열렬히 사랑하여 딸을 임신하게 된다. 그러나 그와는 사상과 정치적 신념이 달랐기 때문에 올가는 자신의 감정을 철저하게 감추며 이별을 선택한다. 그녀에게도 사랑은 여전히 개인적이고 독점적이지만 사회적 과업이나 사상이 감정적 사랑보다 우위를 차지하였다. 혁명활동 중에 그녀는 동료인 콘스탄틴과 결혼을 했다. 올가는 자신의 특이한 결혼의 가치관을 다음과 같이 설명한다.

> 어머니에게 내가 그 두 남자를 동시에 사랑하는 것을 아무리 설명해도 어머니는 이해하지 못했어요. 두 열정은 나란히 존재했어요. M에 대해서는 폭풍 같은 그리움과 열정 그러나 콘스탄틴에 대해서는 깊은 신뢰, 격려 그리고 완벽한 사상적 일치가 있었어요. 그러나 내가 M을 사랑하는 것은 단지 육체적 열정만은 아니였어요. 만일 M에게 무슨 위험한 일이 일어나면 나는 내 목숨을 바칠 수 있어요. 그러나 콘스탄틴 경우는 그 정도는 아니였어요. 그래도 나는 콘스탄틴이 필요하고 그가 없다면 내 삶은 공허하고 아무것도 아니죠… 그러나 만일 내가 M에게 가게 된다면 M은 나를 사랑하기 위해 무어든지 하겠지만 나는 M을 마르크스주의자로 만들지는 못할 것이고 내 영혼은 파탄이 나고 말 것이겠죠.[69]

세 번째 세대에 속하는 여성은 올가의 사생아 딸로서 제니아다. 제니아는 젊은 콤소몰 당원으로서 아름답고 활발한 지적인 여성이었다. 그러나 제니아는 전혀 낭만적인 사랑을 모르고 그런 기회를 갖지 조차도 못하는 극빈한 시대 상황 속에서 성장한다. 볼셰비키 혁명 직후 아동 교육시설이나 주택 거주지 상황은 매우 열악하여 한 가족이 단칸방을 공유해야 할 정도였다. 올가는 좁은 방에서 연하의 남자 친구 안드레이와 제니아와 같이 살았고 그는 제니아를 돌봐주기도 했다. 올가는 자주 당 사업을 위해 멀리 출장을 다녀야 했다. 그 사이 제니아는 엄마의 연하의 남자 친구인 안드레이와 성적 관계를 가진다. 그러나 제니아는 전혀 그에게 사랑의 감정이 없다. 그런 사이에 제니아는 임신을 하고 말았다. 올가는 딸이 문란한 여성이 아니면서도 고전적 의미로 사랑하지도 않는 남자와 동침을 할 수 있는가를 전혀 이해하지 못하고 심한 고뇌에 빠진다. 그러나 제니아는 어머니 올가를 향해 자신의 섹슈얼리티에 대해 항변한다.

> 나는 그를 사랑하지는 않지만 좋아해요, 엄마. 임신은 운수가 나빴어요. 난 지금 아이를 낳고 싶지 않고 다른 할일이 많거든요. 내가 몸을 판 것도 아니고 강제로 당한 것도 아니고 단지 내 자발적으로 성적 관계를 가진 것인데 왜 그렇게 나쁘게 생각하죠? …엄마는 안드레이에게 해 준 것이 별로 없잖아요. 늘 바쁘기만 하시죠. 그것은 사랑이 아니라 이기적인 소유욕과 같은 것이죠. 그런 사랑은 부르주아적이죠. 엄마도 젊은 시절에 아버지에게 다른 부인이 있었지만 사랑하셨죠? 안드레이는 왜 안되죠? 난 전혀 후회하지 않아요. 엄마는 내가 그를 사랑하지 않으면서 관계를 가졌다고 질책하지만 내게는 항상 당 사업의 일들이 벅차서 사랑할 시간이 없어요.. 사랑 없이 성적 관계를 갖는다는 것은 엄마가 생각하는 것 이상으로 단순하고 훨씬 더 편해요… 그런데 엄마가 그처럼 괴로워할 줄 몰랐어요. 저가 실수한 것 같군요… 나는 이 세상 누구보다 엄마를 제일 사랑하거든요. 그 다음으로 레닌을 사랑하구요..[70]

이렇게 콜론타이는 네프 시기에 사랑과 결혼 그리고 성적 행동의 문제가 간단하게 일치할 수 없음을 적나라하게 표현하였다. 그녀는 위의 세 여성 각자의 섹슈얼리티와 성 의식에 대하여 매우 공감한다. 그녀는 반드시 새 도덕관을 요구한 것은 아니지만, 적어도 섹슈얼리티와 성 도덕관이 어떻게 시대에 따라 변하는 것인가를 설명한다. 동시에 그녀는 사랑에 대한 각각의 여성의 독립적인 권리를 옹호하려고 하였다. 그러나 당시 많은 이들은 그녀의 사상을 도저히 납득하지 못하였다. 이 소설은 오랫동안 악명 높은 글로 평가 받았다.[71]

간통에 대한 콜론타이의 입장은 『바실리사 말리기나』에서 잘 보여 준다. 바샤는 혁명 사업에서 만나 사랑한 남편 볼로쟈에게 헌신적인 아내였다. 볼로쟈는 네프시기에 기업 관리를 맡으면서 점차 사치스런 당 고급 간부생활에서 부패해간다. 그는 구 시대 상류층 자녀이자 여비서인 니나와 비밀스러운 사랑에 빠지면서 아내를 배신하는 행동을 일삼는다. 모스크바에서 빈곤 여성을 위한 사업에 몰두하던 바샤는 배신과 실연의 고통에 빠진다. 그러나 바샤는 숨긴 애인이 낙태까지 하였다는 사실을 알고 마침내 남편과 결별을 결심하고 숨어 있는 그녀에게 다음과 같은 편지를 쓴다.

> 니나! 나는 당신을 잘 몰라요. 나는 솔직히 전에 당신을 좋아하지 않았어요. 그러나 나는 당신이 볼로쟈에 대한 사랑 때문에 울부짖고 멀리 숨어 절망과 고통 속에 있다는 것을 알게 되었어요. 남편은 수없이 감추고 들키는 행위를 반복했어요. 이제 나는 당신이 볼로쟈의 정식 아내가 되어야 한다고 결론 내렸어요. 왜냐하면 나는 볼로쟈를 사랑하지만 더 이상 서로를 이해하지도 않고 서로의 방향에 대해 일치하지 못하고 있어요. 나는 그 사람 없이 살아 갈려고 해요. 당신을 탓하지 않아요. 볼로쟈와 나는 자유로운 동거로 살았기 때문에 특별히 이혼장 같은 것은 당신에게 필요 없을거예요. 볼로쟈와 나는 앞으로도 여전히 혁명 동지이고 친구로 남을 것이예요. 나는 당신에 대해서 자매처럼 행복을 빌어요…[72]

콜론타이의 『자매들』은 당시의 매춘 문제를 취급하는 작품이다. 그녀는 네프시대 러시아에서도 매춘이 존재하고 있다고 폭로했다. 여기서 매춘 문제는 여성이 얼마나 남성에게 종속된 구조인가를 보여준다. 콜론타이에 의하면 매춘의 근본 원인은 성적, 육체적인 욕망이 아니라 여성의 실업 상태, 경제적인 빈곤이라는 것이다.[73] 네프는 여성을 다시 빈곤하게 만드는 구조를 지니므로 다시 매춘이 등장한다고 보았다. 매춘 문제에 관한 1921년의 연설에서 그녀는 경제적인 종속성과 가사노동의 의무 탓으로 여성에게 성적 권리를 박탈하는 결과를 가져 준다고 토로하였다.

> 경제가 향상되면 매춘은 사라진다는 말은 틀린 것이다. 왜냐하면 네프시대 경제력이 향상되어도 매춘이 오히려 증가했기 때문이다. 그 보다는 물질적 이유에서 행해지는 결혼 제도의 철폐 그리고 여성이 스스로 독립할 수 있는 노동에의 기회와 능력 그리고 가사노동의 일방적 부담에서 자유로워져야 한다. 또한 매춘을 퇴치하는 국가적 캠페인과 의식의 노력이 필요하다.[74]

콜론타이는 공산주의 체제에서 여자는 남편의 간통의 대상자인 여자에 대해서 절대 탓하거나 증오해서는 안된다고 강조한다. 만일 아내가 오직 물질적 계산에서 남편을 붙들려고 한다면 그것 역시 부패한 쁘띠 부르주아적인 근성이라고 본다. 또 남편의 새 연인이 남편의 취향이나 사상, 그리고 사회 활동 면에서 더욱 일치한다면 이혼하는 것이 당연하다고 주장한다. 그녀의 이념적인 사랑과 결혼의 개념은 간담이 서늘할 정도로 날카롭고 이성적이라고 보지 않을 수 없다.

마지막으로 콜론타이 사상에서 중요한 요소는 사회적으로 생산적인 일에 몰두하는 신 여성상의 이미지이다.[75] 그녀 작품에서 대부분의 여자 주인공에게는 혁명적 과업과 사랑 사이에서 과업이 더욱 중요하다. 콜론타이에게 신 여성은 19세기말에 유행하던 여성과는 판이하게 다르다.

『마틸다』,『바샤 말리기나』의 여주인공들은 낭만적 인생의 최고 정점에 있는 아름답거나 멋진 여성도 아니고 사랑의 쟁취나 성공적 결혼에 도달한 여자도 아니다. 또 남편의 배신으로 인해 불행을 한탄하고 절망하는 여성도 아니다. 그들은 가족에 굴종하며 사는 아내가 아니라 남자의 그늘에서 벗어나 독립적인 삶을 찾아 일에 몰두하는 독신 여성이다.

> 마틸다는 노동자 여성이다. 일로 인해 손이 부르트고 피가 흐른다. 아무도 그녀에게 즐거움을 주는 이는 없다. 그녀는 새벽에 일어나 낡은 옷차림으로 기차나 전철을 타고 일하러 간다. 저녁에는 도시의 좁고 어두운 방에 홀로 돌아 온다. 다음 날에도 끈임 없이 생존투쟁을 벌인다. 곧 그녀에게 사랑의 기쁨과 초조감, 슬픔, 실망과 이별이 찾아 온다. 그러나 마틸다는 삶의 투지를 가지고 다시 일어서고 점점 개성이 성장한다......타냐는 집도 절도 없이 농촌에서 다른 노동자와 같이 수확하러 태양이 뜨거운 들판으로 나간다. 아름답게 생기지도 않은 그녀에게 아무도 관심을 보이지 않는다. 그저 타냐는 매일 홀로 운명을 향해 싸운다. 주변 행인 중 한 남자에게 관심을 갖는다. 그러나 그 짧은 기쁨이 잠시 머물 뿐 결국 이별로 끝난다. 그 후 그녀는 다시 홀로 사는 방으로 돌아온다.[76]

콜론타이의 신 여성은 하나의 공통점을 가진다. 모두 다 독립적인 일에 열정을 가지고 몰두하는 인간의 모습을 띤다. 이들은 사랑에서는 타는 듯한 희열을 느끼지만 동시에 사랑때문에 내면적으로는 구속의 고통을 느낀다. 자신의 일에서 더 큰 안도와 자유를 느낀다. 이들은 사랑 속에서는 삶의 본질보다 삶의 일시적인 휴식을 느낄 뿐이다. 이들은 남자들이 자신의 자아(ego)에게 권위나 힘을 행사하는 것을 용납하지 않는다. 또 이들은 남자를 소유하거나 그들이 소유 당하는 것을 원치 않는다. 언제나 개성이 사랑보다 우위를 차지한다. 그러므로 남편의 다른 여자에 대해서도 질투나 경쟁심을 느끼지 않는다. 오히려 사랑 없이 의무만을 지키는 남편이 자신의 영혼을 지배하거나 남편과의 관계에서 자신이 의존적으로 존재하는 것을 더 두려워한다.

콜론타이의 이런 사상이 소수 지식인 여성이 아니라 대다수 프롤레타리아 출신 여성들에게 전달되었을 때 사회적 반응의 효과가 클 것은 당연하였다. 이런 사상들은 당시에 여러 집단에서 큰 반향을 불러 일으켰다. 젊은이들 사이에서 콜론타이의 사상은 대단한 인기가 있었다. 다음으로 콜론타이의 급진적인 성적 가치관과 이론에 대해서 소비에트 국가가 어떻게 대응하였는가 살펴 보자.

4. 소비에트 국가의 대응과 보수적 성적 윤리

1917년 10월 혁명에서 볼셰비키가 권력을 장악하였을 때, 모든 볼셰비키는 순간적으로 극도의 낙관적 행복감, 헌신과 순수성에 가득찬 듯한 극적인 환희감을 맛보았다. 콜론타이는 곧 바로 보건성 인민위원으로 임명되었다. 그러나 그녀는 일에 부임하자 곧 경악하였다. 수십만 명의 상이병사, 연금 고갈, 기아 보호소, 고아 폭증, 비참한 양로원 수준, 극빈자 병원 부족, 의료시설 부족, 젊은 여성의 교육을 위한 시설 부재 등으로 일은 산더미 같이 밀려 왔다. 그러나 공공 기금과 재원은 거의 한 푼도 없었다. 가장 먼저 그녀는 모자 보호를 위한 중앙사무국을 개설하고 입법초안을 작성하고 실천에 옮기는 작업에 착수했다. 콜론타이는 출산 전 여성에게 직장에서 휴가를 얻을 수 있는 최초의 합법적 기회를 부여하였다.[77]

내전기 콜론타이가 특히 집중 몰두한 목표는 1919년 8차 당 대회에서 약속한 대로 빈곤한 여성들의 개별가구를 의식주, 모성과 육아시설을 갖춘 공동체 가옥에서 살 수 있는 법안을 통과시키는 작업이었다. 그 다음 중요한 목표는 가급적 많은 여성 행동가들을 당 지도부에 끌어들이는 일이었다.[78] 그러나 그녀의 사회적 변혁을 위한 노력은 실천에서는 종종 낭만적 환상에 지나지 않는 것으로 나타났다.

게다가 도저히 당기구 하에 있는 <여성국>(제노쩰)만으로는 이 과제를 해결할 수 없었다. 무엇보다 최대의 장애는 볼셰비키 다수의 냉담과 적의감이었다. 볼셰비키가 비공산주의적인 여성들이 모이는 데에 강한 경계심을 보였기 때문이다.[79] 1920년 제 8차 소비에트 대회, 제 9차 당 대회에서 콜론타이는 볼셰비키 정부에게 여성을 중앙의 대표직에 포함시킬 것을 요구하였으나 아무 성과를 거둘 수 없었다. 여성을 공적생활에 가입시킨다는 볼셰비키의 이념은 그저 허공 속의 약속에 지나지 않았다. 급진적 성향의 콜론타이는 당에서는 이제 혁명성을 가진 과거의 순수 노동자들은 다 떠나고 단지 출세와 경력 그리고 맹종을 추구하는 인물로 가득 찼으며 쁘띠부르주아화 하였다고 맹비판하였다.

> 당은 새로운 인민과 사회를 창조해야 할 의무를 전적으로 망각하고 있다.[80]

이에 대해 그녀에게 가까운 동지였던 부하린조차도 그녀의 요구에 대해 다음처럼 비난하였다.

> 그녀의 주장은 근거 없는 환상, 말의 유희일 뿐…[81]

그런데 당시 당내에서는 여성문제와는 별개로 노동조합의 자치권 문제가 매우 뜨거운 이념적 쟁점으로 불거지고 있었다. 콜론타이는 이 문제에 적극 참여하였다. 그녀는 1922년 2월 코민테른에 <23인> 서명을 받아 당의 관료주의를 비판하는 글을 써서 제소했다.[82] 사상적으로 여전히 국제 공산주의 혁명을 믿었던 그녀는 그 정도로 고집이 세고 대범하였다.[83] 그러나 코민테른에는 이미 친 모스크바 성향의 인물로 차 있었고 모스크바의 막후 감시 속에서 이 국제 기구는 콜론타이에게 전혀 동조하지 않았다.[84] 이 사건으로 콜론타이는 당 지도부 미움을 받아 당 중앙위에서 제명처분 되었고 동시에 제노쩰의 직위에서도 해임을 당하였다.[85] 레닌도 비타협적인 콜론타이를 설득하는 데에 지쳐 버렸다. 1922년 제 11차 당 대회에서 콜론타이가 정치적 탄핵에 놓이게 되자 제노쩰은 매우 손쉬운 속죄양으로 떠올랐다. 제노쩰은 점차 독립성이나 자치권을 허용 받을 수 없었다.[86] 이 사실에서 E. H. 카아는 이미 1920년대 중반에 볼셰비키 정권은 가족제 해체를 요구하는 콜론타이의 이론을 완전히 기각시켰다고 지적했다.[87]

콜론타이가 1922년 제노쩰에서 해임되고 난 이후 제노쩰은 더 이상 성장하지 못하고 근근이 이어갔다. 네프 시대 초기 중앙보조금은 격감하였고 모자보호소, 의무 노동, 탁아소, 공공식당 등 사회주의 실험 등은 모두 중지되었다. 1922년 초기 공공부문의 감원 대상의 70%가 여성이었다.[88] 실직한 여성은 다시 가부장적 가정 내의 예속 상태로 복귀하였다. 양성평등원칙은 급속히 후퇴하였다. 그나마 여성평등의 원칙이 겨우 적용되는 경우는 여성 하급 당원 경우였다.[89] 여성의 소득 수준은 남성의 60-70%에 미치지 못했다.[90] 기업은 여전히 남성 노동자를 선호하였다. 여성은 생존을 위해 다시 매춘행위를 하거나 생계를 위해 결혼하거나 돈을 주는 남편을 물색해야 했다. 여성 자체 조직에서도 새 기술이나 교육을 배울 시간도, 기회도, 재원도, 권한도 없었다. 제노쩰은 퇴조하였다. 콜론타이는 만일 당이나 노조나 정부의 중앙 기구에 약 20여명의 간부만 있어도 여성의 열악한 상태를 폭로하고 해결하는 데에 큰 도움이 될 것이라고 한탄하였다.[91]

이 무렵 트로츠키와 프레오브라젠스키는 당내 좌파 입장에서 경제 노선 논쟁에 몰두하고 있었으나 섹슈얼리티와 성적 논쟁에 참여하는 인물은 유일하게 콜론타이뿐이었다. 결국 당은 1923년 5월 3일 12차 당 대회에서 여성 노동자와 농민들 사이의 독립적 조직을 만들려는 '페미니즘의 경향은 계급투쟁 노선에서 벗어나는 것'으로 선포하는 결의안을 채택하였다. 이로서 여성해방을 위한 콜론타이의 사상은 완전히 당의 원칙에서 벗어난 것으로 처분 받았다.[92]

콜론타이는 레닌이 살아 있을 동안에는 그녀의 논문들을 『공산주의 여성』(Kommunistka) 지에 발표하거나 모스크바의 스베들로프 공산주의 대학교에서 경제와 여성에 관한 강의를 할 수 있었다.[93] 그러나 1923년에 공산주의 체제에서의 성 도덕과 사랑의 문제를 다루는 논문인 『젊은 수비대들』, 『젊은 노동자들에게 보내는 편지』는 대단히 차가운 대우를 받았다. 잡지 편집부는 게재를 거부하였다.[94] 콤소몰 여성 활동가인 파울리나 비노그라드스카야(Paulina Vinogradskaya)조차도 그녀를 다음과 같이 비웃었다.

> 콜론타이 동지의 글들은 지겹기 짝이 없는 달콤한 감상주의로 희석되어 있고 수사적으로… 진부한 문귀의 해양 속에서 헤엄치려는 모습을 띤다.[95]

볼셰비키이자 한때 절친한 여성운동 지도부 동료였던 비노그라드스카야는 콜론타이의 사상이 '쁘띠부르주아적'인 성격을 띤다고 맹비판했다. 그녀의 정치적 영향력을 약화시키려고 하였다. 물론 비노그라드스카야 자신도 여성 활동가였다. 그러나 마르크스주의와 섹슈얼리티 문제는 대립적인 것으로 보고 사회주의체제에서 자유 연애는 적합지 않다는 논리를 폈다.[96] 성과 자녀 출산이 서로 직결되어야 한다는 비노그라드스카야 주장은 여성해방 사상에 적개심을 보이는 대부분의 러시아 남성들에게 환영을 받았다. 당 지도부는 비노그라드스카야의 발언에 환호하면서 동조하였다.[97]

당시 국내의 유명한 보수적 심리 분석학자인 잘킨(Zalkin)은 성적인 금욕과 성적인 순화를 강조하면서 콜론타이의 사상이 '제 정신이 아닌 무책임한 섹슈얼리티(성)'로 묘사하면서 조롱과 야유를 보냈다.

> 나는 두렵다. 콜론타이의 '날개 달린 에로스'의 숭배 탓으로 우리가 매우 품질 나쁜 비행기를 생산할 까봐…[98]

볼프슨(Vol'fson)과 스베트로프(Svetlov)를 위시한 대부분의 작가들도 콜론타이의 사상을 마치 성적 쾌락을 추구하는 여성 공동체를 옹호하는 '물 한잔의 성 이론'으로 과장 묘사하였다. 이런 신화를 만드는 재해석은 겉으로 그럴싸하게 보였다.[99] 그녀는 여지없이 매도되었다.

콜론타이 이후 그 어떤 여성도 더 이상 볼셰비키 당의 정치국원이나 중앙위원의 지위에 오르지 못했다. 볼셰비키는 혁명 이후 쟁취한 권력에 여성이 참여하는 것을 꺼려 하였다. 대부분의 볼셰비키 여성 혁명가들은 남편을 후견인으로 두었으나 정치적 지위는 매우 보잘 것 없었다. 볼셰비키는 독립적 여성을 경시하는 편이었다. 유독 콜론타이와 발라바노프만이 독립적 여성이었다.[100] 심지어 여성 당원들 사이에서도 콜론타이의 과격한 사상에 무관심하거나 여성문제를 위한 활동에 가담하기를 거부하는 경우가 일어났다. 그들은 볼셰비키 당내에서 보다 고차적이고도 무게 있는 남성 중심의 활동에 보조자로 일하는 것을 더 좋아하였던 것이다. 콜론타이는 늘 홀로 외로운 투쟁을 벌였다.[101]

콜론타이는 야로슬라브스키, 잘킨, 세마쉬코 등 적대적인 우파 출신의 사회학자, 심리학자, 의학자들의 방대한 연구물과 경쟁할 수 없었다.[102] 모스크바에서 퇴출 당한 후 그녀는 1923년부터 스웨덴과 노르웨이 등지의 대사로 파견되어 있는 동안 공적인 저항이 가능하지 않았다. 중앙의 당은 그녀의 글을 게재하는 것을 일체 허용하지도 않았다. 결국 혁명 이후 5년 만에 소비에트 정부에서 신 가족제, 가사노동, 성적 혁명에 관한 주제는 마르크스주의적 교리에서 완전히 사라졌다. 이로서 다시 보수적인 입장이 회귀하였다고 볼 수 있다. 그녀의 사상은 더욱 심하게 왜곡되었다. 마침내 스탈린이 집권하던 1927년에는 '오류인 것'으로 낙인찍혔다.

대숙청 시대에 콜론타이 는 자신의 숙청이나 체포에 대하여 심한 위협을 느꼈으나 살아 남았다.[103] 대신 그녀는 <볼셰비키 당사>를 집필하도록 요청받았다. 그러나 그녀는 크룹스카야를 위시한 초기 여성공산주의 동지들에 대해 글을 쓰는 것은 전혀 허용받지 못했다. 스탈린 시대 그녀는 이론적인 글을 거의 쓰지 않았다. 아들을 보호하고 자신의 목숨을 연명하기 위해 간혹 과거의 자기를 부정하고 새로이 세뇌하는 글을 써야 했다. 스탈린 시대에 공산주의 혁명기 원래의 이상을 유지한다는 것은 사실상 그 누구에게도 불가능한 일이었다.

A. 슐레진저에 의하면 콜론타이의 자유연애 사상은 원래 자본주의 사회의 이중적 잣대를 비판하는 의도에서 출발한 것이었다. 그러나 소비에트 초기 세대들의 시각은 단순하게 마치 콜론타이가 자유분방한 성적인 행동을 지지하는 것으로 도식화했고 성적 이론의 혼란의 책임을 전가했다고 지적한다.[104] 사실 콜론타이의 사상은 혁명 이전의 입장에서 크게 달라진 것은 아니었다. 좀 더 자세하고 정밀하게 논의한 것으로 볼 수 있다. 그러나 당의 지도부는 남녀를 막론하고 혁명 이전에는 당연한 것으로 받아 들였던 사상을 이제는 반대하고 나섰던 것이다.

1930년대 스탈린 시대에는 그 누구도 페미니즘, 여성의 성적 해방, 섹슈얼리티에서의 자기 통제권 등에 관한 주제는 더 이상 논의할 수 없었다. 이런 어휘를 사용할 수조차 없었다. 점차 소비에트 시대의 섹슈얼리티 주제나 개인적 사랑에 대해서는 대다수가 냉소적인 입장을 취하고 육체적인 관계에만 관심을 갖는 성적 가치관으로 변화해 갔다.[105] 이것은 콜론타이가 제기했던 일련의 물음을 전적으로 회피하고 덮어 버린 것을 의미한다. 진정한 성적 해방이라는 관점에서 볼 때 큰 후퇴가 아닐 수 없었다.

콜론타이가 주장하는 공산주의적 섹슈얼리티 사상을 객관적으로 평가해 볼 때, 여성이 사랑보다도 사회적 노동의 역할을 더욱 우선시해야 한다는 사상은 어느 면에서 지나칠 정도로 공상적인 것으로 비판할 수 있다. 사회주의적 도덕이 인간의 이성과 사회적인 역할을 지나치게 우선시함으로서 종종 개인의 내면적인 욕구와 감정, 본능의 위력을 경시할 위험이 있기 때문이다. 합법적 아내가 불성실한 남편에 대해 갖는 분노는 당연한 것임에도 불구하고 콜론타이는 남편에 대한 감정적인 사랑과 질투에 빠지기 보다는 사회적 생산을 향한 노동에 참가하면서 남편을 차라리 떠나 보낼 것을 강조한다. 어쩌면 이런 사상은 지나칠 정도로 금욕적이고 비현실적이며 자연스러운 인간적 본능을 무시한다는 비판을 피할 수 없을 것이다. 여성들은 자신의 일을 우선시하기 위해 고독을 선택해야 할 의무를 가질 필요는 없다. 비록 그 일이 아무리 사회적으로 유익한 것이고 개인적으로 성취감을 준다고 하여도 말이다. 다시 말해 사회주의적 노동이나 참여를 대가로 사랑을 포기할 필요는 없는 것이다.

그러나 콜론타이의 성적 독립성이나 사랑의 개념 자체는 많은 점에서 매우 신선하고 진보적이다. 특히 그녀의 자유로운 섹슈얼리티에 대한 논쟁은 오늘날 아직도 유효하다. 과연 이것은 무제한의 섹슈얼리티를 허용하는 의미인가? 결혼의 본질은 오직 개인적 사랑에만 근거를 두며 물질적인 의무와는 전혀 무관한 것인가? 사랑의 감정이란 오직 자유로운 선택에 의해서만 정당화될 수 있는가? 또 사랑의 감정은 심리보다 육체적 생리적 현상을 더욱 신뢰하는 것인가? 더 나아가서 과연 사랑 그 자체의 존재를 믿을 것인가? 이 일련의 물음들은 오늘날 우리에게 아직도 날카로운 논의를 요구하는 것들이다. 서구에서보다 더 먼저 소비에트에서 이 문제들을 담론의 수준으로 전개하였다는 것은 놀라운 점이다. 그런 점에서 적어도 혁명 초기 소비에트 사회가 성적 도덕에 대하여 낙관적 이상주의를 지녔다는 것은 분명하다.

6장 '문화 혁명'과 스탈린주의 멘탈리티, 1928~32

1. '문화 혁명'이란 무엇인가

일반적으로 '문화 혁명'이라는 것은 지식과 학문, 교육, 예술 그리고 정신적 세계관, 가치관, 심지어 평범한 사람들의 인식세계와 사회적 행동의 규범을 포함하는 모든 기준들의 총체적 변혁을 의미한다. 그러므로 급격한 문화적 변동이나 변혁은 이에 관련한 교육, 문화, 사상, 예술, 과학, 기술 분야의 사람들, 집단, 사회계층 간의 대립과 경쟁의 갈등을 수반하게 마련이다. 이 용어가 1965년 중국 공산주의 체제에서 발생했던 '문화 대혁명,' 이른 바 '문혁'사건보다 훨씬 더 먼저 소비에트에서 발생하였다는 것은 잘 알려져 있지 않다.

1928년 볼셰비키(공산당)의 정치국원의 일원이자 인사권을 맡고 있던 스탈린은 당내 우파와 권력쟁탈에 돌입하였다. 이와 때를 같이하여 그는 동일한 시기에 지적, 문화적 분야에서도 과거 구 부르주아 출신의 전문가와 고급 기술자와 지식인에 대하여 대대적인 잔혹한 공격과 탄핵, 추방 사건을 전개하였다. 이 과정에서 수많은 구전문가, 지식인, 기술자, 교수, 예술가 등 문화와 교육 분야의 인물들이 희생 되었다. 본 장에서는 특히 '문화 혁명'의 공격에 동원된 집단이 누구인지, 특히 제거된 사람들의 지위를 대신 차지한 자들이 누구인지, 이들의 멘탈리티가 어떤 것인지를 살펴 보고자 한다. 이들의 정신적 태도와 가치관의 문제는 스탈린주의 체제가 어떤 특성을 띠는지 파악하는데도 중요한 실마리가 될 것이다.

1928~1932년 스탈린은 마침내 공산당 중앙위원회에서 당내 우파의 최고위 지도자인 부하린과 톰스끼, 류코프를 격하시키는데 성공하였다. 스탈린은 오랫동안 당 중앙위원회의 중간급 인사 임명권을 활용함으로서 은밀히 당내 저변에서 자신의 강경노선을 지지하도록 만드는데 성공하였다. 또 그는 가공할 수준의 목표를 내세운 제 1차 산업화 5개년 계획, 강제적 농업집단화 그리고 '문화 혁명'의 노선을 당이 채택하도록 만드는데 성공하였다. 이 모든 것은 스탈린의 최종 권력 장악의 성공을 위한 첫 일보에 해당되었다. 역사가들은 흔히 이 시대를 '스탈린주의 혁명,' 혹은 러시아 사회주의의 '세 번째 혁명'이라고 부른다.[1]

스탈린주의 혁명에 대하여 보수적 해석을 내리는 페인소드(M. Fainsod), 찌마세프(Timasheff), 샤피로(Schapiro), 브제진스키(Brzezinski)는 볼셰비키 혁명 이후의 소련 사회주의 성격을 항상 전체주의 모델에 의거해서 보았다. 이 때문에 스탈린 시대의 '위로부터의 혁명'과 독재 테러는 이미 예고되는 현상이었다.[2] 이들 보수적 시각에 의하면 레닌이 추진하였던 혼합경제 체제로서 네프(신경제 체제)조차도 실은 단지 경제 부문에서만, 그것도 극히 일시적으로 사적 경제의 요소를 허용했을 뿐이라는 것이다. 볼셰비키의 정치체제, 사회 구조 그리고 문화 조류는 근본적으로 전체주의적 독재 방향으로 흐르고 있다고 보았다.

그런데 1965년 호루시쵸프의 '탈스탈린주의 선언' 이후 체코에서 자유를 추구하는 '프라하의 봄' 사태가 일어났다. 이 사건으로 자극받은 소련과 동유럽 공산 사회의 저변에서 차츰 '자유화' 물결이 침투하였다. 이것은 공산주의 체제 속의 각 정치, 사회 기구 사이에도 내부적 경쟁과 갈등을 표면화하는데 일조하였다. 이 일련의 사건은 세계적으로 1970년대 소위 수정주의적 역사시각을 탄생시키는 계기가 되었다. 서구의 젊은 세대의 역사가에 속하는 제리 허프(J. Hough), 세일라 피츠패트릭(S. Fitzpatrick),

베일레스(K. Bailes) 등은 곧 선배 학자들의 전체주의 모델을 비판하기 시작했다. 이들은 공산주의 체제의 특성을 설명하는 전체주의 모델이 냉전시대 이념 경쟁의 산물이며 지나치게 단순화된 예단론에 의거하고 있다고 비판하고 이 해석에 심각한 이의를 제기하였다. 이들은 표면상 획일적으로 보이는 독재적 소련사회 내부에 여러 조류가 있었다고 지적했다. 이것을 우리는 스탈린주의에 대한 수정주의적 시각이라고 부른다.

수정주의 학자들의 새로운 설명 구도에 의하면 네프가 종식된 1928년 말 스탈린이 권력 투쟁에 착수할 무렵, 교육, 과학기술, 문화, 언론, 예술을 포함한 모든 지적 분야에서 구질서 출신의 문화적 지도부에 대항하는 아래서부터의 신세대에 의한 대대적인 문화적인 비판과 공격이 있었다는 것이다. 다시 말해 프롤레타리아 출신의 젊은 세대의 공산주의 청년들이 자발적으로 구 부르주아 계층의 전문가와 지식인을 탄핵하고 청산시키는 활동을 전개하였다는 것이다. 특히 S. 피츠패트릭은 이 사건을 '문화 혁명'이라고 불렀다.[3]

이러한 설명은 흥미롭기 짝이 없다. 왜냐하면 오늘날 전체주의적 보수시각은 과거 냉전 시대의 사고의 산물이라는 비판에서 자유롭지 못하기 때문이다. 수정주의적 학자들은 1928년 이후 제 1차 산업화 5개년 계획과 농업집단화 이후 생겨난 사회구조적 변동과 계층의 사이의 유동성은 프롤레타리아 출신의 지위 상승의 욕구와도 깊은 영향이 있다고 주장한다. 그리하여 이들은 문화적 측면에서 분명히 '아래서부터의 혁명'의 동기와 요소가 있다고 본다.[4] 또 네프 시기 문화를 연구하던 로버트 윌리암스(R.Williams)는 네프시기 볼셰비키는 문화와 예술 그리고 교육 등의 부문에서 결코 주도권을 확보한 상태가 아니었음을 지적하고 있다. 내부적으로 부르주아출신의 구전문가 지식인의 문화관과 이에 우호적인 볼셰비키 우파를 중심으로 한 점진주의적 문화관, 그리고 급진적 공산주의자, 전위파의 이상주의적 문화관들이 서로 치열하게 경쟁하고 대립하고 있었다고 설명했다.[5]

피츠패트릭의 도전적인 설명 구도는 당연히 기존 정통 역사가들 사이에 당혹감과 심지어 경악심까지 불러 일으키게 되었다. 죠라브스키(D. Joravsky)는 그녀의 학설에 이의를 제기하였다. 네프시대의 신·구지식인 사이의 관계는 갈등이나 경쟁의 관계가 아니라 단지 일시적인 공존의 관계였으며 구지식인의 정치적 영향력은 극히 미약하였다고 맞대응하였다. 또 그 공존조차도 1928년부터 시작된 '위로부터의 혁명'에 의하여 금방 종지부를 찍게 되었다고 주장하였다.[6] 죠라브스키가 보기에 피츠패트릭이 말한 '문화 혁명'에는 사실상 혁명적인 성격이란 없었다. 단지 문화적 측면에서 대 변동이었을 뿐이라고 반론을 펴고 있다. 그러나 바아버(J. Barber)는 다시 피츠패트릭을 옹호하였다. 네프 시기의 마르크스주의자들과 비마르크수주의자 사이의 공존이란 극히 짧은 시기에만 존재했을 뿐이며 그 균열은 분명히 1927년부터 일어났다고 지적하였다.[7] 엔틴(G. Enteen)도 역시 부르주아출신의 전문 역사가들에 대한 소비에트 마르크스주의 역사학자들의 적대적인 태도에는 진정으로 자연발생적인 성격을 띠고 있다고 주장한다.[8] 문화의 경쟁에 대한 전적으로 새로운 개념과 논쟁이 전개되자 죠라브스키는 약간 후퇴하였다. 그는 바아버와 엔틴의 견해는 매우 흥미로운 것이기는 하지만 적어도 자연과학 분야의 경우에 있어서 그 같은 측면은 도저히 찾아보기 어렵다고 반박했다.[9]

스탈린 사후 1960년대 소비에트 자체 내에서도 역사가들은 '문화 혁명'의 개념 정의에 관하여 애매모호한 입장을 지녔다. 이들은 레닌이 강조한 '인민의 문자교육 사업'과 '문맹퇴치를 위한 운동'의 의미로 좁게 국한시켜서 언급하였다. 이들은 1928~32년 사이 일어났던 공산주의 사상의 전위파에 의한 '마르크스주의' 이론 논쟁이나 부르주아 출신 구전문가 지식인에 대한 공격 운동이나 문화 면에서 일어난 계급 갈등에 대해서는 아예 언급을 회피한다. 제 1차 5개년 계획 당시 문화적 투쟁이 스탈린의 개인 숭배의 기초가 되었다고 보기 때문에 스탈린 이후 역사가들은 당시대의 사건에서 '아래서부터의 움직임'을 인정할 수도, 부정할 수도 없는 난처한 딜렘마에 빠진 것으로 보인다. 또 다른 이유는 스탈린주의 자체가 마르크스주의 계급 이론의 방향에서 크게 벗어나 있고 이에 따라 역사서술에서 계급 투쟁적 분석을 회피한 탓으로도 볼 수 있다.

'문화'에 대한 계급 투쟁의 분석 뿐만 아니라 '문화 혁명' 주제를 회피한 데에는 또 다른 이유가 있었다. 1960년대에 중·소 이념 상의 대립이 진행되던 중에 중국에서 잔혹한 '문화 대혁명' 사건이 발생하였다. 이를 목격하면서 소련 사가들은 중국과의 경쟁의 이유에서 더욱 솔직한 논의를 할 수 없었던 것으로도 보인다.[10] 페레스트로이카 시대나 현금 자유주의 러시아에서도 '문화 혁명'에 대한 종합적 역사 서술이나 객관적 논의는 중지 상태에 있다. 그러나 이론상 이 모든 난맥 상에도 불구하고 전반적으로 소련사가들도 1928~1932년 모든 문화기관에서 부르주아 출신의 구전문가·지식인들이 궤멸되었고 소비에트 신 지식인으로 교체되었다는 데 대해서는 전적으로 동의한다.[11]

스탈린 시대의 '문화 혁명'의 주제에 관한 논의에서 이러한 난맥상은 근본적으로 어디에서 기인하는 것인가? 여기에는 다음과 같은 점에서 몇 가지 근본 이유가 있다. 첫째, 소비에트 공산주의 사회에서 '문화 혁명'의 개념정의가 명확히 규정되어 있지 않다는 점이다. '문화 혁명'의 주된 본질이 부르주아 출신 구전문가·지식인과 그들의 세계관에 대한 공격이나 사상투쟁을 의미하는 것인지, 아니면 인민 대중의 문화적인 낙후성을 극복하기 위한 사상 및 교육의 혁신을 말하는 것인지, 아니면 소비에트 공산주의 국가 수립에 헌신하는 새로운 가치관과 문화를 말하는지, 이 문화를 전파하기 위한 사상적 전위대나 간부를 키우기 위한 정책을 말하는 것인지 분명하게 구분 짓지 않고 있다는 점이다.

둘째, 소비에트 사회에서 단지 '문화 혁명'을 통일된 하나의 조류로 파악하려고 한다는 점이다. 볼셰비키가 내전에서 승리한 1921년부터 호루시쵸프가 실각한 1963년까지도 실제로 소비에트 사회 저변에서는 40여년 동안 예술과 과학, 그리고 학문 그리고 교육 등에서의 가치관과 문화에서의 변동은 끊임 없이 이루어지고 있었다. 그러므로 1928년의 러시아의 '문화 혁명' 양상을 지나치게 단순한 이분법적 계급투쟁의 사건으로 만들 경우 역사를 매우 인위적으로 단순화시키거나 과장하는 비역사적인 서술이 될 위험이 크다. 비록 소비에트 공산주의 사회가 획일적인 문화를 내세우고 있지만 저변의 문화적 변동이나 행태 그리고 가치관은 감추어져 있으나 시기에 따라서 미묘하지만 끊임없이 달라지고 있었다는 것을 반드시 인정할 필요가 있다. 그런 다음 세심하게 이들 사이의 차이점을 분석하는 작업이 필요하다. 이런 점에서 수정주의 시각이 내세우기 시작한 새 접근법과 문제의식은 매우 예리한 측면을 가지고 있다고 본다.

마지막으로 중요한 이유는 스탈린주의 등장시기에 국한하여 논할 경우에도 결코 '문화 혁명'을 당내 상부의 정치 권력 투쟁과 분리해서 논의할 수 없다는 것이다. 이런 문제의식을 갖고서 본 장에서는 1928~32년 발생한 '문화 혁명'의 실제 배경과 수행집단의 성격 그리고 그 정치적, 사회적 의미를 살펴 보자. 이로서 이 사건이 스탈린 시대의 일반인들의 가치관과 문화에 대하여 어떤 멘탈리티를 만들어 내게 되었는지 고찰해 보자.

2. 구전문가·지식인에 대한 공격

볼셰비즘의 문화관이나 레닌의 문화에 대한 개념은 서방 자유주의 세계의 '문화' 개념과는 달리 개인, 개인의 자유나 양심, 개인주의적 가치관을 경계하는 특성을 갖고 있다.[12] 레닌은 내심으로 항상 사회주의 질서에서 문화 지도자로서 역할을 하는 인텔리겐찌야와 지식인들을 불신하였다. 그는 지식인들의 지식이나 예술 활동의 능력과 성과는 매우 중요하지만 이들은 속성상 개인주의적이고 감상적이라고 보았다. 이들이 사회주의 사회에서 문화적 주도권을 가질 경우 인민의 이익에는 위배된다고 생각하였다. 레닌은 문화의 주도권은 반드시 의식적이고 혁명적인 전위대가 가져야 한다고 보았다.

그러나 러시아 인민은 아직도 문맹상태이며 너무 낙후되어 있으므로 교육, 대학, 과학과 기술, 연구소, 언론, 출판, 예술 등 광범위한 문화적 기관에서 아직 주된 역할을 도저히 행할 수 없었다. 따라서 신 질서는 구 부르주아 출신의 전문가 기술자·지식인들의 도움이 절대적으로 필요하였다. 그리하여 내전 직후 소비에트 사회가 당면한 낮은 문화 수준 문제 때문에 레닌은 결국 프롤레타리아 문화를 수립해야 한다고 주장하는 이상주의적 좌파나 공산주의 전위파, 그리고 부르주아 출신의 전문가·지식인들의 지식과 문화가 모두 병존하는 것을 허용하였다. 이 때문에 묘하게도 네프 시기에 소비에트 예술과 문화 수준은 여러 조류가 뒤섞여 성장했다. 이런 배경에서 당시 특이하게도 전위적인 미술과 예술이론, 음악 그리고 사회주의 사상 면에서 상당한 창조적 진보가 이루어지기도 했다.[13]

네프시기 볼셰비키 지도부 자체 내에서도 문화에 관한 이론은 통일되어 있지 않았다. 당내에서 가장 지도적 사회주의적 문화 이론가로 손꼽혔던 보그다노프(A. A. Bogdanov), 루나차르스키(A. V. Lunacharskii), 고르키(M. Gorky)는 문화는 당에 의한 통제보다 프롤레타리아 층의 자연발생적인 의식의 성장에서 이루어져야 한다고 주장했다.[14] 레닌 자신도 러시아에서 사회주의 혁명이 성공하기 위해서 과연 러시아 인민대중이 문화적으로 준비가 되어 있었는가에 대해서는 아직은 부정적으로 보고 있었다.[15] 그러므로 10월 혁명 이후 레닌은 끈임 없이 인민의 계급 의식을 발달시키고 문화적 후진성과 문맹을 탈피하기 위한 문자 교육과 문화 교육의 중요성을 강조하였다. 그는 언제나 인민의 문화 수준이야말로 혁명의 성공을 위한 최후의 과제라고 생각하였다. 레닌과 더불어 대다수 볼셰비키들은 '문화'란 낙후성과 대립되는 의미로써 생산을 성취하기 위한 '기술의 성취를 위한 지식'을 의미하는 것으로 보았다.[16] 그러나 보그다노프의 '자립적이며 주체적인 프롤레타리아 문화'의 이론은 엄밀히 볼 때 당의 중앙집권화를 강조하는 레닌에게 잠정적으로 위협이 될 소지가 있었다.

1927년 말 관료주의를 비판한 트로츠키와 그의 지지자들은 권력투쟁에 완전히 패배하고 추방되었다. 그러나 트로츠키 숙청 이후에도 볼셰비키 당내에서는 과도한 중앙집권적 독재 권력에 대한 비판이나 이탈적인 움직임은 여전히 존재하고 있었다. 이런 조류에 대하여 스탈린과 강경파들은 매우 적대적인 입장을 취하고 있었다. 한편 네프 경제가 더 이상 생산성에 진전을 보이지 않으면서 불안한 농산물 가격 위기가 다시 도래했다. 특히 1927년 식량 위기와 대규모 강제적 농산물 징수에 대한 농민층의 저항이 나타났다. 볼셰비키는 정치적으로 더욱 큰 불안감을 느꼈다. 경제 위기가 나타날 때마다 당 지도부 사이에서는 외국 자본주의 국가의 공격의 가능성에 대한 두려움이 심하게 커져가고 있었다. 자본주의 세계로부터 오는 대외적인 불안감은 볼셰비키의 뿌리 깊은 멘탈리티였다. 자연히 당내 지도부나 신 세대 젊은 층 공산주의자들 가운데에서는 이질적인 문화나 사상에 대해서는 적대적인 태도를 취하는 분위기가 점점 더 커져가고 있었다.

R. 윌리암스는 네프 시기의 문화 저변에는 크게 두 가지 조류가 서로 대립·경쟁하고 있었다고 지적한다. 그에 의하면 이 대립은 결코 부르주아 문화와 프롤레타리아적 문화 사이의 경쟁은 아니었다. 그보다는 인텔리겐챠 및 지식인 문화와 볼셰비키 당의 문화의 경쟁, 다시 말해서 서구 코스모폴리탄적인 문화와 러시아 본토 문화 사이의 경쟁이었다는 것이다.[17] 심지어 볼셰비키 당내에서도 중앙집권적인 권위에 일치하지 않는 조류가 뒤섞여 있었다. 좌파적 레프(LEF) 집단, 급진적 세파피온 형제들(Sepapion Brothers), 전위대(On Guard Organ), 무정부주의에 가까울 만큼의 급진적 아방 가르드 전위파와 더불어 이상적 공산주의 문화운동을 전개하는 '프롤레타리아 문화'(Proletkult) 운동이 존재했다.

볼셰비키 고위의 지도부는 이들 저변의 이상주의적 문화조류에 대해서 심한 의심과 경계의 눈으로 보고 있었다. 볼셰비키 지도부의 이념은 물질적 생산력이나 현실적 유용성에 이바지하지 않는 문화적 활동에 대

6-1. 스탈린과 정치국의 강경파들, 왼쪽 첫 번째, 세르게이 오르죠니키프, 두 번째는 몰로토프. 오른 쪽 끝은 키로프

해서는 서구 자본주의 만큼이나 경계하고 불신하는 세계관을 가지고 있었다. 윌리암스의 설명 구도는 네프 시기의 문화적 조류를 부르주아적 구 지식인의 문화와 공산주의적 문화 사이의 대립으로 설명하고 있는 좌·우 흑백논리의 구도보다 훨씬 더 세련된 분석이다. 왜냐하면 1927년 말 제15차 볼셰비키당 대회에서 스탈린이나 류코프, 몰로토프 역시 점점 커져가는 이상주의적 좌파 문화 조류에 대한 경계심과 불신이 극에 달하여 마침내 다음처럼 공개적으로 성토한 바 있었다.

> 비록 비폭력적이고 비전투적인 방법으로라도 이제 문화 혁명이 일어나야 한다.[18]

1928년 1월 정부가 곡물부족 위기에 빠지자 스탈린은 직접 시베리아 지역 식량 징발 캠페인을 전개하게 되었다. 이때 그는 예상 이상의 농민층의 저항에 부딪히게 되었다.[19] 이 상황을 목격한 스탈린과 강경파 추종자들은 농민 정책에 대하여 심경상 큰 변화가 일어났다. 이 시점에서 스탈린은 당의 정책에 동조하지 않는 모든 사회적 집단에 대해서 공격적인

정책을 전개해야 한다고 결심하였다.[20]

1928년 3월 스탈린은 <샤흐찌 사건>을 공표했다.[21] <샤흐찌 사건>은 돈바쓰 유역에 있는 샤흐찌 탄광에서 일어난 사건이었다. 석탄을 채광하는 기계 속에 모래가 나타났다는 이유를 빌미로 하여 담당 기술자들과 소장 그리고 많은 전문 지식인들을 반역, 사보타쥬의 죄로 고발하였다. 그는 이들을 탄핵, 투옥, 추방할 것을 공표하였다. 이 사건이 스탈린의 직접적인 지시에 의한 것인지 간접적인 개입에 의한 것인지에 관해서는 명백하게 드러나 있지 않다. 그러나 <샤흐찌 사건>은 지금까지 볼셰비키 정권이 의존적으로 도움받고 있던 구 부르주아 출신의 공학-기술자를 위시하여 학자, 교수, 예술가 등 모든 지식인을 '인민의 적'으로 삼고 추방한다는 입장을 내포한 것이었다. 이로서 문화분야에서 계급적 선전 포고가 시작되었다. 당시 당과 정부의 비밀 경찰의 역할을 하던 <합동국가보안부>(OGPU)의 부장인 멘진스키(Menzinsky)는 이 사건 뒤에는 제국주의자들의 음모가 숨어 들어 있다고 발표했다.[22] 이 사건은 이제부터 일반인 사이에서도 언제라도 생산상 과오가 발생하면 '인민의 적'으로 지목될지 모른다는 두려움과 경각심을 느끼게 만들었다.

<샤흐찌 사건>은 부르주아 출신의 전문가·지식인을 추방하는 것에만 머무는 것이 아니었다. 이 공격은 이제부터 권력에 도전할 수 있는 일체의 세력이나 집단을 파괴시키기 위한 서설이었다. 왜냐하면 네프 시기의 구전문가·기술자나 지식인이 볼셰비키를 적극적으로 지지하지 않는 집단이라고는 하지만 결코 정부 권력에 맞설 만한 힘을 가진 집단이 아니었기 때문이다. 사실은 부르주아 출신의 구전문가·지식인들이 문화적 공격 대상으로서 최초 인물들이 아니었다. 숙청과 공격은 이보다 더 먼저 당 자체 내에서 일어났다. 공산주의자 강경파인 크리니츠키는 이미 당내 온건파이자 당시 교육·문화인민위원(교육문화부 장관)인 루나챠르스키(A. Lunacharsky)에 대하여 공격의 첫 화살을 쏘았던 것이다. 그는 루나챠르스키가 부르주아지에 대한 '문화적 투쟁'을 수행하는 데 있어서 미온적이라

고 맹비난을 가하였다. 결국 루나차르스키는 해임되었다.[23] 스탈린은 즉시 구 부르주아 출신의 기술자-공학자들을 공격하는 움직임을 자신의 정치적 승리를 위한 기회로 활용하는 데에 착수했다.[24]

스탈린은 <샤흐찌 사건>발표이후 구지식인, 전물 기술자들을 대량 기소했다. 그후에 코카서스 지역 광산의 공학-기술자 50여명을 사보타쥬와 외국자본가와 내통했다는 죄목으로 사형이나 종신형, 징역, 강제노동 수용소 유형 등의 방법으로 제거하였다. 이 사건에 연루된 당내 산업 경제지도부뿐만 아니라 정치국과 중앙위원회의 기존 인물들이 깊은 불안감을 느끼게 되었음은 두말할 나위가 없었다.

다시 스탈린은 1930년 11월 25일부터 12월 7일까지 가공할 만한 규모의 스파이를 색출한 <산업당 사건>을 발표하였다. 일련의 뛰어난 전문기술자와 지식인 심지어 유명한 대학교수들을 생산파괴 활동과 반혁명 및 스파이 활동의 혐의로 추가 기소하였다. <산업당 사건>은 단순히 지식인뿐만 아니라 당내부의 비주류와 자신의 강경 노선에 일치하지 않는 모든 요소에게 탄핵 화살을 돌린 것이었다. <산업당 사건>에서 스탈린은 모스크바 열연구소 소장으로 있는 핵심 인물인 람진(L. Ramzin)을 위시하여 모스크바 대학의 고등기술대학원 교수, 모스크바 공과대학의 금속과 교수이자 인민최고경제회의 고문인 챠르노프스키(N. Charnovsky), 국방항공대학 교수이자 국가계획부(GOSPLAN) 생산분과 부의장인 카리니코프(I. Kalinnikov), 섬유연구소장이자 공과대학 교수인 페도토프(A. Fedotov)를 기소하였다. 그외 섬유산업 기술단장인 쿠프랴노프(S. Kuprianov), 전러섬유종합공장의 기술자인 시트닌(K. V. Sitnin), 인민최고경제회의의 과학연구분과위원이면서 람진의 연구 조교인 오츠킨(V. I. Ochkin) 등 지금까지 당과 가까이서 공조하던 온건파 노선의 인물들 모두를 탄핵하고 해임시켰다.

스탈린은 이들에게 할당된 의무생산량 완수의 실패, 부실한 계획안, 원료조달의 차질, 수송설비 부족, 경험 부족 등의 이유를 물어 체포, 숙청하였다.[25] 과학원에서도 100명 이상의 학자들이 체포되고 숙청당하였다.

50%의 공학 기술자가 합동국가보안부(OGPU)의 감시 하에 놓였다.[26] K. 베일리스의 연구에 의하면 전 러시아에서 2,000명에서 7,000명의 공학 기술자가 숙청되었으며, 17%가 체포되어 투옥 당하였다.[27]

이러한 대 규모의 지식인 기술자에 대한 체포물결은 자연히 대학이나 사상계의 온건파에게 두려움과 공포의 분위기를 조성하였다. 차츰 이것은 계급 투쟁 슬로건 아래 기득권에 속하지 않던 신세대 공산주의자들이 기존의 지식인과 문화적인 지도부를 탄핵하는 '아래서부터의 문화 혁명'의 운동에 직접적 자극을 주었다. 부르주아 출신의 지식인과 산업 기술자들에 대한 공격으로서의 '문화 혁명'은 1929년 이후 강행된 강제적 집단 농장화에 저항하는 농민층과 부농(kulaks)에게도 해당되었다. 심지어 급속도 산업화에 따르는 노동 동원령에 저항하거나 사보타쥬하는 노동자 인민 대중에게도 해당되었다. 자연히 이런 사태가 당 중앙위원회나 정치국 내에서도 그의 노선에 이의를 제기하거나 비판적 입장을 가진 우파 인물들에게 준 위협적 효과는 지대하였다.

스탈린과 강경파는 끈임 없이 기술 공학자들과 당내 고위층 우파 사이의 연관성을 찾아 내려고 추적하였다. 네프를 지지하면서 당내 온건파에 속하는 류코프나 부하린은 공학자들과 기술 연구소 내의 지식인들과 친분은 있었으나 소비에트 경제 전략을 위한 이론적인 입장에 공감하고 있을 뿐이었고 개인적 친분 관계는 아니었다. 그럼에도 불구하고 스탈린과 그의 지지자들은 이들의 관계를 빌미삼아 비판했다. 그들이 부르주아출신의 지식인들의 이념적 포로가 되었다고 공격하였다.[28]

1928년 '문화 혁명'의 구호 하에 구 부르주아 출신의 지식인을 탄핵하는 강경파들의 동기는 무엇이었을까? '문화 혁명' 초기에 인민최고경제회의 의장인 쿠이비셰프(Kuybishev)나 내무인민위원 오르죠니키제(Ordzhonikidze)는 처음에는 이념적 동기나 계급적 동기보다는 실용적 관점에서 급속도의 산업화와 문화 혁명을 지지하였다. 심지어 혁명 이후 항상 노동자 계급의 이익을 옹호한 톰스키조차도 '계급 전쟁'의 목적에서가 아니라 노동자들에게 삶이나 생산 현장에서의 지위 향상을 위해 필요하다고 생각했다. 그는 노동자들에게 지식을 배울 기회나 고등교육 기관에 진학할 기회를 증가시키기 위해 구전문가·지식인들을 고위 지위에서 추방시키는 정도에 동의하였다.[29]

1928년 당시 정치국이나 대다수 지도부는 '문화 혁명'그 자체보다도 산업화의 속도에 대한 논쟁에 더 몰두하고 있었다. 당시 아직까지는 고위 정치국원들의 의견은 하나로 일치된 것은 아니었다. 복합적이거나 막연한 이해에 근거할 뿐이었다. 부하린은 프라우다지의 편집장으로 활동중이었다. 그 역시 '문화 혁명'에 대하여 프롤레타리아 문화의 필요성을 강조하다가 또 어떤 경우에 가서는 부르주아적 지식인과의 공조의 필요성을 강조하기도 하였다. 그러므로 <샤흐찌 사건>까지만 해도 스탈린은 완전히 권력독점에 성공한 상태는 아니었다. 이 때문에 역사가 죠라브스키는 1928년 당시에 아직도 과학이나 지식의 가치 기준으로서 공산당 이념이나 당성 (partinost')에 의거한 기준을 심각하게 고려하고 있지는 않았다고 지적한다.[30]

'문화 혁명' 미명 하에 구지식인과 전문가들을 공격하거나 탄핵하는데 열성적으로 앞장선 이들은 프롤레타리아층 출신의 인물들이었는가? 이것은 매우 중요한 질문에 속한다. 대학이나 연구소 혹은 전문직종의 기관 내에서 일어난 '문화 혁명'은 겉으로는 '프롤레타리아'라고 주장하는 사람들에 의해서 전개되고 있었다. 그러나 실상은 지식인의 배경을 갖고 있거나 사무직에 종사하는 인물들에 의해 진행되었다. 특히 청년 공산당조직(콤소몰)의 주축이 된 선전 선동국(RAPP) 조직의 간부, 공산주의 학술원, 소위 '붉은 대학'의 젊은 교수들은 종종 당의 특정한 지시 없이도 부르주아 출신의 지식인을 공격하는데 전면적으로 앞장 섰다. 피츠패트릭은 이들 선봉대는 과거 부르주아 출신의 지식인들이 누리고 있는 문화적인 주도권과 영향력 그리고 특권을 대신 차지하고 싶어했다고 지적한다.[31] 또 그녀는 스탈린은 이들의 기성세대에 대한 질투심과 적대감 그리고 네프 시기의 초조감, 새 시대에 대한 환상과 열정을 은근히 활용하였고 이들의 공격성을 부추겼다고 보고 있다[32].

1928년 <샤흐찌 사건> 무렵 부르주아 출신 공학 기술자·전문가들에 대한 노동자들의 적개심이나 질투심이 실제로 존재하고 있었던 것은 사실이었다. 그러나 1928년 이후 각 지역에서 일어난 공학 기술자에 대한 탄핵과 적대 행위는 거의 대부분 중앙에서 내려 온 지시에 의한 것이었다.[33] 지방의 당원들은 공학 기술자들의 기계파괴 행위나 샤보타쥬를 적발하라는 지시를 받으면 자연히 샤흐찌 사건의 모형을 따라 증거를 조작하기 일쑤였다. 이들은 위증을 받아 내거나 과장하여 반 부르주아-기술자 캠페인을 벌였다. 당원들은 손쉽게 구전문가·지식인을 대대적으로 '관료적,' '어용적,' '계급이질적' 집단으로 탄핵하거나 체포하였다.

당과 정부는 식량 징발의 어려움과 위기, 산업화 기초 자본 축적의 부담에 따르는 사회 내부의 저항 가능성, 지식인의 이념상 중립 태도에 두려움을 느낄 때마다 '문화 혁명'의 구실 하에 계급 적대적인 분위기를 고양시켰다. 이 분위기에서 대대적인 문화적 사회적 숙청을 활용하였다. 여기에서 스탈린을 위시한 강경파들은 노동자나 공산주의자 열성파들의 참여를 유도하였다. 그는 산업화 계획을 달성하기 위해서 전시 분위기와 같은 동원 체제를 유지하고자 했다. 1930년부터는 지식인과 공학-기술자들에 대한 숙청과 감시는 전적으로 당 직속 기구인 <노농감시대>의 임무가 되었다. 이 기구에 의하여 1929~30년 동안 러시아 전체에서 고발되고 탄핵받아 숙청된 사람은 150만 명에 이르고, 그 중에서 16만 4천명이 해직되었다.[34] 정말로 엄청난 소용돌이가 아닐 수 없었다. 이 기구는 이미 네프 시기부터 당의 지시에 따라 움직이는 어용적 기구로 전락한지 오래였다. 그러므로 숙청작업에서 자연발생적이거나 계급의식적 요소가 있다고 보기에는 어렵다. 그러나 사태는 문화면에서의 계급이동으로 끝나지 않았다.

샤흐찌 이후 스탈린은 자신의 당 인사권을 활용하여 은밀히 당내 고위 지도부 우파 인물들을 정치적으로 제거하는 데에 착수했다. 이를 위해 그는 '문화 혁명'의 기초 조직을 활용했다. 이 조직은 중앙위원회의 선전국

(Agitprop department)에서 나왔다. 이 조직은 당내 중간급 간부들이었다. 문화 부문에서 대대적인 인물 교체작업이 당 최고위의 위원회에 상정되었다. 스탈린과 강경파는 마치 문화 분야의 전문가 집단들이 농업경제 정책상의 우파와 깊이 관련 된 것처럼 공표하였다. 그 다음 이들을 네프를 지지하던 당 지도부의 우파와 연루된 것처럼 확대 해석하고 파벌로 규정하여 탄핵하였다. 문화 수준이나 예술 안목에서 조야하고 지식수준이 낮았던 청년공산당(콤소몰) 중앙위원회나 프롤레타리아 전위부대(RAPP) 작가들은 부르주아 출신의 기술자·지식인과 친분이 두터운 당내 지도적 인물을 공격하는 데에 앞장섰다. 점차 이들의 '문화 혁명'은 정치화되었다. 이 분위기는 당과 정치국에서 스탈린의 최대의 경쟁자요 정적이었던 부하린, 류코프, 톰스키의 영향력을 약화시키는 데에 결정적으로 이바지하였다.[35]

문화 투쟁의 성과는 모든 면에서 정치적 분야로 확대되었다. 그러나 당내 우파는 이미 1928년 당시의 식량 징발의 위기감과 산업화의 필요성 때문에 스탈린이 전개한 '문화 혁명'에 대하여 조직적인 반대를 할 수가 없었다.[36] 또 이미 신생 사회주의 질서 수립에서 최고위 기구인 당 중앙위원회, 정치국, 정부기구인 인민위원회(국무회의), 교육인민위원회, 인민최고경제회의, 노농감시위원회, 국가 경찰부 등 기관들은 당에 헌신한다는 이념하에 상호 경쟁과 감시 그리고 질시의 심리를 지녔기 때문에 강경파에 대항하는 정치적 연합이란 생각조차 하지 못했다. 이들 우파는 구 공학-기술자나 지식인에 대한 잔혹한 공격상에 대해서나 '계급 전쟁'으로 단정하는 시각에 대해 전연 반대할 수 없었다. 말하자면, 당내 파벌 금지 원칙과 이념의 함정이라는 덫에 빠진 셈이었다.[37]

3. 1928~32년 '붉은 전문가' 양성

'문화 혁명'의 광풍이 지나갔다. 우리에게 두 번째 물음이 생겨난다. 전격적으로 진행된 대량 체포와 청산, 그리고 숙청이후, 비워진 자리에 과연 프롤레타리아 출신의 인물들이 진출할 기회가 열린 것일까? 누가, 어떤 절차를 통해, 이 비워진 자리를 채워간 것일까? 그 수혜자들은 어떤 멘탈리티를 가진 사람들일까? 또 이들 새로운 인물들은 소비에트 공산주의 사회의 문화 변동이나 가치관의 변화에서 어떤 기능을 행한 것일까? 이 모두가 까다로운 질문이 아닐 수 없다.

1928년 3월 <샤흐찌 사건>의 재판은 제 1차 산업화 5개년 계획을 시작하던 시기와 일치해서 일어났다. 이 때문에 당은 자연히 그 빈자리를 어떻게 메꿀 것인가라는 난제에 봉착했다.[38] 당 지도부는 공산주의적 혁명의식과 고도의 산업화에 필요한 기술과 지식을 동시에 갖춘 즉, 이른 바 '붉은 전문가'(Red Specialists)를 긴급하게 양성할 것을 역설하였다. 스탈린은 즉시 노동자나 공산주의자 출신 사이에서 산업 간부를 양성할 것으로 선포하였다.[39] 그는 정치국 내에 가장 가까운 수하인 몰로토프를 통하여 모든 고등교육 기관의 구성 임원들의 과거 출신, 입학 과정, 교과 내용을 조사하고 '붉은 전문가'를 양성할 수 있는 방향으로 전환하도록 지시하였다.

당시 중앙위원회 지도부 어떤 일부는 스탈린의 구 전문가 대량 숙청작업이 대학이나 연구소에서 우수한 인적 자원을 고갈시키거나 고등 교육의 질적 수준을 떨어뜨리고 산업화에 차질을 줄 것을 우려하였다. 이 때문에 스탈린에게 반대하는 입장을 가진 인물들도 많았다. 그러나 이제 그들은 <샤흐찌 사거>재판에 동조하였기 때문에 자칫 '쁘띠 부르주아적 기회주의자,' '샤보타쥬 방조자,' '경계를 소홀히 하는 방심자'로 낙인 찍힐까 두려웠다. 또한 이들은 1928년 반-쿨락(부농) 운동, 강제적 식량 징발 캠페인, 트로츠키 탄핵운동에 가담하였기 때문에 합동국가보안부 결정에서 자유로울 수 없는 처지에 빠져 있었다.

그럼에도 불구하고 몇몇 정치국과 고위 지도부의 인물들은 스탈린의 지나치게 혹독한 구전문가·지식인들의 궤멸 작전을 비판하였다. 예를 들어 1929년 1차 모스크바 지역당 의장직에서 쿠이비셰프에 이어서 인민최고경제회의 의장이 된 오르죠니키졔 자신도 지나친 구전문가·지식인의 인간 사냥이 위험스러울 수도 있다고 경고했다. 인민위원회 의장인 류코프도 레닌의 정책을 근거로 삼아 몰로토프의 결정에 반대하였다. 가장 큰 항의는 모스크바 당 위원장인 우글라노프에게서 나타났다. 그는 "입학생의 기준은 성분보다 학력 수준에 두어야 하며 노동자 계급에게 지나치게 차별성을 두면 관료주의가 팽창할 것이다"라고 지적했다. "또 산업발전을 크게 저해 할 것이다"라고 경고하였다. 마지막으로 가장 큰 저항은 교육인민위원인 루나챠르스키에게서 나왔다.[40] 이 비판자들은 곧 위험한 분자라는 타겟으로 몰리게 되었다.

아니나 다를까 청년 공산당(콤소몰) 기구를 중심으로한 젊은 공산주의자들은 대표적 볼셰비키 지도자이면서도 온건한 인민교육위원장 루나챠르스키를 비판하였다. 이외에도 이들은 구전문가·지식인을 비호하는 인물을 공격하는데 착수했다. 이들은 심지어 비노동자 출신 가정의 어린이를 학교에서 강제로 퇴학시키는 운동을 벌였다. 당의 중앙지도부는 이 사태를 묵인하였다.[41] 한편 새로 교체된 소련 산업부문 지도자나 경영가 집단은 '붉은 전문가'를 양성해야 한다는 스탈린의 새 교육 정책 노선자체에는 큰 관심은 없었다. 그러나 산업 공학, 기술 교육이 최우선시 되어야 한다는 점에는 맞장구쳤다. 이 상황에서 표면상 산업화의 요구에 부응하지 못하는 루나챠르스키는 무능한 인물로 비판받는 것은 마치 당연한 결론처럼 귀결되었다. 새 산업 관리자들은 심지어 '문화' 혹은 '인문학적 지식'의 어휘 자체를 멸시했다. 교육인민위원부 자체가 인민최고경제회의 기구 아래에 놓여야 한다고 주장하기까지 하였다. 이것은 교육과 문화가 이념적 권력 기관이나 경제 기구 하에 놓여야 함을 의미한다. 대학 졸업자보다도 기술교육 소지자를 선호하는 스탈린과 몰로토프는 당연히 인민최고경제회의의 의견을 열렬히 환호하였다.[42] 당 지도부는 논란 끝에 타협안으로 모든 공과대학이 인민최고경제회의 기구 하에 종속되는 것은 아니고 일부 공업전문대학과 산업체 부속 실습학교만 인민최고회의 기구하에 두는 것으로 결정하였다.[43] 이 시점에서 우리는 적어도 1928~29년 비록 스탈린의 강경 노선이 당내에서는 다수표를 얻었지만 아직은 완전히 독점적인 지위를 차지하지는 못하고 있음을 지적할 수 있다.

1929년 2월 최고 정치국 내에서 고등교육 정책 방향에 관하여 부하린을 중심으로하는 우파가 패배하였다. 이 결정으로 4월의 당 중앙위원회 정기총회에서 곧 루나차르스키는 탄핵되었다. 1929년 루나차르스키, 우글라노프, 스비데르스키는 좌천되고 새 교육인민위원으로 스탈린파에 속하는 부브노프(A. Bubnov)가 지명되었다. 교육과 문화 부문의 기존의 간부들은 대량 숙청 또는 해임되었다. 이로서 소련의 중등, 고등교육기관에서 구전문가·지식인과의 제휴는 완전히 종지부 찍게 되었다. 대신 프롤레타리아 및 노동자 계층 출신에게 입학의 우월한 기회를 크게 확대하는 계급 할당제로 전환하였다. 또 새 교육정책은 교육기관의 제도적 자유나 자율성를 폐지하였다. 인문학을 중심으로 가르치던 고등교육기관들은 기존 교육목표 중심에서 벗어나 완전히 산업화의 요구에 부응하는 기술-공학 중심의 교육목표로 바꾸었다.

소비에트 정부는 1929~33년 동안 대량의 노동자들과 공산주의자들을 고등교육기관에 선발 입학시켜 단기적 기술교육을 주입하고 졸업 이후에 각 기구에 지명하는 이른 바, '노동자선발학생제'(Vydvidzentsy, 뷔드비젠찌)를 채택하였다. 스탈린은 이것이 부르주아 출신의 기술자·공학자들의 사보타쥬 위협에서 벗어 나게 해줄 것이며, 공산주의자 출신의 '붉은 산업 간부'를 키워 산업화를 실시해야 하는 소련의 절박한 과제를 달성하게 해줄 것이라고 선전하였다.[44] 당연히 고등교육 기관들은 산업화에 필요한 기술 교육만을 가르치는 것은 아니었다. 그것은 미래 계획경제 질서의 정치적 이념으로 무장되며 세뇌받은 산업 지도부, 공산당 간부, 정치지도부 등 이른 바 '붉은 간부,' '붉은 전문가'를 양성하는 의무를 지녔다. 또 새 붉은 간부는 과거 네프 시기 모든 기관의 지도부와 중·하위권 간부까지

6-2. 산업화 시대 노동동원령, 사보타쥬 근절 포스터

대대적으로 교체하여 새 지위를 차지하는 기회를 갖게 되었다.[45] 스탈린의 이러한 공표는 네프 시기에 불만을 갖고 있던 젊은 세대 공산주의자들에게 폭발적인 인기가 있었다. 그의 노선에 추종하는 자들에게는 출세가능한 미래의 경력을 추구할 수 있는 절호의 기회가 되었다.

그러면 이 변화에서 구체적으로 누가 가장 큰 수혜를 누리게 되었을까? 스탈린주의의 사회적 기초를 파악하는 데에 이것은 참으로 흥미 있는 물음이다. 제 1차 산업화 5개년 직전 공산당 당원들의 교육 배경을 비교해 보자. 통계에 의하면 당원의 30%가 노동자계급 출신, 56%가 한때 일시적으로 노동자였던 사람들이다.[46] 또 교육 수준면에서 공산주의자들의 8.7%, 노동자들의 4%만이 중등 이상 고등교육의 학력을 가지고 있었다. 대체로 당의 행정직의 간부나 당원 일반의 학력 수준은 부끄러울 정도로 낮은 편이다. 심지어 1928년 초 공산당원인 산업체 지도부나 책임자들의 70.3%가 노동자 계급 출신이었다. 이들의 82%가 초등 교육밖에 받지 못하였다. 이에 비하여 중간급 간부직의 비당원의 경우에는 95.1%, 사무직종 종사자의 82.7%가 중등 교육을 받은 사람들이었다. 이처럼 낮은 교육수준 문제는 자연히 당 지도부를 초조하게 만들었고 열등감은 매우 컸다.

이 불안감을 해결하기 위해 스탈린은 중·고등교육 기관의 입학생 가운데 구전문가·지식인 출신의 자녀는 쫓아내었다. 입학생의 65%를 노동자 출신의 자녀로 배정하도록 지시하였다. 이외에도 수천 명의 공산주의자들과 노동자 예비학부제(rabfak) 출신 3,000명이 고등교육기관에 전격적으로 선발되어 입학하였다.[47] 이들 중 가장 많은 수가 모스크바 고등공과대학 (Moscow Higher Technical School), 모스크바 공과대학(Moscow Engineering School), 멘델레프 화학연구소(Mendelev Chemical Institute), 수송-공학연구소(Institute of Tranport-Engineers), 로모노소프 기계연구소(Lomonosov Mechanics Institute), 카간-샤브샤이 전기기계연구소(Kagan-Shabshai Electric-technical Institute)로 진학하였다. 고등교육기관 중 사회과학분야는 오직 플레하노프 경제학연구소(PLekhanov Economics Institute) 뿐이었다.

1931년까지 고등교육에 입학한 8,145명 가운데에서 48%가 5~9년 이상의 노동자 경력을 가진 사람들이었다. 23%가 10년 이상의 노동자 경력을 가지고 있었다. 당원증을 가진 경우에도 완전 당원이거나 후보인 경우가 59%, 콤소몰 회원이 13%이며, 비당원인 경우는 28%였다. 제 1차 5개년 동안, 총 5년 간 고등교육 기관에 입학한 공산당원은 약 11만 명이었다. 이것은 총 당원의 10%에 해당되는 수자이다. 이들 중 3분지의 2가 공과대학에 집중적으로 진학하였다. 한편 노동자출신 학생의 경우 5년 사이 20만 명이 진학하였다. 1932년 당시에 15만 명이 공과대학에 등록된 상태였다. 그외 나머지 대학에 8만 5천명이 등록되어 있었다. 결국 5년 간 총 35만 명 정도가 '노동자선발학생제'(Vydvizhentsy, 뷔드비젠찌)를 통하여 입학한 셈이었다.[48] 다음 표를 살펴 보자.[49]

<표 1. 고등교육기관에 등록한 학생 수와 노동자 출신 학생의 비율 (%)>

	총고등교육기관, 공과 대학의 등록학생 수	노동자 계급 출신 학생의 비율	산업-수송부문 등 공과 대학의 등록학생 수	노동자 계급 출신 학생의 비율
1927~28	159,800	25.4	45,200	38.3

	총고등교육기관, 공과 대학의 등록학생 수	노동자 계급 출신 학생의 비율	산업-수송부문 등 공과 대학의 등록학생 수	노동자 계급 출신 학생의 비율
1928~29	166,800	30.3	52,300	43.1
1929~30	191,100	35.2	62,800	46.4
1930~31	272,100	46.4	130,300	61.7
1931~32	394,000	51.4	197,300	63.7
1932~33	469,800	50.3	233,400	64.6

이 흥미로운 표에 의하면 노동자 계급 출신의 젊은 세대가 대학기관에 입학하여 엄청난 지위 상승 기회를 누린 것으로 보인다. 피츠패트릭은 이 점에 대해서 매우 적극적인 해석을 내리고 있다. 그녀의 설명은 과장된 측면이 있지만, 1928~32년 '문화 혁명'에는 일말의 프롤레타리아 계급 투쟁적 측면이 존재하였음을 부정할 수 없다. 그 이유는 '문화 혁명'으로 인하여 수많은 노동자들이 고등교육에 진학하거나 책임자 지위로 승진할 수 있었다. 실제로 계층상 신분 상승 기회를 누릴 수 있었다.[50] 사실 1928~32년 말까지 소련 경제의 민간 부문에 고용된 공학 기술자의 숫자는 1만 8천명에서 7만 4천명으로 증가하였다. 경영, 정부, 행정관리 분야에 고용된 숫자는 6만 3천명에서 11만 9천명으로 증가하였다.[51]

이런 이유 때문에 피츠패트릭은 유수한 공과대학에서 노동자 출신 학생, 특히 뷔드비젠찌가 차지하는 비율이 34%에 해당된다고 지적한다. 이것을 노동자 계급의 신분 상승이라고 설명한다.[52] 이들 뷔드비젠찌는 고등교육 기관에서 소정의 훈련을 급하게 마치고 나면 곧 당의 지시에 의하여 다양한 종류의 산업 및 노동 기관에 배치되었다. 이들 뷔드비젠찌는 내부적으로 비숙련공은 숙련공으로, 숙련공은 공장 내 작업 반장이나 감독관으로, 작업 감독관은 공학-기술자로 아니면 현장 기술지도자로 승진했다. 또 현장 기술자는 나중에 산업체 고급 간부나 사장단 혹은 경영진으로 승진하였다는 것이다. 하층 출신의 노동자들이 신분상 상승할 수 있는 또 다른 통로는 중등 교육기관의 수준에 해당되는 산업체 부속실습학교(Zavod-Vtuz)의 경우였다. 이곳에서 훈련과정을 우수하게 마치면 공과대학을 위시한 고등교육 기관에 입학할 수 있다는 것이다. 이리하여 '붉은 전문가' 양성정책 덕택으로 스탈린주의 체제에서 수혜를 받은 계층이 탄생하였다는 것은 분명하다. 그렇다면 과연 이 사실이 사회주의 체제에서 노동자계급의 정치사회적 지위의 상승을 의미하는 것일까? 이에 대해 좀 더 깊이 살펴보자.

4. '문화 혁명' 노선의 반전

구전문가·지식인을 대량 추방한 이후 새로운 세대의 '붉은 전문가' 양성정책으로 이어지던 '문화 혁명'은 1930년 말 최정점에 달하였다. 그러나 점차 급속도 중공업 위주였던 제 1차 5개년 계획의 과도한 수행으로 인하여 인민의 고통, 이로 인한 농업경제 생산성의 추락, 우크라이나에서의 대 기근과 끔찍한 희생이 증가하였다. 이에 따른 사회적 긴장이 발생하였다. 곧 당내에서는 비판의 목소리가 새어 나오기 시작하였다. 또 산업체의 경영가들도 더 이상 노동자 출신 기술분야의 학생을 양성할 수 있는 재원이 남아 있지 못할 뿐더러 구전문가, 기술자, 지식인의 제거와 추방으로 인해 인적 자원이 고갈되어 실질 생산에서 커다란 차질과 혼돈이 빚어지고 있음을 실토하였다. 이 때문에 구전문가·지식인 추방운동을 중지할 것을 요구하는 움직임을 보이기 시작하였다.[53] 중공업인민위원인 오르죠니키제는 인민위원회(SNK, 국무회의격) 위원장인 몰로토프의 '붉은 전문가' 양성정책의 비실용성을 비판하였다. 두 사람은 정치적으로 서로 주된 경쟁자였다. 몰로토프는 스탈린의 앵무새와 같은 인물이었다. 이때 스탈린은 이들의 논쟁에 방관자 입장을 취하였다. 현실적 불가피성에도 불구하고 스탈린은 선뜻 '문화 혁명' 노선에 의거한 대학입학의 계급할당제를 종식시켜야 한다는 오르죠니키제의 주장에 동조하지 않았다. 가장 큰 이유는 당연히 당내에서 아직은 큰 인기와 명망을 누리고 있는 부하린이나 경제계획원(Gosplan) 의장, 혹은 산업화 수준과 속력에서 온건한 이론을 펼쳤던 당내 우파가 다시 영향력을 회복할까 두려웠기 때문이었다.

그러나 노동조합과 산업 기관 측에서는 노동자 출신의 입학생을 위한 고등교육 정책 수행의 재원 부담이 갈수록 커져갔다. 양자 사이에 갈등이 더욱 크게 불거지고 있었다. 숙련공의 활용문제를 두고 양 기관이 심하게 충돌하였다. 산업체는 숙련공이나 공학 기술자를 대학 졸업자 중에서 찾기보다는 산업현장에서 찾는 것이 더욱 실질적이고 효과적임을 주장하였다. 기대한 만큼 노동자예비학부 출신의 노동자들은 기술면에서나 지식면에서 유능하지 못하였다. 또한 현장에서의 능력이 기대에 전연 미치지 못하고 있었다. 노동자들도 임금차별제와 등급에 따르는 상여금제도가 강화될 뿐 아니라 현장에서의 '높은 봉급'의 약속이 이행되지 않자, 도저히 기초생활비에도 미치지 못하는 가난한 장학금 수준으로 지겨운 공부를 하려고 하지 않았다. 고등교육기관의 입학에서 계급할당제는 당내에서 서서히 초기의 열성을 상실하고 있었다. 프롤레타리아 문화 혁명은 이념적 이상과 현실 사이에 괴리를 점점 두드러지게 보여주고 잇었다.

오르죠니키제는 한때 스탈린과 친밀한 관계에 있었지만 이제는 '전문가들의 기계파괴행위'는 과거 시대나 있던 행태라고 비판했다. 그는 대담하게도 법정과 합동국가안보회(OGPU)에게 구전문가·지식인과 공학기술자들을 복권하기 위한 구원의 손길을 요청하였다. 당 중앙위원회의 일각에서도 점차 '문화 혁명'과 1930년의 <산업당 사건>과 재판에서 억울하게 숙청되거나 제거된 구전문가·지식인, 공학 기술자들을 다시 복권하지 않고서는 산업생산성을 회복할 수 없으리라는 목소리를 내기 시작하였다.[54]

이 사이 뻬쩨르부르크시에서 인기 있고 존경받던 시 당위원장인 키로프를 위시하여 당 고위지도부 일부도 지금껏 과도한 산업화를 추진하면서 사용한 잔혹한 각종 정책에 대하여 비판의 소리를 제기하였다. 이에 스탈린은 당황하지 않을 수 없었다. 그만큼 아직은 당 고위지도부에서 스탈린의 권력이 확고하지 못함을 보여주는 것이었다. 결국 이런 압력 속에서 1931년 여름 스탈린은 후퇴하여 '부르주아출신의 구전문가·지식인의 재 등용'을 선언하였다.

> 이제 모든 전문가와 공학기술자와 기계기술자를 한꺼번에 취급하기가 어려워졌다. 달라진 상황을 감안하여 우리들의 정책을 변경시킬 수 밖에 없다. 노동자계급으로 관심을 돌린 예전의 학교의 전문가, 공학자 그리고 기계 기술자를 극도로 신중하게 다룰 때가 왔다.[55]

1931년 가을에 당은 공식적으로 노동자들에게 우선권을 주는 고등교육 입학 계급할당제 정책을 중지하였다. 이 선언으로 산업체는 다시 부분적으로 과거의 부르주아출신의 구전문가·지식인을 채용할 수 있었다. 교육정책에 관하여 다시 복고적인 노선으로 전환한 직후에 스탈린은 당사학술지 『프롤레타르스카야 레볼류찌야』지의 편집장에게 대단히 이례적이며 간교한 서한을 보냈다.[56] 그 서한의 본질은 공산주의적 급진파 지식인에게 책임을 전가하여 탄핵하는 내용이었다. 그 뿐만 아니라 그는 공산주의 아카데미, 대학의 '붉은 교수'와 <문화 혁명> 당시 프롤레타리아 주도권을 확립하기 위해 호전적인 활동을 했던 열성적인 행동파들과 과격한 공산주의자들을 비난하였다.[57] 그는 공산주의 지식인이 현실에서의 실천적 행동을 소홀히 하고 공상적인 공론에만 빠져 있으며 그것은 마르크스주의에서 벗어 난 것이라고 비판하였다. 따라서 모든 지적 활동은 당성(Partinosti') 즉, 당의 지침과 유용성에 의하여 이루어져야 할 것이라고 하였다. 스탈린은 자신의 책임은 회피하였다. 과도한 '문화 혁명'의 주체 세력에 대하여 비난의 화살을 돌린 것이다.

흥미롭게도 역사가 찌마셰프는 이 사건을 그 자신의 유명한 용어인 '사

6-3. 스탈린시대 산업화의 상징-우랄지대 철강도시 마그니토고르스키의 노동자 아파트들

회주의의 대 후퇴'의 시작으로 지적했다.[58] 즉 소비에트 공산주의가 마르크스주의에서 이탈하고 본래의 공산주의적인 이념에서 벗어났다는 것이다. 또 그는 역설적으로 '문화 혁명'에서의 대 후퇴가 공산주의적인 지식인을 비난하는 데에서 시작하여 계급 혁명이나 평등의 이념을 포기하는 것으로 종결되었다는 것이다.

아니게 아니라 스탈린의 공산주의 '문화 혁명'에 가담한 청년 공산주의 세대에 대한 비판은 즉각적으로 정치적 효과를 나타내기 시작하였다. 그는 정통적 마르크스주의 역사가인 포크롭스키(Pokrovsky)를 비롯하여 야로슬라브(Iaroslav)를 비판하고, 시도로프(A. Sidorov), 루빈스타인(N. Rubinstein), 두브롭스키(Dubrovskii) 등, 역사학자들에게 치욕을 가하고 이들을 숙청하였다. 스탈린은 역사서술에서 계급투쟁의 마르크스주의 사관에 의거한 사회구조 분석 대신에 17세기 수난의 시대나 18세기 피이터 황제의 개혁 등 애국적인 주제와 강력한 국가와 민족의 형성에 관한 주제와 연대기적 서술을 요구하였다.[59] 이로서 소비에트 지식 사회의 가치 규범은 당이 규정하는 원칙, 오직 당성(partiinosti), 즉 노골적으로 당의 정책에 대한 유용성이나 생산력주의 원칙에 의하여 전적으로 좌우되었다. 지식인 사회는 매우 혼란스러운 상태에 빠지게 되었다. 스탈린은 이 원칙에 도전하는 그 모든 세력들, 좌파이든 우파이든, 좌우의 연합이든 모두 탄핵의 대상이 될 수 있음을 선언하였다.

종국적으로 말해서, '문화 혁명'을 전개한 열성파 공산주의자들은 시초에는 매우 공격적이고도 호전적인 방법으로 문화면에서 주도권을 장악하고자 했었다. 그러나 최종 결과는 본래의 목적과는 전연 다르게 권력 앞에 문화가 무릎을 꿇는 방법으로 귀결되고 말았다. 근본적으로 볼 때, 이들은 당이나 정치권의 도움을 빌어 문화투쟁을 전개했기 때문에 장기적으로 보아 문화적 활동에서 자율성을 완전히 상실하는 결과를 앞당기게 되었던 것이다. 이후부터 소비에트 지식인들과 문화부문 종사자들은 내부적으로 심하게 찢어지고 균열을 맞이하게 되었다. 모든 대학 및 교육기관, 연구소, 예술과 과학, 문화적 조직들은 당과 국가 행정기구에 복종해야 했다. 심지어 상황에 따라서는 산업체나 경제기구의 단지 기능적이거나 실용적인 요구에 종속되어야 했다. 이제 소비에트에서 대학은 주변적인 존재로 전락하였다. 이 과정에서 특히 자율성과 자유와 창조성을 중시하는 인문학, 사회과학은 최종적인 타격을 받게 되었다.

5. 스탈린주의 멘탈리티와 가치관

스탈린의 '문화 혁명'과 '붉은 전문가' 양성정책은 소비에트 사회의 멘탈리티나 정신적 가치관 혹은 행동 규범 상에는 어떤 변화를 낳았을까? 이 물음에 답하기에 앞서 붉은 간부 양성정책으로 인하여 고속 성장한 사회 집단의 규모를 알아보는 것이 중요하다. 이에 대해서 A. 에덴은 매우 흥미 있는 자료를 제시한다. 제 1차 산업화 와 '붉은 전문가' 양성정책으로 인하여 소련에서는 사무직 종사자의 수가 1926년의 400만 명의 숫자가 1939년까지 1,400만 명으로 증가하였다.[60] 스탈린은 대숙청 작업 동안 전체 당원의 수는 증원시키지 않으면서도 2차 5개년 동안 고등교육 기관에서의 학생 수는 꾸준히 증가시켰다. 이 가운데에서 특히 1931~35년 사이 숙련공은 중급 이상의 사무직 직위에 진급하거나 이동하였다. 산업체 현장 자체에서는 신 지식인으로서 사회적 신분이나 지위 상으로 승진한 새로운 인물들이 쏟아져 들어왔을 뿐만 아니라 임금수준 면에서도 크게 상승하였다.[61] 다음 표를 살펴 보자.[62]

< 표 2. 중등, 고등교육기관에 등록학생 수, 1926~39>

	1926~27	1931~32	1933~34	1938~39
중등학교 5-7학년	1,59,098	2,813,643	4,083,588	8,780,049
중등학교 8-10학년	136,280	927	138,677	1,403,846
직업학교	244,600	975,000	400,000	242,200
노동자예비학부	45,702	285,019	271,104	107,877
공과전문학교	180,600	707,300	588,900	951,900
고등교육기관 대학, 연구소	168,000	405,900	458,300	602,900
총 중등, 고등교육 기관	1,843,260	5,187,789	5,940,569	12,088,772

<표 2>에서 보듯이 1938~39년의 중등, 고등교육 기관의 학생 수는 네프 시기 1926~27년의 180만 명에서 1,200만 명으로 증가하였다. 12년 만에 1,000만명 이상이 증가한 셈이다. 이것은 총 인구의 10%에 육박한다. 가히 사회적 변동의 폭이 얼마나 컸었는지 짐작하게 한다. 더욱 자세히 보면 1931~39년 단기간에 중등고등 교육 등록자들은 300%로 증가하였

다. 특히 1933~34년에 집중적으로 200%로 증가하였다. 이 추세는 1935년을 기점으로 갑자기 줄어들고 있다.

<표 2>에서 발견할 수 있는 또 다른 사실은 1928~32년 사이 1차 5개년 동안 계급할당제와 '붉은 전문가' 양성정책은 수적으로 엄청난 효과를 거두었다는 점이다. 이 덕분으로 노동자 계급 가운데에서 고등교육 기관으로 입학한 등록자 수는 16만 8천 명에서 60만 명으로 증가했다. 대학교, 연구소로 선발된 '노동자 선발학생' 즉 '뷔드비젠찌'(Vydvizhentsy, Promoters)는 1928년 16만 명에서 1932년에는 40만 명의 규모로 증가하였다. 더 위트(De Witt)에 의하면 이들 중 77%가 이미 1차 5개년 동안에 각종 산업체의 간부 직위에 임명되었다는 것이다.[63] 이들은 노동자 계급출신이거나 공산당원 출신으로서 실력은 비록 엉성하기 짝이 없었다. 그러나 단기간의 훈련을 마치고 30대의 젊은 나이에 대숙청으로 인하여 비워진 당, 공화국, 행정기구, 사법, 산업체, 교육기관, 노동조합 등 모든 분야에 걸쳐서 간부직에 새로 임명되었다. 이에 비하면 네프 시기에 수립된 노동자 예비학부제 (rabfak)에 의하여 선발된 학생 수는 오히려 줄어들었다. 네프 시기에는 노동자들이나 공산주의자들이 간부 직위에 오를 수 있는 통로는 주로 산업 현장에서의 근무 경력과 봉사에 인한 것이었으나 제 1차 5개년 산업화 시기에서는 이와는 달리 대규모의 '붉은 전문가' 양성정책 덕분으로 공식적 교육기관에서의 훈련이나 졸업장에 의해서 승진의 기회를 획득하게 되었기 때문이다. 이것은 대규모 사회변혁에 해당된다.

제 1차 산업화 5개년 이후 총 17만 명의 전문가가 고등교육 기관에서 졸업장을 획득하였다. 재 2차 5개년 이후에는 총 37만 명의 전문가가 고등교육 기관에서 졸업하였다. 1941년 당시 지도적인 간부급 중에서 1차 5개년 동안의 졸업생 중 15만 2천명이 포함되어 있었다. 이것은 89%에 해당된다. 제 2차 산업화 5개년 동안의 졸업생 중 25만 명의 졸업생이 이에 포함되어 있었는데, 졸업생 중 72%가 지도적 간부급에 임명되었다. 또한 1933년 당시 48만 5천명이 산업 경영가 중에서 10만 5천명이 뷔드비젠찌

6-4. 스탈린 산업화 시대 시베리아 발전소 공장 건설의 모습

출신이라는 사실은 '문화 혁명'과 '붉은 전문가' 양성정책 결과로 지위 상승 기회를 획득한 인물들의 규모를 짐작할 수 있다.[64] 이들의 사회적 성분을 볼 때 젊은 세대의 노동자와 농민 출신이 74.6% 라는 점은 스탈린주의에 맹종한 이들이 어떤 사람들이었는가를 말해 준다.[65]

'노동자 출신 선발생'(뷔드비젠쯔이)과 공산당원과의 관계를 살펴 보자. 1933년 총 당원 중에서 66만 명이 노동자, 농민 출신으로 입당한 후 사무직으로 이동하였다. 1933년에는 사무직에 종사하는 공산당원의 25%가 소위 엘리트 혹은 전문직 출신이었다. 이들 중 거의 절반이 바로 과거의 노동자로서 입당하였던 이들이었다. 또한 1937년 고등교육 졸업자인 당원이 10만 5천명으로서 이 숫자는 1927년에 비해 이 숫자는 거의 10배에 해당되는 것이다.[66] 또 1937년에 전 공산당원 중에서 45%가 공과대학이나 기술 전문학교에서 고등교육을 마친 것으로 알려져 있다. 이것은 '문화 혁명'사건 이전인 1927년의 7.8%에 비하면 6배에 해당되는 비율이다. 1933~36년 사이에는 입당의 기회가 극히 감소했기 때문에 결국 1937년의 고등교육을 받은 것으로 기록된 당원의 대부분은 '문화 혁명'이후 수혜자라는 결론을 내릴 수 있다. 물론 이 숫자는 총 당원에 비하면 큰 숫자

는 아니다. 그러나 문제는 '문화 혁명' 당시의 선발된 '뷔드비젠찌'의 상당수는 산업화, 집단농장화, 문화 혁명에 대하여 스탈린주의적 가치관, 규범, 멘탈리티를 가진 인물들이었다. 이들은 대숙청 시기에도 살아 남아 1930년대 후반에 승진과 출세가도를 달린 인물들이었다. 그러므로 이들이 결국 스탈린주의 체제를 수호하는 중추적 역할을 하였을 것이라는 결론을 당연히 쉽게 도출할 수 있다.[67] 다시 말해서 스탈린주의는 사회적 중추에 해당되는 기반을 만들어낸 것이다.

물론 '뷔드비젠찌'의 전부가 다 출세한 것은 아니다. 어떤 이는 대숙청 시기에 희생된 이들도 있고 어떤 이는 중·하위직에 정지된 경우도 있다. 그러나 가장 보편적인 경우는 고속 승진과 출세를 했다는 것이다. 만일 이들이 1937년 대숙청 시기를 무사히 견뎌 내기만 한다면 후일 소련의 정치적 엘리트로 출세하기도 하였다.[68] 가장 대표적인 경우는 브레즈네프, 호루시쵸프, 코시긴, 그로미코, 키릴렌코, 우스티노프 등이었다.[69] 이들은 대부분 1차 뷔드비젠찌로서 '붉은 대학'이나 산업공과대학을 졸업하였다.

'문화 혁명'과 '붉은 전문가'의 대량 창출 이후 출세한 새로운 집단들은 스탈린주의 체제에서 새로운 특권적 계층이 될 사람들이었다. 트로츠키는 이들을 '신 관료층'이라고 비판했다. 그는 심지어 스탈린주의 자체를 '왜곡된 공산주의''부패한 관료주의적 출세파들의 독재'라고 비난했다.[70] 또 반소비에트적 서방 학자들은 새로운 신분 상승을 획득한 집단을 '신 특권계급'으로 정의를 내렸다.[71] 전체주의 모델에 이의를 제기하는 수정주의적 학자들은 '새 엘리트' 혹은 '신 간부-엘리트' 라고 부르기도 한다.[72]

그러나 어떠한 개념으로 규정하든지 신 간부양성정책이나 '노동자 출신 선발제'(뷔드비쩬쯔이)에 의해서 간부급에 오른 자들은 지위 상승의 기회를 가졌다. 이들은 내적 신념에 의해서든 외적 규범에 의해서든 거의 목숨을 걸고 맹렬히 일하였다. 이들은 스탈린주의의 수혜자였으며, 스탈린주의 체제에 충성을 바친 중추적인 기반임에는 부정할 수 없을 것이다.

1930년대 말 '신 엘리트' 간부 집단들의 멘탈리티와 가치관은 어떤 것이었는가? 이들은 스탈린주의 체제에 철저하게 복종하였다. 그 대가로 1930년대 후반부터 남들보다 더 높은 물질적 생활수준, 서구 부르주아를 흉내 낼 수 있는 생활 방식과 세련된 예술 문화를 모방하고 향유하도록 허용 받았다. 이들의 정신 구조는 더 이상 평등지향적인 공산주의를 추구하지 않았다. 그 대신 이들은 임금 차등제, 성과와 봉사에 다른 보상제를 철저하게 추구하였다. 또 그들은 계급 투쟁적 세계관보다도 강력한 국가와 민족의 발달을 추구하는 가치관을 더욱 선호하였다. 이 때문에 찌마셰프는 이것을 '대 후퇴'라고 불렀다.[73] 그러나 진정한 후퇴는 자신들에게 보장해 준 특권과 출세의 기회와 물질적 보상 대가로 체제가 내포하고 있는 어떠한 과오에 대하여도 눈을 감고 솔직함을 포기하였으며 체제를 정당화하며 명령에 복종하였다는 것이다. 신소비에트 문화에서 문화가 권력에 예속되고 창조성을 상실하고 심지어 개인의 영혼을 감춘다면, 우리는 과연 이것을 진정으로 '문화 혁명'이라든가 지식인의 지위 상승이라고 부를 수 있는 것일까라는 회의적인 물음을 묻지 않을 수 없을 것이다.

7장 스탈린 대숙청의 수행자는 누구였는가?
신 엘리트 간부의 등장

1. 스탈린주의란 무엇인가

러시아 사회주의 체제의 주제 가운데에서 가장 비상한 관심을 불러일으키는 사건은 두말할 것도 없이 '스탈린주의'의 발생 배경과 그 상징적 사건인 1934~37년 스탈린의 유혈적 '대숙청'(The Great Purge)의 원인에 관한 문제이다. '스탈린주의'란 일인 지배권력 하에 공산당원 관료에 의한 고도의 권위주위적이면서도 극좌적 사회주의 체제를 일컫는다. 스탈린이 전개했던 '대숙청'(purge), 러시아 말로 '씻어냄,' 즉, 치스트카(Chistka)는 원래 레닌의 지하 혁명 활동 시절부터 존재했다. 숙청은 당에서 개인 이익이나 경력에만 관심이 있거나 사회주의의 이념에 경각심이 부족하거나 수동적인 요소를 제거하는 것이었다. 그러므로 낙후된 요소를 제거하기 위해 이념상 자격이 부족한 당원을 제명시키기 위해서 '헹거낸다,' 혹은 '씻어 낸다'는 의미를 띠고 시행되었다. 그렇다면 '대숙청'의 광풍이 일반다수 민중의 삶이나 사회적 집단심리에 어떤 영향을 주었을까 라는 점은 우리에게 또 다른 절실한 물음을 불러 일으킨다.

1934~37년 사이에 스탈린의 숙청은 이념적 자격 심사 차원이 아니었다. 법적 사법권을 이용하여 탄핵, 체포, 재판, 처형 등으로 당내 정치적 정적과 반대파를 절멸시키고 이로서 일인 지배 독재권을 수립하는 데에

이용되었다. 유혈적 방법으로 희생된 수자가 최소 1,000만 명에 이르는 것으로 추정된다.[1] 이 때문에 1930년대 대숙청은 소련 사회의 모든 계층의 사람들을 공포심으로 집어삼킨 가공할 만한 정치적, 사회적 폭력의 대소용돌이가 되었다. 소비에트 사회주의가 거둔 거대한 경제적 성취와 군사적 팽창에도 불구하고 이면에 치렀던 이 유혈적 대량 희생과 인간 생명의 고통의 대가는 현실 사회주의의 정당성에 의문을 제기하는 큰 쟁점이 된다.[2]

1928년 12월 제 1차 산업화 5개년계획과 강제적 농업집단화가 채택된 이후, 소련은 1941년 나치스침공까지 거대한 경제적 성공을 거두었다. 그러나 '대 약진' 이면에 일어난 유혈적 대숙청[3], 대량 체포와 처형, 유형, 노동수용소, 소수 민족의 강제 이주의 고통들은[4] 당시 소비에트의 모든 일반인들의 삶의 내면적 형태와 심리 구조를 총체적으로 바꾸어 놓았다. 심지어 사회주의 개념 그 자체도 변화하였다.

이 희생과 고통의 규모와 진면목에 관한 진실은 오랫동안 은폐되어 있었다. 이 때문에 페레스트로이카 이후 문서개방(글라스노스찌)이 시작되자 이 부문에 관한 사료는 전세계적으로 비상한 관심을 끌게 되었다. 또 최근에는 비밀경찰(NKVD)과 모스크바와 지방 당 문서, 개인들의 일기장, 인구통계 등등의 사료가 발굴되었다. 이로서 1930년대 스탈린 대숙청에 관한 본격적 조사가 시작되었다. 이것은 1990년대부터 러시아와 서구 역사학계에서 뜨거운 주목을 받게 되었다.[5]

스탈린시대의 대 공포와 숙청은 소비에트 사회주의 체제의 성격을 규정하는 데 근본적 열쇠를 가지고 있다.[6] 그런데도 숙청의 근본 원인이나 배경에 관해서는 논란이 심하다. 아직도 10월 혁명 자체를 부정하면서 10월 혁명 속에 이미 테러와 독재의 기원이 있다고 보는 시각[7], 아니면 10월 혁명을 통해서 진보적 경제 체제와 새 사회구조가 창출되었다고 보는 시각[8], 또는 스탈린주의가 10월 혁명을 왜곡시켰다고 보는 시각[9] 사이에는 여전히 뜨거운 쟁점이 존재한다.

우리에게 풀리지 않은 의문은 동유럽의 공산주의국가를 비롯한 여타 모든 사회주의 국가들은 실패했으나 소비에트 러시아에서는 어떻게 해서 이러한 대 공포 하에서도 그토록 짧은 시기에 산업대국의 지위를 쟁취하고 세계 공산주의 종주국으로 성장할 수 있었는가라는 점이다. 당시의 모든 소비에트 시민은 오직 독재적 스탈린 체제하에서 위협과 두려움에 의해서만 행동한 것일까, 아니면 선전에 의해 세뇌되거나 거짓 선전에 감쪽같이 속은 것일까? 또 아니면 이데올로기에 대한 열렬한 환상에 의한 것일까? 또 아니면 정반대로 일반 민중 속에 비밀히 숨어있는 공산체제에 대한 저항 심리가 당-국가로 하여금 오히려 대 공포를 시행하도록 만든 것일까?

1970년대부터 서구의 자유주의적 전문가들은 스탈린 시대를 소위 '전체주의'라는 프리즘을 통해 해석해 왔다. 이것은 말하자면 이념 경쟁이 심하던 냉전시대의 이분법적 세계관이었다. 이에 의하면 스탈린 시대에서 모든 공식적 법적 절차들은 당 서기의 개인적 잔인성과 의심증, 변덕 그리고 일당 독재에 의한 눈가림일 뿐이다. 당의 선전들은 연기로 된 장막에 지나지 않는다는 것이다.[10] 더욱 나아가 전체주의적 체제는 본래부터 극단적 사회분리 즉, '원자화'(atomization)와 강제적이고도 인위적인 '세뇌'(forced instillation)를 통하여 독재권을 행사한다. 시민들은 오직 공포심과 억압에 의해서 행동하도록 만들어졌다는 것이다. 이 시각을 빌리자면 스탈린은 권력을 향한 광기어린 욕망 탓으로 공포를 활용하였고, 수백만의 당원과 일반 인민이 희생되고 반대파는 절멸되었다는 고전적 해석에 다다르게 된다.[11]

그러나 이 전체주의적 시각은 소비에트 사회 내부의 변동에 대한 더욱 깊은 심층적인 모습을 보여주지 못한다. 지나치게 단순하고 획일적이라는 비판을 피할 수 없다. 또한 이 시각은 고정불변의 사회를 대 전제로 할 뿐이어서 사회변화나 변동을 설명하는 것도 불가능하다. 그런 사회가 어떻게 역사에서 최초로 정밀한 사회주의 계획경제 체제를 만들어 내는 데 성공하였으며, 제 2차 세계대전 히틀러의 침공을 막아내었으며, 페레스트로이카를 시도하고, 종국에 가서는 왜 붕괴하게 되었는지에 대해서는 더욱 답을 내놓지 못할 것임이 분명하다. 스탈린주의는 분명 선대의 레닌의 이념을 이어받아 확대 재생산한 것이다. 그러나 레닌 시대나 그 이후 러시아의 변화는 결코 고정된 청사진을 가진 사회는 아니었다. 그들의 역사는 실존적 체험과 끈임없는 선택의 결과임을 부정할 수 없다.[12]

앞장에서 보았듯이 스탈린 시대 변혁기 동안 가장 두드러진 사회적 변화상은 무엇보다도 1928~39년 사이 그의 체제를 지지하고 떠받드는 신엘리트와 새로운 간부 계층의 등장이었다. 이 기간 중 당에는 새로운 노동자 계층 출신들이 급속하게 증가했다. 국가는 이것을 '프롤레타리아적 문화 혁명'의 결과인 것으로 대대적으로 선전한다.[13] 그러나 당 간부-엘리트(red cadre)의 탄생이나 갑자기 고속 승진한 '노동자 출신 선발생'(Vydvizhentsy, 뷔드비젠쯔이) 출신들은 사회주의 이념 성장이나 자연발생적 문화적 변화의 결과라기보다는 지배구조 내부에서의 권력투쟁의 결과로 이루어졌다. 그러므로 1930년대 후반부에 뚜렷하게 윤곽을 드러내는 새 간부-엘리트층의 등장과 스탈린의 권력의 사이의 인과관계는 좀 더 심층적으로 드러다 볼 필요가 있다. 밀로반 질라스는 이들 새로운 엘리트 간부 집단을 '신 계급'(New Class)으로, 로버트 터커는 '봉사계급'(Service Class)으로 개념 정의 내린 바 있다.[14] 이 현상을 간과하고서 스탈린주의 시대의 성공 배경을 논한다는 것은 불가능해 보인다. 심지어 지겔바움은 이러한 새 세계관으로 무장한 사회적 기초와 스탈린주의를 하나의 '새로운 문명'의 형태라는 말로 표현한 바 있다. 지겔바움의 새 접근방법은 냉전시대 산물인 전체주의적 접근을 벗어나게 해준다. 또 정치권력 중심의 시각을 벗어나 더욱 광범위한 시야에서 스탈린주의 체제의 기초를 파악하는 데 매우 유익한 단서를 제공해 준다.[15]

이제 우리는 1930년대 스탈린주의를 새로운 '삶의 방식,' 혹은 '새로운 멘탈리티와 행동양식'의 등장에 초점을 맞추고 다음과 같은 질문을 해보

자. 1930년대 스탈린주의를 수립하고 권력의 기반으로서 대숙청을 수행하는데 참가한 인물들은 사회성분상 어떤 사람들이었는가? 그들의 행동방식이나 행태는 어떠한 것이었을까? 이들은 체제에 관하여 스스로 어떻게 규정짓고 있었는가? 또 그들의 내면적 심리구조나 멘탈리티는 어떤 특성을 지니고 있었는가? 왜 스탈린 사후에 그들의 가치가 쉽게 무너지게 되었는가? 본 장에서는 이 물음에 답하기 위하여 가급적 그들 스스로의 목소리를 통한 기록을 살펴봄으로서 주관적이면서도 내면적인 접근을 시도해 볼 것이다.

2. 권력 투쟁의 전개

강제적인 '농업집단화'와 제 1차 산업화 5개년 계획은 '현기증 날 정도'의 성공을 거두었다. 1933년에 두 번째로 제 2차 산업화에 돌입할 당시, 비록 자신의 강경노선이 중앙위원회에서 채택되었지만 아직까지 당은 스탈린 개인의 당은 아니었다.[16] 왜냐하면 강제적 농업집단화 이후 우크라이나에서의 대기근과 아사, 가축의 대학살 등 비참한 상황이 발생하자 당내 지도부나 일반 소비에트 시민들은 심한 피로감과 어두운 억압감을 느끼게 되었다. 그로 인하여 당 일각에서는 반 스탈린적 견해와 파벌이 발생하고 있었다. 심지어 일부에서는 차기 서기장으로 스탈린이 아닌 다른 인물을 찾으려는 움직임도 있었다. 이 사실은 스탈린이나 그의 강경파 추종자들로서는 권력유지에서 일촉 촉발의 위기였다. 바로 이 무렵 1934년 12월 레닌그라드 시 당대표이면서도 고위 지도부에서 높은 인기를 누리면서 차기 총 서기직에 물망에 오르던 정치국 인물 키로프가 아침 출근길에 당청사 복도에서 누군가의 총격에 의하여 갑자기 암살되었다. 이 사건은 당연히 수도 모스크바를 위시하여 전 공화국과 모든 지방 당원들에게 큰 충격과 공포심을 불러 일으켰다.[17]

스탈린은 즉각 키로프 암살 음모의 죄목으로 용의자인 니콜라이라는 인물을 체포하였다. 그러나 놀랍게도 용의자는 정치국 최고위 2·3위 서열의 지노비예프와 카메네프를 배경인물로 고백하였다. 모든 이가 깜짝 놀랄만한 충격이었다. 물론 이것은 고문과 위협에 의한 강제 고백이었다. 지노비예프와 카메네프는 볼셰비키 지하활동 시절 레닌의 최측근 충성파로서 트로츠키 다음 서열의 인물이었다. 이들은 과거 네프 노선을 반대하여 좌파 노선을 지지했기 때문에 한때 스탈린과 연합했던 지도자들이었다. 그러나 트로츠키의 추방 이후에 당 서기인 스탈린의 인사권 조작으로 인하여 중앙위에서 아무런 실질적 조직을 지니지 못한 '의자 위의 오리'와 같은 존재가 되어 있었다. 스탈린은 이들을 완전히 제거하기 위하여 '사랑하는 동지 키로프의 원통한 죽음의 복수'라는 명분으로 두 사람을 기소하고 공개 재판(open trial) 준비에 착수하였다.

사실 1934년에 당 고위층에서 반 스탈린의 분위기가 존재했다는 사실 자체가 스탈린을 크게 당황시키고 격분하게 만들었다. 이 때문에 그는 재빠르게 경쟁자와 위협적 인물들에 대한 잔인한 선제공격에 착수하였던 것이다. 그는 기존 통합국가보안국(OGPU, 비밀경찰격)[18]의 의장으로서 문화혁명 당시 구 부르주아적 전문가·지식인 및 우파 세력을 제거하는데 야고다를 기용한 바 있었다. 야고다는 대숙청의 전주곡이었던 <샤흐찌 재판>, <모스크바 산업당 사건> <키로프 암살사건>을 위시하여 그리고 마지막에 가서 <지노비예프-카메네프 공개재판 사건>을 주도했다. 야고다는 구 볼셰비키 엘리트인 피아타코프, 라덱, 소콜리코프를 제거하였다.

그러나 야고다는 스탈린의 최후의 정적인 부하린으로부터 증거 불충분으로 인하여 강제고백을 받아내지 못하자 스탈린의 불신과 미움을 샀다. 스탈린은 야고다(Yagoda) 조차 더 이상 믿을 수가 없었다. 야고다는 재판 과정에 관한 위증과 거짓에 대해 너무 많은 비밀을 알고 있었기 때문이었다. 그는 야고다의 증거 조작의 능력이나 일인체제에 대한 마음가짐이 결핍된 것이라 보고 제거하기로 결심하였다. 스탈린은 기습적으로 통

7-1. 키로프의 암살 죽음과 그의 장례식. 맨 앞줄 스탈린

합국가보안국(OGPU)과 비밀경찰 기구를 숙청하기 위한 작전에 착수하였다. 스탈린은 새벽에 기습적으로 야고다를 체포하였다.[19] 그 후 스탈린은 1934년 7월 과거 비밀경찰의 많은 비밀을 공유하고 있던 내무인민위원부(NKVD, 내무부격)를 대대적으로 개편하였다. 그 산하에 비밀경찰역을 행한 통합국가보안국(OGPU)을 이전했다. 그는 특수 권한을 부여하기 위해 다시 이것을 국가안보관리국 (GUGB, KGB전신)로 개편한 후 내무인민위원으로 맹종적이며 아부꾼인 예조프를 지명하였다. 이것이 바로 차후 대숙청을 위한 무시무시한 비밀경찰의 임무를 수행할 기구가 되었다.

원래 비밀경찰 기구(Checka)는 레닌 시절에 창설되었다. 1917년 10월 혁명 이래로 반 혁명분자를 색출하고 감시하기 위한 독자적인 권한을 갖춘 기구였다. 매우 체계적이고 조직적이며 위계질서가 분명한 국가기구였다. 스탈린은 이 기존 기구가 갖고 있는 자족적이며 굳은 내부 연대감에 대하여 매우 불안했다. 새로 부임한 예조프는 스탈린 개인에게 철저하게 맹종할 인물이었다. 새 국가안보관리국(GUGB)은 스탈린의 노선에 대해 비판적이거나 독립적인 생각을 표현한 자들에 대해서 뿐만 아니라, 조금이라도 과거 볼셰비키 시절의 기반이나 인기를 가지고 있는 인물들은 제거할 수 있도록 개편되었다. 예를 들어 전임자라도 모든 비밀을 지니고 있다면 테러를 적용하거나 체포할 수 있는 은밀한 권한을 가질 수 있었다. 전임 비밀경찰 총수였던 야고다가 바로 첫 번째 희생물이 되었다.

키로프의 암살 이후 1935년 11월에 개편한 중앙 내무인민위원부와 각 공화국의 내무인민위원부내에서 분과별로 1등급의 기존 최고 간부 대부분은 체포되었다. 이들은 심문과정에서 요구한대로 강제고백을 해야 했다. 그 다음 고백서에 서명을 한 후 처형 또는 총살되었다. 심지어 한때 스탈린주의를 추종하던 엘리트 간부들이라도 그들 내부에서 약간의 연대나 계파 혹은 지지기반을 가지고 있는 자들은 의심받았고 살아남지 못하였다. 개인은 철저하게 원자화되어 쪼개어지기 시작했다. 피아타코프 재판과 지노비예프의 재판과 숙청 후 빈 자리는 증거조작을 맡아 스탈린의 신임을 얻었던 2등급의 간부들인 모챠노프, 미라노프가 승진하여 빈 자리를 채워갔다. 또한 강제고백의 성과를 올리고 고문을 담당하던 게이와 해외 간첩을 색출하여 명단을 작성하여 보고한 슬루츠키, 요원들의 경호를 담당하던 파우커가 고속으로 진급하였다.

1936년 9월 25일 이 시점에서 스탈린은 자신은 총서기직에 있으면서, 내무인민위원부의 예조프가 당 중앙위원회의 서기직을 겸하도록 정치국 임원(Politoburo)들의 서명을 받아 내었다. 이 과정에서 볼 때, 당 중앙위원회의 서기직과 통제위원회와 비밀경찰기구의 의장직을 장악한다는 것은 그야말로 사법과 행정의 모든 권력이 완전히 일인에게 집중되어 있음을 의미하는 것이었다. 이것은 필연적으로 그 누구라도 쉽게 비밀 경찰의 긴급 심문요구에 소환당할 수 있음을 뜻한다. 이제 당은 키로프의 암살이라는 충격 속에서 내무인민위원부의 개편과 간부 교체를 공식적으로 승인하였다. 기존 당 지도부는 스탈린의 체계적인 절멸정책에 어떤 손도 쓸 수 없는 자기 함정에 빠져 있었다. 내무인민위원부의 새 간부직에는 스탈린에 맹종하는 고글리제, 카알슨, 필리아르, 벨스키, 마트베이, 베르만, 프로코

피에프, 아그라노브, 카츠넬슨 등이 발탁되었다. 이들 모두는 이미 각 공화국, 지구별 당 대표직이나 소비에트 기구의 요직을 겸하는 인물들이었다.

한편 최고 중앙위원회 서기직을 겸하게 된 예조프는 스탈린이 원하는 대로 통합국가보안국(OGPU)과 하위 비밀경찰 기구를 손쉽게 장악해 나갈 수 있었다. 예죠프는 당 중앙통제위원회(CCC) 시절의 자신의 수하에 있던 <간부과> 부과장인 리트빈(Litvin), 모챠노프, 미로노프, 게이 슬루츠키를 위시한 수하 300명을 내무인민위원부의 간부로 승진시켰다. 이로서 1936년 말까지 스탈린은 예조프와 내무인민위원부(NKVD) 기구를 이용하여 은밀하고도 체계적으로 당내에서 일인 통제권을 장악하는 데에 완전히 성공하였다. 이 기구가 장차 당, 국가기구, 학계, 산업체 그리고 군대 내의 모든 구 간부들을 대량 숙청하고 절멸시키는 임무를 수행하였던 것이다.[20]

사실 스탈린이 1934~36년 사이 통합국가보안국(OGPU, 정보국에 해당)의 통제권을 그처럼 빠르게 장악하고 재편성에 성공한 과정은 정말로 놀랄만한 일이었다. 우리는 이 짧은 기간에 과거 비밀경찰기구의 간부들과 새 내무인민위원부(NKVD, 내무부에 해당) 간부들 사이에 눈에 보이지 않는 무시무시한 생사의 권력 투쟁이 전개되었으리라고 짐작할 수 있다.[21] 이것은 역사상 자세한 조사를 요하는 부분이다. 이 기간 중 소련의 내무인민위원부(NKVD), 안보기구 및 비밀경찰 기구 내의 내적 구성에 관한 실상은 그 이름만큼이나 비밀스럽고 복잡하다.[22] 원래 비밀경찰 기구의 인적 구성이나 활동에 대한 기록은 극비에 부쳐졌다. 의사결정 과정의 자료를 남겨놓지 않는 것이 상례였다. 심지어 스탈린 자신도 많은 경우에서 서명을 거의 남겨놓지 않는 교활함을 보였다. 따라서 이에 관한 자료는 극히 불완전하고 단편적으로만 존재한다.

최근 러시아 연구자인 N. 페트로브는 내무인민위원부 산하의 간부들 대부분이 당의 중앙위원회과 각종 국가기구, 그리고 소비에트 기구의 요직을 겸직하고 있었다고 밝혀 내었다.[23] 이것을 통해 이들의 직위상의 변동과 출신을 통해 대숙청과 심문, 재판과정에 간여한 흔적을 추적할 수 있다고 한다. 그러나 그 속에 어떤 특별한 규칙성은 나타나지 않고 있다. 예조프 시대에만 모스크바 시에서는 약 3,000명의 심문자들이 있었고, 전국에는 약 2만 5,000명 정도가 파견되어 있었다고 추정한다. 그러나 실제 알려져 있는 간부들의 이름은 1,500여명 정도이며 그 중에도 개인에 관한 정보가 존재하는 것은 겨우 200~300명 정도이다.[24] 신문이나 공식적인 통계에서도 이들의 취임이나 해직에 관한 기사는 거의 싣지 않았다. 대다수가 가명을 사용했다는 점에서 내부 분석에 큰 애로가 따른다.

N. 페트로브는 특히 내무인민위원부(NKVD)와 그 산하의 통합국가보안국(OGPU)과 과거 국가안보관리국(GUGB) 기관의 구성과 주 간부들의 생애 및 이력서에 관한 자료를 집중적으로 수집, 정리하여 분석을 시도하였다.[25] 여기서 그는 흥미 있게도 1934~1939년 사이 러시아의 최고 훈장인 <레닌 훈장>, <붉은 별 훈장>, <명예공적훈장>을 받은 인물의 명단을 조사했다. 그리고 시기와 숫자를 통하여 내무인민위원부(NKVD)의 구성에 관한 중요한 단서를 찾아내었다.[26] 그에 의하면 이들의 훈장은 대숙청을 수행한 공로, 즉 반혁명을 막아내고 소비에트 국가를 방어하였다는 공적의 대가로 수여된 것이었다. 이것은 스탈린 시대의 대 공포와 권력 재편의 역동적 인물의 변화상을 말해 주는 중요한 증거가 된다는 것이다.[27]

스탈린 대숙청의 지령이 집중적으로 시행되던 1936~38년 동안 가장 극적이고도 잔인한 국면은 볼셰비키 지도자 중 최후의 인물인 N. 부하린을 공개재판하고 처형한 사건이다. 이 사건에서 스탈린이 막후에서 주도적인 역할을 하였다는 것은 매우 잘 알려져 있다.[28] 그러나 이 모든 절차는 당의 중앙통제기구(Central Control Commission)에서나 또한 내무인민위원(NKVD, 내부무)인 예조프 산하의 거대한 비밀경찰 기구, 감시기관, 검찰총장인 비신스키를 필두로 전 사법기구 조직내 고급 간부들에서부터 비볼셰비키이면서 협조적인 하위 노동자들에 이르기까지 많은 사람들의 공조나 지지 없이는 불가능한 일이었다.[29] 이러한 집단적 분위기가 사회주의적 진보라는 고상한 이념에 의해 자기세뇌된 것이었는지, 아니면 좀 더 높은 사회적 지위로 상승하려는 이기적이고도 출세적인 동기에 의해서 만들어진 것인지 이를 밝히기 위해서는 참으로 심층적이고도 내면적인 사회 심리분석을 요한다. 분명한 사실은 중앙 통제기구, 비밀경찰 기구를 위시하여 대숙청 재판의 이면에 참여한 이들은 성분상 새로이 당에 가입한 노동계층 출신이었다. 이들은 대부분 더욱 젊고, 중간 수준의 교육을 받았으며, 스탈린의 강경 노선의 열렬한 추종자였다.[30]

3. 신 엘리트-간부, 그들은 누구인가?

1934년 제 17차 전당대회에서 스탈린은 그의 유명한 새로운 슬로건을 공표하였다.

> 간부들이 모든 것을 결정할 것이다.[31]

이것은 산업 생산을 위시한 모든 분야에서 현장의 당의 간부가 중앙의 지시를 전달하고 감시하는 감독권을 갖는다는 것을 의미한다. 그러나 이 간부들은 과연 누구인가? 이 흥미로운 물음에 K. 베일리스와 S. 피츠패트릭은 스탈린의 간부집단의 성격에 대하여 깊이 연구하였다.[32] 그녀는 스탈린 시대의 간부의 선발 기준이 무조건적인 복종이나 아부하는 관료들이라는 주장을 거부한다. 이미 제 1차 산업화 5개년 동안 스탈린은 공장과 당 기구내에서 고등기술학교나 연구소로 보낼 10 만 명 이상의 공장 노동자들과 당원들을 선발하는 계획을 실행하였다.[33] 당은 이것을 '붉은 간부' 양성정책이라고 명명하였다.

이후 제 1차 산업화 5개년 동안에 약 15만 명의 새 공산당원과 노동자들이 '노동자 출신 선발생'(뷔드비젠쯔이, 혹은 승급생) 명칭 하에 선발되어 새 고등교육 기관에 입학하는 특전을 누렸다. 이들은 대부분 1935~1937년 사이에 졸업하도록 되어 있었다. 미래 간부집단으로서의 핵심적 투자재원이 되었다. 이들은 대기석에서 단기간에 공장기술자나 산업체의 경영자 등 책임자의 직위로 승진하였다. 그후 이들은 1937년까지의 대숙청의 결과로 비워진 자리를 채워 갔다.[34] 이들 새 집단은 대다수가 실용적 공학이나 산업 기술의 기초 지식을 갖춘 인물들이었다. 이들은 오직 생산력 증강에 이바지하도록 훈련 받았다. 정부와 당 기구, 학교 및 산업체, 연구소, 현장의 요직으로 고속 출세할 수 있는 극적인 기회를 가지게 되었다. 사회적으로 고속 지위 상승한 새 간부들이 스탈린의 강경 노선을 열렬히 추종하면서 실행하리라는 것은 너무나 당연한 일이었다.

잘 알려져 있듯이 스탈린은 구전문가나 지식인 뿐만 아니라 혁명 시대 이래로 볼셰비키 지하당원의 경력을 쌓아 온 이념적이거나 이론적 인물들을 매우 혐오하고 기피하였다. 왜냐하면 이들을 자신의 손아귀에 장악하는 것이 쉽지 않았기 때문이다. 스탈린은 자신의 권력의 기반으로서 이론이나 인문교육을 받은 사람보다는 교육 배경이 낮은 노동자 출신이나, 혁명 이후 당원으로 가입하거나, 중하위급 당-국가 관료 조직에서 일하였거나 공장 현장에서 조직 활동을 하는 인물들을 선호하였다. 이미 1930년 6월 제 16차 전당대회에서 강제적 농업집단화 정책과 급속도의 제 1차 산업화 5개년 계획의 강경노선이 쉽게 통과된 바 있다. 이 당시 결정은 바로 스탈린이 서기직으로 활동하면서 자신과 비슷한 성향의 인물들을 중앙위원회와 지역 당 대표자 직위에 과반수를 지명하는 데 성공했음을 의미한다. 즉, 이미 간부층으로 성장할 기반을 갖춘 것이었다.

1937년 2월 당 중앙위원회 정기총회에서 스탈린은 남은 모든 정적을 제거하는 최종단계에 들어섰다. 그는 당과 군대 내에서 여전히 반사회주의적인 '인민의 적'(The Enemy of People)이 존재한다고 공식 선언하였다. 그는 모든 장애를 제거할 것을 요구하였다. 사회주의 국가에서 최고 높은 범죄는 이념에 수동적이거나 생산력에 차질을 가져온 행동이라는 것이다. 이것은 '인민에게 해를 입히는 행동'을 의미한다. 즉시 당은 이를 만

장일치로 승인하였다. 당과 군 간부급 내에서 약 35만~40만 명이 체포되었다. 동시에 내무인민위원부 자체 내에서도 약 3,000명의 간부들이 '인민의 적'이라는 죄목으로 숙청당하였다.

이제 '인민의 적'을 색출한다는 명분 하에 점차 내무인민위원부, 비밀경찰, 사법기구가 공식적으로 당, 정치기구보다 더욱 높은 지위에 오르면서 무소불위의 권력을 행사하였다. 이 앞에 당내의 기존 세력은 거의 대부분 위축되고 무너져 갔다. 모스크바 중앙뿐만 아니라 각 공화국, 주, 지역, 시, 군 등 하위 등급에서도 보안기구의 비밀 요원들이 각각 파견되었다. 대숙청 수행자들은 상호 경쟁적으로 '인민의 적'을 색출하도록 할당된 수를 채우기 위하여 끈임없이 움직였다. 자의적으로 선정한 혐의자의 가족, 친지까지도 체포, 고문하여 '자아 비판'(Self-Criticism)과 '강제 고백'(Confession)을 받아 내는데 혈안이 되었다. 대숙청 수행자들의 최고의 성과와 목표는 '고백'이었다. 만일 '고백'을 받아내지 못할 경우에는 공개재판을 행할 수 없었으므로 대신 비밀히 처형하였다. 페트로브에 의하면 1937년 코카서스, 우크라이나, 흑해 지역의 지도부에 대하여 대량의 '고백'을 받아내고 유혈적인 숙청의 임무를 성공적으로 수행한 간부들이었던 오를로브, 그린스키, 밀러, 야르체프 등은 소련 최고 국가훈장을 받았다.[35]

1934~1938년 사이 거의 모든 대숙청과 공포의 공작은 사실상 스탈린의 가장 가까운 측근이었던 인물들, 즉 야고다, 발리츠키, 데브리스, 레덴스, 자코브스키, 나콜라에브-쥬리드, 나세드킨 그리고 예조프에 의해 진행되었다. '당의 이익을 위하여'라는 명분은 아무런 양심의 가책도 꺼리김도 없이 즉각적으로 구 볼셰비키 동지들, 예를 들면, 지노비예프, 카메네프, 부하린 등을 체포하여 심문 또는 고문하는 일들을 용이하게 해 주었다. 당시 잔혹한 대량 숙청의 유명한 시행자였다가 다시 숙청에 희생된 인물인 프리고브(S. I. Prigov)는 당시 자신의 행위의 정당성을 변호하면서 저항하였다.

나는 당의 새 노선이 내게 요구한 바를 충실히 수행해 왔고 그 가운데

잔학성은 불가피하였다.[36]

또 악명 높던 고문관인 로데스(R. V.. Rodes) 역시 이와 비슷한 입장으로 자신을 이렇게 변호하였다.

> 당시 나는 내가 당과 중앙위원회의 명령을 수행하고 있을 따름이라고 생각하였다.[37]

새로 승진한 내무인민위원부의 새 엘리트 간부들이 처음부터 공포의 방법을 쉽게 사용한 것은 아닐 수도 있다. 그러나 그들은 점차 내무인민위원부의 권력이 막강해지고 있다는 사실을 굳게 깨달았다. '인민의 적'을 색출한다는 대의와 '당을 위하여'라는 명분 하에 금방 적응하였다. 체포, 심문, 재판 그리고 처형으로 이어지는 대숙청 작업에 관한 자신들의 임무 속에 스스로의 정체감을 심어가면서 합리화하였다. 내무인민위원부나 비밀경찰 인물들은 몇 주 안에 심문의 심리와 기술에 통달하였다. 스탈린 시대의 시인이었다가 체포되어 희생된 N. A. 자보로츠키는 그 장면을 다음과 같이 증언하였다.

> 숙청의 심문관들은 주로 밤에 활동하였다. 날이 어두워지면서 리테이니 광장에 건물의 모든 층의 전면이 수백 개의 전등으로 불이 환하게 켜졌다. 국가 보안부의 수백 명의 상사들, 중위들, 그리고 대위들이 그들의 조수들과 함께 체포된 자들을 심문, 고문하는 일에 정신없이 바쁘게 움직였다. 그리고 각자에게 맡겨진 임무에 맹렬히 활동하였다.[38]

페트로브의 흥미 있는 지적중의 하나는 비밀경찰의 역대 수뇌였던 제르진스키, 야고다, 예조프 그리고 베리아 시대에 고용되었던 비밀경찰 고급요원들의 경력을 비교한 부분이다. 그에 의하면 대숙청시기 제거된 내무인민위원부 주요직의 고급 간부들의 77.7%가 1924년 책임자인 제르진스키 시대 이래로 일해 온 인물이었다. 이 분석에 의하면 1936년 6월 스탈린이 '트로츠키주의자-우익의 연합 음모'의 사실을 공표하면서 대량의 체포와 숙청의 지령을 내렸을 때, 최우선적 공격 목표는 바로 통합국가보안국(OGPU)와 내무인민위원부(NKVD) 조직 그 자체였다는 것이다. 이전 비밀경찰 기구의 지도부가 숙청됨으로서 그들의 범죄적 활동은 완전히 비밀과 무덤 속에 갇혀졌다. 이렇게 해서 페트로브는 스탈린의 권력 장악이 완성될 수 있었다는 것이다. 그러므로 키로프의 암살은 스탈린이 지시한 것이든, 아니면 극좌파가 스탈린을 공격하기 위한 것인지는 베일에 쌓여있다. 그러나 이것은 결코 우연적인 사건은 아니라 권력투쟁의 시작을 알리는 시작이었다. 이런 맥락에서 키로프의 암살사건은 야고다에 의해서 계획된 것일 가능성이 농후하다.

또, 페트로브는 이 교체 과정에서 더욱 더 젊은 세대의 새 요인들이 유입되는 경향을 지적하였다. 그의 분석에 의하면 예전에는 주로 40대 이상의 인물들이 주요 요직에 지명되었으나 1937년 당시에는 내무인민위원부의 압도적 다수가 30대 중반의 인물 가운데에서 채용되었다.[39] 1936~38년간의 테러는 거의 초등교육의 배경이나 하층 출신의 비문맹 간부들에 의해서 진행되었다. 그 후 다시 이들 자신 역시 1939~40년의 숙청에서 희생자가 되었다.[40] 그러나 특이하게도 대숙청이 가라앉을 무렵인 1939년에는, 당의 요직이나 내무인민위원부 간부들은 예전과는 달리 초, 중등학교 출신이 아니라 고등교육 혹은 그 이상의 교육적 배경을 가진 자들로 교체되었다.

4. 수행자들의 행동방식

대숙청의 수행자들의 출신 성분에 관한 고찰에 이어 우리는 다음의 질문을 해볼 수 있다. 그렇다면 그처럼 많은 이들이 왜 그토록 적극적으로 대 테러에 가담하였으며, 스탈린주의의 진영에 속하려고 노력하였을까?

대숙청의 진행은 사회주의적 경제의 할당목표 달성이라는 과제와 복합적으로 얽혀 있다. 그러나 우리는 사회주의적 경제 수립에서 생산량 목표달성의 실패가 대숙청의 직접적 원인인지 아니면 스탈린이 단지 이 명분을 이용하고 있는지에 대해서는 아직은 최종 결론을 내릴 수는 없다. 그러나 적어도 이 구호는 아주 좋은 명분을 제공할 수 있었던 것은 분명하다. '노동하는 인민대중'의 통제 하에서 '작업 할당량을 채우지 못하거나, 작업에서 과오를 저질러 노동과 작업에 장애를 만들거나' 한 자들을 숙청하려는 결정은 이미 1930년 제 16차 당 대회에서 채택된 바 있었다. 사회주의 국가에서 경제 생산의 의무는 모든 이의 첫번째 의무였기 때문에 숙청은 모든 이들에게 피할 수 없는 영향을 줄 수 있었다.[41]

제 1차 산업화 5개년의 초기에는 기업체와 생산 감독의 요직에서 당의 고급 간부들의 성향은 비교적 다양하였다.[42] 1928년 이전까지 산업체의 고급 요직을 차지하고 있는 당 간부들 중 많은 이들은 아직은 강경 노선을 요구하는 스탈린의 편이 아니었고 유보하거나 중간적인 입장을 취하고 있었다. 그러므로 스탈린은 당 인사에서 자신의 노선에 적극적이지 않다고 여겨지는 인물들을 극히 혐오하였다.[43] 1928년 이래 이들 신세대 공산주의자들은 증가해 가는 당과 국가, 산업체 그리고 국가보안기구의 배치되었다. 자신에게 지위상승의 기회를 주고 운명을 거머쥔 모스크바의 크레믈린에게 맹종하는 것은 두말 할 것도 없었다. 그들은 이미 1930년 제 16차 당 대회에서 새로운 산업화 노선을 위하여 어떠한 희생이라도 바친다는 열렬한 자세를 보인 바 있었다.

제 1차 5개년 초기에 당의 구세대 간부들 대다수는 아직은 고도의 산업화를 위한 사업을 지도하거나 위기를 다루는 데 있어서 실제적 경험이나 지식은 매우 부족한 사람들이었다. 그러므로 자주 이들은 실수와 오류를 범하곤 하였다. 당연히 상사들의 눈에 띠이거나 문책 받거나 심하면 해직되거나 추방되기도 하였다.[44] 처음에 이들 간부층들은 살아남기 위해서 당과 스탈린에 대한 자신들의 열렬한 충성심을 표현하면서 일에 재배치해 줄 것을 중앙위원회에 호소하였다. 그러나 그들의 하위직에 있던 아래 사람들은 쫓겨난 이들이 그 자리에 돌아오는 것에 강하게 반대하였다.[45] 이처럼 숙청은 전임자 상부 간부를 갈아치우는 하나의 방안이 되었다. 대숙청 이후 빈 자리를 메꾸고 지위 교체를 한 간부들은 더 이상 비판적이거나 혁명적인 사고를 하지 않았다. 그보다는 정치적으로 철저히 복종하고, 스스로를 일체화시켜 적응하려는 태도로 행태가 바뀌어져 갔다. 이렇게 하여 대숙청은 매우 효과적으로 전 소비에트 시민을 적어도 표면적으로 <체제에 복종하는 자들>과 <반역하는 자들>로 두개의 부류로 나누는데 기여했다.

한편, 구기술자들과 공장 경영자들을 사보타쥬와 기계 파괴의 혐의로 공격하면서 매우 적극적인 탄핵활동의 선두에 선 사람들은 누구였을까? 이들은 대부분 내무인민위원부에서 지명한 작업반 내의 노동자 요원들이었다. 특히 대부분의 돌격노동자들(Udarniki, '우다르니키'로 불림)은 더 높은 급료를 받으면서 제보와 탄핵활동에 몰두하였다. 1934년 공산주의를 신봉하면서 미국에서 온 모스크바 기계공장의 기술자였던 A. 스미스는 공장 내부에서의 스탈린주의 간부와 밀고자-돌격노동자들 사이의 은밀한 관계에 관해 증언하였다.

> 당 회합에서 나는 당의 임금 정책을 비판하고 개선을 요구한 바 있었다. 돌아오는 길에 동지 K가 내게 접근해오면서 은밀하게 속삭였다. "당신은 왜 우리들이 가면을 쓰고 다른 색깔 하에서 우리가 일하고 있는 지를 이해해야 한다… 우리는 온통 주위에 스파이와 제보자-노동자들에게 둘러싸여 있다." 가끔 공과 대학생-노동자들이 매우 반-집행부의 어조를 띠고 어떤 특정한 악에 대해 목청 높여 비난하는 발언을 하더라도 당신은 절대로 속으면 안 된다. 바로 그런 자들이 비밀 경찰을 위해서 일하는 사람들이다. 당신은 이미 그들에게 노출되어 있다. 곧

> 당신의 작업 분과에서 호출 명령이 올 것이고 숙청이 일어날 것이다.[46]

1934년 스미스는 당 숙청 회합에 참석하는 기회를 가졌다. 돌아온 후 그는 다음과 같이 증언하였다.

> 우크라이나에서의 대량 죽음과 심각한 사태와 키로프 암살에 관한 소문들이 나돌기 시작하였다. 당원들이나 노동자-제보자들 모두는 이에 관해 언급하는 것을 두려워하였다. 조직국의 선전간부들, 당 책임자들, 일반 당원들 모두가 겁에 질린 표정으로 허둥대었다. 그들은 오직 중앙 본부에서 내려오는 어떤 정보도 없는 상태에서 무엇을 해야 할지 몰랐고 극단적인 공포심 마저 보였다. 쥬로프 동무가 미친 사람처럼 소리를 질렀다. '우리 충성스런 동무들은 노동자들의 생각을 파악하기 위해서 접촉해야 하며 그것을 당 본부에 보고해야 할 것입니다!! 우리는 모든 곳에서 귀와 눈을 가져야 합니다!! 당신들은 열흘 안에 의심스러운 자들의 이름의 목록을 기록하여야 합니다!![47]

키로프의 암살 직후부터 모든 영역에서 인간 사냥이 시작되었다. 비밀경찰이 심어놓은 요원들은 정치부문 뿐만 아니라 산업, 집단농장, 학교 등에서 일상적으로 정보 탐색작업을 위해 들락날락했다. 그들은 '실제' 사실에 관해서는 조금도 관심이 없었다. 오직 그들이 하는 것은 체포할 대상자들의 명단을 만드는 것이었다. 그들은 이 체포 대상자를 고발할 것을 자원하는 제보자와 비밀 조직망으로부터 명단을 얻어 내었다. 비밀경찰기구의 책임자들이 지역별로 할당된 수를 채우기 위해서 필요한 것은 사건의 세부적 내용이 아니라 오직 체포 대상자들의 이름 목록을 작성하는 일이었다. 심문 동안에 그들은 항상 숙청 대상자들에게 불리한 '증거'들을 수집하였다. 이것은 그냥 일상적인 업무였다. 숙청이나 테러의 원칙이나 목적은 일반 경찰의 보안과는 아무런 공통점이 없었다. 이리하여 테

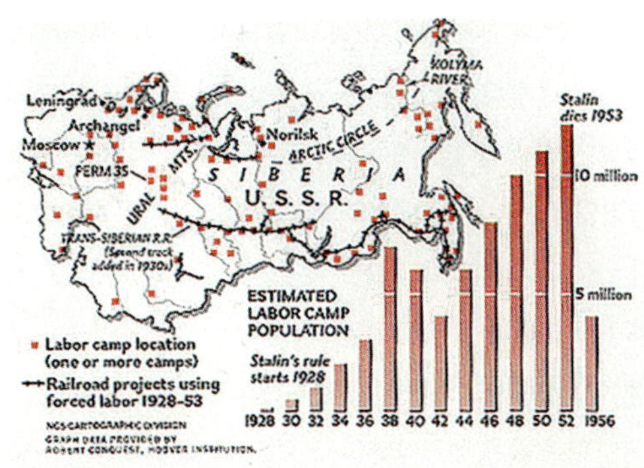

7-2. 스탈린 시대 강제노동수용소 지도, 출처 R. Conquest, The Great Terror

러의 유일한 목적은 굴복에 지나지 않았다. 남아 있는 나머지 사람들은 자연스럽게 스탈린에게 필요한 모델시민처럼 행동하여야 했다.

학계나 지식의 분야의 교육받은 젊은 사람들도 기꺼이 당국과 비밀경찰을 위하여 정보와 체포 대상자 명단을 수집하는데 몰두했다. 그들은 '혁명의 미덕을 위하여', 또 체제의 수호와 통합에 노력을 쏟고 있는 '지도자들을 위하여' 이 일을 한다고 자부하였다. 콤소몰 당원이나 감시대가 배치되어 있는 학교나 연구소에서 교사들은 나이 어린 학생들로부터 필요한 정보를 얻는다는 것은 매우 쉬운 일이었다. 대학생들은 다른 교수들에 대하여 쉽게 정보를 캘 수 있었다. 비밀경찰 조직이나 요원들은 온 세상에 널리 퍼져 있었다. 특히 대학이 비밀조직에서 자신들의 출세가 시작된 간부들이 비일비재하였다. 강단이나 수업에서 지식인들의 비판적 사고나 논조는 이들 숙청의 수행자들에게 무궁무진한 정보의 원천을 제공해 줄 수 있었다. 이 정보를 수집하여 보고하면 그들은 쉽게 진급하고 출세할 수 있었다. 테러의 희생자였던 시인 O. 만델쉬탐의 부인인 나데즈다 만델쉬탐은 이들 간부의 전형적인 모습을 다음과 같이 그녀의 수기에서 증언하였다.

> 사범대학의 문학부 교수이자 임원 찌유피아코프는 자신의 봉사를 대가로 많은 훈장을 받았다. '영원한 공식적 제보자' 로서의 경력으로 출발한 전형적인 콤소몰 청년이었다. 그는 '고등교육 재건'이라는 사업에 헌신하였다. 그는 대학의 교수직을 갖고 있었지만 강의의 의무에서는 벗어나 있었다. 그리하여 그는 '이념상의 정화', 즉 그가 정기적으로 비밀경찰에 보고해야 할 조그마한 사상적 일탈행위라도 감시하는 일에 집중할 수 있었다… 비밀경찰 조직과의 연관은 종종 훨씬 더 위험한 일반 제보자들을 통해서 유지되곤 하였다. 왜냐하면 일반 제보자들은 나머지 사람들과 쉽게 어울릴 수 있었기 때문에 동료들과 잘 구분되지 않았다… 밤이면 그들은 누구라도 불러내어서 그들을 위하여 정보를 주거나 협조하도록 협박을 가하였다. 이러한 일들은 전국에 걸쳐서 광범위하게 진행되었다. 불려나온 모든 가족은 자신이 살아 남기위하여 '도발자', '인민의 적', '반역자'들로 의심되는 사람을 주변에서 찾아내어 명단을 넘겨주었다. 요원들은 결코 미리 전화를 하고 방문하는 일이 없다… 아니면 상당 수 그들은 조수로 일하는 자들이기도 하였다. 그러면서 상위직의 인물에 대해 자세한 관찰과 단서를 찾아낸다. 조만간 호출되면 그들은 이에 관해 보고를 한다.[48]

<우리 아니면 적>이라는 이분법 구도의 중간에 놓여 있다가 희생된 이들의 운명은 어떻게 변화하게 되었을까? 1934년 중부지역 카잔시의 충실한 당 제 2서기의 아내였고 문학부 교수였으나, 결국 대숙청의 희생자가 된 N. 긴즈버그는 1934년 당시 자신의 예기치 못한 체포에 대해 다음과 같이 술회하였다.

> 1937년의 무시무시한 대숙청은 엄밀히 말하자면 1934년 12월에 이미 시작되었던 것이다. 대다수의 충직한 당원들처럼 나 자신도 그 때에 당 노선에 추호의 의심도 없었다. 그러나 당시의 유행이었던 스탈린의 우

상만은 따를 수는 없었다. 그러나 나는 이것은 내면에 비밀로 감추고 있었다… 키로프의 암살자가 공산주의자라는 소문이 들려 왔을 때, 불길한 징조를 느꼈다… 카잔사범대학 역사학 교수였던 엘로이가 나를 찾아 왔다. 그는 강하고 우수한 연설자요 해박한 지식을 가지 학자로서 우리들을 매료시키곤 하였다. 그러나 그가 쓴 <전소 역사>가 중앙으로부터 아무런 답변이 없으며, 1905년 사건과 영구혁명론에 대한 서술에 대해 스탈린이 비판했다고 말했다. 그는 불안과 공포로 떨고 있었다… 그러나 나는 내 자신이 연루되리라고는 상상조차 하지 않았다.[49]

결국, 엘로이 교수와 절친하다는 이유로 체포된 긴즈버그는 트로츠키주의자들과 내통했다는 강제고백에 서명하도록 갖은 폭행과 고문을 당했다. 그녀는 당시의 숙청의 고문관에 대해 다음과 같이 술회하였다.

나는 "내가 죄를 지었다"라고 자인하거나 숨 멎을 듯한 자기 비판서를 써야 하는 집단으로는 아직 분류되지 않은 채, 모호한 상태에 잡혀 져 있었다. 호출된 모든 이는 반드시 '고백', '후회', '반성' '자아비판'을 매일매일 해야 했다. 1923년 과거 좌파인 트로츠키 계획을 거부하지 않았던 사실을 후회해야 했다. 내무인민위원부의 권력은 갈수록 커져갔다. 나를 탄핵한 간부인 코간은 거의 광적이었다. (그러나 그는 2년 뒤 자살하였다) 여러 번의 나의 저항과 호소 끝에 나의 죄목이 '경계소홀'로 바뀌었다. 한때는 당의 통제위원회 내에서 약간의 진지함이나 신중함을 갖춘 간부들도 있었다. 그러나 그런 자는 어느 틈엔가 사라졌다. 다시 나는 엘로이의 반대파에 의해 '인민의 적과의 협조'라는 최악의 죄목으로 다시 탄핵받고 체포되고 말았다… 남편은 신중한 사람이고 주당위원회의 서기였는데, 그는 나를 믿고 있지만 살기위해서는 나의 오류를 인정하는 것이 낫다고 충고해 주었다. 그는 불안 속에서 떨고 있었다. 내가 당이 행하고 있는 재앙을 비난하면 그는 심하게 부정하고

침통한 표정으로 입을 다물었다.[50]

체포되어 심문실에서 이루 말할 수 없는 갖은 고문을 받던 긴즈버그는 이성과 미래에 대한 불길한 공포감 사이에서 자신이 취해야 할 행동에 대해 갈등하였다. 그러나 그녀는 끝가지 고백에 응하지 않고 결국에는 25년 극동 시베리아 유형을 받았다. 그녀는 다음과 같이 말하였다.

> 1937년 대숙청의 기관원들은 누구일까? 대부분은 잔인한 새디스트들이었다. 소수는 자살할 용기를 가진 자이다. 그들은 항상 스스로의 얼굴을 무표정하게 관리하였다. 그들은 단계 단계마다 변해갔다. 처음에는 질문서를 주다가, 서명을 요구하고, 증오심에 찬 얼굴로 잔인성을 보인다. 그다음에 모욕을 가하였다. 그들은 회유와 위협의 방법으로 과거의 사건을 들추어내면서 동조자의 이름을 쓸 것, 당 노선에 비협조한 자들의 이름을 쓸 것을 협박하였다. 나는 죽음의 가능성에 대한 공포와 폭행과 모욕 속에서 가족의 얼굴을 떠올렸다… 그러나 마음으로 나는 나의 무죄를 붙들고 있었다. 그 때문에 더더욱 다른 동료의 이름을 대는 행동은 결코 할 수 없었다.[51]

내무인민위원부의 대숙청의 지령은 하급 기관에 내려가면 아주 다른 결과를 가져오곤 하였다. 대숙청에 대한 무수한 증거는 특히 제 2차 대전 이후 서구에 전달된 스몰렌스크 문서고의 사료들에서 나타난다.[52] 지역당에서는 동료 당원을 고발, 탄핵하여 추방하는 경우가 비일비재하였다. 벨루이 구역에서는 239명 중 37명이 추방되었고 스몰렌스크 주에서는 약 12.5%에 해당되는 숫자인 2,168명이 추방되었다. 계층별로 아래서부터의 중층 간부들에 대한 탄핵 고발장이 봇물처럼 터져 나와 중앙에서 오히려 당황할 정도가 되기도 하였다.

숙청은 설상가상으로 1936년 흉작과 산업생산성 하락으로 말미암아

지방의 엘리트 간부들을 더욱 불안하게 만들었다. 중앙에서의 공개 재판만큼이나 지방에서의 경제적 실패는 숙청의 수행자들을 긴장시켰다. 이들은 경제적 생산성 하락에 대한 속죄양으로 기계 파괴자(wreckers)를 찾아 나서야 했다. 그리하여 주변 동료 당원을 '트로츠키주의자', '우익주의자', '멘셰비키파', 혹은 '비적-약탈의 무리' '기계 파괴자'의 죄목을 씌워 고발하였다. 중앙에서 내려 온 체포자 할당수를 채우기 위하여 고발된 자들 가운데에서 스몰렌스크 주에서는 7,000명이 체포되고 그 중 1,000명이 처형선고를 받았다. 이런 경우는 1936년 전소련에 27만 명이 있었고 그들 중 약 6만 명이 처형되었다.[53]

점차 확산되는 고급 지도부 사이에서의 체포 물결은 아래로 갈수록 광적인 분위기를 만들어내었다. 흔히 숙청의 수행자 자신들도 희생자로 변하였다. 페트로프에 의하면 대숙청이 절정에 다다르던 1936~38년 10월 사이 약 2만 명의 비밀경찰기구(GUGB)의 간부들 가운데에서 희생된 자는 약 2,273명에 이르며 그들 중 반혁명의 협의를 받은 자들이 1,862명이 된다.[54] 한편, 상급간부들의 대숙청을 목격한 각 부서의 책임자나 장, 대표, 부소장, 부서기장들은 급격한 상승을 예감하고 더욱 열성적으로 전임자들의 권위를 파괴하는 데에 동참하였다. 이들에게는 단결이나, 유대감 혹은 공동전선이란 있을 수 없었다. 이런 분위기 덕택으로 예조프와 숙청 수행자들은 남아 있는 과거 세력의 권위와 연대를 더욱 쉽게 부술 수 있었다.

쫓겨난 당원들은 거의 대부분 당에 재 입당을 호소하였다. 다가 올 재앙에 대한 두려움 속에서 스스로 자발적으로 열렬하게 '자아 고백'과 '자아 비판'을 행하였다. 심지어 스탈린에게 직접 호소문을 쓰는 경우가 비일비재하였다. 이 편지 속에서 때로는 생산에 장애가 되거나 당 노선에 일치하지 않는 발언을 한 적이 있는 동료를 지목하여 비난, 고발하기도 하였다.[55] 이런 행태들은 대숙청의 목적이나 스탈린의 사상과 행동통제를 더욱 용이하게 하였다. 1937년 이후에 사람들은 서로서로 만나는 것을 멈추었다.

숙청의 비밀경찰 조직은 이 덕택으로 자신들의 궁극적인 목표를 더욱 쉽게 달성할 수 있었다. 왜냐하면 사람들은 서로 원자화되어 서로서로 무엇을 생각하는지, 행하고 있는지 전연 알지 못하고 괴리되어 있었다. 조직은 넘쳐나는 정보 속에서 더욱 쉽게 사람들을 고립시켜 놓고, 호출하고, 체포하고, 위협하고, 심문하고 비밀 내용에 서명하게 했던 것이다.

5. 대숙청의 멘탈리티

비밀경찰 기구 내의 대숙청을 수행하는 데에 직접적 역할을 한 탄핵자들이나 요원들은 심층적으로 어떤 내적 심리구조를 가지고 있었을까? '인민의 적'을 색출하는 데에 어떤 마음가짐으로 대응했으며, 국가에 대하여 자신의 정체성을 어떻게 규정짓고 있었을까? 자신들의 신념을 어떻게 합리화했으며, 일상생활에서는 스스로를 어떻게 표현했을까? 이에 답하기 위해서는 그들의 주관적이고도 비밀스러운 내면적 심리에 접근해야 한다. 즉, 극히 개인적인 서류나, 일차적인 사적인 일기장, 비밀 메모장, 아주 가까운 이들에게 보내는 편지글을 분석함으로서만 스탈린 시대의 추종적인 엘리트 간부의 내면 심리구조를 파악할 수 있다. 주관적 생각을 표현하는 것이 금지된 스탈린 대숙청 시대의 사람들의 내면적인 심리구조를 파악한다는 것은 실로 대단히 어려운 작업이 아닐 수 없다. 다행히 1980년대 이후에 소비에트의 문서실에서 극히 제한적이나마 개개인의 비밀의 일기장 자료들이 부분적으로 발굴됨으로서의 이 심층구조를 부분적이나마 드러다 볼 수 있게 되었다.[56]

페레스트로이카 이후 특히 탄핵자들과 고발자들의 일기장, 편지들이 발굴되기 시작했다. L. 지겔바움은 이를 토대로 스탈린 시대의 일반 시민들의 자아 정체성과 체제와 자신들과의 관계에 대한 자세를 추적하려고 시도하였다.[57] 이 호소문을 분석해 보면 당시 소비에트 하층 인민에서 고

7-3. 스탈린 시대 대숙청에서 살아남은 자들, 신 간부 엘리트 삶의 모습

급 간부에 이르기까지 대부분의 사람들은 표면적으로는 스탈린의 노선에 대한 열광적인 반응을 표현하고 있음을 알 수 있다. 그러나 행간을 읽으면서 우리는 두 가지 사실을 발견하게 된다. 즉 간부 엘리트들이 쓴 편지에서는 드러낸 바와 내면 느낌이 일치하지 않는 측면이 존재한다는 것이다. 한편으로는 이들 스스로도 새로운 현상과 사고 방식에 당황하면서도, 또 다른 한편으로는 이에 일치하기 위하여 필사적이었다는 점이 나타나기 때문이다.

이것을 우리는 어떻게 해석할 수 있을까가? 바로 여기서 우리는 대숙청의 수행자들의 멘탈리티를 위협의 결과라거나 혹은 이데올로기 신념에 의한 열광이라는 이분법적 구도만으로 설명할 수 없음을 발견하게 된다. 그 한 실례를 보자. 비밀경찰 기구의 수뇌 중의 한 사람으로서 근무하여 출세를 하고 많은 혜택을 누리던 타시켄트의 한 장교가 있었다. 그는 스탈린 사후 해빙기에 과거 희생자들이 복권되어 강제수용소에 돌아오게 되자, 그는 자신의 과거 행동에 대하여 고민을 하다가 결국 자살하였다. 그는 다음과 같은 글을 남겼다.

철저하게 헌신적이던 콤소몰 당원으로서 나는 비밀경찰 조직에 배치되었다. 나는 열심히 일하였고 그 덕택으로 많은 훈장을 받았고 승진을 거듭하였다. 활동할 당시에 나는 주변에 나의 동료 요원과 체포된 '도발자' 이외에 어떤 누구도 본 적이 없었다… 내가 생각할 시간을 가지게 된 것은 은퇴하고 난 후였다. 비로소 나는 내가 '인민'을 위해서가 아니라 일종의 '보나파르트주의'를 위해서 일한 것이 아닐까라는 진지한 생각이 떠올랐다.[58]

동시에 그는 이같은 사태가 당연한 듯이 진행된 당시 상황에 대하여 다른 사람들을 비난하였다:

특히 가짜 고백서에 서명한 이들, 모스크바에서 지령을 보낸 사람들, 체포할 할당수를 보낸 사람들, 탄핵과 제보를 준 사람들이 원망스럽다.[59]

이러한 자기 정체성의 혼란은 근본적으로 당의 무류주의라는 이념이 낳은 함정에서 비롯된다. 대숙청을 수행한 엘리트들이나 간부 심지어 일반 당원들에게는 '당 그자체'가 국가였다. 당은 정치기구를 독점하고, 권력을 행사하고, 모든 경제와 사회정책의 방향을 결정짓고, 인민을 지도하고 동원하며, 유일한 이념을 옹호하는 최선 최상의 존재였다. 여러 가지 측면에서 그것은 그들의 세계관이기도 하고 모든 것이었으며 보호막이기도 하였다. 따라서 이 무류주의는 자신들에게 비판적인 세력에 대해서는 무조건 배타적이고도 적대적인 속성을 갖고 있는 것이다.[60] 이것은 협박에 의해서도 아니고 신념이나 이념에 열광에 의한 것과도 다르다. 일종의 새로운 사회심리같은 것이었다.

내무인민위원부가 사람들을 제보자로서 협력하도록 설득할 때에는 그에게 온갖 협박을 가하였다. 예를 들면 협조하지 않으면, 자신이 체포될 것이며, 직장에서의 어려움을 겪거나, '경찰 스파이'로서 소문이 퍼트려지게 되든가, 그의 가족에게 재앙이 불어 닥치게 되리라는 것이었다. 그러나 그들이 사용한 가장 특별한 구조는 새로운 세계관으로서 '새 교리'와 '새 가치'였다. 이것은 모두가 저항하기가 힘든 심적구조가 되었다. 그 노선은 전적으로 '새로운 도덕'이었다. 스탈린 시대에는 일상사에서 '양심'이라는 말은 존재하지 않는다. 신문이나 서적, 혹은 대회에서도 '양심'이라는 말 대신 '계급의 이익', '국가의 안전'이라는 말이 가장 높은 가치를 가진다. 비밀경찰 요원들은 그야말로 완전히 '새로운 사람'이 되어 갔다. 새로운 '슈퍼 맨'처럼 모든 일상적인 가치를 자의적으로 수정하였다. 여기에 덧붙여 그들은 직업을 잃게 될까 두려워하는 사람들이나 출세를 하고 싶어 하는 사람들을 소환하였다. 이들 숙청의 수행자들과 협조자들은 그 상황이나 배경, 혹은 심리적 결함과 타협하였다. 이들은 대부분 남을 쉽게 의심하거나 아니면 무엇에 대해서든지 악의를 품고 있어야 했다. 비밀경찰은 정보를 얻는 데에 성공했을 뿐만 아니라 동시에 체제를 지지하는 사람들을 끌어모으는 데도 성공하였다. 이리하여 스탈린의 숙청 수행자들은 역사적 필연성의 명분 하에 인간적인 원칙이나 양심은 쉽게 제쳐둘 수 있었다.

나데즈다 만델쉬탐은 혁명 이후 전통적인 가치가 밀려나고 새로운 심리구조가 일반인들에게 만연하고 있는 데 대해서 이렇게 지적하였다.[61]

> 혁명 당시 처음에는 사실 우리(구지식인들)는 '새로운 유토피아'의 존재를 별로 믿지 않았다. 그러나 사회정의와 노동자계급에 대한 신념은 강하였다. 또한 헤르쩬과 혁명은 구제나 갱생의 방법이 될 수 있으리라고 생각했다. 그러나 점차 헤르쩬의 이름으로 우리 사회에 무슨 일이 일어날 때마다 우리들은 심한 심적 고통과 갈등을 느꼈다. 새로운 정신이나 동원은 전통적인 가치관과 도덕성을 가진 사람들에게 극심한 충격을 주었다. 과거의 전통이나 도덕은 새로운 도덕에 의해 힘을 쓸 수 없었고 밀려 났다.[62]

스탈린 시대의 고급간부들이나 엘리트가 과연 스탈린을 공개적으로 비판할 수 있는 심리구조를 가질 수 있었을까? 이에 대해 부정적인 답을 주는 흥미 있는 증언을 들어 보자. 1930년대 초 당의 충직한 지지자이면서 지식인이었던 N. 긴즈버그는 숙청의 대상으로 체포되었다. 그녀는 체포의 원인을 모른 채, 1937년에 체포된 후 2년 간 끔찍한 독방 감옥에 갇혀 있었다. 그러던 중, 얼굴도 이름도 모르는 옆방의 감방 죄수로부터 무엇인가를 알게 되었다. 날마다 어두움 속에서 손가락으로 벽을 두드리는 신호를 통해 그것이 모르스 부호를 뜻하는 것임을 알게 되었다. 그녀는 이 암호 문자를 해독하면서 비로소 자신이 왜 체포되고 숙청되었는가에 관한 이유를 알게 되었다. 여기서 우리는 당시 스탈린 시대의 엘리트들의 심리 구조의 일면을 엿볼 수 있다.

> 어둡고 침침한 고독한 감옥 벽에서 나는 모르스 부호를 이용한 제보를 차츰 이해하게 되었다. 이에 의하면 이 모든 사태의 원인은 '코바'(스탈린의 애칭)에서 비롯되었다는 것이었다. 그것은 나에게는 날벼락과 같은 소식이었다. 그가 1934년 이후의 대숙청을 비밀리 지시하였으며 이 모든 재앙은 그가 권력의 정상에 오르기 위한 음모라는 것이었다. 스탈린에게 비판적인 입장을 취한 독립심 있는 간부들, 당원들, 학자들을 절멸 시킨다는 계획이라는 것이었다. 그런데 그는 더욱 충격적인 충고를 하였다. 즉 '스탈린에게 정면 도전하라'는 것이었다. '전 당원의 이름을 다 들먹이라는 것', '전당대회를 소집하라는 것', '스탈린을 탄핵하고 거부하라는 것'이었다.… 그러나 나는 당에 대한 지금까지의 충성심과 당 노선에 일치하리라는 나의 신념과 자세를 한꺼번에 바꿀 수가 없었다. 또 그의 충고를 믿을 수도 없었다. 우리는 그만큼 세뇌되어 있었고, 농업집단화와 산업화 노선에 전적으로 충성을 바쳐왔던 것이다. 우리는 이러지도 저러지도 못하는 함정에 빠진 것이었다.… 스탈린에 반대하는 것은 곧 당에 반대하는 것으로 세뇌되어 있었다. 나

는 도저히 당의 노선에 반대할 수 없었다.[63]

여기에서 우리는 희생자였던 긴즈버그의 심리 상태에서조차 당과 국가에 대한 헌신으로 자신의 정체감을 찾으려고 하는 사실을 확인할 수 있다. 이에 대하여 최근 사가인 J. 헬베크는 매우 놀라운 새 해석을 제공하고 있다. 대숙청 사건에서 소비에트의 사회를 지배하는 독재적 당 엘리트들과 숙청의 희생자들이라는 이분법으로 나누기를 거부하였다. 대신 그는 제 3의 요소의 존재를 제안하고 있다. 그는 최근에 1931~39년 사이 내무인민위원부의 요원이었던 스테판 포드루브늬의 일기장의 내용을 발굴하여 분석한 바 있었다. 이 일기장은 스탈린시대 대숙청을 수행하던 밑바닥의 인물의 글이었다. 이것은 심층적이고도 은밀한 심리구조를 그대로 보여주는 것으로서 새로운 접근법이나 시각을 제공하는 데에 매우 유익하다.[64] 이 일기장을 분석해 보면 한 개인이 자신의 내면을 어떻게 바라보며, 자신을 공적인 영역, 즉 당-국가 체제와 일치시키기 위해서 얼마나 치열하게 노력하고 있는지 생생하게 알 수 있다. 그는 과거 출신 상 부농(Kulak)의 아들이었다. 그러나 자신의 신분을 감추고 당원이 되는 데에 성공하였다. 그는 자신의 부정적인 정체를 극복하기 위해서 콤소몰 본부에서 헌신적으로 일하였다. 그러나 그는 언제나 자신의 활동이나 업무수행이 자연스러운 의식에 의한 것이라기보다는 단지 보이기 위한 연기나 행위로 보이지 않을까라는 생각으로 내면적으로 심한 두려움과 불안 그리고 정신적 고통을 느끼고 있었다. 그는 일기장에서 다음과 같이 비밀스러운 고백을 하고 있었다.

> 나에게는 매일 매일의 괴로운 비밀이 있다. 그들이 나로 하여금 당당하거나 독립적인 성격을 가진 인간으로 만들지 못하고 있다는 사실이다. 나는 어떤 자유로운 생각으로 날카롭게 나아갈 수가 없다. 무의식적으로 나는 입에 발린 아부꾼이나 교활한 개와 같이 즉 온순하고, 겁

에 질려 있으며, 언제나 엎드리는 성격을 취한다.[65]

1934~36년 숙청이 진행되는 동안 그는 자신의 미래 운명을 매우 불안하게 느꼈다. 그 자신이 비밀 요원으로서 학교나 작업장의 동료들 사이에 존재하는 '반혁명적인' 사람들을 내무인민위원부에 정기적으로 제보하는 임무를 수행하면서도, 그는 끈임 없이 자신의 성분이나 출신의 비밀이 탄로 날까봐 고통을 느꼈다.

왜 나는 생산 작업 수행에서의 성공에서 행복을 느끼지 못하는 것일까? 정말로 나는 다른 사람들과 다른 것일까? '국가 이익'을 위한 줄기찬 나의 노력이 나로 하여금 작업장에서의 음모에 빠지는 데에서 구해주고 나에게 좋은 지위를 확보해 줄 수 있을까? [66]

우리는 여기서 그는 국가가 자기를 구해주기를 간절히 바라고 있음을 알 수 있다. 그 자신 역시 국가에 소속되기를 간절히 바라고 있었던 것이다. 그는 늙고, 가난하며, 술주정뱅이였던 아버지를 멸시하였다. 대신 그는 도시적이며 개발되고 세련된, '신소비에트 인간'의 특성을 모방하며 살고 싶어 했다. 현실에서 그가 누리는 물질적인 수준에 자부심을 가졌다. 그는 확실히 스탈린체제의 수혜자였다. 새로이 획득한 그의 지위는 그로 하여금 내면의 고통에도 불구하고 국가에 대한 충성심을 지속하도록 만들었다. 그러나 마침내 그의 어머니가 '트로츠키주의자', '인민의 적'으로 지목되어 체포되는 사건이 일어났다. 그는 일기장에서 사회주의 체제가 인민을 보호한다는 약속을 지키지 않은 것에 대하여 통렬하게 비난하였다. 그러나 아직도 그는 소비에트체제 전체를 고발할 수는 없었다. 그러나 결국 포드부르느늬는 비밀경찰 기구 내에서 자신의 과거 출신에 대한 비밀이 탄로나게 되었다. 그는 국가가 당내에서의 자신의 헌신적이고도 충성스러운 활동을 감안하여 사면해줄 것을 호소하였다. 그러나 스탈린 체제는 이에 대하여 확실한 사면을 제공해 주지 않은 채, 그에게서 콤소몰 회원자격을 박탈한 이후에도 계속 개인의 지위를 불안한 상태에 그대로 두었다. 스탈린 체제는 어떤 개인에게도 완전한 자유나 독립을 보장해 주지 않았다. 또 그를 사면해 주지도 않았다. 그러면서도 체제는 계속해서 복종을 요구하고 임무를 수행하도록 명령하는 정책을 취하였다. 그는 심한 혼란과 자기모순에 빠지게 되었다. 마침내 그는 모든 것을 포기하고 자진하여 강제수용소의 길을 택하였다. 역설적으로 포드부르느늬는 다음처럼 소리쳤다.

> 수용소에서 나는 오히려 자유와 시원한 해방감을 느꼈다.[67]

포드부르느늬의 심리구조를 분석해 볼 때, 우리는 스탈린 시대의 간부들이 실제적으로 체제에 포함되고 규범을 추종하기 위해 열렬하게 노력하였지만, 그것이 매우 외면적인 규범이었다고 결론지을 수 있다.

대숙청으로 인한 체포에 임박하여 나타나는 또 다른 심리구조의 특징이 있다. 자기방어를 위한 방책으로 철저한 체념이나 냉소적인 태도가 나타나기도 하였다. 이에 대해 N. 만델쉬탐은 다음과 같이 지적하였다.

> 경험 있는 자들은, 체포되었을 때, 약간의 최소한의 기본적 과오를 인정하라고 충고한다. 그렇지 않으면 온갖 '회유' 작전이 적용되어 죄수들은 고문 끝에 마침내 가장 환멸적인 상태로 자신을 죄의 속으로 빠뜨리게 된다는 것이다.… 우리들 중 누구도 탄원서나 호소문을 보내서는 안 되었다.… '가장 위의 상부'에서 그들이 우리에 대하여 어떻게 생각하거나 계획을 갖고 있는지를 알기 전에 우리들의 입장이나 견해를 결코 밝히면 안 된다는 것이다.… 모든 사람들은 자신들이 철저하게 무방비 상태라는 것을 너무도 잘 의식하고 있었기 때문에 그런 일을 결코 시도하지 않았다. 고통 때문에 만일 우리들이 자비나 은혜를 부탁할 수 있다 할지라도 우리는 이것을 지나치게 강하게 요구해서는 안 된다는 것이다.…

또 체포에 당면했을 때, 모든 사람들은 자신의 울안 속으로 후퇴해야 하고, 다른 희생자를 향해서 '반역이 모든 곳에 퍼져 있구나!' 하고 소리치면서 냉소로서 반응하는 처세술을 발휘해야 한다는 것이다.[68]

이것은 거의 체념의 구조이다. 이러한 체념의 심리구조는 다음의 증언에서도 나타난다.

대숙청이 전개될 당시, 당 청사에서 니나 긴즈버그는 인간사냥에 희생된 한 사람을 만나게 되었는데 그는 의사였다. 그도 역시 <경계 부주의>의 죄목으로 소환되었다. 그는 말하기를 '나는 모스크바와 카잔을 떠나 멀리 극동 시베리아로 가서 숨어 살겠다. 이 시기가 풀릴 때까지 나타나지 않을 것이다.' 그러나 나는 '그럴 수 없다. 나는 끝까지 저항할 것이다. 나는 무죄이다.'라고 답했다. 어쩌면 나는 가장 바보 같은 방법을 택하였던 것이다. 체포된 많은 사람들이 타인을 탄핵하도록 강요받았다. 그들은 무너지기 시작했다. 주위에서는 영리할수록 어리석은 짓을 하는 사람들이 늘어갔다.[69]

그런데 왜 대다수의 소비에트인들은 '스탈린'에 대해 그토록 몰랐을까? 스탈린 시대의 대숙청에 관하여 대다수 일반 시민은 스탈린이 이 일을 주동했으리라고 여기지 않았다는 점은 매우 흥미롭다. 체포된 많은 수의 지식인들이나 간부들조차도 '스탈린은 아래에서 일어나고 있는 일을 잘 모르고 있다'고 생각했다. '예조프나 비밀경찰의 간부들이 일들을 저지르고 있다'고 생각했다. 아니면 '파시스트들이 당에 침투하여 이간질이나 음모를 꾸미고 있다'고 애써 위로하였다. 그것은 스탈린이 철저하게 스스로를 '온건한 중재자'나 '당원과 인민을 보호하려는 지배자'이며 '무자비한 숙청에 대해 경고하는 것'처럼 교묘하게 행동한 덕택이었다.[70] 또 당 간부들의 대다수가 마음속에는 중앙집권적인 상부 지배자들에 대해서 절대적인 믿음을 가져야 했던 정치문화의 탓이기도 하였다. 또 1928년 스탈린의 <농민에 대한 전쟁>을 치루고 난 이후, 당 간부들 스스로 이제 사회주의의 성취를 부정할 수 없는 궁지에 몰린 탓이기도 하였다. 말하자면 필연론이라는 이념의 덫에 빠져버린 것이다.

사실 1932년 당시 국내에서는 당원 중 트로츠키를 제외하고서는 아무도 공개적으로 스탈린에게 저항하지 않았다. 오히려 상당수의 당 간부들은 '당을 버렸다'는 탄핵에서 벗어나려고 필사적으로 노력하였다. 이런 심리 탓으로 그들은 '인민의 적'을 색출하는 임무에 대하여 극렬한 열정을 보였다. 대부분의 탄핵이나 고발 편지 속에는 자신이 탄핵받거나 체포될지 모른다는 가능성 때문에 자기방어를 위한 일차적인 동기가 숨어 있었다. 한 간부가 보낸 다음의 탄핵서를 보면, 자신에게는 정의를 향한 열기가 대단하며 '인민의 적'을 당과 사회에 고발할 수밖에 없다는 어조로 가득 차 있다.

> 미하일로브스키 지구의 검사인 오스트로콘은 범죄자입니다. 그는 적군가족을 파괴시키고, 콜호즈 농산물을 횡령하고, 콜호즈 재정을 파괴시키며, 민원신청자에게 거칠고 무례합니다. 공무시간에 사적인 일로 돌아다닙니다. 그들을 조사하여 주십시오. [71]

에스토니아 공화국의 경찰청의 부청장이 자신의 충성심을 과시하기 위해서 에스토니아 내무인민위원부의 부인민위원에게 보낸 탄핵서를 보자.

> 에스토니아인으로서 동료인 칼코가 러시아에 대하여 좋지 않은 감정을 가지고 있음을 상부에 알립니다.[72]

이처럼 속으로는 자신의 숨은 이익을 감추고 있으면서도 매우 사심 없는 고발의 모양새를 취하는 탄핵서가 만연하였다. 종종 숙청의 수행자들은 이

같은 편지에 오히려 당황할 정도였다. 고발장이나 탄핵서나 밀고 혹은 제보에는 '좋은 지배자 짜르와 사악한 신하들'이라는 구도가 들어 있다. '스탈린과 예죠프, 혹은 베리아는 인민을 보호해 달라'라고 하는 도식을 사용하고 있다.

'우리들 중의 하나'와 '우리들 중의 아닌 하나' 사이의 구분의 습성은 혁명 직후의 내전 시대의 '누가 누구를?'(Kto kogo?)의 심리로 거슬러간다고 주장할 수도 있다. 그러나 1930년대에서는 이와 달리 '우리들 중의 하나'는 언제라도 정반대편의 입장으로 전락할 수 있다는 점이다. 그리하여 일반적으로 모든 사람들은 항시 비밀기구의 요원처럼 행동하도록 만들어졌다. 아무도 타인을 믿을 수 없었고 잘 알고 있는 누구라도 의심스러운 제보자로 변할 수 있었다. 불신과 두려움의 분위기에서 '인민의 적'에게 자신이 노출되어 있을지도 모르는 일이었다. 공적으로 요구되는 '경계의 태세'라는 규범에 못 미칠까 하는 두려움 탓으로 모두가 상호 고발하고 의심하는 심리에 빠져 들었다. 마치 모두는 새로운 세계에서 낙오되지 않으려는 열병에 걸린 것과 같은 현상에 빠져 들었다. 결국, 이러한 멘탈리티는 스탈린의 대숙청을 더욱 용이하게 만들어 주었다. 스탈린 시대의 광범위한 대숙청은 '인민의 적'에 대한 선전으로 정적을 제거하는 수단이기도 했으나 동시에 인민의 마음을 조작하고 굴복시키는 효과적 도구가 되었다.

결과적으로 대숙청은 스탈린 일인지배 체제를 단기간에 성공적으로 성립시켰다. 그러나 스탈린은 대숙청으로 모든 중앙, 지방 당기구와 관료들의 원심적 저항을 일소하고자 했으나 장기적으로 볼 때, 본래의 의도대로 완전히 성공하지 못하였다. 대숙청은 근본적으로 당과 관료들의 열성을 장기화시키지는 못했다. 그의 사후 지나친 폭력과 희생은 당, 관료층 및 사회 전반에는 자발성과 개혁성을 상실하게 만들고 궁극적으로 체제에 부정적인 영향을 남겨 주었다. 대숙청은 점차 사회를 통합시키기보다 내적으로 해체시키고 상층부 뿐만 아니라 하층사회에서조차도 수동적 저항의 경향을 낳게 만들었던 것이다. 결국, 스탈린 시대에 고안된 새로운 도덕이나 가치관은 오직 개인의 양심에 의거한 규범으로 내면화 되지 못한 채, 외면적인 규범의 수준을 넘지 못하였다. 그리하여 스탈린이 죽은 후, 그가 그처럼 절대적으로 뿌리 내리게 만들려고 했던 '이념적 규범'은 단지 체념과 수동적 저항속에 생명력을 상실해 갔다.

8장 사회주의 산업화와 여성노동 동원
'일하는 모성 상'

1. '여성 해방'과 일

여성에게 '일할 권리'란 생존을 위한 것으로만 머물지 않는다. 그것은 자립하려는 자아의 실현 그리고 사회로 향하는 숨을 쉬는 접촉의 기회이다. 동시에 인간으로서의 존재를 인정받는 결정적인 통로이다. 소비에트 사회주의 질서에서 특히 빈곤한 여성에게 큰 희망을 주는 요소는 두말 할 나이 없이 남·녀의 성적 불평등을 종식시키리라는 약속이었다. 여기에는 여성의 법적·경제적 평등, 그리고 가정에서의 평등한 지위 이외에 몸과 섹슈얼리티의 자유등이 포함된다. 무엇보다 가장 중요한 권리의 기초에는 반드시 '일'에 대한 권리가 깔려있다.

권력 통합 이후 계획 경제 건설과 생산성 증가 문제에 직면하게 된 공산당 지도부는 여성을 동원하는 전략이 대단히 중요한 것임을 절감하게 되었다.[1] 레닌은 국가 수립 초기에 여성의 섹슈얼리티 문제와 공산주의적 가족제도에 대해서 급진적 여성해방론자였던 콜론타이와 날카롭게 대립하였다. 그러나 곧 점차 레닌은 신 질서수립 과제에서 여성을 동원하는 전략이 국가 수립에 크게 도움이 된다는 것을 깨달았다. 이를 위하여 레닌은 남녀 평등의 원칙을 대대적으로 천명하였다. 이를 실현시킬 당 직속 기구로서 급진적 성향의 <여성국>(제노젤 Zhenotdel) 분과를 창설하였다. 이를 통해서 여성과 남성, 가족과 외부 사회와의 관계를 재정립하고 또 여성의 역할이나 지위에 관하여 깊이 뿌리박힌 전통적, 자본주의적 문화, 가치나 태도, 행동양식을 바꾼다는 입장이었다.[2] 신생 사회주의 국가 수립 초기와 네프 시기에 제노쩰은 전 소비에트 조직 지부에서 여성을 조직하는데 착수하였다. 이 기구는 정치 참여와 가정과 결혼 문제에서 남녀평등을 선전하는 데 상당한 기여를 하였다. 그러나 여성의 삶은 동서고금을 막론하고 언제나 일상 생활과 직결되어 있기 때문에 진정한 여성 지위의 향상은 경제적 힘을 획득하지 않고서는 도저히 달성될 수 없는 사안이라는 사실이 나타났다.

스탈린 시대 공산당은 겉으로 소비에트 체제야말로 진정한 여성해방을 쟁취하고 불평등을 종식시킨 가장 최초의 모델임을 선포하였다. 여성에게 정치적 법적 평등, 광범한 사회적 노동의 참여, 교육의 기회의 확대, 자유로운 결혼, 이혼, 낙태를 허용하고 모성 보호법과 광범위한 탁아시설을 수립하였음을 선언하였다.[3] 그러나 이러한 주장에도 불구하고 소비에트 여성의 지위에 관해서는 몇 가지 근본적인 문제점이 내포되어 있다.[4] 페레스트로이카 이후 러시아 여성들은 소비에트 시대 여성평등을 위한 각종 제도의 허구상을 폭로하였다.[5]

서방 세계에서 소비에트 시대 여성 지위에 관한 주제는 1970년 비로소 연구되기 시작하였다.[6] 그만큼 한 세대 이전까지만 해도 소비에트 내부의 사회사나 사회 변동에 관한 주제를 다루는 것이 쉽지 않다는 것을 보여 준다. 스탈린 시대 여성 노동자에 관한 연구는 1970년대 미국과 유럽에서 G. 래피더스의 개척적인 연구 이래 A. 머콜리, N. 다찌, 그리고 P. 삭스, 최근의 젊은 세대의 M. 버클리, S. 브릿지, W. 골드만, M. 일리치의 연구가 대표적이다.[7] 산업화와 노동자의 구성 면, 일상 생활의 수준에 관한 무수한 연구가 있었지만 특히 여성 산업 노동자들의 비공식적이면서도 내면적인 모습에 관한 연구는 극히 작은 지면만을 할애해 왔다. 우리나라에서는 래피더스의 소비에트 여성 노동자에 관한 주제가 소개되어 학계에 귀중한 기여를 한 바 있다.[8] 그러나 스탈린 시대 산업화에서 여성이 행한 세부적 역할에 대한 연구는 아직 저조한 편이라고 보겠다.

많은 학자들은 소비에트 정책이 일반 여성들에게 새로운 교육적, 직업적 기회를 개방하고 가정 밖의 삶을 제공했음을 설명한다. 그러나, 가정에서의 속박에서 벗어나거나 자유로울 수 있는 일련의 결혼법을 시행하였음에도 불구하고 여성 해방이라는 관점에서 볼 때 이 법은 야누스같은 양면성을 지니고 있었다. 왜냐하면, 소비에트 질서는 빈곤한 여성의 삶에서 어느면으로는 오히려 더욱 가혹한 육체적 노동의 의무와 가사와 육아에 대한 철저한 이중부담, 건강에 해로운 조건을 가져다 주었기 때문이다. 동시에 그 속에는 상상할 수 없을 정도의 억압이 내포되어 있었다.[9] 초기에 트로츠키는 이것이 소비에트 사회의 제한된 물질적 조건과 후진성 탓이며 사회경제적 구조 탓은 아니라고 변명하였다.[10] 또 한편에서는 소비에트 여성의 열등한 지위의 원인을 강제적 산업화를 채택한 배경에서 찾는다. 이 과정에서 스탈린은 여성의 복지보다도 생산성과 권력의 강화에 더 큰 역점을 두었다는 것이다.[11]

또 다른 새로운 시각은 남녀의 서로 다른 심리적 특성에 대한 분석과 가족 구조 및 사회조직상의 유형들 사이의 상관관계에 집중할 필요를 강조한다. 성적 역할을 단지 사회적 '상부구조'로 볼 것이 아니라 그 자체로서 독립적인 주제이며 더 복잡한 인간관계의 구조를 가진 별개의 차원으로 본다.[12] 특히 G. 레피더스는 기존의 여성문제 연구가 러시아의 전통적인 가족제도와 가치와 문화의 변화라는 요소를 포함하여 심도있게 고려하지 못함으로서 소비에트의 여성의 지위와 역할 상에 관한 연구에 실질적 진전을 가져오지 못하고 있다고 비판한다.[13] 최근 스탈린 시대 여성의 삶의 변화를 연구한 M. 일리치는 여성들이야말로 근본적으로 산업노동자와 가정의 주부의 역할 두 가지를 수행하면서 소비에트 문화를 전수하는 철저한 매개자 역할을 행했다고 지적하였다.[14]

강제적 농업집단화가 시작된 1928년부터 제 2차 대전이 발발한 1939

년까지 약 10여 년 동안 소비에트 러시아의 산업화는 현대사에서 유례가 없는 급격한 사회변동의 사건이었다.[15] 서구에서 수세기에 걸쳐 일어난 변화들, 즉 생산력의 증가, 사회구조 변화, 계층화, 도시화, 공업화, 가치와 일상성의 변화, 빈곤과 복지의 갈등 현상들이 1928년 스탈린의 권력 장악 이후 단 10여년 만에 압축적으로 일어났다. 특히 이 사이 러시아 노동자 계급은 단 기간에 3,000만의 규모로 증가했다.

8-1. 강한 '여성 노동자' 이미지 포스터
(출처: Wendy Goldman, *Women at the Gate*)

더욱 놀랄만한 변화는 대규모의 여성 공장노동자가 창출되어 산업 부문에 투입된 사실일 것이다. 1920년대 중공업 산업부문에서 미미한 존재이던 여성 노동자들이 1929년 갑자기 400%로 증가하였다. 산업 부문에서 1930년에 47만 명이, 1931년에는 58만 명으로, 1932년에는 300만에 이르렀다. 그 후 불과 1929~1936년 사이에 총 600만 명의 여성 산업노동자가 창출되었다. 이것은 총 신규 노동자 2,497만 명의 24%에 해당된다.[16]

제 3차 5개년이 시행된 1939년에는 840만에 육박하였다.[17] 1935년 총 산업 노동자 가운데에서 42%가 여성이었다. 1945년 전쟁 직후에는 56%에 해당되면서 남성의 수를 넘어 서게 되었다.[18]

이 같은 놀랄정도의 폭발적인 수적 변화는 무엇을 의미하는 것일까? 이것은 당연히 남녀의 성적 역할에서 질적인 변화 즉, 생활 스타일, 사고방식, 임금 수준에 따른 경제적인 계층의 변화, 가족생활의 변화, 남녀의 성적인 가치관, 그리고 체제에 대한 태도 면에서도 급격한 변화를 갖고 올 성질의 것이었다. 그러나 더욱 놀라운 것은 이런 증가가 당이 전혀 처음부터 계획한 것이 아니라는 점이다.

스탈린은 산업화가 가속력을 더해 가게 되자 여성노동력을 대대적으로 동원할 필요성을 느끼고 이를 극대로 활용하였다. 스탈린이 특히 '일하는 여성,' '일하는 어머니,' 혹은 '위대한 모성'이라는 슬로건을 적극적으로 내세운 것은 유명한 사건이다. 이를 위해 공산당과 정부는 각종 정치적, 사회적 그리고 문화적 행사를 지속적으로 벌였고 각종 정책, 법적 조치, 그리고 캠페인을 끈임 없이 시행하였다.[19] 그리하여 스탈린 시대 여성노동자들은 스스로가 정부로부터 마치 많은 기회와 은혜를 받은 수혜자로서 느끼도록 만들었다.

소비에트 여성들 스스로는 산업 노동의 대량 동원에 대하여 어떻게 받아 들였을까? 산업 노동과 가사라는 이중부담이 그처럼 큰 것이었음에도 불구하고 여성들이 어떻게 하여 스탈린 시대에 스스로를 수혜자라고 느끼면서 노동에 참여할 수 있었을까? 소비에트 사회에서는 사상과 언론의 통제 탓으로 주관적인 생각을 표현할 기회가 거의 존재하지 않았기 때문에 진정한 내면적인 생각을 찾아 내기란 쉽지 않다.

여성의 노동 동원을 위해 스탈린 산업화에서 체제는 어떤 전략을 활용하였는가? 스탈린 시대 소비에트 여성들은 해방되었는가? 과연 혁명 이전 시대와 비교하여 그들은 어떤 점에서 지위가 상승하였다고 볼 수 있는 것인가? 여성들의 가정과 사회에서의 지위나 정체성은 스탈린 체제를 설명하는 데에 어떤 의미를 띠는가? 이 문제에 답하기 위해 가급적 여성의 일상 내면 모습이나 심적구조와 연결해서 몇가지 물음을 시도해 보자. 이 일련의 물음들은 스탈린 시대 사회주의 체제의 본질을 파악하는 데 일조할 것이다.

2. 여성 산업노동 동원과 환상

소비에트 정부는 1928~33년 제 1차 산업화 5개년 초기에는 여성의 산업노동 동원을 위하여 사전에 전혀 어떤 구체적 계획을 갖고 있지 않았다. 오히려 당시 스탈린의 최측근이자 중공업부 인민위원이었던 카가노비치는 여성 해방을 위해 줄기차게 자치 권한을 요구해 온 급진적 <여성국>(제노젤)을 매우 혐오하였다. 그는 제노젤을 견제하면서 이 기구를 폐지하기 위하여 갖은 노력을 하던 중이었다.

> 제노젤은 더 이상 진보적인 세력이 아니며 여성해방에 오히려 방해물이 되고 있다.[20]

그는 소비에트 여성운동은 이제 여성의 권리보다는 국가 산업화를 위한 운동에 몰두해야 한다고 주장했다. 또 그는 여성 역시 노동하고 생산하는 주체로 보고 일상생활에서의 변화보다는 사회적 노동에 참가하는 것이 해방의 지름길이라고 강조했다.[21] 결국 스탈린주의 강경노선이 우세해지는 정치적 분위기와 궤를 같이 하여 사회주의적 여성 해방의 근본적 보루였던 제노젤은 폐지되고 말았다. 그러나 아직은 산업화에 대비하여 여성 산업 노동자의 동원 면에서 여성들의 지식이나 기술의 자격 수준, 도시의 주택 거주사정과 일상생활 서비스 수준에서 볼 때 소비에트 정부는 여성노동 동원에 전혀 적합한 준비나 계획을 갖추고 있는 상황은 아니었다. 심지어 농촌에서 강제적 농업집단화가 전개될 동안에도 콜호즈, 소브호즈 등 새 농촌 생산기구들은 여성 고용을 꺼리고 있었다.

강제적 농업집단화 정책은 근본적으로 스탈린 노선의 사회적 경제적 기초를 이루는 것이었다. 무엇보다도 집단농장은 산업화를 위한 기초 자본을 확보할 수 있도록 농산물을 위에서부터 강제로 수거하는 것을 가능하게 해주는 구조였다. 농촌을 도구로 만든 산업화 정책은 도시와 농촌 사이의 갭을 더욱 심화시켰다. 두말할 것 없이 이것은 농촌 빈곤한 여성에게 큰 타격을 가하였다. 토지를 잃은 농촌 남성은 일자리를 찾아 도시로 산업지대로 흘러 들어갔지만 여성은 쉽게 전통적 삶에서 벗어날 수 없었다. 그녀는 전적으로 농촌에서 남아서 가사와 농촌 노동을 전담하게 되었다. 곧 농촌에서의 집단화 이후 생산성의 하락과 농촌의 빈곤 물자결핍, 식량부족 상태, 심한 빈곤이 발생하였다. 기근을 피하여 대량의 농촌인구가 필사적으로 도시 산업 지대로 몰려 들었다.[22] 1926년 러시아에서 농촌인구는 4,600만이었으나 1939년에는 2,000만으로 1956년에는 1,400만으로 감소하였다. 이농이라는 대 변혁의 장이 시작되었다.[23] 정부가 바라는 바였지만 산업 지대로 몰려 온 노동자를 위한 필수적인 주거 시설이나 생활 시설은 전혀 갖추지 못한 상태였다. 토굴이나 천막 노상에서 그대로 지내는 경우가 허다했다.

빈곤해진 농촌 경제 탓으로 멀리 떨어진 산업 지대로 간 남자 노동자들 역시 비참한 생활수준으로 떨어졌다. 열악한 임금 수준과 식량 사정 그리고 작업 환경 탓으로 1~2년 안에 다시 다른 곳의 공장으로 떠나는 경우가 대부분이었다. 이들은 끈임 없는 노동 이주를 반복하였다. 매년 신규 노동자들의 절반은 다른 산업지대나 먼 도시를 향해 떠났다. 이 같은 잦은 노동이주는 생산량 목표치와 할당을 달성해야 하는 소비에트 경제 계획가들과 산업지대 경영가들에게 이루 말할 수 없이 큰 불안감을 주었다. 1930년 10월 당은 심한 노동력 부족 현상이 일어나자 어쩔 수 없이 한해 총 160만 명의 여성들을 산업 노동력으로 유입시킬 것을 지시했다. 그러나 상부 지시와 달리 처음에는 일선노동조합이나 선동국 그리고 지방 공장에서는 여성 노동자들의 유입을 거부하는 입장을 가지고 있었다. 예를 들어 크라스느이 소르몬 화학공장에서는 약 3,300 명의 여성노동자가 있었으나 아무도 그녀를 조직하거나 대표로 선출하는 것을 원하지 않았다. 아무런 자리에 배정하지도 않았고 기술교육은 거의 체계적이지 않았다. 차별 대우는 물론이고 심지어는 예사로 성적으로 경멸, 희롱하기도 했다.[24]

여성이 농업집단화로 인해 농촌을 떠나 도시 공장 노동에 참가하는 것은 생존을 위해 어쩔 수 없는 것이기도 하지만 빈곤한 여성의 입장에서는 새로운 기회가 되기도 했다. 왜냐하면 이미 <1926년 혼인법>의 개정이후 정식 혼인으로 등록하지 못한 경우, 특히 자녀를 가진 기혼 여성은 남편으로부터 아무런 위자료를 받을 수 없었다. 흉년과 식량난이 오면 경제적 고통이 극에 달하였다. 그녀들은 비록 거칠기 짝이 없는 중공업 공장지대나 광산 지대에서라도 일자리를 발견할 수 있다면 마치 하늘이 내린 구원의 기회처럼 생각하게 되었다. 정부는 처음에 공공 분야에서 여성 고용이 1927~28년에는 27%, 1932~33년에는 32,5% 정도 성장하리라고 예상했다.[25] 그러나 이 예상은 완전히 뒤집혔다. 1927년 처음에 전체 여성노동자의 수는 42.3만에서 67.3만으로 두배 이상 늘어났다. 이 중 산업 현장에서 일하는 여성 인구는 아직은 13만 명에 지나지 않았다.[26] 그러나 1928~32년에 신규 여성 노동자가 매년 거의 평균적으로 40-50만이 유입되었다. 1932~37년 사이 총 신규 노동자 404만 명 중 82%가 여성이었다. 그 중 순수 산업 노동자만 170만 명이 되었다. 이것은 당이 꿈에도 상상하지 못했던 현상이었다.[27]

당시 제 1차 5개년 계획의 주요 경제 전문가였던 유명한 S. 스트루밀린은 여성을 산업노동 현장에 투입하는 것을 적극 지지하였다. 그는 이론적으로 개별 가정에서의 노동은 높은 사회적 비용을 헛되이 소모하는 것으로 비판하였다. 모든 가정은 요리, 세탁, 육아에 700시간 이상을 허비하고 있으며 약 3,000만 명의 잠재 노동력이 비생산적인 가사노동에만 몰두하고 있다고 지적하였다.[28] 이제 공장에서 광범위한 여성노동력을 이용할 수 있게 되자 스트루밀린은 사회적 설비와 서비스 비용에서 농촌 인구보다는 도시가정의 여성 노동력이 가질 수 있는 유리한 점을 극찬하였다. 도시 여성 고용의 경제적 합리성은 사회적 용역의 재정 충당에 이바지 할 뿐만 아니라 가족 소득 수준이 더 높아진다고 강조했다.

> 1930~31년 동안 우리는 산업부문에만 적어도 150만 명, 경제 전체에는 400만의 신규노동자가 필요하다… 만일 우리가 한 가정에 두 사람을 계산에 넣을 수 있다면, 또 각 가정마다 비생산적 노동에 몰두하는 한 사람씩 주부가 있다면, 그것은 우리가 400만 명의 노동력을 얻기 위해 농촌에서 800만 명을 가져와야 하는 것과 같은 셈이 된다… 그것은 우리의 한계를 극복하는 것이 된다.[29]

1930~1937년 사이 산업 노동으로의 빈곤 여성의 유입은 그 자체만으로도 마치 거대한 파도와 같았다. 이것은 당이 전혀 예상 못한 바였다. 이미 1932년 여성 노동력은 300만에서 690만으로 증가했다. 그 중 중공업 부문에서만 140만이 유입되었다.[30] 1929년 말 처음에는 정부도 놀라서 이 규모에 대해 정확한 정보를 발표하지 않았다. 그러다가 1930년에 공개 채용을 위하여 공식적으로 발표하였다.[31] 당시 노동 인민위원인 크라발의 통계에 의하면 그 수자는 더욱 컸다.[32] 이제 여성은 가사일이나 일용직 일을 완전히 포기하고 중공업 산업 지역에서의 취업을 위해 도시로 유입하기 시작했다. 여성이 강세를 보인 전통적인 분야에서는 큰 증가가 없으나 남성적 직업 분야에서 급격한 증가가 일어났다. 바로 대기업 경우가 그러하였다. 단적인 예로 중공업 부문에서 금속분야에 약 80만의 여성 노동자가 유입되었다. 그 중에서 건설 부문에서 7%에서 19.6%로 증가했다. 남녀 전체 노동자 중 여성이 차지하는 비율이 금속과 기계설비 분야에서 8.9%에서 26.9%로 증가했다. 광산업에서 7.6%에서 23.6%, 목재업에서

17. 2%에서 39%로 증가했다. 이 같은 수적 증가에도 불구하고 전체적으로 여성 노동 인구의 비율은 여전히 27.4%로서 처음과 동일했는데 그 이유는 제 1차 산업화 계획 자체가 주로 대규모 건설, 기계 설비와 같은 중공업 부문에서 집중적으로 일어났기 때문이었다. 경공업에서는 변화가 없거나 미미하였다. 전통적으로 남성 주도의 부문에 여성 노동자가 대량 유입되었던 것이다. 이것은 남성들로부터 심한 적대감을 불러일으켰다. 대부분 신규 여성 노동자들은 젊거나 나이 어린 자격미달의 미숙련공이었다. 산업 현장에서 경영 책임자의 성적 차별대우는 심했다. 자연히 이들은 여성노동자를 직업 서열에서 가장 하위에 놓이게 했다. 처음에 노동관리자들은 고의적으로 여성노동자들을 무시하였다. 임금을 인하시키거나 임신하면 바로 해고하는 태도를 보였다. 그러나 상부에서는 애써 이를 모른 척 하였다. 겉으로 사회주의 질서 하에서 마침내 여성이 해방되었으며 실질적인 남녀 평등이 달성되었다고 선전하였다.[33]

8-2. 스탈린 시대 산업화 '일하는 행복한 엄마' 여성 중공업 노동자들 모습

1933~37년 제 2차 5개년 동안 여성 산업노동 고용의 폭은 더욱 커졌다. 다시 335만 명의 여성이 유입되어 총 신규 노동력의 82.4%를 차지했다. 정말로 놀라운 현상이었다. 1937년 약 920만 명의 여성이 고용되었고 마

침내 전체 노동력의 34%를 차지했다.[34] 이것은 산업 노동이주와 고용불안정이 극심한 당시에 직장을 무단으로 이탈하거나 떠나간 대부분의 노동력은 남성이었으며 새로 들어 온 대부분의 노동력은 여성이라는 의미이다. 남성 노동자는 임금이 낮아지면 한 곳의 일자리에서 오래 머물려고 하지 않고 다른 일자리나 다른 장소를 찾아 떠나곤 하였다. 소비에트 사회주의 체제 하에서도 이런 일은 빈번하게 일어났다. 노동 관리자나 책임자들은 생산량의 목표를 채우지 못하게 될까봐 급급하고 초조해 있었다. 생산량의 미달은 반드시 숙청과 두려운 징벌과 연결되어 있었기 때문이다. 이런 경우 산업 현장에서 감독관이나 관리자들은 여성 노동자들을 지체 없이 받아 들일 수 밖에 없었다.

1939년 11월 여성 노동력은 전체의 41.6%를 차지했다. 이제 모든 산업은 전례 없이 높은 규모로 여성노동자를 고용하였다. 공공 부문에서 일하는 여성의 3분지 2가 육체노동자였다. 그 중 기술직에서는 여성 노동자가 324%, 특수직 327%, 공학 엔지니어 직에서는 283%로 증가했다.[35] 이 변화는 당시대 서구 여성의 산업진출의 비율보다 월등히 높은 것이었다. 특히 여성 노동자는 철광산, 석탄광산, 제철, 강철 주조 공장의 육체 노동력의 4분지 1을 차지했다. 그야말로 소비에트 산업화의 급속도의 성장은 임금이 최하위 수준으로 낮으면서도 현실 체제순응적인 여성 육체 노동자에 힘입은 바가 컸던 것이다.

제 2차 세계대전 발발로 남성이 전선으로 대량 징집되었다. 이에 따라 산업에서 여성 노동자의 비율은 더욱 커졌다. 전쟁이 끝나던 1945년에는 56%에 달하였다. 여성 노동자의 유입은 대형 규모의 컨베어 공정방식의 도입으로 더욱 용이하게 되었다. 중공업 공장의 경영자는 금속 용접공, 압단공, 못 빼는 작업, 절단공, 접합공으로 여성을 고용하였다. 1934년 일부에서는 최고 56%에 달하기도 했다.[36] 주물 공장에서 주형을 뜨는 작업에서도 여성 노동자가 확산되었다. 자동 트랙터 생산공장에서 여성은 20%를 차지했다.[37] 이외에도 매번 20킬로 이상의 무거운 짐을 나르는 선적 작업에도 여성을 고용하였다. 1934년 말 화물 수송기 운전에서 30%-50%까지 여성을 고용하였다. 고열의 금속 제련 부문에서는 처음에는 여성 고용을 금지하였다. 그러나 1934년 무렵 제약이 풀려 기계 작동, 포크레인 운전, 롤러 작동기계 운전, 전기톱 운전 등 분야에서도 여성을 광범위하게 고용하였다.

스탈린의 제 1차, 제 2차 산업화는 근본적으로 건설과 기계 설비 작업이 주종을 이루었기 때문에 건설 분야에서 여성 노동자의 증가세가 두드러졌다. 1926년만 해도 여성노동자는 이 부문에서 1%를 넘지 않았다. 그러나 1932~1936년 사이 11%에서 19.6%로, 미장공의 경우 18.5%에서 31.9%로 석장공은 4%에서 9.6%로 증가했다.[38]

그렇다면 산업 관리자들은 여성노동자들을 채용하기 위해 공개적으로 어떤 선전을 하였을까? 아니면 여성들이 자발적으로 임금 노동을 선택하였을까? 물론 빈곤한 여성들 스스로가 몰려들었다. 근본 이유는 농촌 여성들은 지난 10여 년간의 강제적 농업집단화로 토지를 잃고 실직, 식량부족, 기근으로 인하여 맨 먼저 가장 큰 고통을 겪어야 했기 때문이었다. 그녀들은 이를 벗어나고자 도시 산업지대로의 이주를 택하였다. 그러나 정부는 철저하게 식량 부족, 도시의 소요, 농촌 기근에 관해서는 감추어왔다. 여성 노동자 내부에서도 약간의 서열이 존재하였다. 집단농장 부근에 건설된 산업 지대에 일시 이주해 온 노동자들의 30%가 여성 노동자였다. 이들 중 농촌출신 여성인 경우 40-50%는 1년 만에 다시 농촌으로 돌아갔다. 이에 비해 신규 노동자들 가운데에서 도시 출신의 여성 노동자들은 농촌과의 유대가 약했기 때문에 다른 곳으로 이주하기보다 산업 지대에 뿌리 내리려는 경향이 더 높았다. 그러므로 산업 관리자들에게는 도시 노동자들의 아내가 최고로 큰 이익을 주는 채용 대상이 되었다.[39]

여성 노동이 산업 현장에서 뿌리 내리기 위한 첫 번째 요건은 문자해독 능력과 기초 지식, 생산 지식의 수준과 기계와 기술 습득이다. 이를 위해 각 생산 공장에서는 중앙에서 하달된 지침에 따라 생산현장 교육을 확산시키는 프로그램을 실시해야 했다. 물론 정부는 문맹 퇴치교육과 초등 의무교육제 시행을 위해 상당한 재원을 투입하였다. 이에 따라 공장 노동자들이 작업 마친 후 야간 학교에서 문자 교육과 기초지식의 훈련을 받을 수 있었다. 이 훈련을 받은 남자 노동자는 41%, 여자는 39%였다. 여성의 대부분이 미숙련직에 고용되었기 때문에 기술 자격증을 취득하기 위한 교육 프로그램에 적극 투입되었다. 1936년에 노동자 예비 야간학부에 등록한 노동자 중에서 여성은 35%, 기술학교에 등록한 여성은 43%, 고등교육 기관에 입학한 여성은 최고 40%에 달하였다.[40] 여성들은 경제적 자립을 위해 필사적이었기 때문에 인내심이 더욱 컸다. 이 점은 여성들의 기술 훈련을 위하여 당이 투자한 교육프로그램이 상당한 효과를 거두었음을 말한다. 훈련 후 고급 숙련공의 9%가 여성노동자였다. 이것은 당시 서구의 수준에 비해 매우 높은 수치였다. 이것은 스탈린의 중공업 위주 산업화의 성공의 숨은 비결 중의 하나가 되었다.

이외에도 정부는 동시에 소위, '일하는 엄마'를 위한 탁아 시설, 공동 세탁실, 취사장이 중요하다는 사실을 깨닫게 되었다. 그러나 이러한 사회적 용역에 필요한 재원은 도저히 수요에 발맞추지 못하였다. 한 예를 들면 1932년 말, 대형 식당 건설 진행은 너무 더뎠다. 자원은 압도적으로 부족하였다. 정부는 처음에는 노동자를 위해서 아침과 점심은 물론이고 저녁식사까지 서비스할 것을 약속했으나 결국 점심밖에 제공하지 못했다. 대형 건설과 산업 지대의 노동자들은 아침을 굶고 출근한 후 점심을 제공받았다. 저녁은 자신의 임금으로 충당했으며 항상 굶주려야 했다. 1932년 생산성 속도가 떨어지고 도처에서 목표치 달성이 불가능해졌다. 더욱 더 부족해진 재원 탓으로 결국 정부는 새로운 생활에 대한 약속을 완전히 포기했다.[41]

식량 배급이나 사회적 용역은 개별 가정이 자체 부담해야 하는 몫이 되었다. 이것은 여성 노동자들이 가사노동과 산업노동의 이중부담을 고스란히 떠맡게 됨을 의미한다. 소비에트 산업화 시대 이토록 과중한 여성의 이중 부담은 결국 노동의 성적 차별이나 불평등을 도저히 극복할 수 없게 만드는 근본 원인으로 작용하였다. 정치나 직장에서 여성 노동자들의 경력 향상의 기회는 그저 신화적인 일일 뿐이었다. 그러나 정작 여성들 자신은 그러한 사실을 깨닫지 못하고 있었다. 제 2차 산업화 5개년이 시작될 무렵, 사회적 용역이나 거주상황, 도시 물품품귀 현상이 다시 심화되었다. 이에 따라 가족 생활 면에서 곧 심각한 사회적 위기가 도래했다. 실질임금의 하락은 도시민의 생활 수준을 더욱 어렵게 만들었고 이혼률이 커지고 도시에서 출생률은 하락하였다. 도시 여성은 더욱 부족한 가계를 보충하기 위하여 온갖 종류의 일자리를 찾아 나서야 했다.

공공 부문에 종사하는 여성의 3분지 2가 육체노동에 종사하였다는 것은 무슨 의미일까? 그녀의 일들은 대부분 미숙련공들이 맡는 일로서 지겹고 단순한 작업들이었다. 동시에 그녀의 임금 수준은 숙련공 남성의 절반에 미치지 못하였다. 나머지 3분지1은 반 사무직 내지 전문직에 종사했다. 이 모든 현상은 정부가 투자한 교육의 기회와 여성 자신이 살아 남으려는 본능의 결과였다. 그러나 불운하게도 합당한 기술과 숙련도를 갖추게 되었을지라도 상위 직위로 올라갈수록 여성의 비율은 극히 저조하다. 한 가지 예를 들면 콜호즈 의장직의 경우 전국에서 여성은 단 2% 뿐이었고 부의장직은 1959년까지만 해도 16%에 머물렀다. 대체로 정부는 여성에게 하급 관리직 이상의 직위를 허용하지 않았다. 중공업분야에서 상대적으로 여성에게 관리직의 허용이 컸던 부문은 건축 분야였다. 건축 부문에서는 관리직과 전문 직종에서는 비교적 여성의 수의 증가폭이 늘어났다. 그럼에도 불구하고 1940~56년 사이 이 분야에서 여성의 수는 9%에서 22% 정도 늘어났을 따름이다. 대신 전통적으로 여성이 다수인 부문인 상업, 구매, 회계, 식품, 서비스, 통신 분야에서는 최고위직에 65%가 여성이었다. 물론 중앙위원회를 위시한 당 관료직과 고위직에서는 여성이 4%를 넘어본 적이 없었다.[42]

1928~1936년 사이 소비에트에서 여성출신 엔지니어는 특이한 현상은 아니었다. 여성들 스스로의 자세에도 큰 변화가 일어났다. 퇴근 이후 노

동자의 총60%가 공학교육 프로그램에 등록하였다. 그중 여성 등록자가 28%를 차지하였다. 이런 놀라운 급증의 요인은 어디에서 비롯되었을까? 사회주의적 경쟁을 부추긴 당의 선전이 크게 작용했다.

당은 할당량의 성과에 따라 높은 보수, 많은 혜택 그리고 지위 상승의 기회를 제공한다고 선전하였다. 그러나 상위 직에 올라갈수록 여성의 수는 희박해졌다. 가장 큰 이유는 두말할 나위 없이 가사일의 부담으로 인하여 여성의 생산성이 도저히 오르기가 어려웠기 때문이다. 러시아 가정에서는 가사는 아직까지 철저하게 여성의 일로 여겼다. 이런 전통적 사고방식은 소비에트 시대에도 전혀 변하지 않았다. 특히 출산, 육아, 긴 줄에서서 장보기에 바치는 시간으로 직장에서 여성은 남성에 비하여 엄청나게 불리한 조건을 가져야 했다.

결국 1931~32년 산업 부문에서 여성노동의 고용은 명백히 여성 해방을 위한 사전에 계획된 정책의 결과가 아니었음을 보여 준다. 그것은 1929년 이후 갑자기 닥친 식량 위기, 열악해진 임금 수준, 농업집단화로 인한 농촌의 실직 상태, 기아, 생계 위협으로 인하여 즉흥적으로 생겨난 사건이었던 것이다. 그 동기는 전혀 여성 해방과는 거리가 먼 것이었다. 소비에트 정부는 여성노동자의 유입 덕분으로 1인 월급으로 2인을 고용하는 이익을 얻었다. 이것은 국가 정책에서 인플레이션을 상쇄하고 부족한 노동력을 메꾸어 주는 데에 기여했다. 또 격심한 노동이직의 폐단을 완화시키면서 산업화 진행에 안정감을 주는 유리한 결과를 주었다. 여성 산업 노동력의 크나큰 이익을 깨닫게 된 소비에트 정부는 제 2차 산업화 5개년 동안에는 더욱 확대된 여성노동자 동원을 위하여 새 정책에 착수하기 시작했다.

3. '일하는 모성'과 차별로의 회귀

1935년 스탈린은 여성노동 대동원에 박차를 가하기 위하여 여성 노동에 관한 혁명 초기의 <보호노동법>을 폐지하였다. 대신 '남녀 고용의 평등'의 원칙을 선언하였다.[43] 이와 동시에 스탈린은 <1936년 모자보호법>과 <새 가족법>을 개정하였다. 또 <새 혼인법>은 결혼을 보호한다는 명분 하에 이혼의 절차를 극도로 까다롭게 만들었다. 출산을 장려하는 이 법안이 과연 여성에게 평등한 지위를 가져다 주었을까?

여성의 임신, 출산, 수유 혹은 육아에 관해서는 어느 정도 여성을 보호하기 위한 한 법이 통과 되었는데 실제 산업 현장에서 그 시행은 매우 불규칙하였다. 사실 여성은 일단 임신을 하면 다시 직장을 구하기가 매우 힘들었기 때문에 여성들 스스로가 임신을 감추려고 하였다. 산업 단지의 관리 감독관은 재정적 어려움 탓으로 지원금이나 출산 휴가 등의 지원에 선뜻 나서려고 하지 않았다. 게다가 작업반 동료들 사이에서 작업을 분담해야 하는 일로 갈등이 자주 일어났다. 결국 여성들은 몰래 임신을 포기하는 경우가 허다했다.

1936년 소비에트 정부는 왜 갑자기 여성의 '모성 성'을 중시하는 전략을 택하였을까? 이것은 인구 변동과 깊은 관련이 있다. 소비에트의 도시 거주 인구는 1926년 17.9%에서 1939년 32.8%로 증가하였다. 절대 수치는 2,960만으로 이중 2,300만은 농촌에서 올라온 인구였다. 도시여성에게는 조혼이 주된 추세였다. 가족의 수는 평균 4.3인이었다.[44] 러시아 가정은 도시화 이후에도 여전히 전통적인 남녀 차별의 문화를 가지고 있었다. 그런데 산업화이후 여성의 산업 노동과 가사의 이중 부담은 자연히 가족 생활에 큰 압박을 가져왔다. 자연히 이혼율이 증가하고 여성의 과로로 인한 낙태가 증가하였다. 차츰 출산율이 하락하기 시작하였다. 출산율은 1926년부터 하락하여 도시에서는 1926년에서 1935년 사이 34.7%에서 24.6%로 농촌에서는 45.6%에서 32.2%로 하락하였다.[45] 강제적 농업집단화 이후 희생과 기아로 인해 300만이상의 인구가 사라졌다. 인구감소는 소비에트 정부에 또 다른 심각한 위기감을 불러 일으켰다. 1936년 6월 스탈린은 인구감소를 막기 위해 이혼비용 부담을 높이는 법을 추가하였다.[46] 또 낙태를 불법화하는 법안을 통과시켰다. 이 주제에 대해 여성들은 항의를 호소하였다.

> 낙태를 불법화하는 조치는 여성들을 고등교육 기관과 일자리에서 내몰아 내고 정치활동에 제약을 가할 뿐만 아니라 이미 부적절한 탁아시설을 더욱 과중하게 만들게 될 것입니다.[47]

그러나 정부는 이 법안 시행을 밀고 나갔다. 곧 낙태의 공식적 수자는 레닌그라드 주에서만 1935년에서 1936년 사이 공식적으로 2335명에서 50명으로 급감하였다. 모스크바에서 출산의 수는 18,246에 32,632명으로 증가했다.[48] 그러나 사실상 낙태는 이제 뒷골목에서 불법적으로 광범위하게 행해졌다.[49]

<낙태금지법>에 이어 <1936년 모자보호법>은 여성해방에 어떤 효과를 주었는가에 대해서 논란이 극심하다.[50] 해외에서도 트로츠키가 이 법안을 '테르밋도로 반동'으로 부르고 혁명에서의 대 후퇴라고 비판한 것은 유명한 사실이다. <모자 보호법>은 <보호노동법>의 일환으로 제정되었는데 겉으로는 여성의 출산과 육아의 역할을 최우선시하고 이 기능에 장애를 주는 일에는 여성을 고용해서는 안 된다는 법안이었다. 이 법은 남자를 우선적으로 고용하고자 하는 산업 관리자나 경영자에게는 매우 유리한 법안이었다. 1936년에 소비에트 정부는 공식적으로 여성의 '자녀 양육' 의무와 '모성 상'을 크게 강조하고 나선 것이다. 겉으로는 그럴싸한 모성보호법이었다.

> 세계 그 어떤 국가에서도 소비에트 여성의 경우만큼 해방되었거나 정치적, 사회적 문화적 평등을 누리는 나라는 없을 것이다...번영이 증가함에 따라 인간의 본성은 자녀를 키움으로서 자연스러운 기쁨을 누리고자 하는 것은 당연한 것이다.[51]

스탈린의 지시에 따라 1936년 <모자보호법>은 대 가족을 찬미하는 대대적인 홍보를 내포하였다. 10명 이상의 자녀를 갖는 어머니를 신문기사에서 대대적으로 찬양하였다. 7명 이상의 자녀를 낳은 여성에게는 스탈린이 특별 포상금을 지불한다는 내용이었다.[52] 임신은 도처에서 축하의 사건이었다. 신문 및 언론에서는 임신에 관한 찬양의 기사를 확대하여 선전하였다. 당시 지미나라는 한 여성 노동자는 신문에 다음과 같은 서한을 보냈다.

> 나는 정말로 너무 기뻐요. 그처럼 중요한 선포가 이루어진 오늘을 모자를 위한 축일로 정했으면 좋겠어요! 나는 매년 아이를 낳을 준비가 되어 있답니다.[53]

또 이칸은 다음과 같이 편지를 썼다.

> 아기의 최초의 울음소리와 최초의 미소! 이것이 어머니로서 얼마나 환희인지 모른답니다! 모든 여성이 아기를 낳는 것은 반드시 필요해요!… 오직 소비에트에서만이 모성의 아름다운 본능을 자유롭게 추구할 수 있을 거예요![54]

임신을 원하지 않는 콤소몰스카야의 젊은 여성 당원은 '반동적'이거나 '쁘띠 부르주아적'인 것으로 비난받아야 했다. 또 자녀를 낳아 키우려는 책임을 지지 않거나 '바람이나 피우는' 젊은 남성은 사회주의 질서에서 부도덕한 것으로 비난하였다. 성을 생물학적인 욕구로 보는 것이 아니라 사회주의를 위한 자녀 출산의 목적과 기능으로 봐야 한다는 논조의 글들이 젊은 당원 기관지에 많이 올라왔다. 또 정부는 여성은 자녀를 키우면서도 일을 하는 강한 능력을 갖추고 있다고 찬미했다.

모든 여자들은 섬유노동자로서, 낙하산 점퍼나 엔지니어로서 소중할 뿐만 아니라 -미래의 어머니로서도 소중히 다루어야 할 것. 한 아이의 어머니는 미래 여덟 명의 아이의 어머니로서 다룰 것.[55]

그러나 현실적으로 자녀양육, 출산을 보호한다는 이 <모자보호법>은 소비에트 여성에게 기쁨이 아니라 많은 고통을 안겨다 주었다. 실제 약속과는 달리 여성이 이혼한 이후에 아버지가 아내에게 자녀 양육비를 지급하지 않는 예는 너무도 많았다. 이 때문에 자녀양육의 부담은 고스란히 어머니에게로 넘어 갔다. 결국 출산의 의무는 일하는 여성에게 이중의 힘겨운 삶의 부담이 되었다. 여성은 '일 하는 모성'에 대한 존경심을 얻게 되었다는 선전의 함정에 빠지게 된 것이다. 스탈린은 '강한 소비에트 여성'의 이미지와 '일하는 모성'의 이미지를 일치시킴으로서 아주 효과적으로 여성문제를 통제해 갔다.

가족 문제 대한 국가의 압력은 이것으로 끝나지 않았다. 그 다음 법안은 <1936년 새 가족법>이었다. 미등록한 결혼이나 혼외 자녀는 법적으로 인정하지도 보호하지 않는다는 것이었다. 혁명 직후 레닌이 공표한 <1917년 혼인법>과 개정한 <1926년 신 혼인법>은 '미등록 결혼'을 '사실혼'(de fact marriage)으로 인정한 바 있었다. 당시에 이것은 여성에게 결혼의 권리와 자유를 허용하는 급진적인 내용을 담고 있었다. 이제 레닌의 법은 무효가 되었다.

스탈린 시대 <1936년 새 가족법>은 매우 보수적일 뿐만 아니라 가부장적인 것이었다. 동시에 이것은 혁명 초기의 여성해방과 평등 이상에서 매우 거리가 먼 권위주의적인 속성을 포함한 것이었다.[56] 일하는 모성을 강조하는 소비에트 <1936년 새 가족법>은 성적 이탈이나 혼외의 자녀를 중대한 사회적 범죄로 보는 가치관을 만들어 내었다. 이 법에 의거해서 동성애나 간통 그리고 사생아는 대단히 가혹한 법적 처벌과 차별의 대상이 되었다. 현대 사회에서 이러한 가치관은 매우 보수적일뿐만 아니라 시대

착오적인 것이다. 이것은 때로는 개인의 삶을 파괴시킬 수 있는 매우 잔혹하고 비인간적인 요소를 포함한다고 볼 수 있을 것이다. 페미니즘 입장에서 보면 이런 가치관은 가히 반동적인 가족관에 의거한 여성정책이 아닐 수 없다.

스탈린주의 시각에서 볼 때 여성의 성적 자유나 해방에 관한 논쟁은 유토피아적 급진주의적 움직임을 자극할 수 있었다. 생산성에 전혀 도움이 되지 않는 '쁘띠 부르주아적'이며 무의미한 일에 지나지 않았다. 소비에트 여성에게는 합법적 가정을 갖는 것이 가장 최고의 가치요 성공적인 삶인 것처럼 선전하였다. 가족 소멸론은 더 이상 정치적으로나 경제적으로나 바람직하지 못한 이념으로 평가받았다. 산업화가 진행됨에 따라 겉으로 화기애애한 가족은 이제 사회주의의 굳건한 보호벽이 되었다. 언론은 모성의 즐거움과 국가 제공하는 각종 혜택과 연관시키는 캠페인을 벌였다.

> 사회의 엘리트는 자녀를 사랑하는 우수한 가장이어야 한다… 역으로 자녀를 사랑하는 가장은 사회의 엘리트가 된다. 결혼을 진지하게 생각하지 않는 남자는 대개 나쁜 노동자이며 사회적으로 보잘 것 없는 구성원이다.[57]

<1936년 새 가족법>은 다시금 가족을 중시여기고 이상화하는 이념으로 돌아섰다. 이 선전 속에서 스탈린 자기 자신도 자주 가족, 친척 혹은 자녀와 함께 있는 개인의 모습을 사진으로 드러내기도 했다. 심지어 '아버지 존재'로서의 모습을 소설 속에 묘사하는 사례도 자주 있었다.[58] 1936년 정부는 일반 노동자들에게도 가족의 중요성을 강화시키기 위해서 '전통적 가족의 행복한 생활'의 모습을 대대적으로 선전하는 운동을 벌였다. 가족의 가치를 찬양하는 이 같은 운동은 일반 노동자뿐만 아니라 고위 지도부에게도 요구되었다. 크레믈린 궁에서는 자주 성공한 기업의 관리자 감독관, 엔지니어의 아내들을 초청하여 만찬을 개최하는 행사가 일어났

다. 스탈린은 고위 경영가들의 부인들의 모임을 초청하여 이 조직이 전국의 일반 노동자들 아내에게 어떻게 하면 가사일을 잘 하고, 집안에 아름다운 커텐을 달고 꽃병을 꽂으면서, 남편이 공장에서 일에 몰두하도록 잘 내조하며, 기쁘게 해줄 수 있는가에 대하여 설명을 하도록 당부하였다.

이처럼 스탈린 시대 가족의 상은 네프시대 가족 관계의 상과 크게 다르다. 네프시대에는 만약 연인이나 부부, 혹은 부모 자식 등, 가족 구성원들 사이에서 애정과 사회주의적 이념에 대한 충성심 사이에 갈등이 일어나면 단연코 사회주의적 이념에 더욱 충성하는 것이 마땅하다는 가치관이 유행했다. 젊은 남녀나 부부가 콤소몰 활동을 위해 사랑을 버리는 행위는 미덕으로 여겨지기도 했다. 당시의 소설이나 신문에 기고한 편지들 가운데에서는 사회주의 대의를 버린 배우자나 부모를 수치스럽게 여겼고 이들에게 애정을 주지 않는 것을 비난하지 않았다. 그런데 이 모든 가치관이 갑자기 달라진 것이다. 1935년에 스탈린은 가족관계를 우선시한다면서 전연 새로운 논조로 선언했다.

'아들은 아버지의 과거에 대해서 더 이상 책임을 지지 않는다.'[59]

이것은 국가가 가족 관계에서 완전히 새로운 가치관을 도입하고 있음을 의미한다. 당 중앙위도 가족내 가정교육에서 어린 청소년에게 정치적 이념 투쟁의 부담을 주지 않을 것이라고 선언했다. 강한 가족은 사회적 안정과 생산성을 높이는 데 필수 불가결한 것이었다. 이런 새로운 가치관은 여성노동자들의 가정에 대한 헌신적 의무와 역할을 중시했다. 이것이 뜻하는 의미는 자못 심장하다. 소비에트 정부는 매년 100%가 넘는 남성 노동자의 불안정한 노동 이주율은 오직 노동자가 안정된 가정 속에 정착함으로서 막을 수 있다고 보았던 것이다.[60] 가족의 안정감은 오직 여성의 '모성 상'에 의해서만 획득할 수 있다는 것이다. 또 가족 내에서 아버지에 대한 '자녀의 복종심'은 국부로서의 스탈린의 이미지에 국민이 복종하게 만드는 심리적 효과도 있었다.[61] 1936~37년은 극좌적 이념하에 대숙청이 극에 달하는 시기였지만 적어도 하부사회에서 가족관계의 문제에서는 사회주의 이념과는 반대로 움직였다.[62]

이렇게 스탈린시대의 <모자보호법>과 <새 가족법>은 소비에트 러시아에 다시 전통적인 가족관과 가부장적인 가치관이 부활하는 데 이바지 하였다.[63] 네프시대 가족법에 비하여 볼 때 이 법안은 소비에트 여성에게는 대 후퇴를 의미한다. 그런데 역설적으로 소비에트 여성들은 차라리 이 법안을 환영할 수 밖에 없었다. 왜냐하면 과거 1920년대의 급진주의적인 <혼인법>은 이혼한 대다수 일반 평범한 여성에게 해방을 가져다 주기보다는 실직할 경우 경제적 고통, 철저한 고립과 빈곤에 놓이게 만들었기 때문이었다. 이 경우 자연히 매춘의 방법 밖에 택할 수 없었다. 이제 스탈린시대 <새 가족법>은 이혼을 어렵게 만들거나 낙태가 금지되고 전통적 가족 내에서의 의무가 부활되었다고 해도 차라리 취업과 고용을 보장해 주는 것으로 비춰졌던 것이다. 이것이 소비에트 여성 노동자가 맞이한 새 역사적 구조가 되었다.

4. 정치적 함의

소비에트 정부는 여성의 산업노동 대동원 이후 여성이 해방되었다는 정치적 선전을 확대시켜 나갔다. 또 이를 위하여 '일하는 여성'의 이미지를 만드는 캠페인을 대대적으로 전개했다. 그 중 유명한 한 이미지가 여성이 농촌 트랙터를 운전하는 모습 즉 트랙토리스트카(Traktoristka)을 그린 만화였다.[64] 이 그림에서 트랙터는 후진적인 여성을 상징하는 '냄비'와 '주전자'를 부수고 있었다. 여성 트랙토리스트카는 여성 돌격노동대원으로 선정되었다. 그녀들은 성적 평등과 여성해방에 대한 소비에트 정부의 약속을 공공연하게 칭찬하고 선전하는 기제로 활용되었다.[65]

그러나 사실 이 사진은 여성 해방보다는 생산력의 성장을 위한 여성의 노동동원에 대한 광고였다. 1930년 당시 트랙터 보급 자체도 충분하지 않는 상태였다. 여성이 트랙터를 운전하는 것은 극히 드문 일이었다. 또한 트랙터 운전시에 발생하는 심한 진동과 거친 소음이 여성의 신체나 임신의 기능에 해로운 영향을 줄 수 있는 것이기도 했다. 이 때문에 여러 곳에서는 이 제안에 즉각적으로 대답하지 않았다.[66] 그러나 1932년 2월 집단농장화가 진행되면서 소비에트 정부는 본격적으로 기계화된 농업과 트랙터 운전에 여성을 참여시킬 필요성을 역설하였다. 그리하여 트랙터 운전훈련을 받은 여성의 수는 1926년에는 단지 14명이었으나 1932년에는 18,000명에서 1937년에는 57,000명으로 증가하였다. 실제 콜호즈 농장에서 운전 작업을 한 여성은 1934년에 7,000여명이었다.[67] 이 수자는 점점 증가하였다. 1940년에는 총 130,000명의 여성이 훈련을 받았고 실제 64,000명이 작업을 했다.

물론 남성 운전자 역시 수십만 명이 훈련을 받았다. 여성은 기계운전보다 가축 돌보기에 더 적합했기 때문에 증가세는 상대적으로 감소했다. 그러나 여성을 기계작동이나 중공업에 동원하는 것이 이미 보편적인 일이었다. 노동동원 선전 효과도 매우 컸기 때문에 몇몇 과학 연구소들이 여성만을 위한 특수 트랙터 제작 문제에 몰두하기도 했다. 연구 결과 비싼 비용을 들인 특수 제작에도 불구하고 여성에게 트랙터 운전은 여전히 심한 진동이 일어나 손 마비, 척추 통증, 생리통을 유발한다는 호소는 해결되지 못하였다. 실제 농장에서 일반인들의 시각에서는 대체로 여성은 기계 위에서 일해서는 안 된다는 분위기는 변하지 않았다. 점차 여성트랙터 운전자들은 거칠은 남성 노동자들에 의해 저항 받았고 주변으로 밀려나기 일쑤였다. 그러나 콜호즈 농장 경영가들은 상부의 엄한 지시에 따라 여성 트랙터 운전자들을 계속 홍보하였다. 노동영웅찬양을 위한 스타하노프 운동대원 일원으로 추천하였다. 1935년 여성 트랙터 운전자들은 크레믈린 궁전에 초청을 받기도 했다. 그녀들은 '돌격노동자'로서 기록 갱

신 업적에 대해 칭찬과 더불어 포상을 받았다.

'일하는 모성'을 확대 선전하기 위해 정부가 시행한 또 다른 캠페인은 훈장과 메달을 수여하는 의식이었다. 1935년까지 총 1,305명의 여성이 최고 훈장을 받았다. 이 중에는 최고의 영예인 소비에트 훈장, 349명은 레닌 훈장, 334명은 붉은 노동자 훈장을 받았다. 훈장을 받은 여성 노동자들의 구성을 보면 241명이 산업과 건설 부문이었다. 783명은 농촌에서 생산량 달성에 성공한 여성 노동자였다. 이들 중 48명은 개인적인 용기있는 (첼류스킨 대륙최북단 탐험, 낙하산 부대훈련 등 활동으로) 행동 덕분으로, 183명은 당과 소비에트 정부기구 활동에서, 29명은 과학과 예술 활동의 성공으로 받았다. 스탈린은 자주 이 여자들을 만찬에 초대하였고 언론에서 대서 특필하여 우상시하도록 지시하였다.[68]

소비에트 정부는 '일하는 여성'을 찬미하는 홍보 정책에 이어 가정의 주부들에게도 '일하는 남성을 위한 주부' 활동을 장려하는 정책을 시행하였다. 바로 '오브세스트벤니챠'(OBshchestvennitsia) 운동이 그런 형태였다. 이것은 주로 기술자 및 엔지니어 출신의 간부급 이상의 직위에 있는 남성들의 아내들로 구성된 행동대원 조직이었다. 이들의 운동의 내용은 근본적으로 일하는 노동자를 위해 내조하고 헌신하는 아내의 모범적 이미지와 따뜻한 모성상을 가르치는 것이었다. 처음에는 중공업인민위원인 오르죠니키제가 시베리아 산업지대를 시찰 하던 중 공장의 건물 주위에 화단이 가꾸어진 것을 보고 감탄하여 그가 발의한 것으로 시작하였다. 공장의 환경 정화와 안정감 있는 작업 분위기가 생산성에 도움이 된다고 보고 공장의 간부급 아내들을 소집하여 호소한 데에서 확대되었다. 소비에트 정부는 이 운동을 통해서 노동자들을 생산성을 높이고 '노동 영웅'을 키우는 스타하노프 운동으로 유도하려는 것을 목적으로 삼았다.[69] 그런데 이 운동에서 여성의 역할에 관한 태도와 세계관이 흥미를 끈다.

우리는 스탈린 동지에게 말하고 싶습니다… 주부 행동대원 부대는 위

대합니다. 우리도 온 힘을 다해 남편의 조력자로서… 우리 부대를 단 합된 것으로 만들고자 합니다.[70]

엔지니어 아내들은 집안 이외에도 공장, 학교, 식당, 매점에서 거울과 커텐, 식탁보를 달거나 장식된 분위기와 꽃을 준비하여 깔끔한 환경을 조성하고 마치 누이처럼, 어머니처럼 노동자들을 돌보도록 요청을 받았다. 이 가치는 마르크스주의나 페미니스트적인 이념에 의거한 것이 아니라 전통적인 러시아 가정의 규범과 모성상에 더욱 가깝다. 그리하여 오브세스트벤니챠 조직의 주부들은 경영주로부터 남편의 행동이나 심리를 잘 점검하여야 했다. 남편들이 공장의 일에 열심히 몰두하고, 사회적으로 늘 적절한 행동을 하도록 다독이도록 교육받았다. 특히 남편 노동자들이 공장에서 사고를 치거나 태업, 결석, 지각, 술주정, 혹은 폭력적인 싸움을 하지 않도록 늘 대화와 따뜻한 마음으로 남편을 맞이하도록 가르침을 받았다. 거의 중앙의 재정적 지원 없이 전개되었기 때문에 이 운동의 규모나 지속성은 큰 성과가 없었다. 그러나 이 운동은 1930년대 중반의 생산성 향상운동과 관련하여 여성을 동원하는 전략의 일부로서 '모성 상'을 더욱 강화하는 목적에 기여하였다.

스탈린 시대 여성은 해방되었을까? 혹은 여성의 산업노동의 참가는 그녀에게 독립적인 지위와 삶의 복지와 건강 면에서 향상시켜주었을까? 사회주의 산업화 현장에서 소비에트 여성은 '일할 권리'와 '일할 기회'를 가졌다. 그러나 사회적으로나 가정적으로나 강한 '모성상'의 이미지 하에서 거칠고 위험한 중공업 공장에서 일하는 동시에 가사노동과 육아의 부담을 전적으로 동시에 져야했다. '일하는 여성'이나 '일하는 모성상'을 위한 사회적 용역은 수요에 압도적으로 미치지 못하였다. 일하는 주부여성에게 필수적인 탁아 시설, 공동 취사 시설은 태부족이었다. 전반적으로 여성들의 노동량은 과중하였다. 식량이나 가옥을 비롯하여 삶의 질은 비참하여 결코 적정 수준에 미치지 못하였다. 여성이 가사 일을 전담하는 것은 국가나 공동체 그리고 남자들에게는 큰 이익이 되었다. 그 때문에 소비에트 국가와 당은 여성의 가사노동은 사회적으로 유용할 뿐만 아니라 저렴한 노동이라는 점을 철저하게 활용한 셈이었다.

스탈린 시대 여성의 지위상 상승의 변화가 있다해도 사회주의 체제에 의한 혜택이라거나 이념에의 열정의 결과라고 보는 것은 정확한 설명은 아닐 것이다. 또한 지위상승이 일어났다해도 여성들이 적극적으로 국가 정책에 협력했다는 말로 설명될 수 없다. 차라리 살아남기 위한 여성들 자신의 필사적 노력으로 보는 것이 더 타당하다. 여성의 대규모 산업 노동의 참가는 그 대가로 독립이나 해방이 아니라 '우상화된 모성 상'을 찬미 받는 것으로 끝나고 말았지만 말이다.

9장 페레스트로이카, 여성은 해방되었는가
- 고르바쵸프의 '모성 상'의 이중성 -

1. 소비에트 사회주의와 페미니즘

사회주의 건설이라는 '높은 장벽'을 오르던 러시아는 1980년대부터 고급 기술력이 떨어지고 생산성이 두드러지게 하락하기 시작했다. 결국 이를 해결하기 위해 소비에트 정부는 구조개혁이라는 페레스트로이카를 단행했다. 페레스트로이카 시대에 러시아 여성은 과연 자유를 얻고 해방되었을까? '여성이 자유롭고 행복하면 그 사회는 좋은 사회이다'라는 말은 여성의 해방이야말로 인간의 내밀한 자유화의 최종적인 가장 마지막 단계에 해당된다는 의미를 갖고 있다. 그만큼 여성의 자유는 인류에게 쟁취하기 어려운 복합적 요소들을 내포한다.

광의의 의미로 '여성 운동'은 여성의 권익을 증진하기 위한 운동을 의미한다. 이에 비해 페미니즘은 좀 더 급진적 사상으로서 모든 종류의 권위와 구속으로부터 해방 심지어 자기 몸, 육체(body)에 대한 사용의 자유, 섹슈얼리티의 자유까지 추구한다. 페미니즘 사상가들은 여성이 현대사회에서도 아직 정치 영역에서 뿐만 아니라 사회경제적으로나 문화적으로 성적 차별을 받고 있다고 본다. 이런 모든 차별은 결코 정당하지 못하며 근절되어야 함을 전제로 삼고 있다.[1] 페미니즘은 가정과, 직장 그리고 사회에서 모든 성적 불평등과 종속을 종지부 찍기 위한 사상이나 가치관을 내세울 뿐만 아니라 실천적 투쟁 운동을 포함한다. 페미니즘은 여성을 하나의 완전한 독립 개체이며 자신의 삶을 개선하기 위한 조직적 저항과 투쟁의 일원임을 강조한다.

잘 알려져 있듯이 투쟁적 페미니즘은 역사적으로 크게 세 단계를 거치며 발달해 왔다. 최초의 단계는 시민적 정치적 자유(liberty)를 추구한 19세기의 자유주의적인 개혁적 페미니즘으로 불린다.[2] 두 번째 단계는 사회주의적 페미니즘으로서 사회계급의 종식과 더불어 경제적 일(work, job)의 기회와 대가에 대한 평등을 추구하였다.[3] 그리고 마지막 단계는 1970년대 급진적 페미니즘으로 불린다. 오늘날 전 세계에 확산되고 있는 급진적 페미니즘은 여성의 종속과 차별의 가장 궁극적 요인을 자본주의 제도보다 가부장제에 두고 이것의 완전한 철폐를 주장한다. 그후에 비로소 인간의 삶의 모든 영역 즉, 정치적 권리, 사회경제적 지위, 가사노동의 측면뿐만 아니라 성적 행위, 섹슈얼리티의 영역에서도 완전한 평등이 달성되리라 보는 것이다. 급진적 페미니즘은 삶의 가장 구체적이고도 내밀한(intimate) 영역인 성적 행동의 주체로서, 즉 자신의 몸(body)에 대한 자기 결정권까지 강조하고 있다.[4] 이 논리에 따라 유럽 각국에서는 심지어 매춘을 직업의 권리로서 요구하는 법안이 통과되기도 하였다.

러시아에서 여성운동은 위에서 열거한 여성 운동의 모든 단계를 19세기 말의 짜리즘 시대부터 소비에트시대를 거쳐 오늘날에 이르기까지 극히 짧은 기간에 한꺼번에 다 체험하였다.[5] 그러나 아직도 역사는 여전히 끊임없이 다음과 같은 물음을 제기한다. 소비에트 사회주의 질서에서 '여성은 해방되었는가?' 라는 물음이다. 19세기 말 전제정에 대항한 지하 혁명 활동 시절 많은 지식인 출신 여성들이 볼셰비키의 혁명 운동에 참여한 것은 널리 알려져 있다.[6] 그러나 정작 볼셰비키는 '페미니즘' 그 자체를 '부르주아적' 철학으로 간주하고 여기에 협조하지 않았다. 대신 볼셰비키는 여성의 평등은 오직 프롤레타리아 혁명에서만 가능하다고 보았다.[7]

1917년 혁명에 승리 한 후 신생사회주의 국가를 수립하는 단계에서 볼

9-1. 알마나크 조직의 지도자 타찌아나 마마노바

셰비키와 소비에트 정부는 여성 집단과 여성 지식인들로부터 여성의 사회적 평등과 지위 개선을 강력하게 요구받게 되었다. 이에 레닌은 '여성문제'라는 주제 하에 1919년 공산당 산하에 <여성국>(제노쩰, Zhenotdel)이라는 특수 기구를 창설하여 이 문제를 전담하게 하였다. 네프 시대에 제노쩰은 세계에서 유래가 없을 정도의 진보적인 여성관련 법안을 통과시키고 실천하는 역할을 수행했다. 제노쩰은 맨 먼저 여성들에게 이혼을 보다 용이하게 한 '이혼법,' 결혼에서의 법적 평등과 자녀의 양육의 의무를 남녀 공동으로 분담하게 하고 이혼 수당의 권리를 주게 한 '가족법,' 그리고 '여성고용관련법' 등을 전격적으로 수립하였다. 적어도 이론상으로 직장과 가정에서의 여성의 평등권을 위한 기초 발판을 마련하였던 것이다.

그러나 <제노쩰>(여성국)은 1930년 스탈린의 집권 시기에 남성들로부터 많은 반발을 받았다.[8] 1923년 급진적 페미니스트이면서도 볼셰비키당 여성 지도자였던 알렉산드라 콜론타이는 정부가 사회주의 단계보다 더욱 나아 간 급진적 페미니즘의 가치를 수용할 것을 강조하였다. 그러나 그녀의 주장은 전적으로 무시되었다. 유럽에서 가부장적 전통이 가장 강력하였던 러시아에서 가족구조, 사회 노동, 성적 자유 등을 요구한 콜론타이의 사상은 늘상 혁명 정부의 정치 기구 고위 지도자들로부터도 경멸과 불신 심지어 조소의 대상이 되곤 하였다.

스탈린은 1930년대 산업화를 위한 노동 동원령과 함께 산업현장에서 여성노동을 전격적으로 활용할 것을 결정하였다. 그는 소비에트에서 여성문제는 전부 해결되었다고 선언하였다. 동시에 <여성국>(Zenotdel) 기구 자체를 완전히 폐지할 것을 지시하였다. 그 대신 그는 일하는 여성의 모성을 보호한다는 미명하에 인구 증가를 위해 이혼을 다시 어렵게 만든 <1936년 새 가족법>을 선포하였다.[9] 결국 소비에트 여성은 법적 용어, 정치적 수사 이상의 실질적 평등을 쟁취하지는 못했다. 스탈린 시대에 강조하던 '모성 상'의 이념은 여성의 지위를 보호하기 위한 것이라기보다는 여성을 노동에 동원하고 노동자 가족의 안정을 위한 겉포장의 역할을 하였다는 비판을 면하기 어렵다.[10] 이제는 소비에트내의 어떤 언론에서도 '가부장제' 혹은 '페미니즘'이라는 용어는 위험하고도 무서운 '사보타쥬' 혹은 '반역'에 가까운 반체제적인 용어로 타부시 되었다. '페미니즘'이라는 단어는 언론에서 일체 사용할 수 없는 용어였다.[11]

소비에트 시대에 전반적으로 러시아 여성은 일종의 '제 3의 성'이었다. 여성은 상상하기 어려울 정도의 과중한 노동의 의무와 육아와 가사노동이라는 이중, 삼중의 부담을 져야 했다.[12] 호루시쵸프 이후 스탈린을 비판하는 분위기 하에서 다시 <소비에트여성위원회>(Zhenskom)를 부활시켰다. 그러나 이것은 결코 여성의 입장에서 활동하는 기구가 아니라 여성문제에 대한 당의 공식적 입장을 대내외적으로 선전하는 기구에 지나지 않았다.[13]

이처럼 항상 러시아 여성의 현실적 지위와 당의 이념 사이에는 심한 갭이 존재한다. 이 사이 1970년대 말 갑자기 용감하게 여성문제에 대한 비판이 러시아 국내에서 등장하였다. 이 저항의 중심은 <알마나크, Almanac> 모임으로 알려져 있다.[14] 이 조직은 사회주의 혁명 이전에 존재했던 러시아 페미니즘의 부활이라기보다는 동시대 서구의 영향을 받은 바가 더 컸다. 호루시쵸프의 '해빙'에 의하여 동유럽 국가에서 확산된 '프라하의 봄'이 갖고 온 자유화의 물결에 자극을 받은 것이었다. <알마나끄>의 중심 인물이었던 타찌아나 마마노바(Tatiana Mamonova, 사진)와 동료들은 곧 공산당의 탄핵을 받았다. 이 조직의 일원들은 대부분 가차 없이 체포되거나 추방당하였다.[15] 이리하여 러시아에서 자생적으로 발생한 급진적 페미니즘 운동의 조류는 더 이상 발달할 기회를 갖지 못하고 간단히 싹이 잘리고 말았다. 그러나 완전히 사라진 것은 아니었다. 알마나크의 활동가들 일부는 지하로 숨어 들거나 아니면 해외로 망명의 길을 떠났다. 이후부터 페레스트로이카까지 소비에트에서는 공식적으로 '여성 문제'의 존재를 언급하는 것 자체가 불경스러운 일이 되었다.

마침내 1985년 고르바쵸프가 공산체제의 구조개혁이라는 역사적인 페레스트로이카 개혁을 표방하였다. 그는 무엇보다도 경제를 살리기 위해 독립채산재와 시장경제를 허용하고 공산당과 국가기구를 분리하고자 했다. 고르바쵸프는 개혁에 반대하는 보수적인 기존 공산당의 저항에 맞서고 개혁의 지지 세력을 확보해야 했다. 이를 위하여 지금껏 감추어왔던 정보의 공개와 언론의 자유 즉, '글라스노스찌'를 선언하였다. 글라스노스찌는 갑자기 러시아 '여성 문제'에 관한 논의에 커다란 자극을 주기 시작했다. 1987년부터 각종의 언론 매체에서는 지금까지 도저히 언급할 수 없었던 금기시된 '여성 문제'의 주제들, 여성의 노동 조건, 여성과 부인병의 의료실태, 유아사망, 낙태, 피임, 성폭행, 매춘, 가정폭력 등의 숨겨진 문제가 수면위로 떠오르게 되었다. 이것은 충격적인 사실들을 폭로하고 알리기 시작하였다. 이 논의는 여성 문제에 대한 소비에트 정부와 당 자체의 태도에 대한 신랄한 비판을 전개하는 것으로 비화되었다.[16]

특히 글라스노스찌 이후 러시아 여성들은 용감한 행동주의적 투쟁의 잠재력을 보여주었다. 정치적으로 자유 의회주의의 가능성이 나타나자마자 곧, 1991년, 1992년 두 차례에 걸쳐 모스크바에서 러시아 지식인 출신의 여성들은 <전러시아여성대회>를 개최하였다.[17] 심지어 여성들은 정치 정당 활동을 개시하여 1993년 <여성 블록, Zenskii Blok>당을 조직하였다. 이들 여성모임은 세계가 놀랄 정도로 총선에서 커다란 승리를 거두었다.[18] 이 외에도 페레스트로이카 이후 10여 년 동안 러시아 여성들은 수백 개에 달하는 자치적인 여성 조직과 각종 연합을 대거 형성하기 시작했다. 정당결성 이외에도 무수한 민권 사회 조직과 여성 중심적인 문화운동 등을 광범위하게 전개하면서 잠재력이 큰 새 사회세력으로 등장했다.[19] 어떻게 이런 변화가 가능했을까?

페레스트로이카 이후 러시아 여성운동의 이러한 폭발적인 성장은 세계 현대 여성사에서 명백히 중요한 성과로 꼽힐 만한 것이었다. 그런데 이 운동은 현대 서구의 급진적 페미니즘 운동과 비교해 볼 때 매우 상이한 성격을 보이고 있다.[20] 우리나라에서는 아직 이 분야에 관한 관심이 희박하다. 따라서 본 장에서는 먼저 페레스트로이카 이후 러시아 여성 운동의 발달 요인을 간략히 살펴보고, 이 운동의 급격한 성장의 원인이 어디에서 비롯되는 것인지, 서구 급진적 페미니즘과 어떤 차이점이 있는지 살펴 보자.

2. 페레스트로이카와 '가정으로 돌아 가시오'

러시아 공산당 역사상 가장 개혁적 인물로 알려진 당 서기장 고르바쵸프는 1988년 여름 <전소당협의회>에서 페레스트로이카를 선포했다. 또 그는 장차 <여성 문제>에 관하여 획기적 논의를 시작할 것이며 <여성소비에트회>(젠소베뜨, Zhensovety)[21] 의 형태로 대중적 여성 기구를 부활시킬 것을 약속하였다. 그는 다음과 같이 선언하였다.

> 나는 국가적 중요성을 띄고 있는 또 다른 주제를 거론하고자 한다. 그것은 바로 '여성 문제'이다. 과거 우리는 여성 문제가 다 해결되었다고 공표해 왔다. …그러나 러시아 여성은 아직도 그들의 권리를 저해하는

장애요소에 대하여 큰 불안감을 가지고 있다.…[22]

그러나 이 약속에도 불구하고 페레스트로이카 시대 러시아의 대다수 최고 지도부의 남성들은 전혀 우호적이지 않았다. 오히려 적대적인 것으로 드러났다. 막상 남성들의 저항에 부딪히자 점차 고르바쵸프는 공식 선언과 달리 여성들의 구체적 문제를 해결하는 데 있어서는 조금씩 후퇴하면서 우유부단한 입장을 보였다. 페레스트로이카 선언 이후 러시아는 경제구조 개혁과 시장 경제를 도입한 이후 대량 실업 상황에 부딪혔다. 고르바쵸프는 그의 태도를 바꾸기 시작했다. 고르바쵸프는 러시아 여성들에게 '어머니와 자녀양육자'로서의 역할을 무엇보다도 우선시해야 할 것을 강조하였던 것이다. 1988년 제29차 당 대회에서 그는 원칙적으로 여성이 정부기구에서 일할 기회를 확대할 것을 약속했지만 동시에 페레스트로이카 이후에 여성들에게 '순수한 본연의 역할', 즉 '가정과 가족에 대한 의무'를 되돌려주는 것이라는 기본 원칙을 최우선 순위에 올려야 한다고 주장한 것이다.[23] 그와 정책가들의 '가정으로 돌아 가시오'라는 새로운 표어는 러시아의 전통적 가부장적인 보수 세력의 가치관과 너무도 잘 맞아 떨어지게 되었다. 이 선언은 일견 그럴 듯해 보이지만 커다란 위선과 양면성을 보이는 태도였다. 당시 민족주의적이며 보수적 작가 라스푸틴의 말을 통해 이 모습을 살펴보자.

> 러시아 여성은 (지금까지) 그들의 '공적 중요성'으로 인해 길을 잃고 있었다. 그들은 고대 이래 인류를 문화적으로 돌보던 조용한 의무로부터.. 해방되어 온 것이다.[24]

이 얼마나 위선적인 말인가. 심지어 반 러시아적 민족주의 분위기를 타기 시작한 우크라이나의 보수파들은 더욱 심하게 여성운동을 조롱했다. '여성 해방'이란 가증스러운 '소비에트의 유산'이며 이것이 가정에서의 여성의 고유한 임무를 치욕스럽게 만들었다고 주장하면서 다음과 같이 비판하였다.

> 우리들은 여성에게 전통, 관습과 문화에 대한 세습적 정보의 전달자로서의 그녀의 사회적 역할을 되돌려 주어야 한다.[25]

이 표어가 겉으로는 은혜로운 것 같지만 실제에서는 매우 어이없는 위선적인 이중성을 내포하고 있었다. 막 시장경제로 전환하고 자유경쟁체제에 돌입한 러시아 경제 구조에서 이 표어는 여성들에게 치명적인 것이었다. 왜냐하면 '가정으로 돌아가시오' 표어는 새로 개방한 시장에 맞추어 기업을 창설한 고용주들에게 기존 여성 근로자를 쉽게 내쫓을 수 있는 빌미를 제공하였다. 실질적으로 직장에서 성적 차별과 불평등을 심화시키는데 철저하게 활용되었다.

페레스트로이카와 시장경제 도입 이후 러시아 여성들은 감당할 수 없는 자본주의적 경제적 시련에 전면적으로 노출되었다. 그녀들은 대량 해고와 실직, 국가보조금의 중단, 자녀양육비용, 교육비의 폭등과 가사의무의 전담, 치솟는 인플레이, 증가하는 가정폭력, 포르노 산업의 공세로 첫 번째 희생자 대열에 서게 되었다. 오직 경쟁에 기초를 둔 자유주의 시장경제는 대다수 러시아 여성을 완전히 빈곤한 주변 세력으로 밀어내었다. 소비에트 시절과는 달리 고용이 전혀 보장되지 못한 자본주의 질서에서 여성에게 '일'과 '모성'은 더 이상 자유롭게 선택할 수 있는 문제가 아니었다. 매일의 생존을 판가름하는 문제로 변하고 있었다. 여성들은 절망 속에서 다음처럼 말하였다.

> 내일은 우리에게 무슨 일이 일어날까? 우리는 살아남을 수 있을까? 어떻게 해야 이 시장경제에 적응할 수 있을까? 남자와 비교해서 우리들은 제일 먼저 해고된다. 이제 직장을 구한다는 것은 도무지 불가능하다.[26]

모스크바와 여타 대도시에서 여성들의 압도적 다수가 대량 해고의 상태로 내몰렸다.[27] 전통적 가부장제 가치관과 경쟁 체제가 부활함에 따라 특히 어린이를 가진 젊은 여성과 지식인 출신의 중년 여성이 가장 심한 곤경에 빠지게 되었다. 예를 들어 엔지니어, 경제학자, 회계사, 강사, 연구소 임원들 여성들은 맨먼저 첫 번째 희생자가 되었다. 그 다음 어린이가 있는 여성을 고용하는 것은 경영상으로 고비용이 든다고 간주되었다. 그녀들은 해고의 손쉬운 대상이 되었다. 고난도의 컴푸터 기술을 요하는 생산의 불리한 조건, 기술 자격 미달로 여성들은 유급 직장노동보다도 무급 가사 노동으로 밀려났다.

'가정으로 돌아가시오' 표어는 여성에 대한 차별적인 정책을 정당화시켜 주었다. 70여 년간의 사회주의 체제의 생산현장에서 살아 온 러시아 여성들에게는 경제적으로나 심리적으로 적응할 준비가 전연 되어 있지 못했다. 실직상태에 빠져 부양할 능력을 상실 여성들은 남편으로부터도 학대받았다. 가정 속의 인질이 되어 불행한 지위에 놓이게 된 것이다. 노동시장은 다시 불평등한 젠더 구분에 따라 쪼개어졌고 저임금 직종은 여성의 것이 되었다.

1991년 7월 소련의 통계청의 자료에 의하면 실직자의 70%~80%가 여성이었다. 여성 실직자가 남성 실직자의 네 배에 해당된다.[28] 실직자의 90%가 고등교육, 혹은 중등교육 이상의 배경을 가진 경우였다. 그 중에서도 다수가 여성이었다. 실직자의 10%는 육체 노동자들이었다. 여성 실직자의 69%는 빈곤 이하 생계수준에 빠졌다.[29] 페레스트로이카 전환기 동안 여성의 임금은 평균적으로 남성의 70%에 지나지 않았다. 동일한 직종에서 일하는 여성의 80%가 남성보다 낮은 임금을 받았다. 역설적으로 러시아에서는 고등교육 졸업자 중에서 여성이 차지하는 비율이 매우 높았기 때문에 직업상 여성이 받을 타격은 더욱 커지고 있었다. 러시아의 생산력은 점점 더 하락하였다. 1999년의 국가총생산 (GDP)은 1989의 수준의 58%였다. 2000년 봄 임금노동자들의 월 평균 임금은 2,038 rubles (미화기준 달러 71)의 수준이었으나 2000년 약 41%의 인구가 월 1,138 rubles (미화 기준 달러 40)로 살아가야 했다.[30] 이 얼마나 참담한 상황이었는가?

경제 재편 선언에도 불구하고 여성들의 중, 소규모의 기업을 창업하려는 노력은 거의 지지 받지 못했다. 시장 경제가 도입되자 희한하게도 여성들의 출세에 대해서 부정적인 시각을 갖는 러시아의 가치관이 다시 부활했다. 사실 과거 정부와 당내에서도 노멘클라투라 서열 안에서 소위 '철의 여인'의 수는 극소수였다. 그나마 존재하던 소수의 고위 당직 여성들은 선출된 것이 아니라 당 고위에서 정책적으로 지명한 인물들이었기 때문에 여성들은 자율성을 거의 갖지 못했다. 상부의 최고 책임자에게는 절대 복종해야 했다. 서구에서도 마찬가지였지만 고위층으로 갈수록 여성이 소수였다. 러시아에서 성적 차별은 더욱 심하였다. 여기에는 출세하려는 여성들에 대한 러시아 남성들의 부정적 선입견과 편견이 근본적 요인으로 작용하였다.[31]

공적 영역에서 여성의 지위 하락은 사적 영역이나 섹슈얼리티 영역에서도 끔찍할 정도로 전락하는 상황을 갖고 왔다. 구질서가 붕괴하자 남성 실직자는 종종 좌절과 불만 때문에 잦은 가정 폭력, 강간 그리고 성적 남용을 빈번하게 행하였다. 그러나 이 경우에 국가가 가정에 간섭하던 과거 소비에트 시절과 달리 아무도 이에 개입할 수 없었다.[32] 주변화 되고 하락하는 여성의 지위를 보여주는 또 다른 부정적인 현상 주의 하나는 매춘 여성의 증가였다. 타찌아나 마모노바도 이 점을 폭로하였다.

> 글라스노스찌 이전에는 매춘은 불법이었고 엄격히 금지되었다. 그러나 페레스트로이카 이후에는 도처에 매춘이 증가하고 있다.! 과거 시절에는 러시아 여성은 법률가, 교사, 혹은 의사가 되고 싶어 하였다. 그러나 지금은 그녀는 상류계급 남자들의 접대부가 되고 싶어 한다. 문제는 경제의 문제이다. 성 접대부가 하루 밤에 번 돈은 교사가 일 년에 번 돈보다 더욱 크다고 한다. 그러나 이것마저도 사실은 신화일 뿐이다.[33]

해외 성 산업시장에서 고등교육을 받은 러시아 여성이 증가하고 있다는 것은 공공연한 비밀이었다. 이것은 러시아 국내에서 여성의 인신 매매 현상을 가중시켰다.[34] 실제 1991~2005년 사이 신문, 잡지, 인터넷 상으로 버젓이 매춘을 선전하는 광고가 난무하였다. 어떤 여성은 빈곤을 못 이겨 또는 러시아를 벗어나기 위하여, 해외 성 산업에 취업하거나 혹은 서구 남성과 결혼하기 위하여, 위험한 조직 범죄 집단을 이용한다. 이 경우 많은 여성은 자녀와 가족의 부양을 위하여 매춘을 선택하였다고 고백하고 있다.[35] 성 매매업으로 전락한 러시아 여성의 고백을 들어 보자.

> 페레스트로이카 이전에는 나는 남자 없이도 혼자서도 가족을 부양하고 살 수 있었다. 그러나 지금은 국영기업은 문을 닫고 사기업은 연령을 35세로 제한하며 컴퓨터를 다루거나 외국어 능력을 가진 이들만을 채용하고자 한다. 우리는 사전 통고 없이 언제라도 해고 통지서를 받았고 생계 이협의 불안에 떨어야 했다. 나 개인으로 할 수 있는 것은 아무것도 없었다. 절망적이었다…[36]

이처럼 페레스트로이카는 여성에게 감추어졌던 '여성 문제'를 겉으로는 공개적으로 논할 수 있는 자유를 주는 반면, 또 다른 한편으로는 여성을 더욱 불리한 사회 경제적 지위로 전락시키는 이중적 역할을 행하였던 것이다. 그뿐만 아니라 국가 사회주의 체제가 붕괴하자 보수적인 남성지배의 가치관이 부활하였다. 겉으로는 '모성 상'을 존중한다고 하면서도 가정에서는 우월한 남성 권위가 더욱 강화되었다. 직장에서나 가정에서나 여성을 열등한 지위로 밀어내는 불평등한 성 차별의 행태가 완전히 복귀한 것이다.

3. 1993년 의회 선거와 정당 정치에 도전

페레스트로이카 이후 불리해진 사회 경제적 상황 속에 러시아 여성들 사이에서 한 가지 매우 놀라운 정치 현상이 발생하였다. 그것은 여성들이 의회주의 도입 이후 조직적으로 정당 정치에 도전한 것이다. 압도적으로 불리한 조건에도 불구하고 여성들은 정치적 행동주의를 보여주기 시작했다. 당시 당내 민주화에 대한 고르바초프의 선언에도 불구하고 실제로는 여성의 당, 관료기구에서 참여의 기회가 철저하게 위축되고 있었다. 그런데 여성들 사이에 이런 일이 일어난 것이다.[37] 이점을 자세히 살펴보자.

1988년 전 소련 내의 지역, 군 수준의 당 서기직에 여성은 겨우 전체의 7%를 차지하고 있었다. 중앙위원회에서 여성 대표는 4%를 차지하였다. 알렉산드라 비류코바(Alexsandra Biriukova)는 비록 단기간이었지만 최초로 1988년 당 최고위직인 정치국원(politburo)후보직에 있었다. 갈리나 세묘노바(Galina Semenova)는 정치국원 정위원이 된 유일한 여성이었다. 그나마 연방의 붕괴로 탓으로 이 사실도 큰 의미가 없게 되었다. 소비에트 인민대표회의가 형식상 하원격인 입법 권력기구로 전환하게 되자, 여성들은 대다수 기존에 차지하고 있었던 소비에트 기구 내에서 해고되었다. 여성의 세력은 급속도로 감소하였다. 1988~1989년 사이 헌법 개정으로 최고소비에트대표회의(The Supreme Soviet)를 하원(The Congress of People's Deputies)으로 개칭하였다. 1989년 소련은 최초로 복수 후보 선거를 실시하였다.[38]

새 헌법 하에 실시한 첫 의회 선거에서 러시아 여성은 큰 타격을 받았다. 왜냐하면 여성은 페레스트로이카 직전 1984년 최고소비에트 대표제에서는 33%을 차지하였으나 새 하원에서는 겨우 15.7%를 차지하였다. 또 여성에 대한 공식적 할당제는 폐지되었다. 1990년 러시아 공화국 의회 선거에서 여성의 비율은 후보자의 7.6%를 겨우 차지하고 있었다. 선거 이후 하원에서는 개혁 이전의 35.3%에 비하여 5.4%로 감소하였다. 여성의 정치적 역할은 참담할 정도로 전락하고 있었다. 다당제 선거에서 대부분의

9-2. 알레브찌나 페둘로바, 1992년

정당들은 개혁적 성향이든, 반동적 성향이든 모두 다 '여성을 가정으로 돌려보내라!'라고 선전하면서 여성을 공적 생활에 포함시키는 것에 적대적 입장을 취하였다.

일상의 가사노동의 부담과 절망적인 생활난 때문에 대다수 여성은 도저히 정치생활에 참여할 수 없었다. 또한 남성 지배를 찬양하는 전통적 가부장제 정치문화가 빠르게 부활하면서 유권자들은 아무도 여성후보를 지원하지 않았다. 첫 선거에서 여성의 패배의 또 다른 근본 이유는 선거법 그 자체에서도 기인하였다. 소선거구제의 절차는 선거 재원이나 홍보 수단을 갖지 못한 여성들에게 매우 불리하게 작용하였다.

이 모든 난관에도 불구하고 페레스트로이카 이후 러시아 연방에서 실시된 다당제 의회 선거는 여성들의 행동주의를 위한 기폭제로 작용하기 시작했다. 구제도 하에서 오랫동안 공산당의 선전홍보 기구였던 소비에트여성위원회(Zenskii Sovets)에서 활동하던 지도부 여성들은 이 기구를 스스로 해체시키기로 결정하였다. 대신 그녀들은 스스로 새로이 <러시아 여성연합>(Soiuz Zhenshchin Rossii, UWR)으로 전환시키면서 여성의 권익을 위한 방향전환을 모색하기로 선언하였다. 지도자였던 조야 푸호바(Zoia Pukhkova)는 기존 러시아 정치지도자들의 가부장적인 태도를 맹렬하게 비판하는 데에 앞장섰다. 그녀는 대단히 용감하고 헌신적인 인물이었다. 새 자유주의적 의회선거제 도입 이후로 러시아 여성이 처음으로 공개적인 정치 의견을 표현한 사례가 되었다.

그녀의 뒤를 이어 1991년 좀 더 젊은 세대의 알레브찌나 페둘로바 (Alevtina Fedulova, 사진참조)는 <러시아여성연합>의 의장직을 계승하였다. 특히 그녀는 러시아 여성들은 스스로의 운명을 개선시키기 위해서는 무엇보다도 여성들이 정책 결정권의 지위에 포함되어야 하며 이를 위해서는 더욱 독립적인 정치세력으로 조직되어야 한다고 강조하였다. 여기서 우리는 러시아 여성들의 정치적 행동주의가 빠르게 성장하게 된 데에는 비록 할당된 대표직이었다 해도 과거 구 소련의 당과 소비에트 등 정치기구에서 활동한 경험이 큰 영향을 주었다는 사실을 부정할 수 없다.

1993년 9월 21일 러시아 연방 대통령 옐친은 공산당 세력을 약화시키기 위하여 의회를 강제 해산하였다. 그는 1993년 12월 새 헌법 하에 다당제 총선을 실시하였다.[39] 이 당시 거의 모든 러시아인들은 여성들이 의회에서 완전히 사라지게 되리라고 상상하였다. 그러나 전 세계가 깜짝 놀랄 만한 일이 벌어졌다. <여성블록당> (zenskii blok, 아래 선거용 포스터사진 참조)은 총 투표자 중의 13.5%의 지지율을 획득하였다.[40] 그 뿐만 아니라 하원에서 23석과 더불어 당 정당지지율 8.1%을 획득하였다. 이로서 다른 당의 여성후보자들의 당선과 함께 비례 대표를 포함하여 총 60명의 여성의원이 하원에 등원하였다.[41] 이 사건은 온 세계의 여성 운동가들을 놀라게 하였다.

과연 어떻게 해서 러시아 여성 정당이 예기치 않게 8.1%의 정당지지율을 획득할 수 있었을까? 무엇보다도 가장 큰 원인은 첫째, 페레스트로이카 이후 더욱 악화되어 가는 경제 상황이 여성들의 일상을 점점 고통스럽게 만듦으로서 여성들이 기존의 정치가에 대한 저항감을 표현했다고 볼 수 있다. 페둘로바는 <솔리다르노스찌>지에서 다음과 같이 진술하였다.

9-3. 여성 블록당의 선거후보자 포스터, 1993년

> 우리들은 더 이상 남성들이 여성 문제에 관해서 모든 것을 결정한다는 사실을 용납하기를 원치 않았다.[42]

둘째, 러시아 여성의 '모성 상'의 이념이 여성들의 조직과 정치에 깊은 영향을 미치고 있었다고 볼 수 있다. 러시아인들은 전통적으로 '위기 시대에 조국을 구하는 어머니' 이미지에 집착하는 강한 정서를 갖고 있다. 이것은 스탈린 시대 제 2차 세계대전 이후 사회 안정을 위한 선전용 이미지로도 사용되었다. 이 같은 이미지는 페레스트로이카 이후에도 그 영향력을 발휘하였다. 또 소비에트 말기에 1979년 최초의 시민운동으로서 아프카니스 전쟁 반대운동을 벌였던 반전 시민 조직인 <병사들의 어머니회> 조직을 여성들이 만들었다는 사건은 이러한 모성성의 문화를 잘 반영한다. 러시아 여성의 집단적 저항운동에서 모성성은 매우 독특한 정치적 기능을 행사했던 것이다.

셋째, 러시아 여성들은 과거 소비에트 국가가 만든 각종 정치적 조직들, 예를 들면, 노동조합, 소비에트대표회의, 당 조직, 각종 위원회 등등에서 다수가 동원되어 활동했던 체험을 갖고 있었다. 이것이 페레스트로이카 시대에 기초 풀뿌리 조직을 만드는 데에 크게 이바지하였다. 이 점은 서구사회의 페미니즘의 운동과 크게 다르게 작용하였다.

넷째, 러시아 여성의 정치적 행동주의에 선두에 선 대부분의 여성들은 고등교육을 받은 엘리트 출신의 여성이었다. 정당정치 참여 캠페인은 특히 지식인 여성들에게 큰 호소력을 가질 수 있었다. 왜냐하면 대부분의 다른 정당들은 여성의 후보 공천을 무시하였고 '여성 문제'의 쟁점화를 원하지 않았기 때문이다. 이런 이유로 <여성 블록>당은 1993년 총선에서 러시아 전체의 교육받은 여성들의 적극적 지지를 받았다.

그러나 의회 등단 이후 러시아 <여성블록>은 남성 주도의 정치권력 구조와 여성의 정치 참여에 대한 편견과 적대감 탓으로 의회활동에서 이루 말할 수 없는 많은 제약과 수난과 좌절을 당해야 했다. 특히 언론마져 여성들에게 적극적인 의사표현의 기회를 제공하지 않았다. 오히려 야유하거나 경멸하기가 일쑤였다. 이것은 대단히 불리한 사회적 조건이었다. 무엇보다도 여성들은 의정 활동에 필요한 재정적 지원을 도저히 확보할 수 없었다. 1995년 선거에서는 남성위주의 여타 정당들마져 여성의 표를 의식하기 시작하여 자체 내에서 각자 여성 후보를 공천하여 내세우기 시작하였다.

이로서 1995년 선거에서 여성들만으로 구성된 <여성 블록>은 이들 거대 정당과의 선거전에서 밀려 투표자의 9.8%의 지지율과 2개의 의석 밖에 획득하지 못했다. 전반적으로 각 정당에서 여성후보의 지명도는 증가하였으나 <여성블록>당 자체는 정당별 비례 대표를 얻을 수 있는 5%의 문턱을 얻지 못하였다. 점차 유권자들은 여성 후보 자체는 지지할 수 있어도 '여성 당'을 위한 투표는 득표에 불리하다고 생각하였다. 이 때문에 지지가 축소되었던 것이다.

그러나 결과적으로 1995년 선거의 패배에도 불구하고 <여성 블록>당의 유권자의 투표수는 1990년에 비해 지지율이 두배로 상승하였다. 또한 두 차례의 다당제 선거로 인하여 <러시아 여성> (Zhenshchiny Rossii) 조직은 남성주도의 권력 정치에 대한 도전의 촉매제로 작용하였다. 이것이 대부분의 다른 정당들도 정치에서 여성의 표의 중요성을 각성하는 계기가 되었음은 부정할 수 없는 사실이 되었다.

4. 풀뿌리 여성 조직의 성장과 한계

글라스노스찌 이후 러시아 여성들은 서구 세계의 NGO를 비롯하여 많은 비공식적인 다양한 시민적 운동기구와 접촉할 수 있는 기회를 가지게 되었다. 그 가운데에서 특히 서구의 급진적 페미니스트 후원그룹, 자치적 조직, 의식 계몽을 위한 기구, 일상생활 구호를 위한 기구들이 러시아에 대거 침투하여 왔다. 1985년 이후 러시아에 약 1,000여 개 이상의 비공식적인 여성관련 기구들이 폭발적으로 탄생하였다. 이들 조직의 다양성과 수적 규모는 전 세계를 놀라게 하고 있다.

어떻게 해서 러시아의 페미니스트 여성 기구들이 그처럼 빠른 속력으로 성장하게 되었을까? 또한 이들 조직은 어떤 성향이나 목표를 내세웠을까? 페미니즘, 특히 급진적 성향의 서구 페미니즘에 대해서는 어떤 입장을 취하고 있을까?

페레스트로이카 이전에는 러시아에서 페미니즘 자체에 대한 관심은 처음에는 몇몇 문학적 여성 지식들 사이만 나타났다. 그러나 아무도 '페미니즘'이라는 용어 자체를 사용하지는 못했다. '페미니즘' 사상이 엄격히 금지된 소비에트 풍토 하에서 그레코바(I. Grekova)와 바실레바(Larisa Vasileva)는 단지 소설 속에서만 여성 문제와 페미니스트적인 세계관을 다루고 있었을 뿐이었다.[43] 페레스트로이카 초기에 소설 속의 상황과 여성들 문제와 대화가 신문과 대중 매체에 전달되면서 페미니즘이라는 용어 자체가 처음으로 여론의 관심을 끌기 시작했다. 여기에 다루어진 여성 문제는 곧 여성 운동가들의 공개적 토론 주제가 되었고 여성들의 의식 각성에 큰 효과를 가져다 주었다.

러시아 여성들의 집단적 조직의 최초의 선례는 1980년대 중반에 아프가니스탄 전쟁 참전의 병사희생자를 추모하는 시위를 벌인 <병사들의 어머니회>(Gruppa Soldatskikh Materei)였다.[44] 이 조직은 세계를 놀라게 하여 그 후 노벨 평화상 후보에 올랐다. 곧 러시아여성들은 <가족 문제>를 다루는 조직을 만들기 시작했다. 이 가운데에 종교적 집단들, 각종 국가 정책에 저항하는 집단들, 또는 자유개혁을 지지하는 집단들, 또는 <33인 여성과 1인 남성 국제언론클럽> (33 Zhenshchiny i Odin Myshchina Mezhdunarodnyi Klub Pechati), <전환을 위한 여성들>(Zhenshchiny I Preobrazheniia), <중소 기업주 여성연합> (Konfederatsiia Delovykh Zhenshchin Rossii), <상뜨 뻬제르부르크의 대학여성연합>(Sankt-Peterburgskaia Organizatsiia Universitetskikh Zhenshchin)과 같은 전문적 여성조직들이 등장하였다.[45]

정보공개의 자유와 언론의 자유를 허용하는 글라스노스찌 정책이 통과되자 1991년 <자치조직과 결사에 관한 법>이 공표되었다. 공개적으로 페미니즘 용어를 사용하는 여성조직들이 생겨나기 시작하였다. 가장 유명한 경우가 후일 정치가로 변신한 A. 페둘로바의 <러시아여성연합>, A. 포사드스까야와 나데즈다 슈베도바(Nadezhda Shvedova)가 주창한 <젠더연구센터>(Tsentr Zenderskoi Izuchenii), 또 여기에 근거한 <독립여성포럼>(Assotsiatsiia Nezavisimogo Zhenskogo Foruma), 그리고 엘레나 에르쇼바(Elena Ershova)가 주도한 <여성연맹>, 엘레아노라 이바노바(Eleanora Ivanova)의 <가이야>(Gaia), 프롤로그(Prologue), <샤포>(SAFO), <전환과 여성>(Peobrazheniia i Zhenshchiny) 등이다.[46]

1991년 12월 페레스트로이카 개혁을 표방하던 고르바쵸프의 소련 연방이 최종적으로 붕괴하였다. 이후 기존 국가 기구로 존재했던 모든 소비에트 여성위원회는 사라졌다. 이를 대치한 가장 중요한 독립적 조직은 <러시아여성연합>이었다. 처음에 이 기구는 알레브찌나 페둘로바가 지도하였으나 곧 과거 <소비에트여성위원회>(Zhenskom)의 일을 맡던 조야 푸호바(Zoa Pukhova)가 계승하였다. <러시아여성연합>은 무수한 하위 기구를 가진 산하 조직이 되었다. 다른 독립적 여성조직들은 <러시아여성연합>을 아직도 국가 기구의 일부라고 보고 만족하지 않았다. 왜냐하면 이 기구의 연락망은 1994년에 창설된 미국-독립국가연합 컨소시엄 속의 공동조직이었기 때문이다. 서구의 기금과 지도부가 포함된 이들 컨소시엄은 곧 <여성연합>과 <독립여성포럼>의 회원들을 서로 불편한 관계에 놓이게 결과를 갖고 왔다.

<러시아여성연합>과는 달리 두 번째로 중요한 급진적 페미니스트 성향의 조직은 모스크바에 기반을 둔 지식인 여성들 중심의 <젠더연구센터>이다.[47] <젠더연구센터>는 원래 러시아 과학아카데미의 교수인 나탈리아 리마셉브스카야로부터 후원을 받던 젊은 여성 경제학자인 아나스타시아 포사드스까야가 주도한 연구조직이었다. 이 조직은 페레스트로이카 이후 러시아에서 처음으로 서구의 급진적 페미니스트들과 교류하였다. 이 조직에서 발렌티나 콘스탄찌노바와 다른 임원들은 <모스크바 성폭력피해자 구제센터>를 후원하기도 하였다. <젠더연구센터>는 1991년, 1992년에 두 차례나 페미니스트적인 관점에서 본 여성 문제에 관하여 국제학술대회를 개최하여 수백 명의 국내외의 여성운동가들을 모으는데 성공하였다. 이로부터 가장 기초적인 러시아 페미니스트들의 조직망을 구축함으로서 세계 페미니스트 여성연합으로부터 큰 관심을 받기 시작했다.[48] 그리하여 이 기구는 철저하게 국가로부터 독립된 성격을 표방하였다. 이 때문에 나중에는 <독립여성포럼> (Nezavisimyi Zhenskii Forum)으로 개칭되었다.[49] 페레스트로이카 이후 여성들 상호간의 의사소통의 기제가 결핍된 불리한 상황에서 이 대회는 여성 행동가들로 하여금 정보를 교환하고 연락망을 형성하는 데 크게 기여하였다. 바로 여기서 비롯된 접

축을 근거로 1991~1995년 사이 뻬쩨르부르크 출신의 페미니스트인 올가 보로니나(Olga Voronina), 모스크바의 아나스타시아 포사드스까야(Anastasia Posadskaia), 발렌찌나 꼰스탄니노바(Valentina Konstaninova), 타찌아냐 클리멘토바(Tatiana Klimentova)는 전문직 여성들로 구성된 페미니스트 성향의 연구 클럽인 <로투스 클럽> (LOTOS, Liga Osvobozhdeniia ot Obshchestvennykh Stereotipov)을 조직하였다.

세 번째로 중요한 독립적 여성 조직은 엘레나 에르쇼바가 지도하는 <여성연맹>(Liga Zhenshchin)이다. 물론 이 조직 역시 국가로부터는 독립된 조직이지만 <독립여성포럼>보다는 덜 급진적이다. <여성연맹> 기구는 1992년에 만들어진 여성들의 경제적 상호 자조운동이자 대중 조직이었다. 핵심 조직으로는 평범한 여성의 일상생활 보조를 목표로 하는 <가이야>(Gaia)가 맡았다. 회원자격은 모두에게 개방되어 있다. 이 기구는 <여성에 대한 모든 종류의 차별 철폐를 위한 유엔 대회>를 지지할 것을 선언하였다. 엘레나 에르쇼바는 다음과 같이 설명한다.

> 우리에게는 어떤 여성이라도 <여성연맹>의 일원이 될 수 있다. 정치적 견해, 사회적 시각, 페미니스트적인 입장들이 -좌파이든 우파이든- 아무런 제한을 두지 않을 것이다.

<여성연맹>은 여성들이 지방과 중앙정치에 참여할 수 있도록 협조하였다. 이를 위해서 이 조직은 특히 연방정부의 사회보장부, 대통령 직속 <여성과 가족 인구문제위원회 여성위원회>과도 협력한다.[50] <여성연맹>의 기초조직이던 <가이야>는 모스크바에서 시작되었으나 다른 도시에도 확산되어 많은 지부를 가지고 있다. 처음에는 <평화 연합>(Assotsiatsia mira)의 후원을 받았다. 점차 사단법인 조직으로 전환한 가이아는 독립적인 풀뿌리 기초 조직으로 발달하였다. 이 기구의 주된 기능은 여성들이 좀 더 나은 직업을 가질 수 있도록 후원한다. 예를 들면 아동 영어교육 프

로그램, 재봉기술훈련, 러시아 전통민속공예 예술(수예, 목공예 등) 배우기 프로그램 등을 제공하였다.

<가이야>는 여타 다른 자립운동 조직 보다 훨씬 더 성공하여 국제적인 기금과 후원을 받아내기도 하였다. 이 기구는 장차 전국적인 조직망을 만들 것을 목표로 정하고 있다. 또 이 조직은 단순히 자립자조 운동 뿐만 아니라 인권 운동과 환경 운동까지도 전개하였다. 동시에 <가이야>는 러시아 페미니즘과 전통 러시아적 가치를 위협하는 급진적 페미니즘 운동 사이의 갭을 메꾸기 위한 노력을 시도하기도 한다. 이를 위하여 <가이야>는 다른 여성조직과 항상 동등한 협력자가 되는 것을 목표로 삼고 있다.

위에서 언급한 주된 세 부류의 조직 이외에도 많은 여성조직이 있다. 상뜨 뻬쩨르부르크의 지식인 여성들인 올가 리폽스카야(Olga Lipovskaia)와 나탈리야 필로포바(Natalia Filipova)는 서구의 급진적 페미니즘 성격을 띠는 학술 및 연구 대회를 조직하였다.[51] 이것은 연구 모임이면서 동시에 실천적 운동기구이기도 하다. 그러나 러시아에서 자유로운 연구 활동에는 많은 제약이 뒤따르고 있다. 무엇보다 먼저 페레스트로이카 이후 러시아에서는 학자들의 봉급수준이 극히 낮음으로서 생계유지를 위하여 대학이나 연구소 직장을 포기할 수 밖에 없는 상황이 점점 증가하기 때문이다. 또한 출판 비용이 엄청나게 높아지면서 자유로운 연구 분위기가 도래했으나 출판 자체가 거의 불가능하여 페미니스트 여성학자들의 활동에 큰 좌절감을 주고 있다.

이외에도 무수한 풀뿌리 여성조직이 생겨났다. 가장 유명한 사례는 자녀문제와 가족 보호를 위한 조직으로서 <세계 러시아여성-어머니연합>(Medzdunarodnaia Assotsiatsiia Rossisskikh Zhenskiikh Materei)과 앞서 언급한 <병사들의 어머니회>(Kommitet Soldatskikh Materei) 조직이 이에 속한다. 경제적인 상황이 악화되면서 단기적인 목표에 더 중점을 두는 조직들이 급증하였다. <모스크바 여성 사회적 후원센터>와 <여성기업가협회>(Klub Delovykh Zhenshchin)가 대표적인 조직이다.[52] 이외에도 <전환> (Preobrazhenie), <자매들>(Sistrye), <조화의 클럽>(Klub Garmoniia), <창조> (Tvorchestvo), <소도시연합>, <국제기업개발연구소> 등은 일상 생활에서 여성들이 당면한 구체적 문제를 해결하기 위한 자치 조직들이다.

한편, 전문 직종에 종사하는 여성들의 자치기구도 발생하였다. <법조계의 여성>(Assotsiatsiia Zhenshchin Iuristov), <여성언론가협회>(Assotsiatsiia Zhenshchin Zhurnalistok), <여성영화연극감독인협회>(Assotsiatsiia Zhenskikh Redziccepov Filma I Teatra), <모스크바 레스비언문학예술인 조직>(MOLLI, Moskovskaia Organizatsiia Lesbianskoi Literaturi I Iskusstva). <페미니스트의 자유연합>(SAFO, Svobodnaia Assotsiatsiia Feministskoi Organizatsii)은 원래 페미니스트들의 소규모 조직이었다. 그 후 이 조직은 <페미니스트의 대안>(FALTA - Feministskii Alternativ)으로 이름을 개칭하였다. 이 조직은 공식적으로 등록된 최초의 자칭 페미니스트 기구가 되었다. <페미니스트의 대안>은 러시아 여성들을 위하여 의식계몽 운동을 전개하거나 세미나를 개최하였다. 또 이 조직은 자신들의 정기 간행 잡지로서 <페미니스트 정보>(Feminf)를 출판하고 있다.[53] 시장경제로의 전환기 동안의 경제적인 어려움 속에서 연락망을 구축하는 데에 큰 어려움이 따르지만 이처럼 러시아 여성 운동가들은 서로서로 고립되지 않기 위해 필사적인 노력을 하고 있다.

마지막으로 빼놓을 수 없는 중요한 여성조직의 유형은 주로 섹슈얼리티의 문제를 다루는 조직들이다. 대표적으로 <자매 성폭행 위기센터>(Sistro-Iznasilovanie i Krizis Tsentr)와 <모스크바 여성위기센터>(Moskovskii Krizis Tsentr dlia Zhenshin)가 이에 해당된다. 이들은 여성을 위기에서 보호하는 <쉼터> 운동, 성 폭행과 가정 폭행으로부터 희생자를 보호하는 운동을 위해 활동하고 있다.

이상에서 보듯이 우리는 짧은 시기에 러시아의 여성운동은 정말로 많은 갈래의 운동조직과 활동의 흐름을 만들어 내고 있음을 알 수 있다. 그런데 이 흐름은 자세히 살펴보면 크게 두 가지 범주, 즉 '실용적' 목표와 '전략적' 목표로 나눌 수 있다. 이것을 '내향적' 목표와 '외향적' 목표로 표현할 수 있다. 즉 전자는 개개인 일상의 생존문제를 다루는 것으로서 상대적으로 좀 더 즉각적이고 단기적인 사회 경제적 문제에 몰두하는 흐름이다. 이 조직들은 정치나 의회 로비 활동에는 그다지 큰 관심을 두지 않으며 여성들의 당면한 생존의 문제들, 예를 들면 사업기술과 훈련, 실직자 고용 센터, 직업알선기구, 자선복지센터, 편모 및 고아의 복지문제 등에 주력한다.

이에 비해 후자는 장기적이며 정치적, 문화적 세력을 형성하고자 하는 흐름이다. 러시아 여성학자들의 연구자 조직과 정치 정당의 형성을 위한 노력은 전략적 목표에 속한다. 그러나 이 흐름은 정치적 이념상의 성향이나 사상면에서 자본주의 경제체제나 사회주의 경제체제를 지지 혹은 반대하는 성향으로 결정하기는 어렵다. 그보다는 러시아의 전통적인 '가부장제'에 대한 투쟁을 가장 우선적인 목표대상으로 삼고 있다.

이런 일련의 풀뿌리 여성조직들은 서구에서 전개 되고 있는 급진적 페미니즘에 대해서는 어떤 입장을 취하고 있을까? 대체로 러시아의 일반 여성들에게는 아직도 서구의 급진적 페미니즘 사상에서 전개되고 있는 정치적 행동을 위한 전략이나 섹슈얼리티의 주요한 쟁점들은 큰 호소력을 얻지 못하고 있다. 페미니즘사상의 쟁점들은 아직도 단지 소수 젊은 엘리트 여성들의 연구주제의 수준에 머물고 있다. 근본적인 이유는 러시아에서 강한 보수적 가부장제 가치와 소비에트 시대 동안 볼셰비키 사상에서 보인 페미니즘에 대한 편견이 깊게 남아있기 때문이다. 러시아 사회에서 젠더 역할의 변화에 대한 논의는 아직도 큰 두려움과 경계심을 자아내고 있다. 심지어 지식인 여성들 사이에서도 페미니즘 사상은 보편적으로 수용되지 못하고 특히 급진적 페미니즘은 단지 생활수준이 높거나 사회가 발전되어 있는 서구에서만 적용되는 것으로 간주하고 있을 정도이다. 페미니즘에 대한 태도를 보여주는 것으로서 러시아 여성을 미국 등 해외로 보내려는 국제결혼 정보회사가 선전하는 이분법의 시각을 보면 매우 흥미롭다.

미국여성은 물질주의적이고, 이기적이며, 직업 지향적이며, 사치스런 생활이나 페미니즘에 물들어 있지만,… 러시아와 동유럽 여성은 더 아름답고, 여성스러우며, 전통에 복종하는 여성입니다.…[54]

다시 말해서 러시아 일반 여성들 사이에서 자유 의회주의 시대에 침투한 친서구적인 시각이나 자유주의적 세계관은 그녀들의 사회적 지위 개선을 위한 행동주의적 운동에 큰 용기와 자극을 주고 있지만 페미니즘의 용어나 사상 자체는 아직 전혀 대중적 기반을 갖지 못하고 있는 것이었다. 그 뿐만 아니라 급진적 페미니즘의 운명은 종종 러시아에서 존재하는 반서구적인 성향에 의하여 왜곡되는 매우 특이한 현상을 보이기도 한다. 1990년대 러시아에서 수구적인 성격이 강한 민족주의적 흐름과 전통적 분리주의적인 전통이 다시 등장하였다. 이들은 서구지향적인 관점을 공격하면서 동시에 '페미니즘' 사고를 '반민족주의적인 운동'으로 낙인찍고 노골적으로 혐오하는 태도를 보였다. 이들 수구파는 페미니즘 운동을 심지어 '러시아 여성을 서구에 팔아 넘기는 매국적인 행위'로 선전하기도 하였다.[55]

특히 1990년대 후반 포르노가 러시아에 침투하면서 공산당 지지자들, 민족주의자, 러시아 정교회는 페미니즘 운동을 정치적 속죄양으로 만들기 위해 맹렬한 노력을 하였다. 이들은 에이즈 방지와 피임에 관한 성 교육조차 러시아 청년들의 도덕을 타락시키거나 아니면 러시아의 전통적 가치를 파괴시키려는 유대인들과 <프리 메이슨>에 의한 음모로 매도하고 국가 안보를 해치는 것으로 적대적인 선전을 하기도 하였다.

아이들아! 신의 적들이, 곧 러시아의 적들이 수 백 년 동안 우리들의 모국을 불과 칼로 정복하려고 했다.!! 이제 아메리카인은 아메리카 인디안을 말살시키던 것과 꼭 같이.. 포르노, 콘돔, 피임약, 담배 그리고 보드카로서 우리 민족을 말살시키려고 한다!! [56]

이처럼 러시아의 일반적 성적 문화와 정서에는 여전히 서구 세계의 신문화에 대한 경계심이 강하게 존재한다. 이런 맥락에서 러시아 여성운동 전반은 서구 여성들처럼 급진적 행동이나 페미니즘 사상을 그다지 적극적으로 수용하지는 않았다. 단지 '여성 문제'나 여성들의 경제적 어려움을 해소하는 정도의 해결 방안에 머물고자 하는 소위 '러시아적 여성 운동'의 특성이 강하다. 그러므로 여성 운동의 풀뿌리 조직과 운동에서 페미니스트적인 운동보다는 '모성 상'이 강조된 활동이나 조직이 더 활발한 대중적 인기를 얻고 있는 것이다. 어느 한편으로 이것이 현재 러시아의 여성 운동이 극복해야 할 난제가 되고 있다. 언론들이 가끔 여성 문제를 언급하는 기사나 보고를 전달하지만 가정이나 사회에서 동등한 여성들의 권리를 인정하는 페미니스트적 시각을 쉽게 허용하지 못하는 것도 이 맥락과 상통한다.[57]

이런 불리한 상황이외에도 러시아 여성조직은 또 다른 약점을 가지고 있다. 아직도 많은 여성 조직들은 '여성 문제'의 해결을 위해서는 과거 소비에트 사회주의 체제 시절의 습성대로 국가가 온정적으로 후원하거나 돕는 전략을 바라는 경향이 강하게 남아 있다. 이것은 70여 년간 국가 권력이 모든 것을 결정하고 할당하는 데에 매달려 온 소비에트 체제의 전통에서 비롯된다. 개인의 자유와 창조성을 중시여기는 개인주의적 자유주의 세계관은 아직도 다수 러시아 여성에게는 낯선 것이었다. 혹자는 이런 이유로 러시아 여성 운동을 '러시아적 페미니즘'으로 규정하기도 한다. 인간다운 삶과 자유를 찾기 위해 '높은 장벽을 올라야' 하는 러시아 여성들의 역사적인 고난과 행보는 아직도 끝이 없는 듯하다.

주(註)

1장 - 1917년 러시아 10월 혁명은 사회주의적이었는가?

1. 본 장은 이정희, 『러시아 혁명과 노동자 - 기대와 갈등의 역사, 1917-21』(느티나무, 2003), 「제 3장. 10월 봉기에서 '노동자 관리'의 역할」을 크게 수정한 것임.
D. Koenker, *Moscow Workers and the 1917 Revolution*, Princeton, 1981; D. Mandel, *The Petrograd Workers and the Fall of the Old Regime: From the February Revolution to the July Days, 1917,* New York, 1983; *The Petrograd Workers and the Soviet Seizure of Power: From the July Days to July 1918,* New York, 1985; S. Smith, *Red Petrograd: Revolution in the Factories, 1917-18*, Cambridge, 1983.

2. A. M. Pankratova, *Fabzavkomy Rossii v borbe za sotsialisticheskoi fabriku*, Moscow, 1925; idem, *Fabzavkomy: Profsoiuzy v Revoliutsii 1917 goda,* Moscow. 1927; A. G. Rashin, *Formirovanie rabochego klassa Rossii,* Moscow, 1958; P. V. Volobuev, *Proletariat i burzhuaziia Rossii v 1917 godu,* Moscow, 1964; Z. V. Stepanov, *Rabochie Petrograda v period podgotovki i provedniia oktiabr'skogo vooruzhennogo vosstaniia,* Moscow, 1965; V. I. Startsev, *Ocherki po istorii Petrogradskoi krasnoi gvardii i rabochei militsii, mart 1917-aprel' 1918,* Moscow, 1970; A. G. Egorova, *Partiia i profsoiuzy v Oktiabr'skoi revoliutsii* 등이 주요 연구서들이다.

3. P. Avrich, *The Russian Revolution and the Factory Committees*, Columbia Univ. Ph. D. diss, 1961: J. L. H. Keep, *The Russian Revolution : A Study in Mass Mobilization,* London, 1976.

4. D. Koenker, *op. cit.*, 1981; M. D. Mandel, *op. cit.*, 1983, 1985; S. Smith, *Red Petrograd: Revolution in the Factories*, 1917-18, Cambridge, 1983; R. G. Suny, *The Baku Commune, 1917-18: Class and Nationality in the Russian Revolution,* Princeton, 1972; R. A. Wade, *Red Guards and Workers; Militias in the Russian Revolution,* Stanford, 1984; T. Hasegawa, *The February Revo-*

lution: Petrograd 1917, Seattle, 1981.

5. 『*Izvestiia*』, 『*Novaia Zhizn*』, 『*Znamia Truda*』. 회고록으로는 N. N. Sukhanov, *The Russian Revolution 1917*, trans, by J. Carmichael, 2 vols, New York, 1962; W. S. Waytinsky, *Stormy Passage,* New York, 1961; V. V. Chernov, *The Great Russian Revolution,* New Haven, 1936; V. V. Shulgin, *The Years: Memoirs of a Member of the Duma, 1906-17,* New York, 1984.

6. 이정희, 「러시아 급진주의의 형성, 1870-1914: 그 급진주의 전통의 사회적 기원」 영남대 『인문연구』 11:2, 1989, pp. 233-291.

7. R. E. Johnson, *Peasant and Proletarian: The Working Class of Moscow in the Late Nineteenth Century,* New York, 1976; R. E. Zelnik, *Labor and Society in Tsarist Russia, The Factory Workers in St. Petersburg, 1855-70,* Stanford, 1978.

8. P. Liashchenko, *History of the National Economy,* 1949, pp. 283-85.

9. J. B. Bater, "St. Petersburg and Moscow on the Eve of Revolution," D. H. Kaiser, ed., *The Workers' Revolution in Russia, 1917: The View from Below,* Combridge, 1987, pp. 20-58.

10. L. P. Haimson, "The Problem of Social Stability in urban Russia, 1905-14," *Slavic Review,* 23:4, 24:1, 1964-65.

11. S. Smith, 1982, pp. 5-6: M. D. Mandel, 1985, p. 44.

12. A. Rashin, 1958, p. 83 : R. J. Devlin, "Petrograd Workers and Workers' Factory Committees in 1917: An Aspect of the Social History of the Russian Revolution," Ph. D. Diss. State Univ. of N.Y., Binghamton, 1976, p. 10.

13. R. E. Johnson, *op. cit.*, Brunswick, 1979, p. 45; "Peasant Migration and the Russian Working Class: Moscow at the End of 19th Century," *Slavic Review*, 35:4, p. 658.

14. Z.V. Stepanov, *op. cit.*, 1965, p. 30. 수도의 뷔보르그 구역은 무기 금속공장, 기계설비 부분이 집중되어 있었고, 넵스키 구역은 조선공장과 기계설비가 집중되어 있어서 숙련공이 비교적 많았다. 모스크바 시의 외곽공장에는 피혁, 제화, 전기 부문이 많아 농촌출신 미숙련공이 압도적이었다. 그러므로 모스크바에서는 농민층 지지가 많은 사회혁명당이 다수를 이루었다. 이에 비해 수도의 중심가에서는 지적 노동자들인 인쇄공, 사무직 노동자들이 많아 공장위원회 위력은 약하고 대신 노동조합 활동이 강하였다.

15. 1914년 파업과 부문별의 비교

참가자	경제적 파업	정치적 파업
금속, 기계숙련공	87,773	661,426
섬유, 피혁미숙련공.	115,532	160,336

16. V. I. Meller and A M. Pankratova eds., *Rabochee dvizhenie v 1917 godu,* Leningrad, 1926. p. 16; M. G. Fleer, ed., *Rabochee dvizhenie v gody voini.* p. 4; I. P. Leiberov, "O revolutsionnykh vystupleniiakh Petrogradskikh rabochiikh v gody pervoi mirovoi voini i Febral'skoi revoliutsii", *Voprosy istorii.* No. 2. 1964, p. 65. 파업에서 숙련공은 정치적이고도 장기적인 목표에 중점을 두고 미숙련공은 단기적이고도 경제적인 목표에 치중하는 경향을 보였다.

17. J. H. L. Keep, *op. cit.*, p 26. pp. 41-65.

18. L. P. Haimson, *op. cit.*, pp. 632-42.

19. 2월 혁명은 1월 9일 '피의 일요일' 기념 시위에 이어 여성들의 '빵'요구를 위한 시위와 폭동에서 일어났다. 여기에 동조하여 페트로그라드 북부 산업 지대에서의 파업이 발생하자 곧 반전시위로 전환하면서 전 도시로 확산되는 요인이 되었다. 2월 23~26일 단 3일만에 미숙련공의 폭력적 파업에 이어서, 비노동계급인 사무직 노동자, 지식인, 대학생들이 합류하여 반정부 시위가 전개되었다. 20만의 까자끄 병사와 수도 요새지의 병사들이 동조반란을 일으키면서 곧 혁명으로 전환하였다. W. H. Chamberlain, *Russian Revolution*, 2 vols. 1953 *op. cit.*, vol.1, chap. 1. 4.

20. L. Schapiro, "The Political Thought of the First Provisional Government," R. Pipes, ed., *Revolutionary Russia,*1967, pp. 123-144.

21. O. Anweiler, "The Political Ideology of the Ledaders of the Peterograd Soviet in the Spring of 1917," R. Pipes, ed., *ibid.,* pp. 145-183; E. N. Burdzhalov, *Vtoraia russkaia revoliutsiia,* Moscow. 1967.

22. N. Sukhanov, *The Russian Revolution 1917*, New York, 1962, pp. 116-126 ; G. L. Shkliarevskii. "The Russian Revolution and Organized Labor," Ph. D. diss. Univ. of Virginia, 1985, p. 30.

23. M. Ferro, *The February Revolution of 1917,* London, 1972, p. 178; W. G. Rosengerg. *The Liberals in the Russian Revolution: The Constitutional Democratic Party. 1917-21,* Princeton, 1974 p. 178; D. Mandel, *op. cit.*, 1983, p. 68.

24. D. Mandel. *ibid.*, p. 30; O. Anweiler, *op. cit.*, 1967, pp. 145-60.

25. G. L. Shkliarevsky, *op. cit.*, pp. 298-367; M. Ferro, "The Aspiration of Russian Society," R. Pipes. *Revolutionary Russia,* 1967, pp. 183-209.

26. W. G. Rosenberg, *op. cit.*, 1974, p. 110. 권력배분에 관한 레닌의 입장은 벌써 4월 24-29일, 제7차 전러볼셰비키 당대회에서 나타난다. 이때 레닌은 자신의 본래 입장을 크게 수정하여 프롤레타리아에게 독재 권력을 이양해야 한다는 무정부주의에 가까운 원칙을 제시하였다.

27. D. Mandel, 1985, *op. cit.*, p. 84.

28. D. Mandel, *ibid.*, p. 58.

29. E. Hobsbawm, "Class Consciousness in History," I. Meszaros, ed., *Aspects of History and Class Consciousness,* 1971, pp. 5-21.

30. O. Anweiler, *op. cit.*, New York, 1974; M. Ferro, *October 1917: A Social History of the Russian Revolution,* London, 1980; R. A. Wade, *Red Guards,* 1984; T. Hasegawa, "The Formation of the Militia in the February Revolution: An Aspect of the Origins of Dual Power," *Slavic Review* 32:2, 1973, pp. 303-22; P. Avrich, *Russian Factory Committee*, 1961; I. I. Mint et als., eds, *Fabrichno-zavodskie kommitety Petrograda v 1917 g.*,1969; A. M. Pankratova, *Fabzavkomy Rossii v bor'be za sotsialisticheskuiu fabriku,* Moscow, 1923; V. A. Vinogradov, *Rabochii kontrol' nad proizostvom: teoriia, istoriia, sovremennost,'* Moscow, 1983.

31. 소비에트 조직은 위에서부터 조직을 장려하여 3월 1일이후 중앙, 각 시, 각 구별로 대표자 선

출과 집회가 이루어졌다. 공장위원회 조직은 수도 페트로그라드에서 가장 앞장서서 자생적으로 형성되었다. 대기업일수록 공장위원회 조직이 빨리 이루어졌다. 곧 29개의 공장위원회가 발생하였다. 페트로그라드의 대기업의 평균 고용노동자 수는 1,620명이었다. 모스크바에서는 기업당 평균 노동자수가 220명이었다. 최초의 공장위원회는 페트로그라드의 유나이티드 케이블 공장, 오부코브스키 공장, 페트로그라드 금속공장, 손튼 면직물공장, 트로이골니크 고무공장, 페트로그라드 파이프공장에서 조직되었다. 심지어 거대 기업이던 페트로그라드 금속공장 공장위원회는 구역 소비에트를 겸하였다.

32. S. A. Smith, "Craft Consciousness and Class Conseciousness: Petrograd in 1917," *History Workshop,* No. 11, 1981, pp. 33-56.

33. D. Koenker, *op. cit.*, p. 237.

34. D. Koenker, *ibid.,* pp. 238-252.

35. 3월 10일 협약은 노조의 일대 승리에 해당된다. 이때 고용주협회는 1일 8시간 노동제, 노사조정위원회의 설립, 공장위원회 조직 권한을 인정하였다. 1896년 파업 때 1일 11 1/2 시간노동에 비하면 엄청난 행보였다.

36. S. Smith, *op. cit.*, 1983, pp. 80-98.

37. P. Avich, *op. cit.*, 1963. pp. 161-78; J. H. L. Keep, *op. cit.*, 1976. pp. 67-78.

38. *Vpred.* 10월 5일, 1917.

39. 멘셰비키인 V. P. 그리네비치, N. 체레봐인, P. 가르비는 '노동자의 관리'를 자제하도록 호소하였다. 그러나 볼셰비키인 밀류찐, 지노비예프는 정부의 '국가 감독'에 만족할 수 없다고 맞섰다. 볼셰비키들은 상황에 발맞추어 오직 '노동자 관리'만을 지지하며 양 계급의 협조정책이나 노선을 일체 거부한다는 입장을 대대적으로 선전하였다.

40. D. Geyer, "Bolshevik Insurrection in Petrograd," R. Pipes, ed., *Revolutionary Russia*, 1987, pp. 42-28. 이는 마르크스의 「시민전쟁」의 개념에서 비롯되었다. Lenin, *Collected Works*, "Bellicose Militarianism and the Anti-Militarist Tactics of Social Democracy," vol. 15, pp. 196-198.

41. D. Mandel. *op. cit.*, p. 119. 정치권력에 관한 새로운 관심을 너무 과장할 수는 없다. 예를들면, 넵스키 공장위원회에서는 아직도 '소비에트 권력'의 구호에 과반수도 관심을 갖지 않았다.

42. D. Koenker, *op. cit.*, p. 118; D. V. Volobuev, *Ekonomicheskaia politika vremennogo pravitel'stva*, pp. 216-18, pp. 353-57.

43. 8월에 식량 배급수준이 25%로 감소되었다. 배급수준은 1일 1/2 파운드로 줄어들었다. 일일 최소한도의 필요량은 3/4 파운드였다.

44. M. D. Mandel, *op. cit.,* p. 149. 특히 랑겐찌펜 공장에서의 노사갈등은 대표적 본보기였다. 고용주의 비리, 사취에 관한 폭로는 그 외 보로닌 섬유공장, 소이킨 인쇄공장, 루스카야 유니버살 공장, 브렌너 공장에서도 연속적으로 나왔다.

45. G. Belkin, "Iz istorii bor'ba za rabochii kontrol," *Krasnyi arkhiv*, no. 21-3, (69-70), 1953, pp. 138-58; S. G. Strumilin, "Problemy ekonomiki truda," *Izbrannye proizvedeniia*, vol. 3, Moscow, 1964, pp. 318, 382. 490.

46. L. S. Gaponenko, *op. cit.*, p. 436; J. H. L. Keep, *op. cit.*, p. 75.

47. R. J. Devlin, *op. cit.*, p. 246.

48. D. A. Kovalenko., "Bor'ba fabzavkomy Petrgrada za rabochii kontrol' nad proizvodstvom," *Zapiski istorii,* vol. 61, 1957, p. 86.

49. 그러나 6월까지 노동자 관리의 시도는 84개 경우에 머물렀고 전체적 수자는 아직은 미미하였다. 그 중 24.5%만 생산 관련 문제에 관해서, 8.7%는 재정, 판매 분야에서, 24.6%는 노동조건에 관해서, 24.1%는 고용과 해고에 관해서, 7.5%는 공장내규 훈련에 관해서 개입하였다. 이런 것들은 대개 임시 상황에 의한 즉흥적 결과였고 정강이나 원칙에 의거한 것은 아니었다.

50. M. D. Mandel, *op. cit.,* vol. 1, p. 158.

51. R. I. Devlin. *op. cit.,* pp. 250-53.

52. V. A. Vinogradov, *op. cit.,* 1983.

53. V. I. Lenin, *State and Revolution,* New York, 1932, pp. 15-21.

54. D. Koenker, *op. cit.,* p. 215.

55. I. P. Zuberkin and M. S. Koloditskii, "Moskovskii soviet rabochikh deputatov nakanune okt'iabria," D. Koenker, *op. cit.*, p. 217, 인용.

56. G. J. Gill, *Peasants and Government in the Russian Revolution,* 1979, pp. 132-170.

57. '인민주의'의 개념에 관해서는 이정희, "19세기 후반 서구사회와 러시아 인민주의 운동," 영남대, 인문연구, 13:2, 1991.

58. D. Mandel, *op. cit.*, p. 234; "The Working Class and Intelligentsia in 1917," *Critique*, no. 14, 1982, pp. 67-87; *Proletarii*, 8월 17일, 1917.

59. D. Mandel, *op. cit.,* p. 253.

60. G. L. Shkliarevskii, *op. cit.,* 1985, pp. 298-368.

61. M. Brinton, *The Bolsheviks and Workers' Control,* 1975, pp. i~iii.

62. V. Selnitskii, *op. cit.,* 1971, p. 200.

63. *Ekonomicheskie Polozhenie,* II. pp. 36-44; D. Devlin, *op. cit.,* p. 128, 인용.

64. J. H. L. Keep, P. Avrich, M. Lewin 이 대표적 사가들이다. 제 4차 공장위원회대표자회에서 비로소 무정부주의자였던 볼린의 제안대신 볼셰비키인 밀류찐의 '중앙 관리권' 노선이 승리하였다.

65. 완전한 공장인수를 원한 경우는 거의 드물었다. 다만 브렌너공장, 루카찐공장, 레스피라토르공장에서 고용주의 추방 이후 공장을 공장위원회와 구역 소비에트의 공동관리 하에 두도록 정부에 탄원하였다. 그러나 이 경우에도 재정 고갈, 연료결핍 때문에 정부가 파견한 전문 경영진과 협조하는 방안을 택하였다.

66. V. I. Lenin, *Collected Works,* vol. 25, pp. 44-45.

67. D. Mandel, *op. cit.,* vol. I, p. 280.

68. D. Devlin, *ibid.,* p. 280.

69. Egorova, "Rabochii Rossii," p. 177, D. Devlin, *op. cit.*, p. 246. 인용.

70. M. I. Mitel'man i drugie red., *Rabochii control,* 1947, p. 166.

71. 이 문제에 가장 적극적인 경우는 비보르크 구역의 공장, 푸찔로프공장, 파트론니 공장, 트루보츠니 공장, 이죠르스크 공장의 공장위원회였다. Kovalenko, *op. cit.*, p. 110; Z. V. Stepanov, *op. cit.*, pp. 303-8.

72. P. Avrich, "The Bolshevik Revolution and Workers' Control," *Slavic Review*, 22:1, 1963, pp. 47-63; G. L. Shkliarevsky, *op. cit.*, chap. 10.

73. A. Rabinowitch, *Bolsheviks Come to Power,* 1978.

74. Z. Stepanov, *op. cit.*, 1965, pp. 46-47; A. Rabinowitch, "The Petrograd Garrison and the Bolshevik Seizure of Power," B. Nicholaevsky, ed., *Revolution and Politics in Russia*, Bloomington, 1972, pp. 172-191; D. Geyer, "Bolshevik Insurrection in Petrograd," R. Pipes, *Revolutionary Russia*, pp. 209-228.

75. W. G. Rosenberg, "The Democratization of Russian Railroads in 1917," *American Historical Review*, 85:5, 1981, pp. 983-1008; idem, "Workers's Control on the Railroads and Some Suggestions Concerning Social Aspects of Labor Politics in the Russian Revolution," *Journal of Modern History*, 43:2, 1977, pp. D. 1181-1219.

76. *Protokoly Tsik*, pp. 123-144.

77. W. G. Rosenberg, *op. cit.,* 1977, pp. D. 1181-1219.

78. A. Blinov, *op. cit.,* pp. 166-168.

79. S. 스미스의 주장과는 달리 쉬클랴레브스키와 로죠브스키는 노동조합이 중앙집권적 통합을 추구했다고 주장한다. 이 양자의 해석의 차이는 노동조합과 볼셰비키와의 관계에 대해서도 나타난다.

80. 소쉬카노프-이라라노프 철도의 노동자가 적위대에 의해 살해되는 사건이 생겨났다.

81. *Novaya zhizn'*, 6월18-26일. 1918; D. Mandel, *op. cit.,* II. p. 406. 인용.

82. 3월초 수도의 트루보츠니 공장에서 공장위원회 선출권이 폐지되자 노동자들이 위에서 임명되어 온 대표를 거부하는 사태가 일어났다. *Za God*, Peterograd, 1919, p. 59; *Kontinent.* No. 2, 1975. pp. 389-90; Shkliarevsky, *op. cit.*, p. 396. 예카쩨린부르크의 베레죠브스키 공장, 콜피노 시등지에서 적위대 해산을 요구하는 노동자 시위가 발생하였다.

83. Iu. Abramovich, Denike, G. Aronson, V. Chirkii 등 과거 노조지도자들은 감금 상태에 빠졌다.

84. *Novaya zhizn',* 5월 26일, 1918 ; D. Mandel, *op. cit.*, Vol II. p. 382, 인용.

85. D. Mandel, *ibid.*, p. 384.

86. M. Brinton, "Factory Committee and the Dictatorship of the Proletariat," *Critique,* 1975, no. 4, pp. 78-86.

2장 - 레닌과 프롤레타리아 국가: 민중은 과연 권력을 얻었는가?

1. M. Liebman, *Leninism under Lenin,* London, 1975; A. G. Meyer, *Leninism,* New York, 1962;

L. B. Schapiro, *The Revolution of 1917 : The Origins of Modern Communism,* New York, 1981; A. B. Ulam, *Lenin and the Bolsheviks,* London, 1969; R. Conquest, *V. I. Lenin,* London, 1972; G. Obuchkin and M. Pankratova, *V. I. Lenin, A Short Biography,* Moscow, 1969 ; L. Trotsky, *On Lenin : Notes towards a Biography,* London, 1972; B. W. Eissenstadt, *Lenin and Leninism,* Lexington, 1971; N. Harding, *Lenin's Political Thought*, 2 vols, London, 1977.

2. E. Wilson, *To the Finland Station*; New York, 1965; R. N. C. Hunt, *The Theory and Practice of Communism,* London, 1950; J. Plamenatz, *German Marxism and Russian Communism,* London, 1954.

3. B. Wolf, S.W. Page, E. V. Wolfenstein, R. H. Theen, F. D. Stacey등이 개인들의 주관적 심리분석 접근을 시도한 대표적 역사가들이다.

4. V. I. Lenin, *Collected Works*(Russia어 4판 영어본, Moscow, 1960- 70), 45 vols. 이는 1893~1923년 3월까지의 저술을 연대기적으로 분류함. *Selected Works* (4판의 영역본), 3 vols, Moscow, 1975. 이를 각기 CW, SW로 약함. G. N. Golikov et al., *Vospominania o Vladimire Iliche Lenine*, 5 vols, Moscow, 1969-70.

5. 이런 행태는 1870~1890년 사이 인민주의 운동에서 근본적 영향을 받았다. 레닌 자신은 인민주의를 비과학적이고, 복고적인 것으로 경멸하였지만 레닌의 사상의 기원을 인민주의 전통에서 찾으려는 접근은 다음과 같다. R. Pipes, "Intellectual Evolution of Lenin," in *Revolutionary Russia*, pp. 33-79, Cambridge, Mass., 1968; idem, *Social Democracy and the St. Petersburg Labour Movement*, 1885-97, Cambridge, Mass., 1963; L. H. Haimson, *The Russian Marxism and the Origins of Bolshevism,* Cambridge, Mass., 1955.

6. 농민층의 속성에 대한 레닌의 시각은 마르크스의 시각과 완전히 다르다. 레닌은 러시아의 농민은 한번도 사적 소유권을 가진 적 없는 계층이므로 노동자계급의 사회주의적 의식 활동에 쉽게 합류하리라고 보았다.

7. V. I. Lenin, *SW* : 634-731. "Imperialism, The Highest Stage of Capitalism, A Popular Outline".

8. P. Liashchenko, *History of the National Economy of Russia to the 1917 Revolution*, Trans. by L. M. Herman, New York, 1949, chap. 22-26. pp. 403-566.

9. A. Wildman, *The Making of a Workers' Revolution,* Chicago, 1967.

10. V. I. Lenin, *CW* 5: 440. 이때 『*Iskra*』지는 『*Rabochaia Mysl'*』, 『*Rabochee Delo*』의 수정주의 노선에 대항하여 창간되었다.

11. F. L. Bender, "The Ambiguities of Marx's Conception of The Dictatorship of the Proletariat," ed. by B. Jessopm, *Karl Marx's Social and Political Thoughts : Critical Assessment,* London, 1990, Vol.Ⅲ: 356—383; F. Engels, *The Origin of the Family , The Private Property and the State,* International Publishers, New York, 1942.

12. N. Harding, *Lenin's Political Thought*, Vol. 2, pp. 201-220.

13. 그러나 사실 1860년대 프랑스의 인민주의자였던 A. Blanqui가 1837년 제일 먼저 이 용어를 사용하였다.

14. "Communist Manifesto," in Marx&Engels, *Selected Works*, Ⅰ: 44.

15. F. L. Bender, "Marx and The Dictatorship of Proletariat," B. Jessop, *Karl Marx's Social and Political Thoughts: Critical Assessment*, 3 vols, London, 1990, 3: 359.

16. K. Marx, "The Class Struggles in France 1848~50," *CW* Ⅰ : 223, New York, 1964.

17. K. Marx, "Civil War in France," *CW* Ⅰ : 485, 522, New York, 1964.

18. K. Marx and F. Engels, "Briefe an A. Bebel, W. Liebknecht, K. Kautsky," WSMC, 2 :431.

19. N. Bukharin, *Imperialism and World Economy,* London, 1929, p.160, 167.

20. N. Harding, *op.cit.,* Ⅱ : 110.

21. V. I. Lenin, *State and Revolution,* chap. Ⅰ.

22. V. I. Lenin, *SW* Ⅱ : 242 ; *State and Revolution*, chap. Ⅰ.

23. V. I. Lenin, *CW* 24 : 62-69, 169-70.

24. V. I. Lenin, *SW* Ⅱ: 300-305; *State and Revolution.*

25. *Ibid.,*

26. N. Harding, *op. cit.,* Ⅱ: 211-212.

27. H. Draper, "Marx and the Dictatorship of Proletariat," *KMS* 프롤레타리아, pp. 289-315.

28. 이정희,「1917년 러시아 10월 혁명과 산업노동자 계급의 정치의식」오주환 외,『혁명, 사상, 사회변화』(경북대 출판부, 1991), pp.149-188.

29. *SW* Ⅱ: 37-65. "Dual Power"; M. Ferro (황인평 역),『1917년 10월 혁명 : 러시아혁명의 사회사』, 거름, 1983, pp. 23-59. 레닌의 4월 테제에 따르면 러시아는 1905년에 이미 부르주와 혁명의 단계를 거쳤기 때문에 2월 혁명 이후부터는 사회주의적 생산관계의 수립을 목표로 해야 한다는 것이었다. 이에 따라 '빵'은 공장내에서 노동자들에 의한 경영권의 인수를 뜻하였다. 이 과격한 주장에 대해서 당시 볼셰비키들 조차 납득하지 못하였다.

30. D. Mandel, *The Petrograd Workers and the Fall of Old Regime,* New York, 1983.

31. *Pravda,* No. 44, 4월 29일, 1917 ; *CW* 24: 270-73; *SW* Ⅱ: 92.

32. *SW* Ⅱ : 93-94.

33. G. J. Gill, *Peasants and Government in the Russian Revolution,* 1970, pp. 132-170. 여름동안 농촌에서 대위기와 폭동이 전개되었다. 이 상황은 레닌이 전격적으로 '소비에트 권력'의 구호를 '프롤레타리아와 빈농의 소비에트 권력'으로 바꾸는 계기가 되었다.

34. M. Brinton, *The Bolsheviks and Workers' Control,* 1975, pp. i -iii; V. Selnitskii, *Massy v borbe za rabochii kontrol, Mart i iul' 1917 goda,* 1971, p. 200.

35. V. I. Lenin, *CW* 26 : 264-25; *SW* Ⅱ: 430-431.

36. V. I. Lenin, *CW* 25 : 44-45.

37. P. Avrich, "The Bolshevik Revolution and Workers' Control," *Slavic Review,* 22:1, 1963. pp. 47-63. G. L. Shkliarevskii, *op. cit.,* chap. 10; A. Rabinowitch, "The Petrograd Garrison and the Bolshevik Seizure of Power," B. Nichlaevsky, ed., *Revolution and Politics in Russia,* Bloomington, 1972, pp. 172-191; D. Geyer, "Bolshevik Insurrection in Petrograd," R. Pipes, ed., *Revolu-*

tionary Russia, Cambridge, 1968, pp. 209-228.

38. V. I. Lenin, *SW* Ⅱ : 213-4, "The Inpending Catastrophe and How to Combat it"

39. F. L. Bender, "Dictatorship of Proletariat," KMS 프롤레타리아, pp. 361-362.

40. K. Marks and F. Engels, *CW* 4 : 505.

41. V. I. Lenin, *SW* Ⅱ : 426, "Decree on Land."

42. N. Harding, *op. cit.,* Ⅱ : 202.

43. *Pravda*, Oct. 11, 1918; V. I. Lenin, *CW* 28 : 105-13.

44. V. I. Lenin, *SW* Ⅲ : 98-112.

45. V. I. Lenin, *SW* Ⅲ : 98, "Theses and Report on Bourgeois Democracy and The Dictatorship of the Proletariat," March, 4, 1919; *CW* 28: 457-74.

46. V. I. Lenin, *SW* Ⅲ : 109-111.

47. V. I. Lenin, *CW* 27 : 335-6, *SW* Ⅲ : 698-704.

48. V. I. Lenin, *CW* 28 : 101.

49. M. Brinton, *op. cit.,* chap. Ⅰ. Ⅲ.

50. M. Lewin, *Lenin's Last Struggle,* London, 1969; idem, *Russian Peasants and Soviet Power : A Study of Collectivization, 1969*; E. H. Carr, *Foundation of Planned Economy* : 1926-29, London, 1967-71.

51. D. Atkinson, *The End of the Russian Land Commune*, 1905-1930, Stanford, 1983, pp. 189-232.

52. 8차 전당대회 보고서, 1919, March 23. "Report on Work in the Countryside," V. I. Lenin, *SW* Ⅲ :139-153, V. I. Lenin, *CW* 29 :175; *Pravda*, Nos, 62, 64, 70, 71, March, 1919.

53. G. L. Shkliarevskii, *op. cit.*, chap. 8-9; *CW* 30 : 48, 274; N. Harding, *op. cit.*, Ⅱ : 232.

54. N. Harding, *op. cit.*, Ⅱ : 257. 이 의제는 1920년 5월 트로츠키와 톰스키 사이의 격렬한 논쟁 중에서 나타났다. 이때에 레닌은 중간 입장을 취하였다. 그러나 노동자-농민의 연대가 소비에트 국가 내에서 필수적이라 주장해 온 레닌 자신도 노조가 당의 권위를 손상시키는 어떤 자율성도 허용치 않았다.

55. V. I. Lenin, *CW* 33 :191.

56. A. Kollontai, *The Worker's Opposition: Reading,* Solidarity Pamphlet; V. I. Lenin, *CW* 32 : 430.

57. P. Avrich, *The Kronstadt in 1921,* New York, 1970. pp. 12-35.

58. V. I. Lenin, *CW* 32: 20, 61, 31, 111, 274.

59. T. H. Rigby, *Lenin's Government. Sovnarkom*, 1917~22, Cambridge, 1979, pp. 99-160; L. B. Schapiro, *The Origins of Communist Autocracy : Political Opposition in the Soviet State : First Phase*, *1917~22,* Cambridge, Mass., 1955, pp. 314-41.

60. V. I. Lenin, *CW* 32 : 244.

61. N. Harding, *op. cit.*, Ⅱ : 277-78.

62. R. C. Tucker, *Stalinism,* New York, 1977, Part. Ⅰ. T. H. von Laue, *Why Lenin? Why Stalin?* Philadelphia, 1964; E. H. Carr, "Marx, Lenin and Stalin," R. Pipes, *Revolutionary Russia*, 1968, pp. 361-372.

3장 - 노동자계급의 꿈은 실현되었는가

1. 본 장은 이정희, 『러시아 혁명과 노동자 - 기대와 갈등의 역사, 1917-21』(느티나무, 2003), 「제6장 신 경제 정책(NEP)과 노동자의 복속」을 크게 수정한 것임.
1921년 3월 제10차 전당대회에서 레닌은 부분적으로 사적 시장경제를 허용하는 네프를 선언하였다. 이로써 소규모 사적 기업과 사적 농업 그리고 시장의 자유로운 운영이 허용되었다. 또한 세금 납부 방법에 있어서도 현물세보다는 화폐세가 부분적으로 허용되었다. 특히 농민층은 납세 이후의 잉여농산물의 사적 처분권을 약속받았다. 그 외에 산업 분야에서도 많은 수의 구기술자들과 전문 경영인들도 높은 봉급을 받고 채용되었다.

2. W. G. Rosenberg, R.G. Suny and D. Koenker, eds., *Party and Society in the Russian Civil War: Explorations in Social History,* Indiana University Press, 1989, pp. 3-7.

3. S. Singleton, "The Tambov Revolt, 1920-21," *Slavic Review,* 25, Sept. 1966, pp. 497-512.

4. 러시아 혁명기의 '노동자 관리'는 생산과 분배에 관한 자주적 '노동자 관리' 운동을 의미한다. 이 운동은 노동자들이 공장 내에서의 생산경영과 분배과정에서 직접적으로 모든 것을 결정하거나, 자신들이 스스로 관리할 수 있다고 느끼는 기구를 통해서 결정하는 방식을 말하였다. 이론적으로 정의내리자면 자주적 '노동자 관리'는 생산수단과 직접 생산자가 분리되지 않는다. 생산 과정상의 결정이 직접 생산자의 참여 하에서 이루어지고 노동규율이 직접 생산자의 자율적인 의사에 의해 실천된다. 이로서 가능한 한 최대의 자치권이 보장되는 민주적 경영의 방식을 의미하였다. 따라서 자주적 '노동자 관리'는 사회주의적 생산양식에서 본질적으로 중요한 이론적 요소를 내포하고 있었다.

5. L. Kritsman, *Geroicheskii period velikoi Russkoi revoliutsii,* Moskva, 1924, p. 83; A. M. Pankratova, *Fabzavkomy Rossii i bor'ba za sotsialisticheskuiu fabriku,* Moskva, 1923, pp. 270-302.

6. E. G. Gimpel'son, *Sovetskii rabochii klass: 1918-20 gg. Sotsial'no-politicheskie izmenenia,* Moskva, 1974, pp. 316-44; M. T. Iovchyk, "Ob istoricheskikh ietapakh stanovleniia i razvitiia sotsialisticheskogo soznaniia v SSSR," *Voprosy filosophii,* 1965, no. 2. pp. 6-7.

7. A. B. Gogolevskii, "Klassovoe soznanie rabochikh sovetskoi rossii v 1917-20gg." O. N. Znamenskii i drugie red., *Rabochii klass Rossii v 1917 godu,* Moskva, 1989, pp. 97-101. 이를 위한 새로운 접근 방법으로서 그는 전체 사회 속에서 노동자들 스스로가 자신의 위치, 계급의 이해관계나 역사 속에서의 자신의 사명이나 역할, 또는 목적을 달성하기 위해 필요한 자신의 능력에 대해 인식할 수 있어야 한다고 주장하였다.

8. J. Buynan, *Intervention, Civil War and Communism in Russia, April-December, 1918, Documents and Materials,* Baltimore, 1936 pp.374-77; F. I. Kaplan, *Bolshevik Ideology and the Ethics of Soviet Labour, 1917-20: The Formative Years,* New York, 1968, pp. 381-94.

9. W. J. Chase, *Workers, Society and the Soviet State: Labor and Life in Moscow, 1918-29,* Urbana, Chicago, 1987.

10. R. V. Daniels, *The Conscience of the Revolution: Communist Opposition in Socialist Russia,* Cambridge, 1960.

11. V. I. Lenin, "The Trade Unions, The Present Situation and Trotsky's Mistake," *CW* 32: 20-1; "Report on the Role of and Tasks of the Trade Union at the Second All Russian Congress of Miners," *CW* 32: 61-2; I. Deutscher, *Soviet Trade Union: Their Place in Soviet Labor Policy,* London, 1950, p. 55.

12. W. J. Chase, *op. cit.,* 1989, p. 49; K. Leites, *The Recent Economic Development in Russia,* Oxford, 1922, pp. 195-7; S. Lapitskaia, *Byt rabochikh Trekhgornoi manufaktury,* Moskva, 1935, s. 124; P. Avrich, *Kronstadt in 1921,* New York, 1974, pp. 64- 78. 국영기업의 77%가 파업에 가담하였다. 특히 모스크바의 고즈낙 공장, 카우추크(Kauchuk) 공장, 크라스늬이 보가틔리(Krasnyi Bogatyr') 공장의 노동자 모임에서는 사회혁명당과 멘셰비키의 인기가 상승하였다.

13. W. J. Chase, *ibid.*, 49; *Pravda,* 1921. 2. 8; L. Haimson, *The Mensheviks from the Revolution of 1917 to the Second World War,* Chicago, 1974, pp. 234-8.

14. I. Deutsher, *Soviet Trade Union*, pp. 42-8; J. B. Sorenson, *The Life and Death of Soviet Trade Union: 1917-28,* New York, 1969, pp. 108-16.

15. <중앙수송위원회>Central Committee of Transportation를 조직한 트로츠키는 1920년 봄부터 군수물자 수송체계를 중앙의 감독 하에 두기 위한 방법으로 사용하였다. 그는 철도 노조의 자율성을 박탈하고 노조 지도부를 경질시킨 후 중앙의 산업별 중추부 속으로 합병하였다. 이 위원회를 통해서 그는 철도노동자를 군사적으로 훈련시키고 통제하면서 생산성을 향상하기 위한 혹독한 노동 정책을 강행하였다.

16. V. Sorin, *Rabochaia gruppa,* Moskva, 1924, pp. 96-109; I. Deutscher, *Soviet Trade Union*, p. 42; R. V. Daniels, *Conscience*, pp. 137-52; L. H. Schapiro, *The Origin of Communist Autocracy: Political Oppostion in the Soviet State: First Phase, 1917-21,* London, 1966, pp. 273-95.

17. L. Trotsky, "The Trade Union and the Future Role," M. Dewar, *Labor Policy in the USSR, 1917-28,* London, 1956, p. 83에서 인용함.

18. I. Deutscher, *Soviet Trade Union*, p. 56.

19. M. Dewar, *Labor Policy*, p. 83. 쉴랴프니코프는 '노동자 반대파' 중 가장 강경한 인물이었다. 그는 1919년의 당 계획안 5항에 기초하여 첫째, 경영권을 노동조합에 맡길 것, 둘째, 노동조합이 대표와 간부를 직접 선출할 수 있을 것, 셋째, <전러생산자대회>가 산업의 조직과 행정상의 최종적 결정권을 가질 것, 넷째, 노조는 공동체에 대해 무보수로 봉사할 것 등의 원칙을 주장하였다. 그러나 곧 제10차 전당대회에서 그는 레닌에 의해 '무정부주의적 생디칼리스트' 혹은 '쁘띠부르주아적 인물'로 맹렬히 비난받게 되었다.

20. A. Kollontai, *Workers' Opposition,* p. 25.

21. F. I. Kaplan, *Bolshevik Ideology*, pp. 273-91; M. Dewar, *Labor Policy*, 83; I. Deutscher, *Soviet Trade Union*, pp. 46-50.

22. *Desiatyi s"ezd RKP (b), 8-16 marta 1921g.* 제10차 전당대회, Moskva, 1933, p.190.

23. L. H. Schapiro, *Autocracy*, pp. 273-95; R. V. Daniels, *Conscience*, pp. 110-136.

24. E. H. Carr, *Bolshevik Revolution*, New York, 1951-53, 2: 190-4; J. Buynan, *The Origins of Forced Labor in the Soviet State, 1917-21: Documents and Materials,* Baltimore, 1967, p. 86. 이하 *Forced Labor*로 약함.

25. *Russkaia promyshlennost' v 1921 g*, Moskva, 1921, p. 13; N. A. Voskresenskaia, *Lenin*, p. 186에서 인용. 농산물 생산고의 경우 1920년에는 혁명 이전의 50%이하로 감소하였다가 1921년 초에는 또 다시 1/3이하로 떨어지면서 식량 보유고가 고갈되고 공장 가동이 전면적으로 중지될 위기 사태에 봉착하였다.

26. P. Avrich, *Kronstadt*, p. 35. 내전으로 인해 산업 생산량은 극도로 하락하여 산업부문이 국가 총생산량에서 차지하는 양은 25%에 지나지 않았다. 특히 중공업과 금속 분야의 생산은 완전히 정지상태에 빠졌다. 예를 들면 1913년에는 제철 주물량이 420만 톤이었으나 1920년 말에는 10만 톤으로 줄어들었고, 제련된 철은 423만 톤에서 20만 톤으로 감소하여 혁명 이전의 생산량의 4.6%에 지나지 않았다. 농기구 생산량은 혁명 이전의 13.3%로, 면 생산은 4% 이하로 떨어졌다. *Russkaia promyshlennost' v 1921 g*, Moskva, 1921, p. 13; N. A. Voskresenskaia, *Lenin*, p. 186.

27. *Pravda o kronshtate,* Prague, 1921, p. 6.

28. 이것의 글자 그대로의 의미는 <반혁명, 사보타지 및 투기단속 비상위원회>이었으나 실제로는 1918-22년 사이 볼셰비키당에 책임지는 비밀정치경찰기구였다.

29. 이 경우 공산주의자라는 용어는 볼셰비키 당원을 뜻하였다. 크론슈타트 수병과 노동자들은 볼셰비키 이외의 사회주의적 모든 정당도 동등한 자격으로 선전운동을 할 수 있어야 한다고 주장하고 있었다.

30. *Pravda o Kronshtadte*, pp. 46-7; Berkman, *The Kronstadt Rebellion*, pp. 9-11.

31. P. Avrich, *Kronstadt*, pp. 40-5.

32. *Ibid.*, p. 164.

33. *Ibid.,* pp. 164-5.

34. *Pravda o kronshtadte*, pp. 72-4.

35. *Ibid.,* pp. 92, 173-4.

36. P. Avrich, *Kronstadt*, pp. 40-45. 그러나 볼셰비키의 주장에도 불구하고 이 반란을 멘셰비키가 선동했다는 증거는 없었다. 반란자들의 연설문을 자세히 분석해 보면 그들이 원하는 것은 볼셰비키의 전복이 아니라 광범위한 사회적 정치적 개혁이었다. 그들의 요구사항 중에서 가장 강력한 것은 일당독재와 권위주의적 위원회에 의한 정치를 종식하는 것이었다. 아브리치는 크론슈타트 반란자들의 강령의 본질은 "반 볼셰비키!" ("No Bolsheviks!")가 아니라 "더 나은 볼셰비키!" ("Better Bolsheviks!") 라고 하였다.

37. V. I. Lenin, *CW* 43: 138, 387.

38. I. Deutscher, *Soviet Trade Union*, pp. 48, 52-7.

39. V. I. Lenin, *CW* 32: 11, "O Professional'nykh soiuzakh"; F. I. Kaplan, *op. cit.*, pp. 291-2; I. Deutscher, *ibid.*, p. 50.

40. F. I. Kaplan, *Ethics*, p. 297.

41. A. Kollontai, *Workers' Opposition*, pp. 28-31.

42. 제10차 전당대회에서 볼셰비키는 사회주의 이념에서 일부 후퇴하여 공식적으로 평등임금제를 폐지하였고 1921년 11월에는 <산업생산을 위한 기본원칙>을 발표하였다. 이에 따라 개별 배급방법이 폐지되고, 집단적 지급방법이나 인구 수에 의거하기 보다는 생산량에 비례한 식량지급 방법이 채택되었다. 그 외에도 전문경영인의 권한에 의해서 개별 노동자에게 추가 5%까지 상여금을 지급할 수 있는 방식도 채택되었다.

43. 산업별 생산책임관리제는 모든 산업생산의 관리에서 자치적 요소를 제거하고 중앙에서 직접 관리하고 책임진다는 방식을 의미하였다. 이것은 중앙의 특별 행정기구로서 산업별 중추부(Glavki Tsentry)를 창설하여 당 중앙 정치국(Politburo)과 상부 정치기구에 시속시켰다. 그 다음 모든 산업을 부문별로 나눈 후, 이것을 중추부라 이름짓고, 이들 각 중추부는 지역을 초월하여 산업생산관리를 철저하게 중앙의 책임 하에 두는 것이었다. 각 산업 중추부는 산하에 관료주의적 서열 방식대로 생산 관리국, 청, 과 및 계 등의 조직을 갖추었다. 예를 들면 각 공화국의 석탄이나 석유, 강철, 의류, 식품가공 및 전기 등의 부문은 서로 횡적으로 교류하지 않고 모스크바 상부의 정치기구나 개별 산업별 중추부의 종적 관리나 감독에 의해서만 움직였다.

44. 이정희, "러시아 전시공산주의 시기의 자주적 '노동자 관리'의 억압," 구미사의 조망 (계명대 출판부, 1998), pp. 423-464.

45. 1918년 3월에 레닌이 기존의 <전러노동자관리위원회>를 대치하여 창설한 기구. 그러나 1918년 6월까지 이것은 법조문 이외 아무 성과를 거두지 못하였다.

46. 1918년 5월에 <국가관리인민위원회>가 만들어졌을 때, 처음에는 937명의 감시대 간부들 중에서 볼셰비키는 겨우 12명으로서 2.3%에 지나지 않았다. 그후 1921년 초에는 그 비율이 10.9%로, 1921년 말에는 20%로 증가하였다. T. Remington, "The Rationalization of State Kontrol," W. Rosenberg and D. Koenker, eds., *Civil War*, pp. 211-12.; N. A. Voskresenskaia, *Lenin*, pp. 170-76.

47. M. Lewin, "Civil Dynamics and Legacy," W. Rosenberg and D. Koenker, eds., *Civil War*, p. 411; R. Service, *The Boshevik Party in the Revolution: A Study in Organizational Change 1917-23,* London, 1979, pp. 159-84; S. G. Strumilin, *Rabochii klass v oktiabr'skoi revoliutsii i na zashchite eë zavoevanii,* Moskva, 1984, p. 384.

48. S. G. Strumilin, *Vserossiiskaia perepis' chlenov RKP(b)* 참조; G. E. Zinoviev, *Vos'moi s"ezd*, p. 280; R. Service, *Bolshevik Party*, pp. 90, 117, 165; 스트루밀린의 연구에 의하면 1920년 이후에 당에 가입한 신규 당원은 전체 당원 중 60%이상이며 1918년 이전에 당원 직을 획득한 이들은 전체 당원 중 겨우 10%에 해당된다고 하였다.

49. 이정희, "레닌주의와 프롤레타리아 독재," 『서양사론』 38, 1992, "State Buillding in the Civil War Era: The Role of Lower-Middle Strata," W. G. Rosenberg and D. Koenker, eds. *Civil War*, pp. 145-6.

50. *Izmenenie sotsial'noi struktury,* 156; D. T. Orlovsky, "State Building in the Civil War: The Role of Lower-Middle Strata," W. G. Rosenberg and D. Koenker, eds., *Civil War*, p. 198.

51. D. T. Orlovsky, *ibid.,* p. 187. 표 <3>은 제 4차 노조대회에서 대표의 47.3%가 사무직 노동자라는 사실을 보여 주고 있다.

52. *Izmenenie sotsial'noi struktury,* 149, D. T. Orlovsky, *op. cit.,* p. 200.

53. 1921년 중반까지 <국가관리인민위원회>는 전국적으로 1만 2천개의 세포조직을 설치하여 4만 5천명의 감시대 간부들을 임명하였다. 그러나 아직도 이들 감시대 요원들은 전문지식이 부족하였다. 노조나 공장위원회는 과거의 자주적 감시활동에 관한 기억을 여전히 강하게 가지고 있었기 때문에 자주 반발하는 태도를 취하였다. 이 때문에 감시대 간부들은 효과적인 감독활동을 할 수 없었다.

54. N. A. Voskresenskaia, *Lenin,* pp. 178-80. 행정 기구를 감독하는 <노농 감시위원회>는 1918년 10월부터 설치되었다. 처음에는 감독 기능에 대한 명확한 정의가 이루어지지 못하여 규모가 매우 작았다. 기록에 의하면 당시에 감시원들은 72명의 기술자와 42명의 노동자 대표로 구성되었으며 그 기능은 마치 과거 국영공장의 감독원처럼 묘사되고 있었다. 그 후 내전기에 감시 영역은 크게 확대되었다. 공장내의 활동 뿐만 아니라 식량 공급, 군량보급 및 철도 수송 등의 임무까지 포함하게 되었다. 1919년 12월에는 감시요원이 259명에서 655명으로 증가하였다. 이들은 레닌의 촉구에 따라 300여개 공장 세포에서 6만명의 노동자들을 하위 감시활동에 동원하기 위하여 노력하였다. 그러나 아직 각 공장이나 각 도시, 각 지역에서 <노농 감시위원회>의 활동은 매우 미미하였다. 주된 이유는 무엇보다도 내전 동안 중앙과 지방 사이의 경쟁 탓으로 지방 경제기구나 개별 공장들이 사후 감시에 관한 중앙의 간섭에 반발한 탓이었다.

55. V. I. Lenin, *CW* 36: 228.

56. N. A. Voskresenskaia, *Lenin,* pp. 197-98.

57. *Ibid.,* 194-5.

58. S. N. Ikonikov, *Organizatsiia i deiatel'nost' RKI v 1920-25 gg,* Moskva, 1960, p. 72; T. F. Remingron, "The Rationalization of State Control," p. 226. 이후에도 <노농감시대>에서 노동자들이 차지하는 비율이 10%를 넘은 적이 거의 없었다. 노동자들이 머무르는 기간도 4개월 정도에 지나지 않았다. 실제적으로 이 기구는 대부분 전문적 기술자나 지식인 또는 관료들로 채워졌다.

59. <중앙관리위원회>는 기업체의 예산과 결산에 대한 사후 감사 및 감독 그리고 정치적 감독기능을 행하였기 때문에 <국가관리인민위원회>로 불리다가 1956년 20차 전당대회 이후에는 <인민관리위원회>로 개칭되었다.

60. V. I. Lenin, *CW* 45: 73.

61. N. A. Voskresenskaia, *Lenin,* pp. 230-37.

62. T. F. Remington, "The Rationalization of State Control," pp. 225-26. <노농감시대>와 당의 <중앙통제위원회>가 통합된 후 <노농감시대>의 참모들 중 70%가 이 기구를 떠났다. 점차 국가관리기구는 정치적 감시를 주된 목적으로 삼는 검찰기능을 가진 기구로 변질하였다. <노농감시대>는 상황에 따라 특별 목적을 위해서 임시적으로 동원되기만 하였다. 그 후 이것은 실질적으로 어떤 자립적인 활동을 하지 못하고 휴면상태에 빠졌다.

63. 이들 관료적 간부 집단의 상당수는 지식인이거나 중산층 기술자 출신이었다.

64. D. T. Orlovsky, "Lower-Middle Strata," pp. 185-7. 오를로프스키는 주로 중부농업지대를 기

술한『탐보프 젬스트보 베스트니크』(Tambovskii zemskii vestnik)를 분석하였다. 이 사료에 의하면 혁명 이전에 지방의 인텔리겐찌야와 소비조합 운동가 그리고 젬스트보 참가자 등은 중산층에 속하는 인물로서 주로 비볼셰비키 좌파를 지지하였다. 이들은 도시 노동조합, 도시 두마, 타지방 젬스트보와 쉽게 연합하여 부르주아 기업인과 지주층 및 귀족에 대항하는 공격전선을 폈다. 이 때문에 볼셰비키 정부는 이들을 끌여 들이기 위해 각별히 많은 노력을 기울였다. 이들 중 특히 소비조합 운동가들은 인민주의 노선을 지지하고 있었기 때문에 볼셰비키의 농촌정책을 위해서는 대단히 유효한 기구가 될 수 있었다.

65. M. Lewin, *Civil War*, p. 410; L. M. Spirin, *Klassy i partiia v grazhdanskoi voine,* Moskva, 1968, p. 347. 10월 혁명 시기 볼셰비키와 인텔리겐찌야는 대체로 서로 경계하고 불신하는 관계에 있었으나 신생 사회주의 국가수립 시기에 레닌은 이들의 도움이 매우 필요하다고 생각하였다. 따라서 내전 동안 그는 이들을 종종 생산 관리를 위시한 고위 정책결정기구에 배치하고 이들에게 각종 특혜를 부여하였다. 예를 들면 하위 적군병사들 사이에서 농민출신이 77%, 노동자 출신이 14%, 기타 출신이 8.2%인 반면에 상급지휘관 사이에서는 농민출신이 67%, 노동자출신이 12%, 지식인 출신이 20.7%에 이르렀다. 이 덕택에 볼셰비키는 내전 동안에 군사면이나 기술자 조직면에서 다른 어느 정당보다도 큰 기술력과 조직력을 갖춘 세력으로 성장할 수 있었다.

66. T. A. Remington, *Building Socialism*, pp.78-112; A. Rabitnowitch, *The Bolsheviks Come to Power: The Revolution of 1917 in Petrograd,* New York, 1978, p. 131; O. Anweiler. *The Soviets: The Russian Workers, Peasants and Soldiers' Council, 1905-21,* New York, 1974.

67. M. Dobb, *Soviet Economic Development Since 1917,* London, 1960, p. 35; A. Nove, *An Economic History of the USSR,* London, 1969, p. 10; E. H. Carr and R. V. Davies, *Foundation of a Planned Economy, 1926-29,* London, 1969, pp. 787-836; P. R. Gregory and R. C. Stuart, *Soviet Economic Structure and Performance,* New York, 1981, pp. 50-52. 1926년 산업 생산력과 농업생산량은 제 1차 세계 대전 직전의 수준까지 회복되었다.

68. M. Dewar, *Labor Policy*, pp. 95-7.

69. I. Deutscher, *Soviet Trade Union*, pp. 59, 65, 66.

70. *Ibid.*, p. 63.

71. *Ibid.*, p.71; *V Vserossiiskii s"ezd professional'nykh soiuzov*, Stenogragicheskii otchet, 1921, 5. 17-25, Moskva, 1923, p. 118.

72. C. Bettelheim, *Class Struggle in the USSR*, *First Period: 1917-23,* New York, 1978, pp. 440-43.

73. V. I. Lenin, *CW* 33: 488.

74. 이정희, "레닌주의와 프롤레타리아 독재,"『서양사론』38, 1992, p. 143.

75. C. Bettelheim, *Class Struggle*, 1:485; A. Sirianni, *Workers' Control*, pp. 326-30; V. I. Lenin, *CW* 33:467-9. 레닌은 그의 말년에 국가 관료기구의 권력 남용의 실상에 대해서 크게 걱정하였다. 그는 국가기구가 관료화나 수정주의로 빠지게 될 위험을 경고하면서 "협동조합론", "우리들의 혁명", "양보다는 질" 등의 논고에서 각종 대안책을 지속적으로 제시하였다.

76. V. I. Lenin, *CW* 32: 173; E. H. Carr, *Bolshevik Revolution*, New York, 1951-53, 2: 173.

77. W. J. Chase, *Labor in Moscow*, pp. 102-125.

78. M. Lewin, "The Civil War: Dynamic and Legacy," W. G. Rosenberg and D. Koenker, eds. *Civil War*, p. 403.

79. D. Koenker, "Urbanization and Deurbanization in the Russian Revolution and Civil War," *ibid.*, p. 81. 1918-21년 수도의 인구는 이주민과 이도민의 증가로 큰 변화를 겪었다. 페트로그라드의 인구는 250만에서 70만으로 줄어 들었다. 모스크바의 인구는 200만에서 100만으로 감소하였다. 그 결과 노동자계급은 혁명 당시보다 계급적 응집력이나 위력이 크게 감소하였다. 이인호 편, 『러시아 혁명사론』, 1991, p. 83.

80. D. Koenker, *ibid.*, p. 92; D. A. Baevskii, *Rabochii klass v pervye gody sovetskoi vlasti, 1917-21 gg*, Moskva, 1974; V. Z. Drobizhev, A. K. Sokolov and V. A. Usinov, *Rabochii klass sovetskoi Rossii v pervye gody proletarskoi diktatury,* Moskva, 1975, 참조.

81. W. J. Chase, *Labor in Moscow*, p. 104.

82. D. Koenker, *Civil War*, p. 95.

83. W. J. Chase, *Labor in Moscow*, p. 108; A. G. Rashin, *Sostav fabrichno-zavodskogo proletariata SSSR: predvaritel'nye itogi, perepisi metalistov, gornorabochikh i tekstil'shchikov v 1929 g*, Moskva, 1930, pp. 19-21.

84. W. J. Chase, *Labor in Moscow*, p. 115; A. G. Rashin, *ibid.*, pp. 154-5.

85. E. P. Thompson, *The Making of the English Working Class,* New York, 1963, pp. 9-11. 톰슨에 의하면 계급은 전통, 가치체계, 이념, 제도 등을 물려 받거나 함께 나눈 공통된 경험을 통해서 자신들의 처지와 이해관계가 다른 사람들의 이해관계와 명백히 구분된다고 깨닫게 될 때 형성된다는 것이다.

86. D. Koenker, *Civil War*, p. 100; S. Fizpatrick, *Education and Social Mobility in the Soviet Union, 1921-34,* Cambridge, 1979.

87. A. Erlich, *The Soviet Industrialization Debate, 1924-28,* Cambridge, Mass., 1960; "Stalin's Views on Economic Development," E. Simmons, ed., *Continuity and Change in Russian and Soviet Thought,* Cambridge, Mass., 1955; N. Spulber, *Soviet Strategy for Economic Growth,* Bloomington, 1964; S. Cohen, *Bukharin and the Bolshevik Revolution,* New York, 1973; A. Nove, "A Note on Trotsky and the Left Opposition, 1929-31," *Soviet Studies* 29: 4, 1977, pp. 576-89; R. Day, "Preobrazhensky and the Theory of the Transition Period," *Soviet Studies,* 27: 2, 1975, pp. 196-219.

88. M. Lewin, *Russian Peasant and Soviet Power, A Study of Collectivization,* New York, 1967, pp. 446-52.

89. I. Deutscher, *Soviet Trade Union*, p. 83.

90. 1921년 네프 시기이후부터 모든 노동자는 생산력 강화의 원칙 하에 반드시 노조에 가입해야만 했다. 또 모든 생산 노조는 전국적인 단일 노조 하에 조직되어야 했다. 이 획일주의는 더욱 강

화되어 1927년 '하나의 생산 부문이 곧 하나의 노조' 라는 원칙에 입각하여 전국적으로 1930년까지 23개 노조와 23개 개별경제 부문위원회가 존재하였다. 서구와 비교해서 소비에트에서 노조원의 수는 거대한 규모를 가진다. 그러나 소비에트노조는 파업권이나 단체 현상권과 같은 계급의 대표제나 집단적 권리를 위한 협상권은 결코 가질 수 없었다. 노조의 기능은 생산 할당량, 이에 대한 물질적인 보상, 복지의 상한선, 임금율의 결정을 전달하는 것에 불과했다. 1929년 제 1차 산업화 5개년 이래로 노조 대표들은 주로 당원, 국가관료, 기술적 지식인, 노동귀족들 출신으로 채워졌다. 이것마저도 1932년 이후부터는 한 번도 개최된 적이 없었다. 2차 대전 후 1949년에 소집된 제10차 전러노조대회 대표자들의 23.5%만이 노동자출신으로 구성되었고 나머지는 행정관료, 당 간부, 특권적 노동귀족, 기술자 및 지식인들로 구성되어 있었다.

4장 - 볼셰비키 정권과 농민의 갈등은 어떻게 끝났는가? 1925~30

1. 1917년 4월 혁명활동 도중 레닌이 내건 슬로건 "빵과 토지와 평화"는 9월부터 노동자, 농민, 병사들로부터 대단한 지지를 얻었다. 이 중에서 농민에게 약속한 '토지'는 당시 엄밀히 말해서 국가토지소유라든가 국유화를 의미하는 것이 아니라 농민들이 이미 대지주로부터 몰수한 토지를 인정하고, 흑토지 재분배를 약속한 것이다. 이 대가로 볼셰비키는 1917년 10월 25일「비상 전러농민소비에트 대표회의」에서 농민층이 혁명 도중에 전제정부나 우익인 케렌스키 임시정부, 또는 다른 반볼셰비키 진영에 가담하지 않는다는 조건부 지지를 받았다.

2. 1928년 제 16차 전소볼셰비키당대회 이후부터는 '공산당'으로 개칭됨.

3. N. Jasny, *The Socialized Agriculture of the USSR: Plan and Performance,* Stanford, 1949; R. Conquest, *The Harvest of Sorrow: Soviet Colletivization and the Terror-Famine,* New York, 1986; R. V. Davies, ed., *The Stalin Revolution: Foundation of Soviet Totalitarianism*, 2nd. ed., London, 1972. 당은 농업집단화가 생산성 향상을 목표로 하고 있다고 선전했으나 실제로 인적 손실, 물적 손실은 엄청났다. 또 장기적인 안목에서 볼 때 농업집단화는 농업의 생산력 증진보다 오히려 하락세의 원인이 되었다고 볼 수 있다. 집단화의 효과는 농촌에서 경제적인 측면보다 정치적 면에서 변화를 일으켰고 이것은 소련 공산당의 권력을 통합하게 해주었다. 호류시쵸프는 탈스탈린 정책을 표방하면서 강제적 집단화의 과정에서 빚어진 폭력에 대해 폭로한 바 있다. B. A. Abramov, "O rabote Kommissii Politburo Tsk VKP(b) po voprosam sploshnoi kollektivizatsii," *Voprosy istorii KPSS*, No. 1, 1964; M. P. Gubenko, "Selskokhozyaistvennaya kooperatsiya v nachale masovoi kolletivizatsiya," *Istoricheskie zapiski*, t. 74, 1963, p. 18.

4. 네프 정책을 시작한 이후 생산성이 다시 회복되어 1926년에는 혁명 이후 처음으로 제 1차대전 이전 수준에 도달했다. 그러나 네프경제에서 다시 농산물가격과 공산품가격이 대립하는 양상이 나타나자 정부는 1926년 도시노동자 생계와 임금을 위하여 공산품 가격을 올리는 정책을 택하였다. 이 때문에 시장에서 갑자기 농산물이 사라지고 품귀현상이 나타나기 시작하였다. 이것을 '가위의

위기'(협상가격위기)로 부른다.

5. V. Molotov, *Fifteenth Party Congress of 1927, Report*, p. 1065; E. H. Carr, *Foundation of Planned Economy: 1926~29*, Vol, I. II., 1967, 1971; R. W. Davies, *The Socialist Offensive: Collectivization, 1929~30,* London, 1981.

6. C. Bettelheim, *Class Struggle in the USSR: Second Period, 1923~30,* New York, 1978, pp. 85-135; M. Lewin, *Russian Peasants and Soviet Power; A Study of Colletivization,* New York, 1968; O. A. Narkiewicz, "Stalin, War Communism and Collectivization," *Soviet Studies*, Vol. 20, 1968; R. A. Medvedev, *Let History Judge: The Origins and Consequences of Stalinism*, New York, pp. 82-83.

7. K. Bailes, *Technology and Society under Lenin and Stalin: 1917-41,* 1978; S. Fitzpaterick, *Cultural Revolution in Russian during 1928-1931*, Bloomington, 1968. 1920년대 후반 막 성장한 공산당의 하급, 중급출신의 공격적 젊은 세대의 공산주의자들은 네프 시기에 필수적 역할을 했던 부르주와 출신의 구기술진, 전문가 집단에 대하여 강한 반발심을 보이기 시작했다. 그들의 적개심은 당의 '계급투쟁' 노선에 의한 것이 아니라 네프시기 전문가 지식인들이 누린 사회적 위신과 경제적 혜택에 대한 적대감에서 비롯되었다는 것이다. 이런 심리가 공산 소비에트에서의 '문화 혁명'의 근본원인에 해당된다고 주장한다.

8. W. Rosenberg, "Smolensk in the 1920's: Party-Worker Relations and the Vanguard Problem," *Russian Review*, Vol. 36, No. 4, p. 127.

9. 레닌의 농업 사상에 대해서는 R. D. Laird, *Collecive Farm: A Political Story,* 1958 p. 23; A. G. Meyer, *Leninism,* New York, 1962; M. Liebmann, *Leninism under Lenin,* London, 1975; N. Harding, *Lenin's Political Thoughts*, 2 Vols, London, 1977, 참조.

10. V. I. Lenin, "To the Rural Poor: An Explanation for the Peasants of What the Social-Democrats Want." *Selected Works*. II : 48-49, 101, 103, New York, 1943.

11. 이런 신념은 특히 제 8차 전러인민소비에트대회 보고서에서 솔직하게 나타난다. Dec. 22, 1920. R. D. Laird, *op. cit.*, p. 26. 인용.

12. 콤뮨의 법적 의미는 농민의 사적 토지뿐만 아니라 생산도구, 기구, 가축, 농촌 각종 시설물 전체를 공동으로 소유한 공동체를 의미한다. 토즈, 아르텔, 콤뮨의 세 종류의 사회주의 농업 조직방식 중 콤뮨은 사회 공동소유의 정도가 가장 높은 단계에 속하는 것이다. 그러나 1921년 당시 콤뮨 조직은 1%에 지나지 않았다.

13. V. Lenin, *SW* II: 698-704; R. D. Laird, *op. cit.*, pp. 27-28.

14. 1921년 크론슈타트 섬의 수병들의 반란은 볼셰비키 혁명 지지세력들이 당의 경제적 정책능력에 실망했음을 보여주는 사례이다. 레닌은 이 폭동에 큰 충격을 받았다. 이를 계기로 그는 전격적으로 네프를 채택하였다. 이 반란에 관해선 P. Avrich, *Kronstadt 1921,* New York, 1970, 참조.

15. 1925~26년간 볼셰비키 당 지도부 사이에 소련의 산업화에 관한 대 논쟁이 일어났다. 네프 경제를 지지한 부하린은 볼셰비키 당내 우파의 지도자였다. 그에 의하면 농민의 생산력 증가와 농산물의 안정된 확보야말로 정부의 자본축적을 위해서 필수적이라는 것이다. 이에 반해 당내 좌파

인 트로츠키는 공산주의 이념에 의거해서 네프 경제가 도시노동자를 희생시키고 있으며 농촌에서 부농을 점점 키울 뿐만 아니라 빈농을 점차 경제적으로 종속되게 만들면서 소비에트 정권의 기반을 흔들 것이라고 반박하였다. 네프에서 경제적 측면을 이론적으로 가장 깊이 분석한 사람은 프레오브라젠스키였다. 그는 농업보다 산업생산의 능력을 더 우선시하였다. 국가의 계획아래 산업화를 가급적 빨리 실시하지 않으면 농민과의 협력은 깨어질 것이라고 경고하였다. 또 이 산업화의 재정적 기반을 위해서는 농민의 희생은 불가피한 것으로 못박았다. 농민으로부터 자본을 끌어내는 방법은 농민에게 불평등한 거래로 시장가격을 조정할수 밖에 없다는 입장을 취하였다. 이것을 그는'사회주의적 원시적 수탈'(primitive socialist accumulation)이라 불렀다. A. Erlich, *A Debate on Industrialization,* Cambridge, 1960; Preobrazhensky, *The New Economics*, Trans. by B. Pearce, 1965; S. Cohen, *Bukharin and The Bolshevik Revolution,* Oxford, 1971.

16. '미르'는 토지경작 방식과 농민의 인적인 유대, 교육, 일상생활 모든 면에 영향을 미쳤다. 토지는 원칙적으로 개인주의적 소유 형태였다. 토지는 공유하되 정기적으로 재분할함으로써 평등의 원칙을 농민 상호간에 지켰다. 전제정 말기 수상 스톨핀 개혁 때 토지사유화 원칙 도입이후 처음에는 공동경작의 '미르'의 숫자는 감소하기 시작했으나 볼셰비키 혁명 이후 농민들은 다시 '미르' 방식을 개인의 토지와 재산을 보호하는 최상책으로 삼았다. D. Atkinson, *The End of Russian Land Commune, 1900-1930,* Stanford, 1983.

17. 1926년까지 소비에트 연방(USSR)은 러시아 공화국, 우크라이나 공화국, 백 러시아공화국, 트랜스코카서스 공화국, 우즈벡 공화국, 투르크멘 공화국 등 6개의 공화국으로 나뉘어져 있었다.

18. E. H. Carr, *op. cit.*, Vol. I. p. 119; M. Lewin, *op. cit.*, 1968, p. 85.; D. Atkinson, 1983 *op. cit.*, pp. 253-56.

19. M. Lewin, *ibid.*, pp. 86-88; Rezunov. *Selskie sovety i zemelenye obshchestva*, Moscow, 1928, pp. 6-7; Angarov, *Klassovaia bor' ba v sovetskoi derevni,* Moscow, 1929. p. 79.

20. E. H. Car, *op. cit.*, Vol. I. pp. 122-3.

21. 지방정부의 조직단위는 혁명초기에는 Gubernia(Provinces,주)→Uezd(County,군)→Volost'(면)→Selo(Village리)로 나뉘어 졌다. 1929년에 Oblast'(Region, 관구)→Okrug(County 군, 현)→Raion(District 면, 구)→Volost(읍, 구)→Selo(리)으로 바꾸어졌다. 1929년 소련에서 농촌인구는 약 1억 2천만명으로 추정된다. 소련행정조직은 130 oblasts, 207 okrugs, 2,811 raions, 71,780 selsoviets가 있었다. 촌락의 대표적 행정규모를 보여주는 면(raion)의 평균인구는 4만 명이었고 약 8천 가구에 이른다. 동, 리(selo)의 평균 인구 수는 대략 1,700명(350가구)이다. 이에 비해 미르의 조직은 전국 40만 여개, 러시아 공화국내에서만 해도 740만 가구를 포함하고 있었다. 미르의 조직은 평균 250명 가입으로 지역 소비에트 평의회보다 훨씬 많은 수의 조직을 가졌고, 미세하고도 적은 단위로 나뉘어져 정부의 통제를 쉽게 벗어날 수 있었다.

22. E. H. Car, *op. cit.*, 1968 Vol. I., pp. 250-66; M. Lewin, *op. cit.*, p. 88.

23. G. Yaney, "Agricultural Administration in Russia from the Stolypin Land Reform to forced Collectivization: An Interpretative Study," J. Millar, ed., *The Soviet Rural Community,* London, 1971. p. 8; E. H. Carr, *op. cit.,* Vol. 2., pp. 179-212.

24. M. Fainsod, *Smolensk under Soviet Rule*, p. 139.

25. *Ibid.*, p. 141.

26. M. Lewin, 1968, *op. cit.*, pp. 81-102.

27. E. H. Carr, *op. cit.*, Vol. I, pp. 256-57. 1925년 정부는 비로소 농촌평의회의 독립적 예산권에 관한 설계를 시작하였다. 러시아공화국에서 총 평의회 중 겨우 3%가 예산을 갖고 있었다.

28. 빈농이나 농촌 프롤레타리아들은 생계유지를 위해 고용된 일터로 나가기에 급급하여 농촌의 사회적 정치적 모임에 참가하기가 쉽지 않았다. 대개의 경우 정치참가는 마을에서 경제생활에 여유가 있는 중농, 부농의 관심사였다.

29. 1929년 1월의 통계에 의하면 평의회의 재정적 무능함으로 인해 여기서 일하는 조직원들은 흔히 급료가 더 나은 자리, 조합이나 국영농장으로 떠났다. E. H. Carr, *op. cit.*, Vol. I., p. 250.

30. Molotov, *15th Congress of The Communist Party of Soviet Union*, *Report*, pp. 1086, No. 1232, Dec. 1927.

31. Rezunov, *op. cit.*, pp. 36-40; M. Lewin, *op. cit.*, p. 104.

32. M. Lewin, *ibid.*, p. 91.

33. Enukidze, *15th Congress of Communist Party*, *Report*, p. 1111, Lewin. *ibid.*, p. 92 인용.

34. M. Lewin, *ibid.*, p. 92.

35. E. H. Carr, *op. cit.*, Vol. I, pp. 144-5.

36.

	1927년 10월	**1928년 10월**	**1929년 10월**
농업 조합의 수	61,585	107,000	165,000
콜호즈의 수	18,840	38,289	71,108

37. 1929-30년에 생산조합 부문에 투자한 행정 경비는 4억 5천만 루블이었다. 그러나 그 순이익은 1억 루블도 안되었고 오히려 빚이 1억 루블을 능가하였다. M. Lewin, *op. cit.*, p. 97.

38. Kaminsky, *15th Congress of Communist Party*, *Report*, 1927, p. 1219. 노동 조합 의장인 그의 보고에 의하면 정부가 거둔 곡물량은 식량을 위한 총 필요량의 30%에 지나지 못했다. 나머지 필요량은 농민이 시장에서 내다 놓은 농산품으로 충당되었다.

39. J. Stalin, *15th Congress of Communist Party*, Report, 1927, p. 57.

40. M. Lewin, *op. cit.*, pp. 98-9.

41. *Ibid.*, pp. 99-100; E. H. Carr, *op. cit.*, Vol. I, pp. 145-7, 149-50.

42. *Istoriia sovetskogo krest'ianstva kolkhoznogo stroitel'stva v SSSR*, Moscow, 1963, p. 68; E. H. Carr, Vol. I, p. 150.

43. 1926년 8월 당 중앙위원회의 결의안에서 조합이 빈농계층에게 더 많은 주의를 기울여야 하며, 농민이 계층별로 정당한 비율로서 대표권을 가져야한다는 주장이 거세게 나왔다. 또한, 1927년 제15차 전당대회에서는 부농이 농기구 대여, 신용대여, 자금조달 면에서 더욱 우대 받고 있다는 사실을 폭로하였다. 그럼에도 불구하고 빈농을 후원해야 할 기금이 극도로 부족하였다. 신용대부는 재정적으로 튼튼한 자에게 가기 마련이었기 때문에 빈농은 언제나 밀려나곤 했다.

44. G. L. Yaney, *op. cit.*, pp. 1-5

45. E. H. Carr, *op. cit.,* Vol. I, pp. 160-61.

46. M. Lewin, "The Immediate Background of Soviet Collectivization," *Soviet Studies*, Vol. 8, No. 2, 1965, Oct. pp. 169-185.

47. M. Lewin, *op. cit*., 1968, p.108. 콜호즈의 숫자의 변동상을 살펴보면 변화가 지지부진하였다.

	콜호즈중앙국의 통계	인민농업위원회 통계	인민재정위원회 통계
1924	12,005	9,718	8,641
1925	15,974	12,609	8,277
1926	11,851	12,099	8,023

48. M. Lewin, *op. cit.,* 1968, p. 108.

49. 1921년에 콜호즈 가운데 콤뮨은 20%, 토즈는 15%를 차지하고 있었다. 나머지 대부분은 아르텔의 형태로 존재하였다. 그러나 1927년에 콤뮨은 8.5%로 떨어지고 토즈가 40.2%로 상승한 후 1929년에는 60.2%로 급증하였다.

50. M. Lewin, *op. cit.,* 1968, p. 113.

51. *Ibid.,* p. 118.

52. *Ibid.,* p. 118.

53. G. Yaney, *op. cit.,* p. 6.

54. *Ibid.,* p. 9.

55. Iu. Moshkov, *Zernova problema v gody sploshnoi kollektivizatsii sel'skogo khoziaistva v SSR: 1929-32,* Moscow, 1966.

56. Ya. Yakovlev, *Nasha derevnia,* Moscow, 1924, p. 163, Yaney, *ibid*., p. 118. 인용.

57. 토지정리사업이란 농민이 가진 농지 사이에 있는 무수한 좁은 땅, 길의 수를 줄여 더 넓은 경작지로 만들어 합리적인 구획으로 재분할하는 것이었다. 이렇게 통합 재분할된 토지는 결과적으로 총면적을 상당히 넓혀 주었다.

58. 이들 전문인 그룹이 정리한 토지는 1억 5260만 헥타르에 이르렀다. 이들의 왕성한 사업성과는 1928년 콜호즈, 소브호즈가 정리한 사업이 910만 헥타르에 지나지 않았던 사실과 대비된다.

59. 1929년 인민농업위원회(=NKZ)의 조사에서 대부분 작은 면적의 콜호즈는 토지 정리된 오트루비(토지가 한 군데에 통합된 개인농장)였다는 것이 밝혀졌다.

60. 당시 농촌에서 농민 계층의 비율은 뜻밖에 빈농의 비율보다 중농의 비율이 훨씬 컸으며, 그 수자는 3배 가까이 나타나고 있다. E. H. Carr, *op. cit.,* 1967, Vol. I. p. 114.

	가구수	인구수	가구의 평균 구성원 수
빈농	5,200,000	22,400,000	4.3
중농	13,900,000	76,700,000	5.5
부농	789,000	5,000,000	6.3

61. C. Bettelheim, *L'Alliance Ouvrier*. p. 310, Table No. 185.

62. M. Lewin, 1968, *op. cit.,* pp. 44-7, 48-9. 1925년 인민재정위원회 통계 인용.

1925년		1927년	
빈농	24%	빈농	30.3%
중농	64.7%	중농	60.6%
부농	6.9%	부농	3%

63. M. Lewin에 의하면 1924년 통계상 농촌 무산계급, 즉 프롤레타리아(=batrak) 수는 276만이었다. 그러나 사실은 이들의 63%가 토지를 소규모나마 소유하고 있으며 나머지는 '미르'나 '소보즈,' 혹은 부농과 중농층에 고용되어 있었다. 무산계급(batrak)계층 위의 계층에 속하는 빈농(bednyak)은 토지는 소유하나 가축, 말을 갖지 않은 소농으로 이들도 임금노동으로 부족한 생계비를 충당하였다. 빈농은 그 숫자가 총 농민의 30%에 해당되었으므로 농촌구조에 중요한 세력이 될 수도 있었다. 또, 이들 빈농층은 농산물 가격변동에 가장 민감한 반응을 보인 층이기도 하다. 빈농은 실제 조합운동이나 정부의 보조금 혜택에서 큰 이득을 보지 못하였는데 이는 NEP 시기의 전반적 조류였다. 중농(Serednyak)은 러시아 농민의 65~75%로서 가장 많은 부분에 속하며 농촌경제, 사회생활의 중심부였다. 중농은 총생산물의 85%를 생산하며 75%를 시장에 내놓은 계층이다. 1920년대 정부와 중농의 관계는 뜨거운 쟁점이 될 수 있다. 부농(Kulak)과 볼셰비키 관계는 더욱 복잡한 해석 하에 놓여 있다. 부농이 토지를 대여하거나 노동을 고용하는 층인지, 생산도구와 가축을 대여하는 계층인지, 아니면 상업과 금전적인 거래에서 이득을 보는 사람인지에 따라 의미와 해석이 다양하다. 그러나 대체로 부농의 토지 규모는 온건한 정도였다. 이들의 지위는 토지의 크기보다 문화적 권위에 힘입는 경우가 많았다. 그들은 문자를 아는 경우가 많고, 토지를 합리적으로 경작하였으며 곡물가격 정책에 능숙하게 대처하였다. 레윈에 따르면 부농은 중앙정부정책에 대하여 노골적 저항이나 대개 부정적인 역할을 하기보다는 빈농과 공존 형식으로 영향력을 행사하는 수가 많았다.

64. R. W. Davies, *op. cit.,* 1981, p. 25.

65. 제 15차 공산당전당대회 보고서, 1927, p. 362.

66. C. Bettelheim, *op. cit.,* vol. 2, p. 127.

67. Stalin, *Works*, Vol. II, "On the Grain Front," p. 85. 이 가정은 Preobrazhensky의 이론의 밑받침이 되었다. 높은 공산품가격과 낮은 농산물가격이 빈, 중농에게는 그다지 큰 관련이 없으리라는 계산이었다. 그러나 나중의 Grosskopf의 통계에 의하면 공산품의 80%를 사들이는 것은 빈·중농들이었다.

68. D. Bettelheim, *op. cit.,* vol. 2, p. 93.

69. 1922~25년간 평균 농산물 수확량은 5750만 톤이었고, 1926-9년간은 7350만 톤이었다. 그러나 사실상 1926년부터 매년 곡물 생산은 더 이상 진전되지 않았다. 오히려 미미하게 감소하는 경향을 보이고 있었다. 그런 가운데 도시와 농촌에서 인구는 계속 높은 비율로 증가하였기 때문에 사태는 심각하였다. 1926-7년 동안 매매할 수 있는 곡물은 13.3%였으며 전쟁 직전에는 26%였다. 과거 러시아는 곡물의 1140만 톤을 수출한 나라였다는 사실을 볼 때 이 새로운 현상은 소비에트 정부를 긴장시키지 않을 수 없었다. 1927년 가을 정부가 소유 처분할 수 있는 양은 2:1로 줄어들었다. 이중 수출할 수 있는 양은 20:1로 줄었으며 1928년 곡물수출은 정지될 위기에 처했다. M. Lewin, *op. cit.,* p. 176.

년도	정부가 입수한 곡물량, 특히 식량을 위한 밀, 호밀	
1926-7년	1060만 톤	830만 톤
1927-8년	1010만 톤	805만 톤
1928-9년	945만 톤	620만 톤

70. C. Bettelheim, *op. cit.,* vol. 2, p. 121.

71. M. Lewin, *op. cit.,* p. 73.

72. E. H. Carr, *op. cit.,* Vol. I, pp. 204-5.

73. E. H. Carr, *op. cit.,* Vol. II, p. 458.

74. *Izvestiia*, No. 26, June 30, 1926, p. 3; E. H. Carr, *op. cit.,* Vol. II, P. 459 인용.

75. *Pravda* Nov. 2, 1928.

76. *Na Agrarnom Fronte*, No. 10, 1928, p. 79; E. H. Carr, Vol. II, p. 426 인용.

77. *Ibid.,* 1928, p. 79.

78. 볼셰비키 정부의 산업화 노선과 당내 권력구도 사이에는 밀접한 관련이 있었다. A. Erlich, *A Debate on Industrialization in Russia* Cambridge, 1960; S. Cohen, *Bukharin and Bolshevik Revolution: A Political Biography of Bukharin,* Oxford, 1971.

79. 당시 강제적 곡물 징수 캠페인에 적극 가담한 사람들은 후일 스탈린 노선에 소속되는 핵심적 세력이 되었다. 가장 주된 인물들은 Andreev, Zhdanov, Shvernik, Mikoyan, Kosior, Postyshev, Molotov 이었다.

80. M. Lewin, *op. cit.,* 1968, p. 219.

81. E. H. Carr, *op. cit.,* Vol, I. pp. 67-103; R. W. Davies, *op. cit.,* pp. 56-109.

82.

	곡물 총생산량	정부가 확보한 양
1925-26	7580만 톤	1140만 톤
1926-7	7400만 톤	1170만 톤
1927-8	7330만 톤	1100만 톤
1928-9	7110만 톤	1600만 톤

83. M. L. Bogdenko, "K istorii nachal'nogo etapa sploshnoi kollektivizatsii sel'skogo khoziaistva SSR," *Voprosy istorii*, No. 5, May, 1965, pp. 20-5; M. A. Vyltsan et al., "Nekatorye problemy istorii kollectivizatsii v SSSR," *Voprosy istorii*, No. 3, Mar, 1965, pp. 3-25.

84. Soviet 정부는 이들 전문가의 역할과 발언을 중앙기구에서 일체 중지시켰다. 이때부터 사실상 이들 구전문가 농학자, 지식들의 지위는 격하되었다.

85. R. W. Davies, *ibid.,* London, 1972, pp. 169-70.

86. M. L. Bogdenko, *op. cit.*, pp. 20-5; B. Selunskaia, *Rabochie Dvattzatii-tyschachniki,* Moscow, 1964, pp. 76-77; "Workers 25000ers: Performers of Policies of Party in the Construction of Kolkhozes," *Voprosy istorii*, No. 3, 1954, pp. 19-35.

87. 이후 야코블레브(Yakovlev)가 농업인민위원부의 의장이 되었다. 그는 스탈린 계열에 속한 인물로서 농업의 모든 이해를 산업에 종속시키는 입장을 취했다. 또 농업인민위원부의 핵심간부는 스탈린의 직속 부하였던 Grinko(전Gosplan의 부의장), Kalmanovich(전식량위원회 의장), Klimenko(트랙터공급청 의장), Yezhov(KGB전신인 Cheka의 일원)로서 후일 강경노선의 핵심 집단이 되었다.

88. B. Selunskaia, *op. cit.,*1954, p.116.

89. Larkina, *The Training of Kolkhoze Cadres in the Period of Mass Colletivization,* Moscow, 1960, Chap. 5, 6, 7.

90. M. Fainsod, *op. cit.*, Stanford, 1960, p. 123; E. H. Carr, *Socialism in One Country*, Cambridge, 1975 p. 336; *Izvestiia*, No. 7, Mar. 20, 1929. 1929년 당시 백러시아에서는 농업노동자의 겨우 0.05%만이 당원이었다. 그만큼 볼셰비키의 농업적 지지기반이 취약했음을 말해주고 있는 것이다.

91. 1928년 곡물징발 시기부터 1930년 1차 농업집단화까지 총 25만 명의 도시출신 맹렬 운동가들이 농촌으로 파견되었다. 이 중에서 10만 명은 지방정부나 경제관계부처의 관료들이었고, 10만명은 도시 산업노동자부대였다. 특히 "2만 5천 특수부대"라 불린 파견부대는 농촌에 영구 정착을 선서한 맹렬그룹으로서 경영 기술과 조직 활동에서 체계적 훈련을 받았다. 그 외 1만을 넘는 숫자가 콤소몰 청년공산당원으로서 젊은 행동주의자들이었다. 특히 1930년 한 해에 7만 5천 노동자들이 1만 1천개 부대를 만들어 농촌으로 파견되었다. 1930-31년간엔 150만 노동자들이 장기간, 혹은 단기간 체류하였다. T. P. Bernstein, "Mass Mobilization and Leadership in the Soviet and Chinese Collectivizationn Compaign of 1929-30 and 1955-56: A Comparison," *Chian Quaterly*, XXX, July 1967, p. 29.

92. *Ibid.,* p. 20 인용.

93. *Ibid.*, p. 20; B. P. Manaev, "The Organization of Mass Work in the Soviets in the Middle Volga Region," *Sovietskoe Stroitel'stvo*, No. I, Jan. 1930.

94. *Ibid.,* p. 31.

95. *Ibid.,* p. 34.

96. Moshkov, *op. cit.,* p. 32; M. Lewin, 1968, *op. cit.,* pp. 598-99.

97. J. Stalin, *Works* XII, p. 95 "Relpy to the Sverdlov Comrades," Feb. 9, 1930.

98. M. Lewin, 1968, *op. cit.,* pp. 508-9; *Pravda*, Jan. 18, 1930.

99. *Lenin's Peport, 8th Congress of Party*, Mar. 23, 1919.

100. R. W. Davies, *op. cit.,* p. 257.

101. M. Fainsod, *op. cit.,* pp. 253-56.

102. R. W. Davies *op. cit.,* p. 412.

103. Bogdenko, *op. cit., Voprosy istorii*, No. 5, 1965.

104. 산업화 계획의 당내 논쟁과 스탈린주의의 등장의 관계에 대해서는 다음을 보라. J., Millar, "Mass-Collectivization and the Contribution of Soviet Agriculture to the First-Five Year Plan: A Review Article," *Slavic Review,* Vol. 33, No. 4; Millar J. and A. Nove, "Was Stalin Really Necessary?" *Social History*, No. 2, 1976.

105.

집단화된 지역의 비율	집단농장에 가입한 농가
1927년 0.7%(콜호즈) 2.1%(호프호즈)	?
1928년 1.2% 2.8%	?
1929년 3.5% 5.5%	?
1929년 말 7.4%	240만 가구
1930년 1월 15%	490만 가구
1930년 2월 54%	1500만 가구

5장 - 사회주의적 사랑의 신화: 알렉산드라 콜론타이와 '붉은 가족'

1. Barbara Engel and Clifford Rosenthal eds., *Five Sisters against the Tsar,* New York, 1975; B. E. Clements, *Bolshevik Women,* Cambridge, 1997; R. Stites, *The Women's Liberation Movement in Russia: Feminism, Nihilism and Bolshevism, 1860-1930,* Princeton, 1978; Rochelle Goldberg, "The Russian Women's Movement: 1859-1917," Ph. D. diss, Univ. Rochester, 1976; A. Meyer, "Marxism and Women's Movement in Russia," D. Atkinson, A. Daliin, G. Lapidus, eds., *Women in Russia,* Stanford, 1977, p. 105.

2. Tina Braun, "Peace Profile: Alexandra Kollontai," *Peace Review*, June, 1998, Vol. 10, Issue 2, p. 296.

3. B. E. Clements, "Emancipation through Communism: the Ideology of A. M. Kollontai," *Slavic Review*, vol. 32, no. 2. June 1973; Irving Fetscher, ed. *Autobiography of a Sexually Emancipated Communist Woman*, trans, by Salvator Attanasio, New York, 1971; B. Farnsworth, "Bolshevism and the Woman Question and Alexandra Kollontai," *The American Historical Review*, 81, no. 2, April, 1976, pp. 292-93; Anna Itkina, *Revoliutsioner, tribun, diplomat: stranitsy zhizni Alekandry Kollontai,* Moscow, 1970, p. 14.

4. B. A. Engel, *Women in Russia, 1700-2000,* 2000; L. Edmonson and R. C. Elwood, *Women and Society in Russia and Soviet Union,* 2000.

5. L. Haimson, *The Russian Marxists and the Origins of Bolshevism,* Boston, 1968, pp. 61-75.

6. A. Kollontai, *Sotsial'nye osnovy zhenskogo voprosa,* St. Petersburg, 1909, p. 224; A. Kollontai, *Iz moei zhizni i raboty*, Moscow, 1974, p. 100; I. M. Dazhina, ed., *Alexandra Kollontai, Selected Articles and Speeches,* New York, International Publishers, 1984, pp. 16-36; R. Stites, *The Women's Liberation Movement in Russia: Feminism, Nihilism and Bolshevism, 1860-1930,* Princeton, 1978, p. 465.

7. A. Kollontai, S*em'iia i kummunisticheskoe gosudarstvo,* Moskva, 1918, p. 2. 이 저서는 영어로 번역되었다. *Communism and the Family,* Pluto Press, London, 1971.

8. A. Kollontai, *ibid.,* p. 2.

9. R. Stite, "Zhenotdel: Bolshevism and Russian Women, 1917-1930," *Russian History*, 1976, no. 2, pp. 174-193; Carol Hayden, "The Zhenotdel and the Bolshevik Party," *Russian History*, 1976, no.2, pp. 152-53.

10. Lenore Maderson and Michelle Drake, "Sex, Social Institutions, and Social Structure," *Annual Review of Sex Research,* 1999.

11. Kate Millet, *Sexual Politics,* New York: Double day, 1970 참조.

12. A. Kollontai, "*Tezisy kommunisticheskoi morali i oblasti brachnykh otnoshenii*," *Kommunistka*, 1921, nos. 12-13; "Pis'ma k trudiashcheiia molodezhi, Moral' kak orudzie klassovogo gospodstva i klassovoi bor'by," *Molodaia gvardiia*, 1922, no. 6-7.

13. V. I. Lenin, *Emancipation of Women* (Appendix. K. Zetkin, "Lenin on the Woman Question"), New York, International Publisher, 1966, p. 61.

14. I. Fitscher, ed., *A. Kollontai, The Autobiography of a Sexually Emancipated Communist Woman*, Schocken Books, New York, 1975, pp. 6-7.

15. K. Bailes, "A. M. Kollontai et la nouvelle morale," *Cahiers du monde Russe et Sovietique*, 1965, no. 4, pp. 472-496; B. Farnsworth, *Alexandra Kollontai: Socialism, Feminism and the Bolshevik Revolution*, Stanford University Press, 1980; idem, "Bolshevism and the Woman Question and Alexandra Kollontai," *The American Historical Review*, 81, no. 2, April, 1976, pp. 292-316; Irving Fetscher, ed., *Autobiography of a Sexually Emancipated Communist Woman*, trans., Salvator Attanasio, New York, 1971; Richard Stite, "Kollontai, Inessa, Krupskaia," *Canadian American Slavic Studies*, 9:1, spring, 1975, pp. 84-92; A. Holt, ed., *Selected Writings of Alexandra Kollontai,* West Port, 1977; C. Porter, *Alexandra Kollontai: the Lonely Struggle of a Woman Who Defend Lenin,* New York, 1980가 대표적 연구서이다.

16. B. 판스워드 (신민우 역), 『알렉산드라 콜론타이』, 풀빛, 1986.

17. E. I. Breslav, "A. M. Kollontai - Propagandist ideii Lenina v medzdunarodnom rabochem dvizhenii," *Vestnik Leningradskogo universiteta*, 1967, no. 14; A. M. Itkina, *Revoliutsioner, tribun, diplomat,* Moscow, 1964, 1975; I. Maiskii, "A. M. Kollontai," *Oktyabr,'* 1962, no. 7.; E. Mindlin, *Neobyknovennye sobesedniki: kniga vospominanii,* Moscow, 1968; G. D. Petrov, "A. M. Kollontai, v gody pervoi mirovoi voiny," *Istoriia SSSR*, 1968, no. 3; idem "Posol revoliutsii," *Zhenshchiny russkoi revoliutsii,* Moscow, 1968; D. Utkes, "Aleksandra Kollontai," *Slavnye Bolshevichki,* Moscow, 1972; P. Vinogradskaia, *Pamiatnye vstrechi,* Moscow, 1958 등은 콜론타이의 페미니즘 사상을 다루기보다 정치적인 행적이나 생애를 주로 발굴하는 데만 주력하였다.

18. 이 책은 후에 "Novaia zhenshchina," 1913, "Liubov i novaia moral," 1911, "Otnoshenie mezhdu polami i klassovaia bor'ba," 1911를 포함하여 통합 출판되었다.

19. "Otnoshenie mezhdu polami i klassovaia bor'ba," *Novaia zhizn',* 1911, no. 9. 이것은 나중 *Polovaia moral' i sotsial'naia bor'ba* 라는 제목으로 변경되어 출판되었다.

20. *Kommunistka*, 1921, no. 12-13, pp. 28-34.

21. 이것은 서구에서 A. Holt, ed., *Communism and the Family,* New York, 1971 으로 번역되었다.

22. 원래 이 소설은 『바실리사 말리기나』 제목 하에 포함된 소설이었다.

23. 이것도 『바실리사 말리기나』에 포함된 소설이었는데 나중에 이것은 『붉은 사랑』(Red Love), New York, 1927 제목으로 번역 되었다.

24. *Sovremennyi mir,* 1913, no. 9, pp. 151-185.

25. *Kommunistka,* 1922, no. nos. 8-9, pp. 5-9.

26. *Molodaia Gvardiia,* 1922, nos. 6-7, pp. 128-136.

27. B. Farnsworth(신민우 역), *op. cit.,* p. 56.

28. Sheila Rowtboham, "Alexandra Kollontai: Women's Liberation and Revolutionary Love,"

The Spokesman, nos, 4&5.

29. A. Kollontai, *Avtobiograficheskii ocherk*, pp. 279-280. 여기에 여성 노동자 출신인 안토노바(Antonova), 세메노브나(Semenovna), 슬로베라(Slolv'era), 부르코(Burko), 예프레모바(Efremova) 등이 가담하였다.

30. *Zhenshchina-rabotnitsa na pervom feministkom kongresse v Rossii*, p. 6.

31. A. Kollontai, *Sotsial'nye osnovy*, pp. 187-89.; B. Pansworth(신민우 역), *op. cit.*, p. 73. 인용.

32. 내전 중 <라보트니차>지는 신문 인쇄용지 부족으로 폐간되어야 했다. 대신 <프라우다>지에서 '여성의 란' 칼럼으로 대치되었다.

33. A. Kollontai, "*Sotsial'nye osnovy zhenskogo voprosa* (St. Petersburg, 1909)," *Kommunistka*, 1923, nov.11, p. 5.

34. A. Kollontai, *Polozhenie zhenshchiny*, pp. 166-167.

35. B. Panthword(신민우 역), *op. cit.*, p. 199: A. Kollontai, "Sem'iia i kummunisticheskoe gosudarstvo," *kommunistka*, 1923. no. 1, p. 4.에 다시 실림.

36. R. Stite, *op. cit.*, p. 358.

37. E. H. Carr, *Socialism in One Country*, I: 45-46.

38. 심지어 지노비에프나 류코프조차도 이 여성대회를 비당원여성대회라고 보고 볼셰비키 계획에 아무런 가치를 주지 않는 의미 없는 모험이라고 무시하고 지지를 보내지 않았다. 또 이 당시 8만 명의 여성들은 실제로 일당 체제의 원칙에 대하여 반대를 표시하였다.

39. S Fitzpatrick, "Sex in the Revolution," *The Cultural Front: Power and Culture in Revolutionary Russia,* Cornell univ. press, *1992*, pp. 67-68.

40. B. Farnsworth, "Bolshevism, The Woman Question and A. Kollontai," *American Historical Review*, vol. 81, pp, 292-316; B. Clements, "Emancipation through Communism," *Slavic Review*, 1973, pp. 323-328.

41. I. Razin, ed., *Komsomolskii byt*, S. Fitzpatrick, *op. cit.*, 1992, p. 69. 인용.

42. Ella Winter, *Red Virtue,* New York, 1933, p. 127; R. Stite, *op. cit.*, p. 360.

43. Panteleimon Romanov, "Bez cherëmukhi," *Molodaia gvardiia*, 1926, no. 6, p. 15.

44. A. Kollontai, *Otnoshenie mezhdu polami i klassovaia bor'ba,* 1919, p. 3; A. Holt, ed. *Alexandra Kollontai : Selected Writings,* Toronto, 1977, p. 237.

45. Sorokin, *Leaves*, p. 59; R. Stites *op. cit.,* New Jersey, 1978, pp. 346-47에서 인용; E. H. Carr, *Socialism in One Country*, 1:31.

46. A. Kollontai, *Sem'ia i kommunisticheskoe gosudarstvo,* 1918, p. 3-4; A. Holt ed., *Alexandra Kollontai: Selected Writings,* West Port, Toronto, 1977, pp. 256-57.

47. A. Kollontai, *ibid.*, pp. 9-10; A. Holt ed., *ibid.*, p. 258; B. Farnsworth(신민우 역), *op. cit.*, p. 211; R. Stite, "Zhenotdel: Bolshevism and Russian Women, 1917-1930," *Russian History*, 1976, no.2, p. 177; H. Geiger, *The Family in Soviet Russia,* Cambridge, Mass., 1968, p. 72.

48. A. Kollontai, "Otnoshenie mezhdu polami i klassovaia bor'ba," *Novaia zhizn',* 1911, no. 9. p.

3. 이것은 나중 *Polovaia moral' i sotsial'naia bor'ba* 제목으로 변경되어 출판되었다. A. Holt, ed., *op. cit.*, 1972, p. 237.

49. 루나차르스키에 대해서는 J. Smith, *Women in the Soviet Russia,* New York, 1928, p. 92; Geiger, p. 48 인용. 콜론타이의 반론에 대해서는 Anna Itkina, *Revoliutsioner, Tribun, diplomat: Alexandra Kollontai,* Moscow, 1970, p. 208를 보라; S. Frederick Starr, "Visionary Town Planning during the Cultural Revoution," S Fitzpatrick, *op. cit.,* 1992, p. 289.

50. B. Farnsworth (신민우 역), *op. cit.,* pp. 216-223.

51. A. Holt. ed., *op. cit.,* p. 244.

52. *Ibid.,* p. 207.

53. Irving Fetscher, ed. *Autobiography of a Sexually Emancipated Communist Woman,* New York, 1971, pp. 54. 56.

54. A. Kollontai, *Novaia ugroza*, p. 8.

55. 특히 농촌 남성들은 아내가 집회에 가는 것을 매우 싫어했다. 여성이 조직에 가담하여 활동하는 것을 반대했으며 심지어 책을 보는 것도 싫어했다. 볼셰비키당의 다수는 이같은 농촌 남성들의 태도 때문에 농민층의 지지를 잃게 될 것을 두려워하여 제노젤의 사업을 탐탁하게 여기지 않았다. B. Farnsworth (신민우 역), *op. cit.,* pp. 78-79, 400-401.

56. Klara Zetkin, *Recollections of Lenin,* Moscow, 1956, pp. 58-59.

57. A. Kollontai, *Sem'ia i kommunisticheskoe gosudarstvo*, p. 12; A. Holt, A. Kollontai, *Selected Writings,* New York, 1977, pp. 259 ; R. Stite, *The Women's Liberation Movement in Russia,* New Jersey, 1978, p. 349.

58. A. Holt, ed., *ibid.*, p. 201.

59. A. Kollontai, *Polovaia moral' i sotsial'naia bor'ba*, p. 8.

60. A. Kollontai, *Prostitutsiia i mery bor'by s nei*, p. 7. 매춘문제에 대한 이 글은 콜론타이가 1921년 제3차 전러<여성국>지역대표자회의에서 연설한 것의 일부이다.

61. 이에 대한 사상은 A. Kollontai, *Workers' Opposition,* International Publisher, New York, 1921를 보라.

62. *Kommunistka*, 1923, nos, 3-4, pp. 23-26.

63. 이글은 1927년에 『일벌들의 사랑』 (*Liubov' pchel trudovykh*) 속에 포함되었다가 후일 다시 출판되었다.

64. 이글은 1923년에 『자유로운 사랑』 (*Svobodnaia liubov'*)의 제목으로, 1927년에 『일벌들의 사랑』 (*Liubov' pchel trudovykh*) 속에 포함되어 다시 출판되었다.

65. 노르웨이의 대사로 부임하여 일하면서 콜론타이는 이 무렵 서구 여러 나라에서 전개되던 성적 심리에 관한 프로이드 심리학과 관련한 일련의 논쟁적인 글을 접한 것으로 보인다.

66. A. Kollontai, "Tret'iia pis'ma k trudiashchei molodezhi," *Molodaia gvardiia*, 1923, no. 3, pp. 3;A. Holt, ed., "Make Way for Winged Ero: A Third Letter to Working Youth," *op. cit.*, p. 276.

67. A. Kollontai, *Liubov' trtekh pololenii,* 1927, pp. 181-272.

68. A. Kollontai, *ibid.*, p. 192.

69. A. Kollontai, *ibid.*, p. 214.

70. *Ibid.*, pp. 235-240.

71. R. Stite, *op. cit.*, 1978, pp. 358-368.

72. A. Kollontai, *Vasilisa Maligina,* 1927, pp. 272.

73. A. Holt, ed., "Prostitution and Way of Fighting It,"*op. cit.,* p. 270. 1921년 통계에 의하면 장기적 매춘여성은 뻬쩨르부르크에서만 17,000명이 존재하였다. 이들 중 등록된 이는 6,000-7,000명에 지나지 않았기 때문에 나머지는 대다수가 비정기적인 매춘여성들이다. 그러나 1922년에 이 수자는 32,000명으로 급증하여 혁명 이전의 수준에 달하였다. R. Stite, *op. cit.,* p. 372.

74. A. Holt, ed., *ibid.*, pp. 275-77.

75. I. Fetscher, *A. Kollontai, Autobiography of A Sexually Emancipated Communist Woman,* New York, 1975, pp. 49-105.

76. I. Fetscher, *ibid.*, p. 57; A. Kollontai, "Novaia zhenshchina," *Novaia moral'*, 3-35.

77. Anna Itkina, *Revoliutsioner, tribun, diplomat: stranitsy zhizni Alexandry Kollontai,* Moscow, 1970, pp. 174-76; Jessica Smith, *Women in Soviet Russia,* New York, 1928, pp. 179.

78. A. Kollontai, "Avtograficheskii ocherk," *Izvrannye stat' i i rechi*, p. 319.

79. Richard Stite, "Zhenotdel: Bolshevism and Russian Women, 1917-1930," *Russian History*, 1976, no. 2, pp. 174-193.

80. A. Kollontai, *Rabochaia oppozitsiia,* p. 38. 1921년 5월 제4차 전러노조대회에서 이 문제는 일단락되었는데 이 경우에도 여성대표자는 단 1명 뿐이었다.

81. S. Cohen, *Bukharin and the Bolshevik Revolution*: A *Political Biography,* New York, 1973, p. 143.

82. 이 글에서 그녀는 노조대회 이후 모스크바 당 조직에서 총 306명의 노동자출신이 당을 떠났다고 폭로했다.

83. B. Farnsworth (신민우 역), *op. cit.,* p. 350.

84. 1921년 이미 독일 사민주의는 참전 결정으로 우익화하여 제2인터내셔날은 해체되었다. 로자 룩셈부르크가 암살당한 후, 독일 공산주의는 힘을 잃어가고 있었다. 1919년 레닌이 설립한 코민테른(국제공산주의) 조직 내에서는 이제 독일 공산당은 혁명에 성공한 러시아 공산당에 의존하는 상태가 되고 있었다.

85. R. Stite, *Women's Liberation Movement,* p. 343.

86. 빅토르 노긴은 11차 당대회에서 노골적으로 제노쩰에 대하여 적대적인 발언을 하였으며 몰로토프 역시 제노쩰내에는 진정한 지도자가 없다고 비난하였다. *Odinnadtsyi S"ezd RKP* (*b*): *Mart-Aprel' 1922 g*., Moscow, 1961, pp. 456-457. 467.

87. E. H. Carr, *Socialism in One Country*, vol. 1, p. 43.

88. A. Kollontai, *Polozhenie zhenshchiny*, p. 199.

89. Glebov, *Inga*, p. 234: 판스워드 (신민우 역), p. 393.

90. 공장여성노동자의 평균 월급은 월 41.7루블, 남성의 평균 월 임금은 60루블이었다.

91. V. Iakovlev, "K voprosy k kvalifikatsii zhenskogo truda," *Kommunistka*, 1923, no. 6, p. 16. 1923년 소비에트의 당원은 38만 1400명과 후보 11만 7700명이었다. 1922년 11차 당대회 대표자 513명 중 여성은 9명이었으나 그후 다시 줄어 들었다. 1922년에 전체적으로 약 2만2천명의 여성 당원이 있었으나 12차 당 대회에서 400여명의 대표 중 여성은 단 4명에 지나지 않았다. C. Hayden, "The Zhenotdel and the Bolshevik Party," *Russian History*, 1976, no. 2, p. 166.

92. B. Farnsworth (신민우 역), *op. cit.*, p. 215.

93. A. Holt, ed., *op. cit.*, p. 225.

94. A. Kollontai, "K dorogu krylatomu erosu," *Molodaya gvardiia* (May, 1923), pp. 111-124. 일설에 의하면 크룹스카야가 긴급히 비노그라드스카야로 하여금 콜론타이의 글에 대항하는 글을 쓰도록 요구했다고 한다. 판스워드 (신민우 역), *op. cit.*, p. 215; R. Stites, *op. cit.*, (1978), pp. 362-363.

95. 비노그라드스카야는 제노쩰에서 콜론타이와 함께 일하던 젊은 여성 활동가였으나 콜론타이 사상에 대해 심한 혹평의 발언을 서슴치 않았다. P. Vinodgradskaia, "Voprosy morali i byt i tovarishch Kollontai," *Krasnaia nov'*, no. 6, 1923, p. 184; A. Holt, ed., *op. cit.*, p. 204.

96. P. Vinodgradskaia, *ibid.*, pp. 187-88.

97. A. Holt, ed., *op. cit.*, p. 204.

98. A. Zalkin, "Polovaia zhin' i sovremennaia molodezh," *Molodaia gvardiia*, no. 6, 1926, p. 248.

99. Iring Fetscher, "Afterwords," *Autography of a Sexually Emancipated Woman*, p. 111; A. Holt, ed., *op. cit.*, p. 203.

100. B. Farnsworth (신민우 역), *op. cit.*, p. 380; Balabanoff, *My Life as a Rebel: Impression of Lenin*, p. 152.

101. 콜론타이는 개별 가족제보다도 공동체 가족제를 찬양하면서도 개인적으로는 자신의 가족을 포기한 데 대하여 항상 쓰라린 고통을 느꼈다.

102. A. Zalkind, "Polovaia zhizn' i sovremennaia molodezh'," *Molodaia gvardiia*, no. 6, 1926,

103. B. Farnsworth (신민우 역), *op. cit.*, p. 504. 콜론타이는 초기의 자신의 개성과 신념을 포기하였다. 그러나 공개적으로 체포, 고문, 강제적인 고백을 강요받은 흔적은 없다. 그보다는 중앙의 정치에서 이미 1921년 이후 오랫동안 떠나 고립되어 있었고 스탈린은 그녀에게 아무런 관심이 없었다. 대숙청이 끝난 1937년에 그녀는 다시 스웨덴으로 보내졌다. 그 후 <볼셰비키 당사>를 집필에 가담하도록 요청받고 *Zhenshchiny v 1917 godu*를 집필하였다. A. M. Itkina, *Revoliutsioner, tribun, diplomat,* Moscow, 1970, p. 208.

104. R. Schleginger, ed., *The Family in the USSR: Documents and Readings,* London, 1949, p. 15.

105. S. Fitzpatrick, *Cultural Front*, 1992, p. 87.

6장 - '문화 혁명'과 스탈린주의 멘탈리티, 1928~32

1. 1917년 2월 혁명, 1917년 10월 혁명에 이어 1928년 12월 공산당의 농업집단화의 선언 사건을 각각 사회주의 혁명의 1, 2, 3차 혁명으로 부른다.

2. M. Fainsod, *How Russia is Ruled,* Cambridge, Mass., 1967, p. 109 ; Z. Brzezinski, *Permanent Purge: Politics in Soviet Totalitarianism,* Cambridge, Mass., 1956, p. 50; L. Schapiro, *The Communist Party of the Soviet Union,* New York, 1971, p. 387; R. Tucker, ed., *Stalinism: Essays in Historical Interpretation,* New York, 1977,"Stalinism as Revolution from Above," pp. 77-108; N. S. Timasheff, *The Great Retreat: The Growth and Decline of soviet Communism in Russia,* New York, 1945.

3. S. Fitzpatrick, ed., *Cultural Revolution in Russia, 1928-31,* Bloomington, 1978 이하 *Cultural Revolution*로 약함; *Education and Social Mobility in the Soviet Union, 1921-34,* London, 1979 이하 *Education*로 약함.

4. J. Hough, "The Cultural Revolution and Western Understanding of the Soviet System," S. Fitzpatrick, ed., *Cultural Revolution*, pp 141-53; Kendal E. Bailes, *Technology and Society under Lenin and Society: Origins of the Soviet Technical Intelligentsia, 1917-41,* Princeton, 1978; Roger Pethybridge, *The Social Prelude to Stalinism,* New York, 1974; Moshe Lewin, *Russian Peasants and Soviet Power: A Study of Collectivization,* New York, 1975; Michael F. Hamm, ed., *The City in Russian History,* Lexington, 1976; G. Enteen, *The Soviet Scholar Bureaucrat: M. N. Pokrovsky and the Society of Marxist Historians,* University Park, Pennsylvania, 1978, "Marxist Historians during the Cultural Revolution: A Case Study of Professional Infighting," 1978; John Barber, *Soviet Historians in Crisis, 1928-32,* London, 1981; S. G. Solomon, *The Soviet Agrarian Debate: A Controversy in Social Sciences, 1923-29,* Boulder, Colo., 1977; R. Lewis, "Science, Non-Science and the Cultural Revolution," *Slavic Review,* 1986, vol. 45, no. 2, pp. 286-92.

5. R. C. Williams, "The Nationalization of Early Soviet Culture," *Russian History*, no. 9, pp. 157-72, 1982.

6. D. Joravsky, "The Construction of Stalinist Psyche," pp. 108-9.

7. J. Barner, *Soviet Historians in Crisis,* 1981, 참조.

8. G. Enteen, "Marxist Historians" *op. cit.,* 1978, pp. 154-68.

9. D. Joravsky, "The Stalinist Mentality of Higher Learning," S*lavic Review*, 42:4, 1983 p. 586.

10. R. Daniels, ed. *Stalinist Revolution: the Origins of Soviet Totalitarianism,* 1972 (석영중 역), 『스탈린 혁명』(1992), 제 4장.

11. M. P. Kim, "O syshchnosti kul'turnoi revoliutsii i etapakh osyshchestvleniia v SSSR," pp. 23-30 ; S. Fitzpatrick, ed. *Cultural Revolution,* 1978, p. 3.

12. R. Williams, *op. cit.,* p. 159.

13. P. Kenez, "Liquidating illiteracy in Revoutionary Russia," *Russian History,* 1982, no. 9, pp, 174-75.

14. A. A. Bogdanov, *Elementy proletarskoi kul'tury v razvitii rabochego klassa,* Moscow, 1912; S. Fitzpatrick, *Lunacharsky: The Commissariat of Enlightenment,* Cambridge, Mass., 1970; A. Lunacharsky, "The Intelligentsia and Its Place in Socialist Construction," *Revoliutsiia i kul'tura,* 1927, no. 1, p. 32.

15. V. Lenin, *Collected Works,* 44: 174. (5판) 1903년 사민당 2차 전당대회에서 레닌은 문화정책으로서 인민의 의무교육과 무상교육제도의 도입할 것과 교육에서 교회의 역할을 완전히 배제해야 할 것을 역설하였다. 짜르시대 1897년 인구의 21.1%, 1920년에는 러시아와 우크라이나에서 인구의 31.9%가 문자해독력을 가지고 있었다. 그나마 이 인구는 도시에 집중되어 있었다. 1910년 빼쩨르부르크에서는 76.6%, 1912년 모스크바에서는 70%, 1913년 군대에서는 신병들 중 68.8%가 문맹이었다. 혁명 당시 교육체계는 완전히 무정부상태였으며 중앙집중화된 제도를 갖지 못하고 교사. 교과서, 종이, 연필까지도 부족한 상태에 있었다. 레닌은 혁명 투쟁 당시 보다도 1917년 혁명 달성 직후에 볼셰비키가 노동자 뿐만 아니라 농민층의 지지를 확보하기 위해서는 문맹퇴치가 더욱 더 심각한 과제라고 생각하였다.

16. 1923년 레닌은 <문화 혁명>을 '대량 인구의 문자교육율의 확대', '인민의 점진적 문화수준의 향상'으로 규정하고, 이를 위해 항상 구지식인과의 원만한 관계를 유지할 것을 강조했다. V. Lenin, "O kooperatsii," 1923 ; G. Karpov, *Lenin o kul'turnoi revoliutsii,* Moscow, 1967.

17. R. Williams, *op. cit.,* 1982, p. 163.

18. S. Fitzpatrick, *Cult. Rev.*, p. 8; Pravda, 1927, 11월 30일; *Fifteenth Congress VKP(B), Stenograficheskii otchet*, 1928, p. 14, p. 16.

19. 당시까지 그는 산업화의 논쟁에서 부하린 입장에 동조하고 있었다.

20. M. Lewin, *Russian Peasant and Soviet Power: A Study of Collectivization,* New York, 1965, pp. 250-66.

21. R. Medvedev (안광국 역), 역사가 판단케하라 (새물결, 1991), 2권 pp. 59-65. Timasheff, Schapiro, Carr는 문화 혁명을 계급 전쟁으로 보는 것에 이의를 제기한다. 샤흐찌 사건의 전말은 스탈린의 권력 장악을 위한 조직된 위장술이라고 설명한다.

22. A. I. Krinitsky, *Osnovnye zadachi agitatsii, propagandy i kul'turnogo stroitel'stva,* Moscow, Leningrad, 1928 p. 17.

23. A. I. Krinitskii, *op. cit.*, 1928; *Pravda*, 1928, 6. 8; *Kommunisticheskaia revoliutsiia*, 1928, pp. 17-18.

24. K. Bailes, *Technology and Society under Lenin and Stalin,* 1978, pp. 95-122.

25. R. Medvvedev, *Let History Judge,* 1971, pp. 110-139, (안광국 역) 역사가 판단케 하라, 2권 pp. 65-67; R. Conquest, *The Great Terror: Stalin's Purge of the Thirties,* New York, 1968, pp. 549-56.

26. L. Graham, *The Soviet Academy of Sciences and the Communist Party, 1927-32,* Princeton,

1967 pp. 121-30.

27. K. Bailes, *op. cit.,* pp. 97-100.

28. Stalin's Speech, *Pravda*, 1928, 4. 18.

29. 우파에 속하던 톰스키 조차도 루나차르스키에 대해 비판적 공격에 가세했다. *Pravda*, 1928, 6. 28.

30. D. Joravsky, *op. cit.,* 1978, pp. 110-12.

31. S. Sheshkov, *Neistovye revniteli, Iz istorii literaturnoi bor'by 20-kh godov,* Moscow, 1970, pp. 223, 323-4, 335.

32. S. Fitzpatrick. *op. cit.,* 1978, pp. 28-29.

33. K. V. Gusev and V. Z. Drobizhev, eds., *Rabochii klass v upravlenii gosudarstvom, 1926-37 gg.*, Moscow, 1968, p. 145; Mikhailov, *Kul'turnaia revoliutsiia v SSSR, 1917-65,* Moscow, 1965 p. 325. 단지 지식인들만이 숙청된 것은 아니었다. 예를 들면 이르쿠츠크 군에서는 약 800명에 달하는 과거의 관리, 경찰, 간부들이 직위 해제당하거나 체포되었다. 곧 그 자리를 급진적인 공산주의자들이나 노동자들이 채웠다. 그 외에도 다른 무수한 사회적 계층이 숙청되었다. 부농의 아들, 성직자, 상인 혹은 네프맨, 교사들 짜르시대의 공무원들이 지방당위원회의 지시 하에 해직되었다. 가장 갈등이 큰 경우는 중등교사 숙청이었다. 이 때문에 인민교육위원장인 루나차르스키와 몰로토프의 관계는 악화되기도 하였다. *Narodnoe prosveshchenie*, 1928, no. 3-4, p. 51.

34. I. Trifonov, *Ocherki istorii klassovoi bor'by v gody 1921-37,* Moscow, 1960, p. 174.

35. 네프 시기 부하린과 류코프, 루나챠르스키는 부르주아적 지식인과 친분이 두터웠다. 특히 산업화의 대 논쟁에서 류코프와 부하린은 점진적 산업화, 반농업집단화 정책을 지지하고 있었다. 노동조합을 대표하는 톰스키는 노동자 계급의 입장에서 급속도의 산업화에 격렬하게 저항하고 격심한 노동동원령에 반대했다.

36. A. Avtorkhanov, *Stalin and the Soviet Communist Party: A Study in the Technology of Power,* 1959, p. 29.

37. K. Bailes, *op. cit.,* p. 69.

38. Pravda, 1929, 12. 15; K. Bailes, *Technoloy,* 1979, p. 114. 인용.

39. J. V. Stain, *Works*, 1931, 13: 4, "Technology Decides Everything"; A. I. Lutchenko, "CPSU Leadership in the Formation of Cadre of Technical Intelligentsia, 1926-33," *Voprosy istoriia KPSS,* 1960, no.2, p. 31.

40. K. Bailes, *op. cit.*, p. 446; A. Lunacharsky, *Narodnoe prosveshchenie*, 1928, no. 5, p. 7.

41. 크룹스카야, 루나챠르스키, 우크라이나 교육인민위원인 스크리프키는 '학생을 학교에서 쫓아내는 것은 그 누구도 교육의 권리를 박탈할 수 없다는 원칙을 거슬리는 것이다.'라고 격렬히 항의하였다. *Pravda*, 1929, 2. 5; S. Fitzpatrick, *Mobility*, p. 122.

42. *Krasnoe studenchestvo*, 1928-29, no. 1, pp. 17-18.

43. 이때 교육인민위원부 소속의 인물들이 당내 우파와 연합함으로서 스탈린의 미움을 샀다. 우글라노프를 위시한 당 우파에 속하는 톰스키, 루나챠르스키는 직위에서 밀려났다. 콤소몰의 청년

공산주의자들은 노동자들이 산업 기술을 현장에서 배울 수 있어야 한다고 주장하고 톰스키가 지도하고 있는 노동조합은 '관료주의적'이라고 비판하였다. 또한 그들은 노동조합 역시 경제기구 하에 소속되어야 한다고 지적하였는데 이때 톰스키는 매우 격분하여 노동자들의 이해관계가 당 관료나 산업 경영가 집단에 의해 좌우되는 것은 있을 수 없다고 맞섰다. 그 후 이 격론으로 톰스키는 정치적으로 불리한 상황에 빠져 들었다.

44. J. V. Stalin, *Works*, 11:58, 13:41; M. Ryrutin, "Leading Cadre of VKP(b)" *Bolshevik*, 1928, no. 15, p. 20.

45. V. Molotov, "The Training of New Specialists," *Krasnoe studenchestvo*, 1928/29. no. 1. pp. 9-21.

46. M. Ryutin, "Leading Cadre of the VKP(b)," *Bolshevik*, 1928, no. 15, p. 20.

47. "On the Improvement of the Training of New Specialists," *KPSS v revoliutsiakh*, no. 4, pp. 114-7.

48. *Krasnoe studenchestvo*, 1929/30, no. 17, p. 3; S. Fitzpatrick, *Mobility*, 1979, p. 185.

49. *Sotsialisticheskoe stroitel'stvo SSSR,* Moscow, 1934 p. 406; A. E. Berlin, *Kadry spetsialistva SSSR. Ikh formirovanie i rost,* Moscow, 1935, p. 74; N. de Witte, *Education and Professional Employment in the USSR,* Washington D. C., 1961, pp. 638-39.

50. S. Fitzpatrick, *Cultural Revolution,* pp. 33-4; idem, *Education and Social Mobility in the Soviet Union, 1921-34,* Cambridge, 1979, pp. 234-45.

51. *Sotsialisticheskoe stroitel'stvo SSSR, stasticheskii ezhegodnik,* Moscow, 1934, pp. 406; K. V. Gusev and V. Z. Drobizhev, eds., *Rabochii klass v upravlenii gosudarstvom, 1926-37,* Moscow, 1968 p. 157; N. de Witt, *Education and Professional Employment in the USSR,* Washington, D. C., 1961, p. 783. 인용.

52. S. Fitzpatrick, *Education and Social Mobility in the Soviet Union, 1921-34,* Cambridge, 1979, p. 190.

53. K. Bailes, *op. cit.,* chap. 7.

54. *Za industrializatsiia*, 1931, 6. 23.

55. J. V. Stalin, *Works*, 13:77, "New Situation," 1931, 6. 23.

56. J. V. Stalin, "On Some Question of the History of Bolshevism," *Proletarskaia revoliutsiia*, 1931, no. 6; *Works*, 13: 84.

57. 이 결정은 스탈린이 자발적으로 내린 것이라고 보기 어렵다. 왜냐하면 그는 당 중앙위원회 내의 이견을 가진 세력의 비판을 두려워하여 희생양으로서 과격한 문화 혁명 열성파에게 책임을 돌린 것으로 볼 수 있다. 그만큼 아직까지도 스탈린의 인기는 불안정한 일시적인 것이었으며 그는 당 중앙위원회나 정치국을 완전히 장악하지는 못하고 있음을 말해 준다.

58. N. S. Timasheff, *The Great Retreat: the Growth and Decline of Communism in Russia,* New York, 1945, p. 307

59. G. Enteen, "Marxist Historians during the Cultural Revolution: A Case Study of Profession-

al Infighting," S. Fitzpatrick, ed., *Cultural Revolution*; K. F. Shteppa, *Russian Historians and the Soviet State,* New Brunswick, 1962 p. 179.

60. *Narodnoe khoziaistvo SSSR,* Moscow, 1958, p. 190; A. Eden, "The Civil Service: Its Composition and Status," C. E. Black, *The Transformation of Russian Society,* Cambridge, Mass., 1967, p. 277.

61. 이런 방식으로 공과대를 졸업한 숙련공은 사무직 노동자보다도 더 많은 임금을 받았다. A. G. Aganbeyan and V. F. Mayer, *Zarabotnaia plata v SSSR,* Moscow, 1959, p. 202.

62. S. Fitzpatrick, *Education and Social Mobility in the Soviet Union, 1921-34,* Cambridge, 1979, p. 238. 인용.

63. De Witte, *Education and Professional Employment*, p.781; *Kul'turnoe stroitel'stvo SSSR,* 1940, p. 112.

64. *Sostave rukovodiashchikh rabotnikov i spetsialistov Soiuza SSR,* Moscow, 1936, pp. 18-19. S. Fitzpatrick, *Education*, p. 240. 인용.

65. M. N. Rutkevich, "Social Source of Recruitment of Soviet Intelligentsia," *Voprosy filosofi*, 1967, no. 6, pp. 22-3.

66. *Partiinoe stroitel'stvo*, 1937, no. 10, p. 24, S. Fitzpatrick, *Education*, p. 242. 인용.

67. 개인별 사례를 들면 P. K. Ponomarenk와 A. S. Chuyanov의 경우이다. 그들은 네프 말기 콤소몰과 당 기구에서 일하고 있었다. 1928년 '붉은 간부' 양성정책에 힘입어 모스크바 소속-공학 연구소, 모스크바 화학-기술 연구소에서 훈련받고 졸업한 후, 공장 내 공학 기술자, 당 기구간부로 임명받아 출세하였다. 1937년 대숙청이 지나자 젊은 30대 나이로 중앙위원회의 간부로 승진하였다. Ponomarensk는 백러시아의 중앙위원회의 제 1서기로 지명받았으며 Chuyanov는 스탈린그라드 지역의 제 1서기로 임명받았다. *Bol'shaia sovetskaia entsiklopediia*, 34: 142, Moscow, 1955.

68. J. Hough의 File에 의하면 스탈린이 사망하기 직전 1952년 중앙위원회의 총 125명 가운데 104명이 뷔드비젠찌였으며 1차 뷔드비젠찌가 37명이었다. 이들 중 23명이 공과대학 출신이었다. 또 1952년 소련의 총 115인의 각료, 부각료 중에 20%가 중앙위원회 정회원이며 이들 중 50%가 1차 뷔드비젠찌였다. J. Hough, *op.cit.,* pp. 141-53.

69. S. Fitapatrick, "Stalin and the Making of a New Elite, 12928-39," *Slavic Review*, 38:3, 1979, pp. 377-402. 호류시쵸프는 1894년생으로서 1차 뷔드비젠찌 출신이었다. 그는 1929년에 모스크바 산업연구소에 입학하였다. 졸업 후 1931년 모스크바 시지구 당 서기로 임명되었으며 반우파 싸움에 가담하였고 그 후 출세가도를 달리게 되었다. 브레즈네프는 1906년생으로서 네프 시기 공업 전문대학에 입학하였다. 졸업 후 드네프르제르진스크 금속연구소에 입학하고 공산당원이 된 후 1939년 드네프로페트로브스크 지역당 서기로 임명된 후 출세가도를 달렸다. 코시긴은 1935년 레닌그라드 금속연구소를 졸업한 후, 1937년 볼코브 알루미늄 공장 사장으로 취임하였다. 30대의 젊은 나이에 1939년 전소련 섬유산업인민위원으로 임명되었다.

70. L. Trotsky, *The Revolution Betrayed,* New York, 1937, 5장.

71. M. Djilas, *The New Class: An Anaysis of the Communist System,* London, 1961 이들은 새로

운 특권계층으로 성장하여 엄청난 특권적인 특혜를 얻었다. 그들은 높은 지위 이외에도 평균수준의 10배 이상의 높은 보수, 상여금, 좋은 주택과 의류, 명예, 시골 별장, 특별한 쇼핑가게 사용권, 고급 휴양지 사용권을 얻었으며 심지어 자녀의 대학입학권 뿐만 아니라 가정교사까지도 고용할 수 있었다.

72. J. Hough, *The Soviet Prefects: The Local Party Organs in Industrial Decision Making,* Cambridge, Mass., 1969; G. Skilling and F. Griffiths, *Interest Groups in Soviet Politics,* Toronto, 1970, pp. 172-79.

73. N. S. Timasheff, *The Great Retreat: The Growth and Decline of Communism in Russia,* New York, 1945, pp. 307-8.

7장 - 스탈린 대숙청의 수행자는 누구였는가? 신 엘리트 간부의 등장

1. R. W. Davies, "Forced Labour under Stalin: The Archive Revelation," *New Left Review*, 214, 1995, pp. 63-64; S. G. Wheatcroft, R. W. Davies, J. M. Cooper,"Soviet Industrialization Reconsidered: Some Preliminary Conclusions about Economic Development between 1926-41," *Economic History Review*, vol. 39, 1986; Wheatcroft, "More Lights on the Scale of Repression and Excess Mortality in the Soviet Union in the 1930s," *Soviet Studies*, 42:2, 1990, pp. 355-67; V. V. Tsapline, "Statistika zhertva Staliniizma v 30-e gody"*Voprosy istorii*, 1989, no. 4, pp. 175-81; S. Rosefielde, "Stalinism in Post-Communist Perspective: New Evidence on Killings, Forced Labour and Economic Growth in the 1930s," *Europe-Asia Studies*, 48:6, 1996, pp. 959-87;"Incriminating Evidence: Excess Deaths and Forced Labour under Stalin," *Soviet Studies*, 39:2, 1987; J. A. Getty,"Victims," pp.1017-25; R.Conquest, "Excess Camp Deaths and Camp Numbers: Some Comments," *Soviet Studies*, 43:5, 1991, pp.949-52; Antonov-Ovseenko, A. *The Time of Stalin: Portrait of Tyranny,* New York, 1980, Moscow, 1983, pp. 207-12; A. Nove, "Victims of Stalinism; How Many?," in J. A. Getty, eds., *Terror,* New York, 1993; M. Ellman, "A Note on the Number of 1933 Famine," *Soviet Studies*, 43:2, 1991, pp. 375-79; Scherer J. and M. Jacobson, "The Collectivization of Agriculture and the Soviet Prison Camp System," *Europe-Asia Studies*, 45:3, 1993, pp. 533-45.

2. R. Conquest, *The Great Terror: Stalin's Purge in the Thirties,* New York, 1969; R. Medvedev, *Let History Judge*, vol. 1, 2. (안광국 역, 역사가 심판하게 하라, 새물결, 1991); R. C. Tucker and S. F. Cohen, eds., *The Great Purge Trial,* New York, 1965; A. Orlov, *The Secret of Stalin's Crimes*, Toronto, New York, 1953.

3. 최근 발굴된 대숙청 희생자의 규모에 관한 사료분석에 의하면 약 400~500만 명이 대기근으로 사망하였으며, 부농절멸정책으로 인하여 약 150만~180만 명이 사라졌다. 감옥이나 강제수용

소에서 죽은 이는 약 180만 명에 달하며 처형된 자들은 약 80만명에 이르렀다. 그리하여 정확하게 나타나 있는 숫자만으로도 1930년대의 총 초과사망자 수는 약 980만 명이라고 추정하고 있다. V. Zemkov, "Arkhipelargo gulag: glazami pisatelia in statistika," *Argumenty i fakty*, no. 45, 11-17, Nov. 1989, pp. 6-7; V.V. Tsaplin, "Statistika zhertvy stalinizma v 1930-e gody," *Voprosy istorii,* 1989, no. 4, pp. 175~181; A. Wheatcroft, "More Light on the Scale of Repression and Excess Mortality in the Soviet Union in the 1930s," *Soviet Studies*, 42:2, 1990, pp. 355-367; 이정희, 스탈린 대숙청에 관한 일 고찰; 대숙청의 배경과 규모를 중심으로, 『역사학보』, 180집, 2003, 247-77.

4. M. Gelb, "An Early Soviet Ethnic Deportation: Far-Eastern Koreans," *Russian Review*, no. 54 July, 1995, pp. 389~412. 예조프 시대인 1936-38년 숙청 시기에 스탈린과 몰로토프는 극동 지역의 블라디보스톡주, 하바로브스크, 아무르, 우수리, 프리모르 키야, 그리고 유대인 자치구역에 살고 있는 한국인 약 17만 5천(3만7천 가구)명을 세계사에서 그 유례를 찾아보기 힘들 정도의 잔인한 규모로 중앙아시아로 강제이주시켰다. N. F. Irnitsk, "O vyselenii Koreitsev," *Otchestvennaia istoriia* 1992, no. 6, pp. 142~43; Songmoo Kho, *Koreans in Soviet Central Asia,* Helsingki, 1987.

5. J. A. Getty, G. Rittersporn and V. N. Zemkov, eds., *Stalinist Terror: New Perspectives,* Cambridege, 1993, 이하 *Terror*로 약함. J. A. Getty and O. Naumov, *The Road to Terror: Stalin and the Self-Destruction of Bolsheviks, 1932-39,* New Haven, 1999;R. Thurston, *Life and Terror in Stalin's Terror, 1934-41,* Pittsburg, 1998; S. Fitzpatrick, ed., *Stalinism: New Direction,* New York, 1999; S. Davies, *Popular Opinion in Stalin's Russia: Terror, Propaganda and Dissent, 1934-41,* Cambridge, 1997; V. Garros, N. Korenevskaya and T. Lahusen, eds., *Intimacy and Terror: Soviet Diaries of the 1930s,* New York, 1997; M. Malia, *The Soviet Tragedy: History of Socialism in Russia, 1917-1991,* Paris, 1995.

6. 본 논문에서 대공포, 즉 대테러는 1928년 샤흐찌 재판에서 1938년 예조프의 대숙청까지 10년간의 대숙청, 체포, 강제 심문과 고문, 공개재판, 투옥, 처형, 강제 노동수용소, 유형, 강제이주의 사건을 포함한다.

7. Z. Brzezinski, *The Permanent Purge: Politics in Soviet Totalitarianism,* Cambridge, Mass., 1956;R. Tucker and S. F. Cohen, *The Purge Trials,* New York, 1965; R. Conquest, *The Great Terror: Stalin's Purge of the Thirties,* New York, 1968; Orlov Alexander, *The Secret History of Stalin's Crime,* Toronto, 1953.

8. E. H. Carr, "The Russian Revolution and the West," *The New Left Review*, no. 111, Sept. 1978, pp. 21-35.

9. S. Cohen, *Bukharin and the Bolshevik Revolution: A Political Biography, 1883~1938,* New York, 1973; I. Deutscher, *Stalin: A Political Biography,* New York, 1965; R. Medvedev, *Let History Judge*, 안광국 역, 역사가 심판하게 하라 (새물결), 제2권, pp. 327-445. 참조.

10. A. Gleason, *Totalitarianism: The Inner History of the Cold War,* Oxford, 1995.

11. R. Conquest, *The Great Terror: Stalin's Purge of the Thirties,* Cambridge, Mass., 1969.

12. N. Timasheff, *The Great Retreat: the Growth and Decline of Communism in Russia,* New

York, 1946; R. McNeal, "Trotskyist Interpretation of Stalinism," Robert Tucker, ed., *Stalinism: Essays in Historical Interpretation,* New York, 1977, pp. 30-52; L. Siegelbaum and Andrei Sokolov, *Stalinism: as a Way of Life: A Narrative in Documents,* New Haven, 2002, p. 4. 이후 *As a Way*로 약함.

13. 이정희, 「스탈린 시대의 문화 혁명과 그 사회적 의미에 관한 일 고찰, 1928~32」『슬라브학보』, 16권 2호, 2001, pp. 269-96.

14. R. Tucker, ed., *Stalinism: Essays in Historical Interpretation,* New York, 1977, pp. 99-100.

15. 수정주의적 시각이 등장하게 된 최초의 사료 근거는 역설적이게도 1941년 독일 나찌스가 탈취한 <스몰렌스크 문서>에서 비롯되었다. 그 후 이 문서에 대한 분석으로 인하여 최초로 소비에트 공산주의 내부 사회의 심리와 생활상을 드러다 볼 수 있게 되었다. 이로서 스탈린 시대를 획일적이거나 총체적으로 테러화 되었다고 보는 종래의 전체주의적 이미지를 수정하는 해석이 나타나게 되었다. M. Fainsod, *Smolensk under Soviet Rule,* Cambridge, Mass., 1958, 참조.

16. 이정희, "스탈린 대숙청에 관한 일 고찰; 대숙청의 배경과 규모를 중심으로" 『역사학보』, 180집, 2003, pp. 247-77.

17. 당의 중앙통제권이 점차 소수에게 집중되어 간 것은 당시의 국내정치 상황 탓으로 인하여 당원들이 큰 위기감을 느낀데서 시작되었다고 보는 시각도 있다. 1932년 우크라이나의 대기근 이후 농민의 반란의 가능성, 류찐, 시르쵸프-로미나쩨, 스미르노프 등 당내의 반스탈린적인 비판 세력의 존재, 1932-34년 일본의 만주침략과 독일에서 히틀러의 집권으로 파시스트의 등장에 대한 두려움 탓으로 당은 중앙위원회의 권한보다는 당내 통제위원회의 권력 강화를 지지하였다는 것이다.

18. 비밀경찰의 역할을 한 소비에트의 보안기구는 시기에 따라 명칭이 다양하게 바뀌었다. 10월 혁명 직후에는 Cheka(반혁명, 사보타쥬 및 투기단속비상위원회, 1917~22), GPU(국가보안국, 1922-23)로 불렸다. 그후 OGPU(통합국가보안국, 1923-1934)시대에는 야고다가 의장직을 맡았다. 제 1차 5개년 산업화 이후의 후유증 속에서 당 중앙위원회 내에서 반스탈린의 움직임이 생겨나자 스탈린은 선제공격에 착수하였다. 그 첫째 단계로서 1934년 12월 그는 레닌그라드 당 대표인 키로프의 암살 사건을 조종한 것으로 알려져 있다. 인기 있는 볼셰비키 지도자였던 키로프가 암살되자 여론은 공포 분위기에 휩싸였다. 그 후 스탈린은 구 볼셰비키 당 지도자들과 고급간부 인물들을 암살과 관련 있다는 죄목 하에 대부분 체포하고 처형하는 대숙청을 전개하였다. 이를 위하여 먼저 그는 기존의 OGPU(통합국가보안국)를 거대하게 확장시켜 국무부 등급으로 승격시키도록 정치국을 설득하였다. 그는 이것을 NKVD(내무인민위원부, 1934-38)의 하위기구로 교체하였다. 곧 비밀을 많이 알고있던 충성자였던 야고다조차도 처형하였다. NKVD 산하에는 국가안보관리국(GUGB), 국가내무군사국(GUPVO), 교정노동수용소관리국(GULAG), 민간인경찰국(GUM) 등의 비밀경찰 기관들이 있었다. 그 중 대 테러를 실시한 주무청은 국가안보관리국(GUGB)으로서 스탈린은 이 기구에 예조프를 지명하였다. 바로 예조프 하의 GUGB가 대숙청과 테러를 자행한 핵심 기구였다. 그후 2년뒤 1938년 대대적 대숙청의 물결의 책임자였던 예조프 자신도 체포되었고 곧 처형당하였다. 이로서 대숙청은 일단락되었다. 그 후 비밀경찰기구는 새로 임명된 베리아 관리하에 제 2차 세계대전까지 NKGB(국가안보인민위원부1938-45)로 지속되었다.

19. 1934년 당시만 해도 우크라이나의 대 참상 탓으로 당내의 분위기에서는 농업집단화에 대한 거부감이 매우 크게 존재했다고 본다. 이것은 스탈린에게는 참을 수 없는 분노를 야기하였고, 곧 그는 권력 장악을 위한 일대의 공격에 착수하였다.

20. R. Medvedev, *Let History Judge*, 안광국 역, 『역사가 심판하게 하라』, 새 물결, 1999, 1장, 2장.

21. 1936년 8월 스탈린은 그의 정적이었던 지노비예프, 카메네프에게 사형선고를 내렸다. 그 다음 1937년부터는 한 때 스탈린 자신의 추종자이거나 충복이었던 인물들에게로 탄핵과 숙청의 화살을 돌리기 시작하였다.

22. R. Conquest, *Inside Stalin's Secret Politics,* Stanford, 1985, p. 3.

23. N. B. Petrov and K. B. Skorkin, *Kto rukovodil NKVD, 1934~41*, *Spravochnik,* Moskva, 1999. 이후 *Kto NKVD*로 약함.

24. R. Conquest, *NKVD: Inside the Secret Police,* Stanford, 1985, p. 4. 이후 *NKVD*로 약함.

25. N. B. Petrov and K. B. Skorkin, *Kto NKVD.* 이 책에서 페트로브는 특히 NKVD 기관의 구조와 구성에 관하여 조사하였다. 그는 NKVD, 소비에트, 당 기구 내의 500며 명 이상의 간부들의 승진경력을 추적 조사하였다. 개개인에 관한 그 모든 자료들은 지금까지 접근할 수 없던 문서들로부터 나온 것이었다.

26. 예를 들면 1937년 고르바토프 장군의 심문을 담당한 고문관인 스톨분스키(가명)는 본명이 야코프 스토분스키로서 1940년 4월 27일 명예훈장을 받았다. 또 이즈라일 르보비치 핀쥬르 고문관은 용맹훈장을 수여받았다.

27. <내무인민위원부의 노동자 공로>의 이름 하에 훈장을 수여받은 인물들이 누리는 명예로운 특혜는 풍부하였다. 연금이 증가하고, 내무인민위원부의 관할 아파트에 거주하며, 의료원에 등록할 수 있었다. 특별한 요양소를 사용하고, 기다리지 않고 항시 거주지를 할당받았다. 경찰 복장을 착용할 수 있고, 무기를 항시 소지할 수 있는 권한을 가졌으며 봉급이 매달 30루블씩 할증되었다. Petrov, *Kto NKVD,* p. 487.

28. R. Conquest, *Great Terror*, p. 471; R. Medvedev, *Let History Judge*, pp. 162-65 ; I. Deutscher, *Stalin: A Political Biography* ; W. G. Kritsky, *The Stalin's Secret Service,* New York, 1939; A. Orlov, *The Secret History of Stalin's Crime,* New York, 1953. 전러시아경제문서실의 의장인 V. V. Tsaplin의 폭로에 의하면 1927~38년 사이 대숙청으로 강제수용소에서 굶어 죽거나 사형당한 사람들의 수는 790만명에 이르며, 약 200만명이 국경을 넘어 탈주, 망명하거나 실종되었다. 1934~38년간의 숙청의 희생자들은 대부분 당원 엘리트이거나 간부들로이었다. 1934년 당시 전당대회 대표자 1966명 중 1108명이 체포되었고, 그들 중 95명만 살아남았으며. 중앙위원회 총 139명 중 115명이 체포되었다. 그들 중 98%가 내무인민위원부에 의해 제거되었다.

29. L. Siegelbaum and Andrei Sokolov, *Stalinism: as a Way of Life: A Narrative in Documents,* New Haven, 2002, pp. 5~6.

30. K. Bailes, *Technology and Society under Lenin and Stalin, 1928-1941,* Princeton, 1978; Sheila Fitzpatrick, *Education and Social Mobility in the Soviet Union, 1921-34,* Cambridge University Press, 1979. 참조.

31. J. V. Stalin, *Sochineniia*, R. H. McNeal, ed., 3 vols, Stanford, 1967, 1(41): 61.

32. S. Fitzpatrick, "Stalin and the Making of a New Elite, 1919-39," *Slavic Review*, 38:3, 1979, p. 376-402.

33. S. Fitzpatrick, ed., *Cultural Revolution, 1928-31,* Bloomington, 1978; *Education and Social Mobility in the Soviet Union, 1921~34,* Cambridge, 1978 참조.

34. 소비에트의 사료에 의하면 1930-33년 사이 만에도 약 66만6천 명의 공산당원이자 노동자들이 공장을 떠나 사무직으로 옮겨갔다. 피츠패트릭은 이들은 '브레즈네프 세대'라고 지칭한다. S. Fitzpatrick, *Mobility*, p. 133; N. Lampert, *The Technical Intelligentsia and the Soviet State,* London, 1979, p. 38; R. Medvedev, *Let History Judge,* New York, 1972, p. 113; N. Krylenko, *Klassovaia bor'ba putem vreditel'stva,* Moskva, Leningrad, 1931. 프롤레타리아층 출신의 학생이 전체에서 50%로 급증하였으며 학생들 중 콤소롬회원이 22.5%에서 30.5%로 증가하였다.

35. 예조프는 중부지역에서 1개의 명단, 트랜스코카서스 공화국에서 3개의 목록을 받은 대가로 레닌 훈장을 받았다. 그의 수하인 프리노프스키는 붉은 별의 훈장을 받았으나 다시 1937년 6월에 레닌훈장을 받았다. 그 외에도 국가수호 공적을 행한 대가로 쟈코프스키, 레덴스, 베르만, 다진, 볼린스키, 코간, 크르스키, 벨스키, 레플레브스키, 리트빈 등은 총 17개의 레닌 훈장과 43개의 붉은 훈장을 받았다.

36. R. Conquest, *Inside Stalin's Secret Politics,* Stanford, 1985, p. 2.

37. N. Khrushchev, *The Secret Speech*, 제 20차 전당대회 기록문; R. Conquest, *NKVD*, p. 3.

38. R. Conquest, *NKVD*, p. 8.

39. N. B. Petrov, *Kto NKVD*, p. 493.

40. 1936-46년 사이 NKVD의 인물들 중 이들이 평균적으로 5-6%를 차지하였다. 특히 1937-38년 사이에는 12%로 증가하였다가 1940년에는 6%로 감소하였다. N. B. Petrov, *Kto NKVD*, p. 495.

41. 1929년 11월 중앙위원회 정기총회에서 우익편향의 인물들을 좇아낼 것을 결정하였다. 이로서 약 14만 9천명(당원들의 11%에 해당)이 직위에서 해고되고 좇겨났다. 대부분 그들은 후임자들에 의해서 환영받지 못하였고 자신들의 과오를 인정해야만 하였다.

42. 특히 1928-32년 사이 당원 자체와 간부들의 수는 두 배로 증가하여 1932년에는 370만에 이르렀다.

43. 승진의 가장 기본적인 자격은 프롤레타리아 출신이어야 하고 더욱 중요한 요소는 사회주의 국가 건설과 산업화에 대한 스탈린의 노선을 추종하는 인물들이어야 했다.

44. J. Harris, *The Great Urals: Regionalism and the Evolution of Soviet System,* Ithaca, 1999, 참조.

45. L. Siegelbaum, *As a Way of Life*, pp. 107, doc. 35.

46. A. Smith, *I was a Soviet Worker,* New York, 1934, pp. 248-49.

47. *Ibid.*, p. 265.

48. Nadezda Mandelshtam, *Hope against Hope,* Moscow, 1975, p. 35.

49. N. Ginzburg, *The Journey into the Whirwind*, p. 4.

50. *Ibid.*, p. 29.

51. *Ibid.*, p.60.

52. R. Manning, "The Great Purge in a Rural District: Belyi Raion Revisited," in Getty, *Stalinism*, pp. 168-69.

53. M. Fainsod, *Smolensk WKP*, p. 98.

54. N. B. Petrov, *Kto HNVD*, p. 501.

55. L. Siegelbaum, *Stalinism as a Way of Life; A Narrative in Documents*, pp. 106-114.

56. V. Garros, N. Korenevskaya and T. Lausen, *Intimacy and Terror: Soviet Diaries of 1930s,* New York, 1995; J. Hellbeck, "Fashioning the Stalinist Soul; The Diary of Stephen Podlubny, 1931-39," in S. Fitzpatrick, *Stalinism: New Direction,* London, 2000, pp. 77-112; N. Mandelshtam, *Hope against Hope,* New York, 1970; N. Ginzburg, *The Journey into the Whirland,* New York, 1961.

57. L. Siegelbaum and A. Sokolov, *Stalinism as a Way of Life: A Document Narrative,* Yale University Press, 2002, p. 23; Stephen Kotkin, *Magnetic Mountain: Stalinism as a Civilization,* Berkeley, 1995, pp. 151-52.

58. N. Mandelshtam, *Hope against Hope*, p. 35.

59. *Ibid.*, p. 35.

60. G. Getty and Naumov, *The Road to Terror,* 1999, p. 11.

61. N. Mandelshtam, *Hope against Hope*, p. 283.

62. *Ibid.*, p. 283.

63. N. Ginzburg, *The Journey into the Whirlwind,* p. 74.

64. J. Hellbeck, "Fashioning the Stalinist Soul; The Diary of Stephen Podlubny, 1931-39," in S. Fitzpatrick, *Stalinism: New Direction,* London, 2000, pp. 77-78.

65. *Ibid.*, S. Podlubnyi, *Diary*, 8. 12. 1932; V. Garros, N. Korenskaya and T. Lahusen, *Intimacy and Terror: Soviet Diaries of 1930s,* New York, 1995, p. 85.

66. *Ibid.*, p. 89.

67. *Ibid.*, pp. 109-110.

68. N. Mandelshtam, *Hope against Hope,* p. 25.

69. N. Ginzburg, *The Journey into the Whirlwind*, p. 24.

70. J. V. Stalin, *Mastering of Bolshevism,* New York, 1946, p. 46; J. V. Stalin, *Works,* Moscow, 1954, 11:57.

71. S. Fitzapatrick, ed., *Stalinism: a New Direction*; Kozlov, "Denunciation and Its Function in Soviet Governnance, 1944-53," p. 120.

72. *Ibid.*, p. 121.

8장 - 사회주의 산업화와 여성노동 동원, '일하는 모성 상'

1. Fannina Halle, *Women in Soviet Russia,* London, 1934; Ella Winter, *Red Virtue: Human Relationships in the New Russia,* New York, 1933.

2. Clements Barbara Evans, "The Utopianism of the Zhenotdel," *Slavic Review*, 51, no. 3, Fall 1992.

3. 소비에트 국가의 여성과 가족 정책에 대한 주요 연구들은 다음과 같다. R. Schlesinger, ed., *The Family in the USSR: Changing Attitudes in Soviet Russia,* London, 1949; Susan M. Kingsbury and Mildred Fairschild, *Factory Family and Woman in the Soviet Union,* New York, 1935; K. Geiger, *The Family in the Soviet Russia,* Cambridge, Mass., 1968; Tsentral'noe statisticheskoe upravlenie pri sovete ministrov SSSR, *Zhenshchiny i deti v SSSR,* Moscow, 1969; E. Bochareva and S. Liubimova, *Women of a New World,* Moscow, 1969.

4. Gail Lapidus, *Women in Soviet Society: Equality, Development and Social Change,* London, 1978.

5. Anastasia Posadskaia, *Women in Russia: A New Era in Russian Feminism,* London, 1994, "What does the Future Hold? Some Prospects for Women's Employment," pp. 74-75; Luba Racanka, "The Yeltsyn Presidendy, Economic Reform and Women," W. Nooan et als., *Russian Women in Politics and Society,* London, 1996, pp. 40-63. 102.

6. D. Atkinson, A. Dallin, and G. W. Lapidus, eds., *Women in Russia,* Stanford, 1977.

7. Susan Bridger, *Women in the Soviet Countryside: Women's Roles in Rural Development in the Soviet Union,* Cambridge University Press, 1987; M. Buckley, *Women and Ideology in the Soviet Union,* Hemel Hemstead, 1989; Norton D. Dodge, *Women in the Soviet Economy,* Baltimore, 1966; Wendy Goldman, *Women, the State and Revolution: Soviet Family Policy and Social Life, 1917-1936,* New York, 1993; idem., *Women at the Gate: Gender and Industry in Stalin's Russia,* Cambridge University Press, 2002; Melanie Ilic,*Women Workers in the Soviet Interwar Economy: From 'Protection to Equality,'* London, Macmillan, 1999; idem., ed., *Women in the Stalin Era,* New York, 2001; G. W. Lapidus, *Women in Soviet Society: Equality, Development and Social Change,* Berkeley, 1984; Michael Paul Sacks, *Women's Work in the Soviet Russia: Continuity in the Midst of Change,* New York, 1976.

8. 게일 W. 래피더스, 「소련에서의 여성 노동과 가정 내 역할 간의 상호 관련」, 한국슬라브학회 편, 『러시아 혁명기 사회와 문화』, 민음사, 1987, pp. 211- 234.

9. Solomon Schwarz, *Labor in the Soviet Union,* New York, 1951; Barbara E. Clements, B. A. Engel and C. D. Worobec, *Russia's Women: Accomodation, Resistance and Transformation,* Oxford, 1991.

10. Leon Trotsky, *The Revolution Betrayed*, trans. Max Eastman, New York, 1937, p. 145.

11. R. Lowenthal. "Development vs. Utopia in Communist Policy," C. Johnson, *Political Change*

in Communist Systems, Stanford, 1970.

12. Eugene Litwak, "Technological Innovation and Ideal Forms of Family Structure in an Industrial Democratic Society," R. Hill and R. Konig, eds., *Families in East and West*, The Hague, 1970, pp. 348-96; Alice Rossi, "Equality Between the Sexes: An Immodest Proposal," *Daedalus* 93, Spring 1964, pp. 607-52.

13. G. W. Lapidus, *op. cit.*, Berkeley, 1984, pp. 232-284.

14. Melanies Ilic, ed. *op. cit.*, New York, 2001, p. 2.

15. M. Lewin, *Political Undercurrents in Soviet Economic Debates,* Pluto, 1975.

16. W. Z. Goldman, *op. cit.*, Cambridge University Press, 2002, pp. 267-268.

17. N. D. Dodge, *op. cit.*, Baltimore, 1966; M. P. Sacks, *op. cit.*, New York, 1976.

18. Donald Filtzer, *Soviet Workers and Stalinist Industrialization: The Formation of Modern Soviet Production Relations, 1928-41,* Armonk, N. Y., 1986; M. Lewin, *The Making of the Soviet System, Essays in the Social History of Interwar Russia,* New York, 1985; Hiroaki Kuromiya, *Stalin's Industrial Revolution: Politics and Workers, 1928-1932,* New York, 1988; W. G. Rosenberg and L. H. Siegelbaum, eds., *Social Dimensions of Soviet Industrialization,* Bloomington, 1993; L. H. Siegelbaum and Ronald G. Suny, eds., *Making Workers' Soviet: Power, Class and Identity,* Ithaca, 1994; Kenneth M. Strausse, *Factory and Community in Stalin's Russia: the Making of an Industrial Working Class, 1928-33,* Pittsburg, 1998.

19. Sara Davies, "'A Mother's Cares': Women workers and Popular Opinion in Stalin's Russia, 1934~41," M. Illic, ed., *Women in the Stalin Russia,* New York, 2001, pp. 89-110.

20. L .M. Kaganovich "Reorganizatsiia," *Kommunistka*, 1930, no. 2-3, p. 5 당시 제노젤은 전국적으로 80만 명의 회원을 가지고 있었다. 당사업보다는 일상적인 여성 계몽운동에 더 몰두했으므로 당은 이 기구를 못마땅하게 여기고 중시하지 않았다.

21. W. Z. Goldman, *op. cit.,* Cambridge University Press, 2002, p. 56-57.

22. M. Lewin, "Class, State and Ideology in the Piatiletka," S. Fitzpatrick, ed., *Cultural Revolution in Russia, 1928-1933*, Bloomington, 1980.

23. K. Geiger, *op. cit.,* Cambridge, Mass., 1968, p. 45.

24. W. Z. Goldman, *op. cit.,* Cambridge University Press, 2002, p. 67.

25. Gail Lapidus, *op. cit.,* London, 1978, p. 98.

26. GOSPLAN SSSR, *Trud v SSSR: statisticheskii spravochnik,* Moscow, 1936, p. 91; M. Ilic, *op. cit.*, London, Macmillan, 1999, p. 29.

27. N. D. Dodge, *Women in the Soviet Economy,* Baltimore, 1966, pp. 20-21. 이 상황은 1940-60년에도 그대로 지속되어 총 여성 노동자가 3,000만 명에 달했다. 특히 비전문직종에서 여성이 64%까지 도달했다.

28. S. G. Strumilin, *Rabochii byt v tsifrakh,* Moscow, 1926; Susan M. Kingsbury and Mildred Fairschild, *Factory Family and Woman in the Soviet Union,* New York, 1935, p. 102. 당시 미국에

서는 약 200만의 여성이 산업부문에 종사하고 있었고 가사에 전담하는 여성은 140만이었다. 이에 비해 독일에서는 140만이 산업에 종사하고 있었으며 가사전담인구는 100만이었다. 소비에트에서는 330만이 산업노동에 종사하였으나 가사에 전담하는 인구는 15만으로 집계되고 있다.

29. Susan M. Kingsbury and Mildred Fairschild, *Factory Family and Woman in the Soviet Union,* New York, 1935, p. 202.

30. D. Atkinson, A. Dallin, and G. W. Lapidus, eds., *Women in Russia,* Stanford, 1977, pp. 205-214.

31. W. Z. Goldman, *op. cit.,* Cambridge University Press, 2002, pp. 88-89.

32. A. Kraval', *Zhenshchina v SSSR* (2nd ed.), Moscow, 1937, pp. 10-12. 1919-1936년 사이 여성 노동자들은 500만 이상이 증가했다. 이들 중 대기업에는 약 200만, 건설업에 약 35만, 상업과 유통부문에 65만, 교육과 보건 부문에 100만, 소비에트 정치기구 속에 30만이 유입되었다. 한편, 이 사이 농촌 소보호즈의 여성 노동자 수는 33만에서 96만으로 증가했다.

33. 당시 임금 체계를 보면, 미숙련 평균 월급은 100루블, 숙련공의 도제는 200루블, 숙련공은 300루블, 경력이 짧은 엔지니어는 400-500루블, 현장 십장이나 감독은 550루블, 경력이 긴 엔지니어는 600-800루블, 경영가나 사장은 800-1300루블이었다. 무단이탈의 경우 벌금은 55루블, 물가는 거칠은 빵 1킬로가 35코페이카, 방 한칸 집세는 1달에 10-15루블($1m^2$ 당 2-10루블), 탁아소 비용은 15-50루블이었다. 참고로 네프시기 농촌 하녀는 4주일에 6루블 수준이었다. J. Scott, *Behind the Urals,* New York, 1942, pp. 27, 47, 209.

34. V. N. Tolkunova, *Pravo zhenshchin na trud i ego garantii,* Moscow, 1967, pp. 87-97.

35. N. Dodge, pp. 205-207; D. Atkinson, A. Dallin, and G. W. Lapidus, eds., *Women in Russia,* Stanford, 1977.

36. A. Kraval', *Zhenshchina v SSSR* (2nd ed.), Moscow, 1937, p. 20.

37. 당시 서구에서 중공업 분야에 고용된 여성들이 있었으나 수적으로 훨씬 이에 미치지 못하였다. 예를 들어 영국은 5.4%, 소비에트는 24.6%였다. 건설부문에서 독일은 1.6%이나 소비에트는 19.7%에 달하였다.

38. A. Kraval', *Zhenshchina v SSSR* (2nd ed.), Moscow, 1937, p.23.

39. W. Z. Goldman, *op. cit.,* Cambridge University Press, 2002, pp. 99-100.

40. *Ibid.,* 272.

41. J. Scott, *Behind the Ural,* New York, 1941, pp. 13-15.

42. V. G. Sebin and N. P. Erfil'ev, *Kadry apparata upravleniia v SSSR,* Leningrad, 1970, p. 176; D. Atkinson, A. Dallin, and G. W. Lapidus, eds., *Women in Russia,* Stanford, 1977, p. 215, 인용.

43. M. Ilic, *op. cit.,* London, Macmillan, 1999.

44. Frank Lorimer, *The Population of the Soviet Union: History and Prospective*, Geneva, 1946; R. Thurston, "The Soviet Family During the Great Terror 1935-41," *Soviet Studies* 43:3, 1991, p. 554. 인용.

45. A.G. Volkov, ed., *Demograficheskoe razvitie sem'ii, Moscow Statistika,* 1979, pp. 10. 15; R.

Thurston, *op. cit.,* p.555 재인용.

46. *Kodek zakonov o brake, sem'e i oneke,* Moscow, OGIZ, 1936, pp. 38-50; R. Thurston, *ibid.,* p. 557.

47. R. Schlesinger, ed., *The Family in the USSR: Changing Attitudes in Soviet Russia,* London, 1949, pp. 251-269.

48. R. Thurston, *op. cit.,* p. 557.

49. E.A. Sadovskaya, *Sotsial'noe gigienicheskie aspekty regulirovanie razmerov semii,* Moscow, 1969, pp. 25-27; Janet Evans, "Communist Party of the Soviet Union and Women's Question: The Case of the 1936 Decree 'In defence of Mother and Child,'" *Journal of Contemporary History*, 16:4, 1981, p. 757. 인용.

50. Janet Evans, *ibid.,* p. 757.

51. A. Artyukhina, "Velikaia zabota o zhenshchine-materi," *Rabotnitsa*, June 16, 1935.

52. "S vse sily na vypolenie zabota," *Krest'ianka*, 20, July 1936; *Komsomolskaia Pravda*, June 1, 1936.

53. V. Zimina, "Ya likuiu," *Rabotnitsa,* June 16, 1936.

54. Ikhan, "Syn prinosit mne radost," *Komsomolskaia pravda*, June 5, 1936; A.T. Pasheva, "Kazhdoi zhenshchine neobkhodime imet' rebenka," *Rabotnitsa,* July 20, 1936.

55. Max Eastman, *The End of Socialism in Russia,* New York, 1937, p. 14.

56. R. Schlesinger, ed., *The Family in the USSR: Changing Attitudes in Soviet Russia,* London, 1949, pp. 251-347; K. Geiger, *The Family in the Soviet Russia,* Cambridge, Mass., 1968, ch. 4.

57. R. Schlesinger, ed., *The Family in the USSR: Changing Attitudes in Soviet Russia,* London, 1949, pp. 252.

58. Katerina Clark, *The Soviet Novel: History as Ritual,* Chicago, The University of Chicago Press, 1981, pp. 127-129.

59. *Pravda*, December 2, 1935.

60. K. Geiger, *The Family in the Soviet Russia,* Cambridge, Mass., 1968, p. 327.

61. J. Arch Getty, *Origins of the Great Purges: The Soviet Communist Party Reconsidered, 1933-1938,* Cambridge, 1985, pp. 58-91.

62. E. Ginzburg, *Into the Whirlwind,* London, 1967. 그녀는 사회주의적 이념에 충성심을 가진 작가였으나 인민의 적으로 체포되어 25년간 수용소에서 복역하였다. 그러나 25년간 공산주의 간부였던 그녀의 남편과 가족관계는 전연 파괴되지 않았다.

63. Janet Evans, "Communist Party of the Soviet Union and Women's Question: The Case of the 1936 Decree 'In defence of Mother and Child,'" *Journal of Contemporary History*, 16:4, 1981, pp. 757-773.

64. 이 잡지에는 '두 개의 세계'라는 제목으로 두 그림이 실려 있었다. 한 쪽에는 포도주가 엎질러져 있는 식탁에 담배를 입에 물고, 바짝 마르고 지친 듯이 앉아 있는 여성의 모습이고 다른 한쪽 그

림에는 트랙터 위에 앉아 직접 운전하는 건강한 젊은 여성의 모습이었다. 이 선전에 이어서 당시 실제 트랙터 운전사인 파샤 안젤리나와 마리아 젬체코는 스타하노프대원으로서 선발되었다. 그녀는 당시 사회주의적 사실주의 영화와 소설의 여주인공역의 상징 모델이 되었다.

65. M. Ilic, "Traktoristka: Representations and Realities," *Women in the Stalin Era,* New York, 2001, p. 110

66. R. Manning, "Women in the Soviet Countryside on the Eve of World War II," B. Farnsworth and L. Violar, eds., *Russian Peasant Women,* 1992, p. 110.

67. B. Papernova, "Woman in a Socialist Construction: on Equal Terms with Man," *Soviet Cultural Review,* no. 2, 1933, p. 29; M. Ilic, "Traktoristka: Representations and Realities," *Women in the Stalin Era,* New York, 2001, p. 113. 인용.

68. A. Kraval,' *Zhenshchina v SSSR* (2nd ed.), Moscow, 1937, p. 38.

69. Mary Buckerly, "Untold Story of Obshchestvennitsa in the 1930s," *Europe-Asia Studies*, 48, no. 4, 1996, pp. 569-586.

70. M. Ilic, ed., *Women in the Stalin Era,* New York, 2001, p. 155.

9장 - 페레스트로이카, 여성은 해방되었는가?

1. Mary Evans, ed., *Feminism,* Routledge, London, 2001, 5: 195.

2. John Stuart Mill, *The Subjection of Women,* 1869; Susan Anthony, *A History of Women's Suffrage Movement,* 1886. 자유주의적 페미니즘을 대표하는 최초의 저술이었다.

3. F. Engels, *The Origins of Family, Private Property and the State,* 1888. 엥겔스는 '역사에서 최초로 나타난 계급투쟁은 일부일처제와 남녀의 노동분화에서 비롯되었다'고 주장하였다. 또 그는 '여성의 해방의 첫 전제조건은 전 여성을 공적 산업에로 포함시키는 것이다'라고 하였다. 그는 '근대적 개별가족은 여성에 대한 이같은 위선적이고 가면을 쓴 노예화에 기초하며 남편은 부르주아를, 아내는 프롤레타리아를 대변하는 것이다'라고 말했다.

4. Kate Millet, *Sexual Politics,* New York: Double day, 1970 참조.

5. T. Mamonova, *Russian Women's Studies: Essays on Sexism in Soviet Culture,* Oxford, Pergamon Press, 1989, pp. 163-166; Linda Edmonson, *Women and Society in Russia and Soviet Union,* Cambridge, 1990, pp. 147-148.

6. 19세기 후반 러시아의 대표적 페미니스트적 활동을 벌인 인물들은 Mariia Tsebrikova, Mariia Trubnikova, A. Filosova, Nina Stasova, O. Nechaeva, Lydia Kochetkova, 그리고 Anna Ostroumova-Lebedeva였다.

7. L. Edmonson, *Feminism in Russia, 1900-1917,* Stanford, 1984; R. Stite, *The Women's Liberation Movement in Russia,* Princeton, 1978 참조.

8. Norma c. Nooan, "Marxism and Feminism in the USSR: Irreconcilable differences?" *Women and Politics*, 1988, pp. 31-49.

9. A. M. Belyakov et al., *Soviet Legislation on Women's Rights,* Moscow, 1978; Robert Thurston, " The Soviet Family During the Great Terror 1935-41," *Soviet Studies*, 43: 3, 1991.

10. Olga Voronina, "The Mythology of Women's Emancipation in the USSR as the Foundation for a Policy of Discrimination," A. Posadskaia, ed., *Women in Russia*, New York, 1994, pp. 39, 46.

11. L. Edmonson, *Women and Society in Russia and the Soviet Union,* Cambridge, 1992, M. Buckley, "Glasnost and the Women Question," pp. 25-27.

12. G. Lapidus, *Women, Work and Family,* London, 1982; A. Heitlinger, *Women and State Socialism,* London, Macmillan, 1979 참조.

13. 마리아 쩨레쉬코바는 <소비에트여성위원회> 의장으로서 페레스트로이카 시대 처음으로 과거의 당의 여성정책의 이러한 성격에 관하여 공개적으로 신랄한 비판을 전개하였다.

14. C. Hansson and K. Liden, *Moscow Women,* New York, 1983 참조.

15. T. Mamonova, *Women and Russia,* Boston, 1984; *Russian Women's Studies: Essays on Sexism in Soviet Cultures,* New York, 1989, pp. 134-138. 마모노바는 1979년 사미즈다트에 의해 발간된 <알마나크>지에 일련의 서구 페미니스트적인 논문을 게재하였다. 저자들은 곧 비밀안보기구인 KGB로부터 경고 받았다. 1980년 소련 당국은 마모노바가 올림픽 경기가 개최되는 동안 외국으로부터 공감을 얻어낼 것을 두려워하여 해외로 추방하였다. <알마나크>지의 다른 지식인 여성들도 체포되거나 혹은 강제수용소로 보내졌다.

16. M. 테레쉬코바는 1987년 전소여성대회에서 여성문제에 관하여 연설하였고, 조야 푸호바는 1988년 19차 당 협의회에서 러시아 여성들의 비참한 비인간적인 삶의 실태에 관한 사건들을 폭로하였다. Mary Buckley, "Glasnost' and Woman Question," in Linda Edmunson, *Women and Society in Russia and Soviet Union,* Cambridge, 1990, pp. 204-205.

17. Anastasia Posadskaia, *Women in Russia,* Moscow, 1994, pp. 183-202.

18. W. Rule and N. Nooan, eds., *Russian Women in Politics and Society,* London, 1996, pp. 40-63.

19. Linda Racioppi and Katherine See, *Women's Activism in Contemporary Russia,* Philadelphia, 1997, p. 3.

20. C. Nemechias, "The Prospects for a Soviet Women's Movement: Opportunities and Obstacles," eds., J. Sedatis and J. Butterfield, *Perestroika from Below,* Oxford, Boulder, 1991, pp. 73-76.

21. "On progress in the implementation of the decisions of the 27th CPSU Congress and the task of deepening restructuring," *Current Digest of the Soviet Press*, 40:26, July 27, 1988, p. 21.

22. C. Nechemias, *op. cit.*, eds., J. Sedatis and J. Butterfield. *Perestroika from Below,* Oxford, Boulder, 1991, pp. 77-79.

23. Mikhail Gorbachev, *Perestroika: New Thinking for Our Country and the World,* New York, Harper and Row, 1987, p. 17.

24. Valentin Rasputin, "Women Mirror Our Entire Culture," *Perestroika*, no.3, 1991, p. 39.

25. S. Pavlychko, "Between Feminism and Nationalism: New Women's Groups in Ukrain," M. Buckley, *Perestroika and Soviet Women*, p. 25.

26. Anastasia Posadskaia, *Women in Russia: A New Era in Russian Feminism,* London, 1994, "What does the Future Hold? Some Prospects for Women's Employment," pp. 74-75.

27. *Ibid.*, p. 77. 남녀차별을 보여주는 단적인 예로서 일용직에서 37.3%의 여성이 실직되는 반면에, 9.5% 남성이 실직되었다.

28. A. Posadskaya, *op. cit.,* pp. 101~2. 1988년 유럽연합 나라에서는 평균적으로 8.3 %의 남성과 13.4%의 여성이 실업자였다.

29. *Ibid.*, p. 102.

30. V. Sperling, *Organizing Women in Contemporary Russia-Engendering Transition,* Cambridge, 1999, pp. 148-150.

31. 스베틀라나 고랴체바가 러연방의 최고소비에트 부의장으로서 여성정책에 대하여 보리스 옐친에게 공격을 가하였다. 이때 지도층의 많은 사람들은 그녀야말로 전형적으로 성가신 여자라고 조롱하면서 '권력 속으로 들여보내지 마라!' 라고 말했다.

32. A. Stulhofer, *Sexuality and Gender in Post-communist Eastern Europe and Russia,* New York, 2005, p. 4; J. Johnson, "Privatizing Pain: the Problem of Woman Battery in Russia," *NWSA Journal*, 13(3): 153-168. 2001.

33. T. Momonova, *Women's Glasnost vs. Naglost: Stopping Russian Backash,* London, 1994, p. 33.

34. A. Stulhofer, *op. cit.,* p. 214.

35. 모스크바와 기타 지역에서 거의 공개적으로 400개의 등록업체가 활동하고 있다. 475개 등록업체가 해외 취업이나 여행을 알선하거나 거들어주었다. 그러나 이들 업체는 실제적으로는 불법적인 활동을 하거나 불법적인 기관들과 협조하고 있었다. <Angel coalition>의 인물들과 사적인 편지에서 인용.

36. A. Stulhofer, *op. cit.,* p. 214.

37. G. Lapidus, *Women in Soviet Russia: Equality, Development and Social Change,* Berkeley, 1978, p.205; Carol Nechemias, "Democratization and Women's Access to Legislative Seats: The Soviet Case, 1989-1991," *Women and Politics*, 14, 1994, 7:11. 페레스트로이카 이전의 여성의 정치참여는 소비에트 기구 면에서 형식적으로 꽤 높은 비율을 차지하고 있었다. 전소소비에트와 지방수준의 소비에트에서 여성의 비율은 1984년에 각각 33%와 49%에 해당된다. 공산당 조직에서는 여성은 당원 수에서는 증가하기는 했으나 결코 동등한 비율을 갖지 못하였다. 1988년에는 여성은 전 당원의 29.7%를 차지했고 1986년 당 중앙위원회에서는 4.2%에 지나지 않았다. 정치조직 내에서는 매우 큰 불평등이 존재하였다. 페레스트로이카 이전까지 단 한명의 여성, 즉 예카쩨리나 푸르체바가 1957에 3년 동안 정치국 임원으로 지명되었다. 서열제 하에서 당 고위층으로 올라갈

수록 여성의 존재는 희박하였다. 1966년 당 기구의 최하위 수준인 당 세포의 제 1 서기직에 여성은 33%를 차지했다. 1974년에는 도시 구역 제 1 서기직에 여성은 4%를 차지했고 1972년 전 공화국과 지역 수준의 당 정치국에서는 2.2%를 차지하고 있을 정도였다.

38. 하원은 지역구에서 선출한 1,500 명을 포함하여 2,250 명의 의원으로 구성되었다. 그 외 750 석은 전소 공적 기구의 대표인물로 채워졌다.

39. 상원에 해당되는 연방회의(the Federal Council)는 러시아 연방의 89개 정치단위의 대표 2 인씩 구성된다. (체첸은 분리주의를 선언한 탓으로 1993년 선거에 참여하지 않았다. 하원인 국가두마(Duma)의 의원은 450 명이었는데, 절반은 소선거구제에서 선거에 의해 선출되고, 절반은 정당별 비례대표에 의해 채워졌다. 정당별 리스트에 오르기 위해서는 지지율 5%를 확보해야 했다. 두마 의원의 임기는 4년이었으나 첫 의회에서는 예외적으로 2년으로 결정하였다. Thomas Remington, and Steven Smith, “The Development of Parliamentary Politics in Russia,” *Legislative Studies Quaterly* 20, Nov. 1995, p. 461.

40. 이 숫자는 캐나다, 미국, 프랑스, 이탈리아에서보다 더 높은 비율을 의미한다. 그외 유럽국가와 비교했을 때, 단지 스웨덴, 핀란드, 독일과 스페인보다 비율이 낮을 뿐이다. William Rule “Women’s Under- representation and The Electoral Systems,” *Political Science and Politics* 27, Dec. 1994, p. 690; *Rossiiskaia gazeta*, Dec. 28, 1993.

41. *Rossiiskaia gazeta*, Dec. 28, 1993 ; I. P. Ryvkin, ed., *Piataia Rossiiskaia gosudarstvennaia duma,* Moscow, *Izvestiia*, 1994. <여성 블록>당은1993년 12월 선거에서 총 4,369, 918명의 투표자들의 지지를 받은 것이다.

42. “The Faction of the Political Movement ‘Women of Russia” of the State Duma of the Federal Assembly of the Russian Federation,” *Information Bulletin*, no. 1, Moscow, August 1994; William Rule and Norma Noonan, eds., *Russian Women in Politics and Society,* Westport, 1996, p. 48.

43. A. Galin, “Stars in the Morning Sky,” M. Glen ed., *Stars in the Morning Sky,* London, 1983, pp. 1-59. 이 드라마는 올림픽이 개최된 1980년 모스크바에서 극단적으로 비참한 젊은 매춘 여성들의 모습을 그린 현실 폭로 소설이다.

44. K. Pinnick, “When the Fighting is Over; Soldiers’ Mother and the Afgan Madonna,” M. Buckley, ed., *Post-soviet Women: From the Baltic to Central Asia,* Cambridge, 1977, pp. 143-153.

45. V. Sperling, *Organizing Women in Contemporary Russia,* Cambridge, 1999, pp.15-42.

46. W. Rule and N. Nooan, *op. cit.,* p. 87.

47. Anastasia Posadskaia, ed., *Women in Russia: A New Era in Russian Feminism,* London, 1994, “Self-Portrait of a Russian Feminist,” pp. 183-201.

48. Anastasia Posadskaia, *ibid.,* London, 1994, pp. 1-8; Linda Racioppi, *Women's Activism in Contemporary Russia,* Philadelphia, 1997, chap. 6, pp. 127-149.

49. Anastasia Posadskaia, ed., trans. by Kate Clark, *Women in Russia: A New Era in Russian*

Feminism, Moscow, 1994, pp. 1-8.

50. 이 기구는 1994년 북경에서 개최된 제4차 유엔세계여성대회에 러시아의 대표로서 참가하였다.

51. Mary Buckley, *Refining Russian Society and Politics,* Boulder, Colo., 1993, pp. 298-301; Jane B. Gottlick, "Women's Group in St. Petersburg: the Prospects for a Broader Movement," The American Association for Advancement of Slavic Studies의 보고서, Philadelphia, Nov. 18, 1994.

52. V. Sperling, *op. cit.,* p. 27, 타찌아나 말류찌나와의 인터뷰 기사.

53. Valerie Sperling, *Organizing Women in Contemporary Russia: Engendering Transition,* Cambridge, 1999, P. 17.

54. A. Stulhofer and T. Sandfort, *Sexuality and Gender in Postcommunist Eastern Europe and Russia,* New York, 2005, pp. 234-235.

55. L. Racciopi and K. See, *Women's Activism in Contemporary Russia,* Philadelphia, 1997, pp. 224-225.

56. A. Stulhofer and T. Sandfort, *op. cit.,* New York, 2005, pp. 115-116.

57. 페미니스트적인 사회비판적 시각은 주로 <*Sotsiologicheskie issledovaniia*>, <*Ekonomika i organizatsiia promyshlennogo proizvodstva*> 의 잡지 속에서 표현되고 있다. 정기 대중 매체지인 <*Moskovskii novosti*>는 여성적 주제에 대하여 비교적 수용적인 태도를 취하고 있다. 이 신문은 정기적으로 니나 벨리아에바의 논문을 게재하는 것을 허용한다. 또 라리사 꾸즈네쵸바도 자주 여성들이 처한 실태와 상황에 대한 보고를 제공한다. 노보예 브레미야 잡지에서도 종종 소비에트 체제 시절 여성의 보건상태와 의료실태에 관한 고발기사를 싣기도 하였다. 최근에는 <*Rabotnitsa*>, <*Krestianka, and Sovetskaia zhenshchina*>지가 여성 문제에 대하여 비교적 솔직한 글을 싣고 있다.

참고 문헌

1장 - 1917년 러시아 10월 혁명은 사회주의적이었는가?

Anweiler, O, The Soviets: *The Russian Workers, Peasants and Soldiers Councils 1905-21,* New York, 1974.

Avrich, P., *The Russian Revolution and the Factory Committees*, Columbia Univ. Ph. D. Diss., 1961.

Brinton, M. *The Bolsheviks and Workers' Control,* 1975.

Browder R. P. and A. F. Kerensky, eds., *The Russian Provisional Government 1917: Documents,* 3 vols., Stanford University Press, 1961.

Burdzhalov, E. N., *Vtoraia russkaia revoliutsiia,* Moscow, 1967.

Buynan J. and H. Fisher, *The Bolshevik Revolution 1917-8: Documents and Materials,* Stanford, 1934.

Chamberlain, W. H., *Russian Revolution*, 2 vols, New York, 1953.

Chernov, V. V., *The Great Russian Revolution,* New Haven, 1936.

Daniels, R. V, *Red October: the Bolshevik Revolution of 1917,* New York, 1967.

Egorova, A. G., *Partiia i profsoivzy v Oktiabr'skoi revoliutsii,* Moskva, 1960.

Ferro, M. *The February Revolution of 1917,* London, 1972.

Hasegawa, T., *The February Revolution: Petrograd 1917,* Seattle, 1981.

Itkin, M. L., *Rabochii kontrol' nakanune Oktiabria*, Moscow, 1927.

Johnson, R. E., *Peasant and Proletarian: The Working Class of Moscow in the Late Nineteenth Century*, New York, 1976.

Keep, J. L. H., *The Russian Revolutjion : A Study in Mass Mobilization,* London, 1976.

Koenker, D., *Moscow Workers and the 1917 Revolution,* Princeton, 1981.

Lenin, V. L., *Polnoe sobranie sochinenii*, Izdanie 5-oe, Moskva, 1958-65, *On Workers' Control and the Nationalization of Industry*, Moscow, Progress Publishers, 1970.

Liashchenko, P., *History of the National Economy,* New York, 1949.

Lozovskii, S. A., *Rabochii kontrol'*, Petrograd, 1918.

Mandel, D., *The Petrograd Workers and the Fall of the Old Regime: From the February Revolution to the July Days, 1917,* New York, 1983.

Mandel, D., *The Petrograd Workers and the Soviet Seizure of Power: From the July Days to July 1918,* New York, 1985.

Meller V. I. and A M. Pankratova eds., *Rabochee dvizhenie v 1917 god,* Leningrad, 1926.

Mints, I. I. et als, *Fabrichno-zavodskie komitety Petrograda v 1917 godu: Protokoly, Moskva, Pervaia rabochaia konferntsiia fabrichno-zavodskikh komitetov Petrograda, 1917*, Moskva, 1979, 1982.

Mitel'man M. I. i drugie red., *Rabochii Kontrol', promyshlennykh predpriiatiiakh Petrograda, 1917-18 gg.*, Leningrad, 1947.

Pankratova, A. M., *Fabzavkomy Rossii i bor'ba za sotsialisticheskuiu fab-*

riku, Moskva, 1923.

Pankratova, A. M., Fabzavkomy; *Profsoiuzy V Revoliutsii 1917 goda,* Moskva, 1927.

Rabinowitch, A., *Bolsheviks Come to Power,* New York, 1978.

Rashin, A. G. *Formirovanie rabochego klassa Rossii,* Moscow, 1958.

Rosengerg, W. G., *The Liberals in the Russian Revolution: The Constitutional Democratic Party. 1917-21,* Princeton, 1974.

Sbornik Dokumentov: Rabochii Kontrol' v Promyshlennykh Predpriiatiakh Petrograda, 1917-18 gg. T. 1. 2, Leningrad, 1947.

Schapiro. L. H., *The Origins of Communist Autocracy: Political Opposition in the Soviet State: The First Phase, 1917-21,* London, 1966.

Schapiro. L. H., *Russian Revolution of 1917: The Origin of Modern Communism,* New York, 1984.

Selitskii, V. L., *Massy v borba za Rabochii kontrol', mart-iiul' 1917g.* Moscow, 1971.

Silant'iev, N. P., *Rabochii kontrol' i Sovnarkhozy*, Moscow, 1957.

Silant'iev, N. P., *Rabochii kontrol'-proiavlenie tvorchestva narodnykh mass v bor'be za vlast' Sovetov, 1917-20 gg.*, Moscow, 1954.

Shulgin, V. V., *The Years: Memoirs of a Member of the Duma, 1906-17,* New York, 1984.

Smith, S., *Red Petrograd: Revolution in the Factories,* 1917-18, Cambridge, 1983.

Smith, S., ed., *Oktiabr'skaia revoliutsiia fabzavkomy: Materialy po istorii fabrichno-zavodskikh komitetov* 2 vols., ed. by Amosov, P. N., Moskva 1927-29, in Publication of the Study Group on the Russian Revolution, no. 6, 1983.

Startsev, V. I., *Ocherki po istorii Petrogradskoi krasnoi gvardii i rabochei militsii, mart 1917-aprel' 1918,* Moscow, 1970.

Stepanov, Z. V., *Rabochie Petrograda v period podgotovki i provedeniia oktiabr'skogo vooruzhennogo vosstaniia,* Moscow, 1965.

Sukhanov, N. N., *The Russian Revolution 1917.* trans, by J. Carmichael, 2 vols, New York, 1962.

Suny, R. G., *The Baku Commune, 1917-18: Class and Nationality in the Russian Revolution,* Princeton, 1972.

Trotsky, L., *History of Russian Revolution*, 3 vols, London, 1967.

Vinogradov, V. A., *Rabochii kontrol' and proizvodstvom: teoriia, istorii, sovremnnost'*, Moscow, 1983.

Vinogradov, V. A., *Workers' Control over Production, Past and Present.,* Moskva, 1983.

Volovuev, P. V, *Proletariat i burzhuaziia Rossii v 1917 godu*, Moskva, 1964.

Wade, R. A., *Red Guards and Workers; Militias in the Russian Revolution,* Stanford, 1984.

Waytinsky, W. S., *Stormy Passage,* New York, 1961.

Zelnik, R. E., *Labor and Society in Tsarist Russia, The Factory Workers in St. Petersburg. 1855-70*, Stanford, 1978.

Anweiler, O., "The Political Ideology of the Leaders of the Peterograd Soviet in the Spring of 1917" in R. Pipes, ed., *Revolutionary Russia,* New York, 1965.

Avrich, P. "The Bolshevik Revolution and Workers' Control" *Slavic Review,* 22:1 1963.

Bater, J. B., "St. Petersburg and Moscow on the Eve of Revolution" in D.

H. Kaiser ed., *The Workers' Revolution in Russia. 1917: The View from Below,* Cambridge, 1987.

Belkin, G., "Iz istorii bor'ba za rabochii Kontrol"*Krasnyi Arkhiv*, no. 21-3 pp. 69-70, 1953.

Devlin, R. J. , "Petrograd Workers and Workers' Factory Committees in 1917: An Aspect of the Social History of the Russian Revolution" Ph. D. Diss. State Univ. of N. Y. , Binghamton, 1976.

Geyer, D., "Bolshevik Insurrection in Petrograd" in R. Pipes, ed., *Revolutionary Russia,* New York, 1965.

Goodey, C., "The Factory Committee and the Dictatorship of the Proletariat: Additional Notes" *Ibid.,* no. 5, 1975, pp. 85-90.

Haimson, L. P., "The Problem of Social Stability in Urban Russia, 1905-14" *Slavic Review,* 23:1, 24:1, 1964-65.

Hasegawa, T., "The Formation of Militia in the February Revolution: An Aspect of the Origins of Dual Power" *Slavic Review*, 32:2, 1973.

Johnson, R. E., "Peasant Migration and the Russian Working Class: Moscow at the end of 19th Century" *Slavic Review*, 35:4.

Kovalenko., D. A., "Bor'ba fabzavkom Petrgrada za rabochii kontrol'nad proizvodstvom" *Zapiski istorii,* vol. 61. 1957.

Leiberov, I. P., "O revoliutsionnykh vystupleniiakh Petrogradskikh rabochiikh v godu pervoi mirovoi voiny i Febral'skoi revoliutsii" *Voprosy itorii,* No. 2. 1964.

Rabinowitch, A., "The Petrograd Garrison and the Bolshevik Seizure of Power" Nicholaevsky, B., ed., *Revolution and Politics in Russia*, Bloomington, 1972.

Rosenberg, W. G. , "The Democratization of Russian Railroads in 1917"

American Historical Review, 85:5, 1981.

Schapiro, L., "The Political Thought of the First Provisional Government" in R. Pipes, ed., *Revolutionary Russia,* New York, 1965.

Shkliarevsky, G. L., "The Russian Revolution and Organized Labour" Ph. D. Diss. The University of Virginia, 1985.

Smith, S. A. "Craft Consciousness and Class Conseciousness: Petrograd in 1917" *History Workshop,* No. 11, 1981.

Suny, R. G., "Toward a Social History of the October Revolution" *American Historical Review,* 88:1, 1983, pp. 31-51.

Strumilin, S. G., "Problemy ekonomiki truda" *Izbrannye proizvedeniia*, vol. 3, Moscow, 1964.

2장 - 레닌과 프롤레타리아 국가: 민중은 과연 권력을 얻었는가?

Atkinson, D., *The End of the Russian Land Commune,* 1905~1930, Stanford, 1983.

Bukharin, N., *Imperialism and World Economy,* London, 1929.

Carr, E. H., *Foundation of Planned Economy* : 1926~29, Cambridge, 1967-71.

Conquest, R., *V. I. Lenin,* London, 1972.

Eissenstadt, B. W., *Lenin and Leninism,* Lexington, 1971.

Engels, F., *The Origin of the Family, The Private Property and the State,* International Publishers, New York, 1942.

Golikov, G. N. et al., *Vospominania o Vladimire Iliche Lenine*, 5 vols. Moscow, 1969-70.

Haimson, L. H., *The Russian Marxism and the Origins of Bolshevism*, Cambridge, Mass., 1955.

Harding, N., *Lenin's Political Thought*, 2 vols. London, 1977.

Hunt, R. N. C. *The Theory and Practice of Communism,* London, 1950.

Lenin, V. I., *Collected Work,* Fourth Version, 45 vols. Moscow, 1960- 70.

Lenin, V. I., *State and Revolution,* Moskva,1917.

Lewin, M, *Lenin's Last Struggle,* London, 1969.

Lewin, M, *Russian Peasants and Soviet Power : A Study of Collectivization,* New York, 1969.

Liashchenko, P., *History of the National Economy of Russia to the 1917 Revolution*, Trans. by L. M. Herman, New York, 1949.

Liebman, M., *Leninism under Lenin,* London, 1975.

Mandel, D., *The Petrograd Workers and the Fall of Old Regime,* New York, 1983.

Marx, K., *The Class Struggles in France* 1848~50, New York, 1964.

Meyer, A. G., *Leninism,* New York, 1962.

Obuchkin, G. and Pankratova, M., *V. I. Lenin*, *A Short Biography,* Moscow, 1969.

Pipes R. *Social Democracy and the St. Petersburg Labour Movement* ; 1885-97, Cambridge, Mass., 1963.

Plamenatz, J., *German Marxism, and Russian Communism* London, 1954.

Rigby, T. H., *Lenin's Government. Sovnarkom, 1917~22,* Cambridge, 1979.

Schapiro, L. B., *The Origins of Communist Autocracy : Political Opposition in the Soviet State : First Phase, 1917~22,* Cambridge, Mass., 1955.

Schapiro, L. B., *The Revolution of 1917 : The Origins of Modern Commu-*

nism, New York, 1981.

Selnitskii, V., *Massy v borbe za rabochii kontrol., Mart i iul 1917 goda,* Moskva, 1971.

Trotsky, L., *On Lenin : Notes towards a Biography,* London, 1972.

Ulam, A. B., *Lenin and the Bolshevik,* London, 1969.

Wildman, A., *The Making of a Workers' Revolution,* Chicago, 1967.

Wilson, E., *To the Finland Station,* New York, 1965.

Avrich, P., "The Bolshevik Revolution and Workers' Control" *Slavic Review,* 22: 1, 1963.

Bender, F. L., "The Ambiguities of Marx's Conception of The Dictatorship of the Proletariat" ed. by B. Jessop, *Karl Marx's Social and Political Thoughts : Critical Assessment,* London, 3 vols. 1990.

Draper, H., "Marx and the Dictatorship of Proletariat" *KMS Proletariat,* pp. 289-315.

Geyer, D., "Bolshevik Insurrection in Petrograd" in R. Pipes, ed., *Revolutionary Russia,* Cambridge, 1968.

Marx, K. "Communist Manifesto" in Marx, Engels, *Selected Works,* I : 44.

Marx, K. and F. Engels, "Briefe an A. Bebel, W. Liebknecht, K. Kautsky" *WSMC,* 2 :431.

Pipes, R. "Intellectual Evolution of Lenin"in R. Pipes, ed., *Revolutionary Russia*, pp. 33-79, Cambridge, Mass., 1968.

Rabinowitch, A., "The Petrograd Garrison and the Bolshevik Seizure of Power" B. Nichlaevsky, ed., *Revolution and Politics in Russia,* Bloomington, 1972.

3장 - 노동자계급의 꿈은 실현되었는가

Avrich, P., *Kronstadt in 1921,* New York, 1974.

Avrich, P., *The Russian Anarchists*, Princeton, 1967.

Baevskii, D. A., *Rabochii klass v pervye gody sovetskoi vlasti, 1917-21 gg.* Moskva, 1974.

Bettelheim, C., *Class Struggle in the USSR, First Period: 1917-23,* New York, 1978.

Brinton, M., *The Bolsheviks and Workers' Control*, Solidarity, London, 1970.

Buynan, J., *Intervention, Civil War and Communism in Russia, April-December, 1918, Documents and Materials,* Baltimore, 1936.

Buynan, J. , *The Origins of Forced Labor in the Soviet State, 1917-21: Documents and Materials,* Baltimore, 1967.

Carr, E. H., *Bolshevik Revolution 1917~23,* 3 vols, New York, 1951-53.

Carr, E. H. and R. V. Davies, *Foundation of a Planned Economy, 1926-29,* London, 1969.

Chase, W. J., *Workers, Society and the Soviet State: Labor and Life in Moscow, 1918-29,* Urbana, Chicago, 1987, 1989.

Cohen, S. *Bukharin and the Bolshevik Revolution,* New York, 1973.

Daniels, R. V., *The Conscience of the Revolution: Communist Opposition in Socialist Russia,* Cambridge, 1960.

Deutscher, I., *Soviet Trade Union: Their Place in Soviet Labor Policy,* London, 1950.

Dewar, M., *Labor Policy in the USSR, 1917-28,* London, 1956.

Dobb, M., *Soviet Economic Development Since 1917,* London, 1960.

Drobizhev, V. Z., A. K. Sokolov and V. A. Usinov, *Rabochii klass sovetskoi Rossii v pervye godu proletarskoi diktatury,* Moskva, 1975.

Erlich, A., *The Soviet Industrialization Debate, 1924-28,* Cambridge, Mass., 1960.

Gimpel'son, E. G., *Sovetskii rabochii klass: 1918-20 gg. Sotsial'no-politicheskie izmenenia,* Moskva, 1974.

Gregory, P. R. and R. C. Stuart, *Soviet Economic Structure and Performance,* New York, 1981.

Haimson, L., *The Mensheviks from the Revolution of 1917 to the Second World War,* Chicago, 1974.

Hunnius, G., ed., *Workers' Revolution in Russia 1917: The View from Below*, Cambridge, 1987.

Ikonikov, S. N., *Organizatsiia i deiatel'nost' RKI v 1920-25 gg,* Moskva, 1960.

Kaplan, F. I., *Bolshevik Ideology and the Ethics of Soviet Labour, 1917-20: The Formative Years,* New York, 1968.

Kollontai, A., *Workers' Opposition,* Moskva, 1921.

Kritsman, L., *Geroicheskii period velikoi Russkoi revoliutsii,* Moskva, 1924.

Lapitskaia, S., *Byt rabochikh Trekhgornoi manufaktury,* Moskva, 1935.

Leites, K., *The Recent Economic Development in Russia,* Oxford, 1922.

Lozovsky, *The Role of the Labour Unions in the Russian Revolution,* New York, The Industrial Union Party, 1935.

Nove, A., *An Economic History of the USSR,* London, 1969.

Pankratova, A. M., *Fabzavkomy Rossii i bor'ba za sotsialisticheskuiu fabriku,* Moskva, 1923.

Rashin, A. G., *Sostav fabrichno-zavodskogo proletariata SSSR: pred-*

varitel'nye itogi, perepisi metalistov, gornorabochikh i tekstil'shchikov v 1929 g., Moskva, 1930.

Rosenberg, W. G., R. G. Suny and D. Koenker, eds., *Party and Society in the Russian Civil War: Explorations in Social History,* Indiana University Press, 1989.

Schapiro, L. H., *The Origin of Communist Autocracy: Political Oppostion in the Soviet State: First Phase, 1917-21,* London, 1966.

Service, R., *The Boshevik Party in the Revolution: A Study in Organizational Change 1917-23,* London, 1979.

Sirianni, C., *Workers' Control and Socialist Democracy: The Soviet Experiences,* London, 1982.

Sorenson, J. B, *The Life and Death of Soviet Trade Union: 1917-28,* New York, 1969.

Sorin, V., *Rabochaia gruppa,* Moskva, 1924.

Strumilin, S. G., *Rabochii klass v oktiabr'skoi revoliutsii i na zashchite eë zavoevanii,* Moskva, 1984.

Thompson, E. P., *The Making of the English Working Class,* New York, 1963.

Voskresenskaia, N. A. , *Lenin: Organizator sotsialisticheskogo kontrolia,* Moskva, 1970.

Zagorsky, S. O., *State Control of Industry in Russia During the War,* New Haven, Yale University Press, 1928.

이인호, 편역, 『러시아 혁명사론』 까치, 1992.

Avrich, P., "The Bolsheviks and Workers' Contro" *Slavic Review,* 22:1, pp. 47-63, 1963.

Avrich, P., "The Russian Factory Committees" Ph. D. Diss, Columbia

University, 1961.

Balashova, L. I., "Rabochii kontrol' nad raspredeleniem v period podgotovki sotsialisticheskoi revoliutsii" *Voprosy istorii*, no. 5, 1973, pp. 47-58.

Brinton, M., "Factory Committees and the Dictatorship of the Proletariat" *Critique*, no. 4, 1975, pp. 78-86.

Chauvier, J., "Controle ouvrier et autogestion sauvage en Russie, 1917-21" *Revue des pays de l'Est*, 14:1, 1973, pp. 71-100.

Day, R., "Preobrazhensky and the Theory of the Transition Period" *Soviet Studies,* 27: 2, 1975.

Devlin, R. J., Jr., "Petrograd Workers and Workers' Factory Committees in 1917: An Aspect of the Social History of the Russian Revolution" Ph. D. Diss., SUNY at Bnghamton, 1976.

Erlich, A., "Stalin's Views on Economic Development" E. Simmons, ed., *Continuity and Change in Russian and Soviet Thought,* Cambridge, Mass., 1955.

Gogolevskii, A. B., "Klassovoe soznanie rabochikh sovetskoi rossii v 1917-20 gg." O. N. Znamenskii i drugie red., *Rabochii klass Rossii v 1917 godu,* Moskva, 1989.

Goodey, C., "The Factory Committee and the Dictatorship of the Proletariat: Additional Notes" *Critique.*, no. 5, 1975, pp. 85-90.

Iovchyk, M. T., "Ob istoricheskikh ietapakh stanovleniia i razvitiia sotsialisticheskogo soznaniia v SSSR" *Voprosy philosophii,* 1965. no. 2.

Lenin, V. I.,"The Trade Unions, The Present Situation and Trotsky's Mistake" *CW,* 32: 20-21.

Lenin, V. I.,"Report on the Role of and Tasks of the Trade Union at the

Second All Russian Congress of Miners" *CW,* 32: 61-2.

Lewin, M., "The Civil War: Dynamic and Legacy" eds., W. G. Rosenberg, R. G. Suny and D. Koenker, *Party, State and Society in the Civil War: Explorations in the Social History,* Indiana University Press, 1989.

Monds, J., "Workers' Control and the Historians" *New Left Review*, no. 97. pp. 80-100, 1976.

Nove, A., "A Note on Trotsky and the Left Opposition, 1929-31" *Soviet Studies,* 29: 4, 1977.

Orlovsky, D. T., "State Buillding in the Civil War Era: The Role of Lower-Middle Strata" eds., W. G. Rosenberg and D. Koenker, *Civil War*, 1989.

Remington, T., "The Rationalization of State Kontrol" eds., W. Rosenberg and D. Koenker, *Civil War,* 1989, pp. 211-12.

Rosenberg, W. G., "Workers and Workers' Control in the Russian Revolution" *History Workshop*, 1978, pp. 89-97.

Rosenberg, W. G., "Workers' Control on the Railroads and Some Suggestions Concerning Social Aspects of Labour Politics in the Russian Revolution and Civil War" *Science and Society*, 43:2, 1979, pp. 158-85.

Rucker, R., "Workers' Control of Production in the October Revolution and Civil War," *Science and Society,* 43:2, 1979, pp. 158-85.

Singleton, S., "The Tambov Revolt, 1920-21" *Slavic Review,* 25 (Sept. 1966).

Trotsky, L., "The Trade Union and the Future Role" M. Dewar, *Labor Policy in the USSR, 1917-28,* London, 1956.

이인호, 「러시아 혁명과 역사해석의 문제」『서양사론』, 제 33호, 1989. 11.

이정희, 「러시아 전시공산주의 시기의 자주적 '노동자 관리'의 억압」 『구미사의 조망』, 계명대 출판부, 1998.

4장 - 볼셰비키 정권과 농민의 갈등은 어떻게 끝났는가? 1925~30

Angarov, *Klassovaia bor'ba v sovetskoi derevni,* Moscow, 1929.

Atkinson, D. *The End of Russian Land Commune, 1900-1930,* Stanford, 1983.

Avrich, P., *Kronstadt 1921,* New York, 1970.

Bailes, K., *Technology and Society under Lenin and Stalin: 1917-41,* Princeton, 1978.

Bettelheim, C., *Class Struggle in the USSR: Second Period, 1923~30,* New York, 1978.

Carr, E. H., *Foundation of Planned Economy: 1926~29*, Vol, I. II. London, 1967, 1971.

Carr, E. H., *Socialism in One Country,* Cambridge, London, 1975.

Conquest, R., *The Harvest of Sorrow: Soviet Colletivization and the Terror-Famine,* New York, 1986.

Cohen, S., *Bukharin and The Bolshevik Revolution,* Oxford, 1971.

Davies, R. V., ed., *The Stalin Revolution: Foundation of Soviet Totalitarianism*, 2nd. London, 1972..

Davies, R. W., *The Socialist Offensive: Collectivization, 1929~30,* London, 1981.

Erlich, A., *A Debate on Industrialization,* Cambridge, 1960.

Fainsod, M., *Smolensk under Soviet Rule*, Cambridge, Mass., 1960.

Fitzpateric, S., *Cultural Revolution in Russian during 1928-1931,* Bloomington, 1968.

Harding, N., *Lenin's Political Thoughts,* 2 Vols. London, 1977.

Istoriia sovetskogo krest'ianstva kolkhoznogo stroitel'stva v SSSR, Moscow, 1963.

Jasny, N., *The Socialized Agriculture of the USSR: Plan and Performance,* Stanford, 1949.

Kukushkin, *The Role of Village Soviet in the Socialist Reconstruction of Countryside, 1929-32,* Moscow, 1962.

Laird, R. D., *Collecive Farm: A Political Story,* New York, 1958.

Larkina, *The Training of Kolkhoze Cadres in the Period of Mass Colletivization,* Moscow, 1960.

Lewin, M., *Russian Peasants and Soviet Power; A Study of Colletivization,* New York, 1968.

Liebmann, M. *Leninism under Lenin,* London, 1975.

Medvedev, R. A., *Let History Judge: The Origins and Consequences of Stalinism,* New York, 1968.

Meyer, A. G., *Leninism,* New York, 1962.

Preobrazhensky, *The New Economics,* Trans. by B. Pearce. 1965.

Rezunov. *Selskie sovety izemelenye obshchestva*, Moscow, 1928.

Selunskaia, B. , *Rabochye Dvattzatii-tyschachniki,* Moscow, 1964.

Abramov, B. A. "O rabote Kommissii Politburo Tsyk VKPb. po voprosam sploshnoi kollektivizatsii" *Voprosy istorii KPSS*, No. 1, 1964.

Bernstein, T. P., "Mass Mobilization and Leadership in the Soviet and Chinese Collectivizationn Compaign of 1929-30 and 1955-56: A Comparison" *Chian Quaterly*, XXX, July 1967.

Bogdenko, M. L., "K istorii nachal'nogo etapa sploshnoi kollektivizatsii sel'skogo khoziaistva SSR" *Voprosy istorii,* No. 5, May, 1965. pp. 20-5

Enukidze, *15th Congress of Communist Party, Report,* 1927.

Gubenko, M. P., "Selsko-khozyaistvennaia kooperatsiia v nachale massovoi kolletivizatsiia" *Istoricheskie zapiski*, t. 74, 1963.

Kaminsky, *15th Congress of Communist Party, Report,* 1927.

Lenin, V. I., "To the Rural Poor: An Explanation for the Peasants of What the Social-Democrats Want" *Selected Works,* II : 48-49, 101, 103, New York, 1943.

Lewin, M., "The Immediate Background of Soviet Collectivization" *Soviet Studies*, Vol. 8, No. 2, 1965, Oct. pp. 169-185.

Manaev, B. P., "The Organization of Mass Work in the Soviets in the Middle Volga Region" *Sovietskoe Stroitel'stvo*, No. I. Jan. 1930.

Millar, J., "Mass-Collectivization and the Contribution of Soviet Agriculture to the First-Five Year Plan: A Review Article" *Slavic Review,* Vol. 33, No. 4.

Millar J. and A. Nove, "Was Stalin Really Necessary?" *Social History*, No. 2, 1976.

Molotov, *15th Congress of The Communist Party of Soviet Union, Report,* pp. 1086, No. 1232 Dec. 1927.

Narkiewicz, O. A., "Stalin, War Communism and Collectivization" *Soviet Studies,* Vol. 20, 1968.

Rosenberg, W., "Smolensk in the 1920's: Party-Worker Relations and the Vanguard Problem" *Russian Review*, Vol. 36, No. 4.

Selunskaia, B., "Workers 25000ers: Performers of Policies of Party in the

Construction of Kolkhozes" *Voprosy istorii*, No. 3, 1954.

Stalin, J., *Works, XII.* p. 95 "Relpy to the Sverdlov Comrades" Feb. 9. 1930.

Stalin, J., *15th Congress of Communist Party,* Report, 1927.

Vyltsan, M. A. et al. "Nekatorye problemy istorii kollectivizatsii v SSSR" *Voprosy istorii,* No. 3 Mar, 1965. pp. 3-25.

Yaney, G., "Agricultural Administration in Russia from the Stolypin Land Reform to forced Collectivization: An Interpretative Study" Millar, J. ed., *The Soviet Rural Community,* London, 1971.

5장 - 사회주의적 사랑의 신화: 알렉산드라 콜론타이와 '붉은 가족'

Kollontai, A., *Novaia moral' i rabochii klass,* Moscow, 1919.

Kollontai, A. *Polozhenie zhenshchiny v evoliutsii khoziaistva*, Svedlov Communist University, Moscow, Petrograd, 1923.

Kollontai, A., *Sem'ia i kommunisticheskoe gosudarstvo*, Moscow, 1918.

Kollontai, A., *Prostitutsiia i mery bor'by s nei*, Moscow, 1921.

Kollontai, A., *Zhenshchina na perelom,* Moscow, 1922, (Short novel)

Kollontai, A. *Bol'shaia liubov*, Moscow, 1927, trans. Lily bore *A Great Love,* New York, 1929.

Kollontai, A., "Zhenshchina - rabotnitsa na pervom feministkom kongresse v Rossii" *Golos Sotsial'demokrata,* no. 12, March, 1909, pp. 6-7.

Kollontai, A., "Zadachi rabotnits, v bor'be s prostitutsiei" *Golos Sotsial'demokrata,* 1910, no. 21, April. (A. Mikhailova, 익명으로 표기함.)

Kollontai, A, "Novaia zhenshchina" *Sovremennyi mir*, 1913, no. 9.

Kollontai, A.,"Zhenskii den" *Nashe slovo,* Mar. 18, 1915.

Kollontai, A."The Attitude of the Russian Socialists" *The New Review,* Mar., 1916.

Kollontai, A. "Krest materinstva i sovetskaia respublika" *Pravda*, no. 210. Oct. 1918.

Kollontai, A.,"Pis'mo k rabotnitsam krasnogo Petrograda" (Letter of Nov. 1918), Dazhina, ed., *Izbrannye stat'i i rechi.*

Kollontai, A.,"Trudovaia povinnost i okhrana zhenskogo truda" *Kommunistka*, 1920, no. 1-2.

Kollontai, A., "Trudovaia respublika i prostitutsiia" *Kommunistka,* 1920, no. 6.

Kollontai, A., "Klassovaia voina i rabotnitsy" *Kommunistka,* 1920, no. 5.

Kollontai, A., "Pervaia mezhdunarodnaia konferentsiia kommunistok, 1920. g." *Kommunistka,* 1920, no. 1-2.

Kollontai, A., "Sem'ia i kommunizm" *Kommunistka,* 1920, no. 7.

Kollontai, A., "Tezisy o kommunistichekoi morali v oblasti brachnyk otnoshenii" *Kommunistka,* 1921, no. 12-13.

Kollontai, A., "Tretii internatsional i rabotnitsa" *Pravda,* Nov. 13, 1921, in Dazhina, ed., *Izbrannye stat'i i rech'hi.*

Kollontai, A., "Ne uprazdanie, a ukreplenie" *Kommunistka*, 1921. no. 16-17.

Kollontai, A., "Krest materinstva" *Kommunistka,* 1921, no. 8-9.

Kollontai, A., "Avtobiograficheskii ocherk" *Proletarskaia Revoliutsiia,* 1921, no. 3.

Kollontai, A., "Proizvodstvo i byt" *Kommunistka,* 1921. no. 10-11.

Kollontai, A., "O rabote mezhdunarodnogo zhenskogo sekretariata" *Kommunisticheskii International,* no. 1, Dec. 17, 1921.

Kollontai, A., "Kak my sozdali pervyi vserossiskii s''ezd rabotnits i krest'ianok" *Kommunistka,* 1923, no. 11.

Kollontai, A., "Sestry" *Kommunistka,* 1923, no. 3-4.

Kollontai, A., "Brak, zhenshchiny i alimenty" *Ekran*, 5, 1926.

Kollontai, A., "Brak i byt" *Rabochii sud,* 1926, no. 5.

Kollontai, A., "Zenshchiny v 1917 godu" *Rabotnitsa*, 1937, no. 31 (Nov.).

Kollontai, A., "Zenshchiny - bortsy v dni Velikogo Oktiabria" *Zhenskii zhurnal,* 1927, in Dazhina, *Izbrannye stat'i i rechi,* Moscow, 1972 pp. 370-374.

Kollontai, A., "Sovetskaia zhenshchina - polnopravnaia grazhdanka svoei strany" *Sovetskaia zhenshchina,* 1946, no. 5, Sept.- Oct.

Kollontai, A., *Trud zhenshchin v revoliutsii khoziaistva* (the Labour of Women in the Evolution of Economy, Moscow, 1928.

Atkinson, D. A. Dallin and G. W. Lapidus, eds., *Women in Russia,* Stanford, 1977.

Bochkareva, E. and S. Liubimova, *Women of a New World,* Moscow, 1969.

Boxer, M. and J. Quataert, eds., *Socialist Women,* New York, 1978.

Bryant Louise, *Six Red Months in Russia,* London, Heinemann, 1919.

Clements, Barbara E., *Bolshevik Feminists,* Bloomington, 1979.

Clements, Barbara E., *Bolshevik Women,* Cambridge University Press, 1997.

Emel'ianova E. D., *Revoliutsiia, partiia, zhenshchina, Oktiabr' 1917- 1925 gg,* Smolensk, 1971.

Engel, Barbara and Clifford Rosenthal eds., *Five Sisters Against the Tsar,* New York, 1975.

Farnsworth, Beartrice, *Alexandra Kollontai: Socialism, Feminism and the Bolshevik Revolution,* Stanford University Press, 1980.

Fetscher, Irving, ed., *Autobiography of a Sexually Emancipated Communist Woman,* trans., Salvator Attanasio, New York, 1971.

Geiger, H. Kent, *The Family in Soviet Russia,* Cambridge, Mass., 1968.

Golosvoker, S. Ia, *O Prostitutsii,* Kazan, 1925.

von Golden, James, *Bolshevik Festivals, 1917-20,* Berkeley, Los Angeles, 1993.

Heitlinger, Alena, *Women and State Socialism: Sex Inequality in the Soviet Union and Czechoslovakia,* Monreal: McGill-Queen's University Press, 1979.

Holt, Alix, ed. *Selected Writings of Alexandra Kollontai,* West Port, 1977.

Itkina, Anna, *Revoliutsioner, tribun, diplomat: Stranitsy zhizni Aleksandry Mikhailony Kollontai,* Moscow, 1970.

Lapidus, Gail W., *Women in Soviet Society: Equality, Develoment and Social Change,* Berkeley, Calif., 1978.

Lenin, V. I., *The Emancipation of Women* (Appendix., "Lenin on the Women Question, by Klara Zetkin), New York, International, 1966.

Lifshchits, G. I. and Ia. I., *Sotsial'nye korni: prostitutsii i mery bor'by s nei,* Smoensk, 1925.

Palenca, I., *Alexandra Kollontai*, New York, 1947.

Porter, Cathy, *Alexandra Kollontai: The Lonely Struggle of the Woman Who Defend Lenin,* New York, Dial Press, 1980.

Rule and Nooan, *Encyclopedia of Women's Movement of Russia,* New York, 2000.

Schlesinger, Rudolf, ed., *The Family in the USSR, Documents and Readings*, London, 1949.

Serebrennikov, G. N., *Zhenskii Trud v SSSR*, Moscow, 1934.

Smith, Jessica, *Women in Soviet Russian*, New York, 1928.

Stites, R., *The Women's Liberation Movement in Russia: Feminism, Nihilism and Bolshevism, 1860-1930,* Princeton, 1978.

Bailes, Kendall, "Alexandra Kollontai et la nouvelle morale" *Cahiers du monde Russe et Sovetique,* 1965, no. 4, Oct. Dec., pp. 472-496.

Bernstein, Frances L., "Envisioning Health in Revolutionary Russia: The Politics of Gender in Sexual-Enlightenment Posters of the 1920s" *Russian Review 57:2,* 1998.

Bobroff, Anne, "The Bolsheviks and Working Women, 1905-1920" *Soviet Studies*, 1974, no. 4, Oct.

Body, Marcel, "Alexandra Kollontai" *Preuves*, 1952, Supplement, no. 14.

Clements, Barbara E, "Emancipation through Communism: the Ideology of A. M. Kollontai" *Slavic Review*, vol. 32, no. 2. June 1973.

Dazhina, I. M., "V nodovorote novoi Rossii, Pis'ma A.M. Kollonta V. I. Leninu i N. K. Krupskoi v Shveitsariiu" *Novyi Mir*, 1967, no. 4, April.

Dazhina, I. M., ed., "Amerikanskie dnevniki A. M. Kollontai, 1915-1916 gg." *Istoricheskii arkhive*, 1962, no. 1, Jan.

Dazhina, I. M., and R. Tsivlina, eds., "Iz arkhiva A. M. Kollontai, dnevniki, pis'ma, stat'i 1915-1917 gg." *Innostrannaia Literatura,* 1970, no. 1, Jan., 1970, no. 2, Feb.

Delmar, Rosalind, "Looking again at Engel's 'Origins of the Family, Private Properety and the States'" in *The Rights of Wrongs of*

Women, London, Penguin, 1976.

Donald, M., "Bolshevik Activity amongst the Working Women of Petrograd in 1917" *International Review of Social History,* 27, 1982, pp. 129-60.

Dunham, Vera, s., "The Strong Woman Motif" in Cyril E. Black, ed., *The Transformation of Russian Society,* Cambridge, Mass., 1960.

Edmonson, Linda, "Russian Feminists and the First All- Russian Congress of Woman" *Russian History*, 1976, no.2.

Engel, "St. Petersburg Prostitutes" *Russian Review*, vol. 49, 1989.

Fansworth, Beatrice, "Bolshevism and the Woman Question, and Alexandra Kollontai" *The American Historical Review,* 81, no. 2, April, 1976.

Fitzpatrick, S. "Sex and Revolution: the Sexual Mores of Soviet Students in the 1930s" in *Ordinaryy Life in Extraordinary,* New York, 2004.

Fortunato, Evgeniia, "Nash drug Aleksandra Kollontai" *Neva,* 1959, no. 3.

Goldberg, Rochelle, "The Russian Women's Movement; 1859-1917" Ph.D., diss., Univ. of Rochester, 1976.

Golubeva, V. "K diskussii po voprosam brachnogo i semeinogo pravda" *Kommunistka,* 1926, no.1.

Golubeva, V., "Rabota zhenotdelov v novykh usloviiakh" *Pravda*, Feb., 1, 1926.

Grunfeld, Judith, "Woman's Work in Russia's Planned Economy" *Social Research*, 9, no. 1, Feb. 1942.

Hauge, Kaare, "Alexandra Mikhailovna Kollontai: the Scandinavian Period, 1922 -1945" Univ. of Minnesota. Ph.D. diss. 1971.

Hayden, Carol E., "The Zhenotdel and the Bolshevik Party" *Russian History,* no. 2, 1976.

Ingemanson, Birgitta, "The Political Function of Domestic Objects in the fiction of Alexandra Kollontai" *Slavic Review (American Quaterly of Soviet and East European Studies),* vol.48: no. 1, Spring, 1989.

Juviler, Peter H. "Women and Sex in Soviet Law" in Atkinson, et al. eds., *Women in Russia* Stanford, 1977. pp. 243-265.

Knight, Amy, "The Fritshci: A Study of Female Radicals in the Russian Populist Movement" *Canadian American Slavic Studies*, no. 1, spring, 1975.

Lapidus, Gail W., "Sexual Equality in soviet Policy" in Atkinson et al. *Women in Russia*, Stanford, 1977, pp. 115-138.

Maiski, I. M., "A. M. Kollontai" *Oktiabr',* 1962, no. 7.

McNeal, R. H. "Women in the Russian Radical Movement" *Journal of Social History,* no. 2, 1971-1972.

Meyer, A. G., "Marxism and the Women's Movement" in Atkinson, eds., *op. cit.,* pp. 85-112.

Niurina, F., "Zhenotdely RKP, ili osobye obshchestva" *Pravda,* Feb. 7, 1923.

Petrov, G. D., "Alexadra Kollontai nakaune i v godu pervoi mirivoi voiny," *Novaia novelishaia istoriia*, 1969.

Petrov, G. D., "A. M. Kollontai v SSSR" *Novaia i novelishaia istoriia,* 1972, no. 3.

Petrov, V. E. "A. M. Kollontai, in the years of the first world war" *Istoriia SSSR,* 1968, no. 3.

Petrov, V. E., "Alexandra Kollontai in the years of before and during the first world war, 1908-1916" *Novaia i noveishaia istoriia,* 1969, no. 1.

Rogovin, V. Z., "Problems of the Family and the Morality of the Everyday Life in Soviet Sociology of 1920s" *Sotsial'nye issledovaniia,* no.4, Moscow, Nauka, 1970.

Rowbotham, Sheila, "Alexandra Kollontai: Women's Liberation and Revolutionary Love" *Spokesman,* May-July 1970.

Stite, Richard, "Kollontai, Inessa, Krupskaia" *Canadian American Slalvic Studies,* 9, no. 1, spring, 1975.

Stite, Richard, "Women and the Russian Intelligentsia: Three Perspectives" in Atkinson, eds., *op. cit.,* pp. 39-62.

Stite, Richard, "Zhenotdel: Bolshevism and Russian Women, 1917-1930" *Russian History,* 1976, no. 2.

Stite, Richard, "Women's Liberation Movements in Russia 1900-1930" *Canadian-American Slavic Studies*, vol. 7, no. 4, 1974.

Utkes, D., "Aleksandra Mikhailovna Kollontai" *Slavnye Bolsheviki*, Moscow, 1972.

Vinogradskaya, P. "Voprosy morali i byt i tovarishch Kollontai" *Krasnaia nov',* no. 6, 1923.

Zalkind, A., "Polovaia zhizn' i sovremennaia molodezh'" *Molodaia gvardiia,* no. 6, 1926.

6장 - '문화 혁명'과 스탈린주의 멘탈리티, 1928~32

Avtorkhanov, A. , *Stalin and the Soviet Communist Party: A Study in the Technology of Power,* Cambridge, London, 1959

Bailes, K., *Technology and Society under Lenin and Stalin*, Princeton, 1978.

Barber, John, *Soviet Historians in Crisis, 1928-32,* London, 1981.

Bauer, Raymond A., *The New Men in Soviet Psychology,* Cambridge, 1959.

Baum, Ann T., *Komsomol Participation in the Soviet First Five Year Plan,* Basinstroke, 1980.

Bogdanov, A. A., *Elementy proletarskoi kul'tury v razvitii rabochego klassa,* Moscow, 1912.

Boym, Svetlana, *Common Places: Mythologies of Everyday Life in Russian,* Cambridge, Mass., 1994.

Brooks, Jeffrey, *Thank You, Comrade Stalin! Soviet Public Culture from Revolution to Cold War*, Princeton, 1999.

Clark, Katerina, *The Soviet Novel: History as a Ritual*, Chicago, 1981.

Clark, Katerina, *St. Petersburg: Crucible of Cultural Revolution*, Cambridge, Mass., 1995.

Conquest, R., *The Great Terror: Stalin's Purge of the Thirties,* New York, 1968.

de Witt, N., *Education and Professional Employment in the USSR,* Washington, D. C., 1961.

Djilas, M. , *The New Class: An Anaysis of the Communist System,* London, 1961.

Dunham, Vera, *In Stalin's Time: Middle Class Values in Soviet Fiction,* Cambridge, 1976.

Engel, Barbara A. and Anastasia Posadskaya-Vanderbeck, eds., *A Revolution of Their Own : Voices of Women in Soviet History*, Boulder, Col., 1997.

Fitzpatrick, Sheila, *Lunacharsky: The Commissariat of Enlightenment,* Cambridge, Mass., 1970.

Fitzpatrick, Sheila, ed., *Cultrual Revolution in Russia, 1928-21,* Bloomington, 1972.

Fitzpatrick, Sheila, *Education and Social Mobility in the Soviet Union, 1921-34*, Cambridge, 1979.

Fitzpatrick, Sheila, *The Cultural Front: Power and Culture in Revolutionary Russia*, Cornell Univ. Press, 1992

Fitzpatrick, Sheila, *The Russian Revolution 1917-32,* Oxford, 1992.

Fitzpatrick, Sheila, *Russia in the Era of NEP: Exploration in Soviet Society and Culture,* New York, 1996.

Gleason, Abbot, ed., *Bolshevik Culture: Experience and Order in the Russian Revolution,* Bloomington, 1985.

Graham, L., *The Soviet Academy of Sciences and the Communist Party, 1927-32,* Princeton, 1967.

Groys, Boris, *The Total Art of Stalinism: Avant-Guard, Aesthetic Dictatorship and Beyond*, Princeton, 1992.

Gunther, Hans, ed., *The Culture of the Stalin Period,* New York, 1990.

Gusev K. V. and V. Z. Drobizhev, eds., *Rabochii klass v upravlenii gosudarstvom, 1926-37 gg.,* Moscow, 1968.

Hough, J., *The Soviet Prefects: The Local Party Organs in Industrial Decision Making,* Cambridge, Mass., 1969.

Karpov G., *Lenin o kul'turnoi revoliutsii,* Moscow, 1967.

Kelly, Catriona and David Shepherd eds., *Russian Cultural Studies; An Introduction,* Oxford, 1998.

Kenez, Peter, *The Birth of the Propaganda State; Soviet Method of Mass Mobilization,* Cambridge, 1985.

Kiaer, Christina and Eric Naiman, eds., *Everyday Subjects: Formations of Identity in Early Soviet Culture*, Cornell U. forthcoming.

Koenker, D. and W. G. Rosenberg, eds., *Party, State and Society in the Russian Civil War: Explorations in Social History,* Bloomington, 1989.

Korol, A. G., *Soviet Education for Science and Technology,* Cambrdige, Mass., 1957.

Kosterika, Nina, trans. *Mirro Ginsburg, the Diary of Nina Kosterika*, New York, 1968.

Kotkin, Stephen, *Magnetic Mountain: Stalinism as a Civilization*, Berkeley, 1995.

Krinitsky, A. I., *Osnovnye zadachi agitatsii, propagandy i kul'turnogo stroiltel'stva,* Moscow, Leningrad, 1928.

Lahusen, Thomas, *How Life Write the Voice: Real Socialism and the Socialist Realism in Stalin's Russia*, Ithaca, N. Y., 1997.

Lewin, M., *Russian Peasant and Soviet Power: A Study of Collectivization,* New York, 1965.

Lunacharsky, A., *Narodnoe prosveshchenie,* Moscow, 1928.

Mally, Lynne, *Culture of the Future: the Proletkult Movement in Revolutionary Russia,* Berkeley, 1990.

Mattews, Mervyn, *Privilege in the Soviet Union: A Study of Elite Life-Style under Communism*, London, 1978.

Medvedev, R., *Let History Judge* 1971. 안광국 역 역사가 판단케 하라. 2, 새물결, 1991.

Mikhailov, *Kul'turnaia revoliutsiia v SSSR, 1917-65,* Moscow, 1965

Millar, Frank J., *Folklore for Stalin: Russian Folklore and Pseudo folklore of the Stalin Era,* Armonk, N. Y., 1990.

Naiman, Eric, *Sex in Public in the NEP period,* New York, 1997.
Read, Christopher, *Culture and Power in Revolutionary Russia: The Intelligentsia and the Transition form Tsarism to Communism,* London, 1990.
Rosenberg, W. G., *Bolshevik Vision: First Phase of the Cultural Revolution in Soviet Russia,* Ann Arbor, 1990.
Sheshkov, S., *Neistvye revniteli, Iz istorii literaturnoi bor'by 20-kh godov,* Moscow, 1970.
Shteppa, K. F., *Russian Historians and the Soviet State,* New Brunswick, 1962.
Siegelbaum, L. and A. Sokolov, *Stalinism as a Way of Life: A Document Narrative,* Yale U., 2002.
Skilling G. and F. Griffiths, *Interest Groups in Soviet Politics,* Toronto, 1970.
Strong, John W. Ed., *Essays on Revolutionary Culture and Stalinism*, Columbus, Ohio., 1990.
Timasheff, N. S., *The Great Retreat: the Growth and Decline of Communism in Russia,* New York, 1945.
Trifonov, I. , *Ocherki istorii klassovoi bor'by v gody 1921-37,* Moscow, 1960.
Trotsky, L., *The Revolution Betrayed,* New York, 1937.
Tucker, R. ed., *Stalinism: Essays in Historical Interpretation* New York, 1977.
Tumarkin, Nina, *Lenin Lives! The Leninist Cult in Soviet Russia,* Cambridge, Mass., 1983.
von Golden, James, *Bolshevik Festivals, 1917-20*, Berkeley, Los Angeles, 1993.

Wood, Elizabeth, *The Baba and the Comrade: Gender and Politics in Revolutionary Russia*, Bloomington, 1997.

Young, Glennys, *Power and the Sacred in Revolutionary Russia: Religious Activists in the Village*, University Park, 1997.

Youngblood, Denise, *Movies for the Mass: Popular Cinema and Soviet Society in the 1920s,* Cambridge, 1992.

Eden, A. , "The Civil Service: Its Composition and Status"C. E. Black, *The Transformation of Russian Society,* Cambridge, Mass., 1967.

Fitzpatrick, S. , "Stalin and the Making of a New Elite, 12928-39" *Slavic Review*, 38:3, 1979, pp. 377-402.

Hough, J.,"The Cultural Revolution and Western Understanding of the Soviet System"S. Fitzpatrick, ed., *Cultural Revolution inRussia, 1928-31,* Bloomington, 1978.

Joravsky, D. ,"The Stalinist Mentality of Higher Learning" *Slavic Review,* 42:4, 1983.

Kenez, P., "Liquidating illiteracy in Revoutionary Russia" *Russian History,* 1982, no. 9.

Kim, M. P. "O sushchnosti kul'turnoi revoliutsii i etapakh osyshchestvleniia v SSSR" S. Fitzpatrick, ed. *Cultural Revolution,* 1978.

Lewis, R. "Science, Non-Science and the Cultural Revolution" *Slavic Review,* 1986, vol. 45, no. 2.

Lutchenko, A. I. "CPSU Leadership in the Formation of Cadre of Technical Intelligentsia, 1926-33" *Voprosy istorii KPSS,* 1960, no. 2.

Lunacharsky, A., "The Intelligentsia and Its Place in Socialist Construction" *Revoliutsiia i kul'tura*, 1927 no. 1.

Molotov, V. , “The Training of New Specialists” *Krasnoe studenchestvo,* 1928/29. no. 1.

Rutkevich, M. N., “Social Source of Recruitment of Soviet Intelligentsia” *Voprosy filosofii,* 1967, no. 6, pp. 22-3.

Ryutin, M. ,”Leading Cadre of the VKP(b)” *Bolshevik*, 1928, no. 15.

Stalin, J. V., “On Some Question of the History of Bolshevism” *Proletarskaia revoliutsiia*, 1931, no. 6.

Tucker, R, ed., “Stalinism as Revolution from Above” *Stalinism: Essays in Historical Interpretation,* New York, 1977.

Williams, R. C. “The Nationalization of Early Soviet Culture”*Russian History,* no. 9, 1982.

7장 - 스탈린 대숙청의 수행자는 누구였는가? 신 엘리트 간부의 등장

Antonov-Ovseenko, A. *The Time of Stalin: Portrait of Tyranny,* New York, 1980.

Bailes, K. , *Technology and Society under Lenin and Stalin, 1928-1941,* Princeton, 1978.

Brzezinski, Z. , *The Permanent Purge: Politics in Soviet Totalitarianism,* Cambridge, Mass., 1956.

Conquest, R. , *The Great Terror: Stalin's Purge in the Thirties,* New York, 1968.

Conquest, R., *Inside Stalin's Secret Politics,* Stanford, 1985.

Davies, R. W. *Popular Opinion in Stalin's Russia: Terror, Propaganda and Dissent, 1934-41,* Cambridge, 1997.

Deutscher, I. , *Stalin: A Political Biography,* New York, 1955.

Fainsod, M. *Smolensk under Soviet Rule,* Cambridge, Mass., 1958.

Fitzpatrick, S., ed., *Stalinism: New Direction,* New York, 1999.

Fitzpatrick, S., ed., *Cultural Revolution, 1928-31,* Bloomington, 1978.

Fitzpatrick, S., *Education and Social Mobility in the Soviet Union, 1921~34,* Cambridge, 1978.

Garros, V. , N. Korenevskaya and T. Lahusen, eds., *Intimacy and Terror: Soviet Diaries of the 1930s,* New York, 1997.

Getty, J. A., G. Rittersporn and V. N. Zemkov, eds., *Stalinist Terror: New Perspectives,* Cambridege, 1993.

Getty J. A. and O. Naumov, *The Road to Terror: Stalin and the Self-Destruction of Bolsheviks, 1932-39,* New Haven, 1999.

Ginzburg, N. , *The Journey into the Whirwind*, London, 1967, New York, 1975.

Gleason, A., *Totalitarianism: The Inner History of the Cold War,* Oxford, 1995. 1969.

Grill, G., *The Origins of the Stalinist Political System,* Cambridge, 1990.

Harris, J. , *The Great Urals: Regionalism and the Evolution of Soviet System,* Ithaca, 1999.

Kritsky, W. G. , *The Stalin's Secret Service,* New York, 1939.

Kotkin, Stephen, *Magnetic Mountain: Stalinism as a Civilization,* Berkeley, 1995.

Kravchenko, V., *I Chose Freedom,* London, 1949.

Krylenko, N., *Klassovaia bor'ba putem vreditel'stva,* Moskva, Leningrad, 1931.

Lampert, N., *The Technical Intelligentsia and the Soviet State,* London, 1979.

Lewin, M., *The Making of Soviet System: Essays on the Social History of*

Inter-War Russia, Mahusen, London, 1998.
Malia, M. , *The Soviet Tragedy: History of Socialism in Russia, 1917-1991,* Paris, 1995.
Mandelshtam, Nadezda, *Hope against Hope,* Moscow, 1975.
Medvedev, R. , *Let History Judge,* vol 1, 2. 안광국 역, 역사가 심판하게 하라, 새물 결, 1991.
Orlov, Alexander, *The Secret History of Stalin's Crime,* Toronto, 1953.
Petrov N. B. and K. B. Skorkin, *Kto rukovodil NKVD, 1934~41, Spravochnik,* Moskva, 1999.
Siegelbaum L. and Andrei Sokolov, *Stalinism: as a Way of Life: A Narrative in Documents,* New Haven, 2002,
Smith, A. , *I was a Soviet Worker,* New York, 1934.
Solzenitsyn, A., *Gulag Archipelargo:1918-56: An Experiment in Literary Investigation,* 미국판, New York, 1973.
Stalin, J. V. , *Mastering of Bolshevism,* New York, 1946,
Timasheff, N. , *The Great Retreat: the Growth and Decline of Communism in Russia,* New York, 1946.
Thurston, R. , *Life and Terror in Stalin's Terror, 1934-41,* Pittsburg, 1998.
Tucker R. C. and S. F. Cohen, eds., *The Great Purge Trial,* New York, 1965.
Tucker, R. C., ed. *Stalinism: Essays in Historical Interpretation,* New York, 1977.
Violar, L. , *Peasnat Rebels under Stalin: Collectivization and the Culture of Peasant Resistance,* Oxford, 1996.
Volkogonov, D., *Stalin: Triumph and Tragedy,* New York, 1990.
A. 노브, 김남섭 역,『소련 경제사』창작과 비평사, 1998.
R. 다니엘스, 석영중 역 ,『스탈린 혁명』신서원, 1990.

Anderson B. A. and B. Silver, "Demographic Analysis and Population Catastrophes in the USSR" *Slavic Review,* Fall, 1985.

Carr, E. H. , "The Russian Revolution and the West" *The New Left Review*, no. 111, Sept. 1978.

Cohen, S. , "Stalin's Terror as Social History" *The Russian Review*, 45 1986.

Conquest, R., "Excess Camp Deaths and Camp Numbers: Some Comments" *Soviet Studies,* 43:5 1991.

Davies, R. W. , "Forced Labour under Stalin: The Archive Revelation" *New Left Review,* 214, 1995.

Ellman, M., "A Note on the Number of 1933 Famine" *Soviet Studies,* 43:2, 1991, pp. 375-79.

Fitzpatrick, S. , "Stalin and the Making of a New Elite, 1919-37" *Slavic Review,* 38:3, 1979.

Gelb, M. , "An Early Soviet Ethnic Deportation: Far-Eastern Koreans" *Russian Review*, no. 54, July, 1995.

Hellbeck, J. , "Fashioning the Stalinist Soul; The Diary of Stephen Podlubny, 1931-39" in S. Fitzpatrick, ed., *Stalinism: New Direction* London, 2000.

Khlevnik, O. , "The Objectives of the Great Terror, 1937-38" J. Cooper, M. Perrie and E. Rees, eds., *Soviet History 1917-53: Essays in Honour of R. W. Davies,* London, 1993.

Kozlov, "Denunciation and Its Function in Soviet Governnace, 1944-53" Fitzapatrick, S., ed. *Stalinism: a New Direction,* London, 2000.

Mace, J. E. "The Famine of 1933: A Survey of Sources" in R. Serbyn and B. Krawchenko, eds., *Famine in Ukraine 1932-33,* Edmont,

Canada, University of Alberta, 1986.

Manning, R. , "The Great Purge in a Rural District: Belyi Raion Revisited" in J. A. Getty, *Stalinism*, New Haven, 1999.

McNeal, R. , "Trotskyist Interpretation of Stalinism" Robert Tucker, ed., *Stalinism: Essays in Historical Interpretation,* New York, 1977.

Nove, A. , "Victims of Stalinism; How Many?" in J. A. Getty, ed., *Terror,* New York, 1993.

Rosefielde, S., "Incriminating Evidence: Excess Deaths and Forced Labour under Stalin" *Soviet Studies*, 39:2, 1987.

Rosefielde, S., "Stalinism in Post-Communist Perspective: New Evidence on Killings, Forced Labour and Economic Growth in the 1930s" *Europe-Asia Studies,* 48:6, 1996.

Scherer, J. and M. Jacobson, "The Collectivization of Agriculture and the Soviet Prison Camp System" *Europe-Asia Studies,* 45:3, 1993.

Schroder, "The Upward Mobility and Mass Repression" in N. Lampert and G. Rittersporn, eds., *Stalinism: Its Nature and Aftermath,* London, 1992.

Tsapline, V. V., "Statistika zhertva Staliniizma v 30-e gody" *Voprosy istorii,* 1989, no. 4.

Wheatcroft, S. G., R. W. Davies, J. M. Cooper, "Soviet Industrialization Reconsidered: Some Preliminary Conclusions about Economic Development between 1926-41" *Economic History Review*, vol. 39, 1986.

Wheatcroft, S. G., "More Lights on the Scale of Repression and Excess Mortality in the Soviet Union in the 1930s" *Soviet Studies*, 42:2, 1990.

Zemkov, V. , "Arkhipelargo gulag: glazami pisatelia in statistika" *Argumenty i fakty,* no. 45 11-17, Nov. 1989.

이정희, 「스탈린 대숙청에 관한 일 고찰; 대숙청의 배경과 규모를 중심으로」『역사 학보』, 180집, 2003.

8장 - 사회주의 산업화와 여성노동 동원 '일하는 모성 상'

Atkinson, D., A. Dallin, and G. W. Lapidus, eds., *Women in Russia,* Stanford, 1977.

Bil'shai, V. I., *Reshenie zhenskogo voprosa v SSSR,* Moscow, 1956.

Bogomazov, Z. A., *Domashchina Rabotnitsa,* Moscow, 1928.

Bonnell, V. E., *Iconography of Power: Soviet Political Posters under Lenin and Stalin,* London, 1997.

Boym, Svetlana, *Common Places: Mythologies of Everyday Life in Russian,* Cambridge, Mass., 1994.

Bridger, Susan, *Women in the Soviet Countryside: Women's Roles in Rural Development in the Soviet Union,* Cambridge University Press, 1987.

Buckley, M., *Women and Ideology in the Soviet Union,* Hemel Hemstead, 1989.

Chatterjee, C. *Celebrating Women: The International Women's Day in Russai and the Soviet Union, 1910-1939,* Pittsburg, 2002.

Chirkov, P. M. *Reshenie zhenskogo voprosa v SSSR, 1917-1937 gg.* Mosocw, 1979.

Clements, Barbara E., Engel, B.A. and Worobec, C. D., *Russia's Women: Accomodation, Resistance and Transformation,* Oxford, 1991.

Dodge, Norton D., *Women in the Soviet Economy,* Baltimore, 1966.
Edmonson, L. H., ed., *Gender in Russian Histroy and Culture,* London, 2001.
Engel, Barbara Alpern, *Between the Fields and the City: Women, Work and Family in Russia, 1861-1914,* Cambridge University Press, 1994.
Engel, Barbara, Alpern, *Women in Russia*, 1700-2000. New York, 2000.
Emel'yanov, E. D., *Revoliutsia, partiia, zhenshchina,* Smolensk, 1971.
Farnsworth B. and L. Violar, eds., *Russian Peasant Women,* Oxford, 1992.
Filtzer, Donald, *Soviet Workers and Stalinist Industrialization: The Formation of Modern Soviet Production Relations, 1928-41,* Armonk, N. Y., 1986.
Geiger, K., *The Family in the Soviet Russia,* Cambridge, Mass., 1968.
Glickman, R. L., *Russian Factory Women: Workplace and Society, 1880-1914,* Berkeley, 1984.
Goldman, Wendy, *Women, the State and Revolution: Soviet Family Policy and Social Life, 1917-1936,* New York, 1993.
Goldman, Wendy, *Women at the Gate: Gender and Industry in Stalin's Russia,* Cambridge University Press, 2002.
Halle, Fannina, *Women in Soviet Russia*, London, 1933.
Hiundus, M., *Mother Russia,* London, 1943.
Ilic, Melanies, *Women Workers in the Soviet Interwar Economy: From 'Protection to Equality*, London, Macmillan, 1999.
Ilic, Melanies, ed. *Women in the Stalin Era,* New York, 2001.
Kelly, C. and Shephered, D., eds., *Constructing Russian Culture in the Age of Revolution, 1881-1940,* Oxford, 1998.

Kingsbury, Susan M. and Mildred Fairschild, *Factory Family and Woman in the Soviet Union,* New York, 1935.

Kraval', A., *Zhenshchina v SSSR,* 2nd ed. Moscow, 1937.

Lapidus, G. W., *Women in Soviet Society; Equality, Development and Social Change,* Berkeley, 1984.

Mar, A., *Zheshchina na Kreste,* Moscow, 1994.

Marsh, R. ed, *Women and Russian Culture: Projections and Self-Perceptions,* Oxford, 1998.

McAuley, Alisar, *Women's Work and Wages in the Soviet* Union, London, 1981.

Nikolaeva, K, *Zhenshchina za boiyakh za kommunizm,* Moscow, 1940.

Osokina, Ye, *Za fasadom 'Staliniskogo izobiliya,'* Moscow, 1998.

Rashin, A. G., *Zhenskii trud v SSSR,* Moscow, 1928.

Sacks, Michael Paul. *Women's Work in the Soviet Russia: Continuity in the Midst of Change,* New York, 1976.

Schlesinger, R. ed., *The Family in the USSR: Changing Attitudes in Soviet Russia,* London, 1949.

Serebrennikov, G. N. *The Position of Women in the USSR,* London, 1937.

Shaburova, M. A. , *Zhenshchina - bol'shia sila,* Moscow, 1935.

Sidorova, V., *Rabota sredi Zhenshchin v kolkhozakh i sovkhozakh,* Moscow, 1932.

Slavutskii, A., *Praskova'ia Angelina,* Moscow, 1960.

Smith, Jessica, *Women in Soviet Russia,* New York, 1928.

Stites, R., *The Women's Liberation Movement in Russia: Feminism, Nihilism and Bolshevism, 1860-1930,* Princeton, 1978.

Stites, R., *Revolutionary Dreams: Utopian Vision and Experiment of Life in the USSR,* Oxford, 1988.

Strausse, Kenneth M., *Factory and Community in Stalin's Russia: the Making of an Industrial Working Class, 1928-33,* Pittsburg, 1998.

Tolkunova, V. N., *Pravo zhenshchin na trud i ego garantii,* Moscow, 1967.

Tupitsyn, M., *After Perestroika: Kitchenmaid or Stateswomen,* New York, 1993.

Vilensky, S. ed., *Till My Tale is Told: Women's Memoires of the Gulag,* Bloomington, Indiana, 1999.

Wood, Elizabeth, *The Baba and the Comrade: Gender and Politics in Revolutionary Russia*, Bloomington, 1997.

Bobroff, "The Bolsheviks and Working women, 1905-1920" *Soviet Studies,* 26, no. 4, 1974.

Buckerly, Mary, "Untold Story of Obshchestvennitsa in the 1930s" *Europe-Asia Studies*, 48, no. 4, 1996.

Clements Barbara Evans, "Work among Women" in *Bolshevik Feminist: the Life of A. Kollontai,* Bloomington, 1979.

Clements Barbara Evans, "The Utopianism of the Zhenotdel" *Slavic Review,* 51, no. 3, Fall 1992.

Donald, M., "Bolshevik Activity amongst the Working Women of Petrograd in 1917" *International Review of Social History,* 27, 1982.

Evans, Janet, "Communist Party of the Soviet Union and Women's Question: The Case of the 1936 Decree 'In defence of Mother and Child" *Journal of Contemporary History,* 16:4, 1981.

Farnsword, Beatrice, "Socialist Feminism," in *Alexandra Kollontai: Socialism Feminism and the Bolshevik Revolution,* Stanford Univ. Press., 1980.

Glasse, A., "The Formidable Woman: Portrait and Original" *Russian Literary Tri Quaterly,* no. 5, 1974.

Goldman Wendy, "Industial Politics and Peasnat Rebellion and the Death of Women's Movement in the USSR"*Slalvic Review,* 55:1 Spring, 1996.

Gorsuch, Ann E., "A Woman is not a Man: the Culture of Gender and Generation in Soviet Russia, 1921-28" *Slavic Review*, 55:3 Fall, 1996.

Granik, Lisa ," The Trials of the Proletarka" In *Reforming Justice in Russia,* ed. Peter Solomon, New York, 1997.

Haydens, Carol Eubanks, "Feminism and Bolshevism: The Zhenotdel and the Politics and Women's Emancipation in Russia, 1917-1930" UC Berkeley, Ph. D. diss., 1979.

Hayden, Carol Eubanks, "Zhenodtel and the Bolshevik Party," *Russian History,* 3, no. 2, 1976.

Kashkina, Irina Valentinovna, "Privlechenie sovetskikh zhenshchen k obshchestvennomu poleznomu trudu v perekhodnyi ot kapitalizma k sotsializmu periodu, 1917-1937: istoriografia problemy" *Vestnik Moskovskogo universiteta,* Moscow University Herald. Seria 8, *Istoriia,* no. 2 1987.

Kelly, Catriona, "Who will Clean the Boots Now? Servants and Social Anxieties in Late Imperial St. Petersburg" *Europa Orientalis,* 16, no. 21, 1997.

Koenker, D.,"Men Against Women on the Shop Floor in Early Soviet Russia. Gender and Class in the Soviet Workplace" *American Historical Review,* Dec. 1995.

Lewin, M., "Class, State and Ideology in the Piatiletka" S. Fitzpatrick, ed., *Cultural Revolution in Russia, 1928-1933*, Bloomington. 1972.

Manning, R., "Women in the Soviet Countryside on the Eve of World War II" in B. Farnworth and L. Viola eds., *Russian Peasant Women,* Oxford, 1992.

Neary, Rebecca Balmas, "Mothering Socialist Society: The Movement of Wife- Activists and the Soviet Culture of Daily Life, 1934-1941" *The Russian Review, 58* July, 1999.

"Ob Ocherednykh Zadachakh Partii po Rabote Sredi Rabotnits i Krest'iannok" *Kommunistka,* 1929, no. 14.

Oja, M. F. "From Krestianka to Udarnitsa: Rural Women and the Vydvizhentsy Campaign, 1933-1941" *Carl Beck Papers in Russian and East European Studies,* no. 1203, 1996.

Orlovsky, Daniel, "The Hidden Class: White-collar Workers in the Soviet 1920s" in *Making Workers Soviet: Power, Class and Identity,* ed. by Lewis H. Siegelbaum and Ronald G. Suny, Ithaca, 1994.

Prishchepchik, Z., "Zhenrabota na Krasnoi Presne," *Kommunistka*, 1928, no. 10.

Reid, Susan E., "All Stalin's Women: Gender and Power in Soviet Art of the 1930s" *Slavic Review,* 57:1, Spring, 1998.

Rossman Jeffrey, "Worker Resistance Under Stalin. Class and Gender in the Textile Mills of Ivanovo Industrial Region, 1926-41" Ph. D. Diss. UC, Berkeley.

Rossman, Jeffrey, "The Teikovo Cotton Workers' Strike of April 1932: Class, Gender and Identity Politics in Stalin's Russia" *Russian Review,* 56:1, 1997.

Schrand, T. "Soviet 'Civic Minded Women' in the 1930s: Gender, Class and Identity Politics in Stalin's Russia" *Russian Review*, vol. 56, no. 1 1997.

Serebrennikov, G., "Zhenskii Trud v SSSR za 15 let" *Voprosy truda,* 1932, nos., 11-12.

Smith, S.,""Class and Gender. Women's Strike in St Petersburg 1855-1917 and Shanghai 1895-1927" *Social History,* 19:2, 1994.

Thurston, R., " The Soviet Family During the Great Terror 1935-41" *Soviet Studies,* 43:3, 1991.

Viola, Lynne, "Babi's Bunty and Peasant Women's Protest Collectivization" *Russian Review,* 45:1, 1986.

Waters, E., "the Modernization of Russian Motherhood, 1917-1937" *Soviet Studies*, vol. 44, no. 1, 1992.

Wood, Elizabeth, "Gender and Politics in Soviet Russia: Working Women under the New Economic Policy, 1918-1929" Ph. D. diss. Univ. of Michigan, 1991.

Wood, Elizabeth, "Class and Gender at Loggerheads in the Early Soviet State: Who Should Organize the Female Proletariat and How?" L. Frader and S. Rose eds., *Gender and Class in Modern Europe,* Ithaca, 1996.

9장 - 페레스트로이카, 여성은 해방되었는가

Adeline, Deborah, *The Children of Perestroika,* New York, 1992.

Anthias, F. and N. Yuval-Davis, eds., *Women, Nation, State,* London, 1989.

Aslanbeigui, N., S. Pressman and G. Summerfield, eds., *Women in the Age of Economic Transformation,* New York, 1992.

Attwood, Lynn, *The New Soviet Man and Women: Sex Role Socialization in the USSR,* Bloomington, 1990.

Bridger, S. and F. Pine eds., *Surviving Post-Socialism: Local Strategy and Regional Responses in Eastern Europe,* London, 1997.

Bridger, S, ed., *Women in Post-communist Russia, Interface*, Bradford, 1994.

Browning, G. K., *Women and Politics in the USSR: Consciousness Raising and Soviet Women's Group,* New York, St. Martin's Press, 1987.

Buckley, M., *Women and Ideology in the Soviet Union,* London, 1989.

Buckley, M., *Perestroika and Soviet Women,* Cambridge University Press, 1992.

Buckley, M., ed. *Post Soviet women : from the Baltic to Central Asia,* Cambridge University Press, 1997.

Caldwell, G., S. Galster and N. Steinzor, *Crime and Servitude: an Expose of Traffic in Women for Prostitution from Newly Independent States,* Washington, D. C., 1997.

Clements, Babara, B. A. Engel and C. D. Worobec, *Russian Women: Accomodation, Resistance and Transformation,* Berkeley, 1991.

Edmonson, L., and R. C. Elwood, *Women and Society in Russia and Soviet Union,* London, 2000.

Engel, Barbara Alpern, *Women in Russia, 1700-2000,* New York, 2000.

Friedberg, M. and H. Isham, eds., *Soviet Society under Gorbachev: Current Trends and the Prospects for Reform,* Armonk, N. Y., 1987.

Funk, N. and M. Mueller, *Gender Politics and Post-communism; Reflections from Eastern-Europe and Former Soviet Union,* London, 1993.

Gorbachev, M. S., *Perestroika i novoye myshleniye,* Moscow, 1988.

Gorbachev, M. S., *New Thinking for Our Country and the World,* London, 1987.

Kaiser, R. G., *Why Gorbachev Happened: His Triumphs, His Failure and His Fall,* New York, 1992.

Kay, Rebecca, *Russian Women and Their Organizations: Gender, Discrimination and Grassroots,* 2000.

Kon, I. S., *The Sexual Revolution in Russia: From the Age of the Czars to Today,* New York, Free Press, 1995.

Lane, David, *Soviet Society under Perestroika,* New York, 1991; London, 1992.

Liljestrom, M., E. Mantysaari and A. Rosenholm, eds., *Gender Restructuring in Russian Studies,* Tampere University Press, 1993.

Mamonova, T., *Women and Russia, Feminist writings from the Soviet Union,* Boston, 1984.

Melville, Andrei and Gail Lapidus, eds., *The Glasnost Papers: Voices on Reform from Moscow,* Boulders, Co., 1990.

Merridale, C. and C. Ward, eds., *Perestroika and Historical Perspectives,* Dunton, Green, 1991.

Mogahadam, V., *Democratic Reform and the Position of Women in Transitional Economies,* Oxford University Press, 1994.

O'Sullivan, K., *Women's Activism in Contemporary Russia,* 2000.

Pilkington, H. ed., *Gender, Generation and Identity in Contemporary Russia,* London, 1996.

Posadskaya, A. *Women in Russia,* New York, Verso, 1994.

Posadskaya, A. *Gender Aspects for the Way of Life of Inhabitants of Taganrog before Economic and Political Reform,* Moscow, 1991.

Pushkareva, N. L., *Women in Russian History: From Tenth to Twentieth Century,* New York, 1997.

Rai, Shirin, Hilary Pilkinton and Annie Phizackea, eds, *Women in Face of Change: the Soviet Union, Eastern Europe and China,* New York, 1992.

Rimashevskaya, Natalia, *Zhenshchiny v obshchestve: realii, problemy, prognozy,* Moscow, Nauka, 1992.

Rule, W and N. Noonan eds., *Russian Women in Politics and Society,* London, 1996.

Sedaits, J. B. and J. Butterfield eds., *Perestroika from Below: Social Movement in Soviet Union,* Boulder: Westview, 1991.

Sperling, V., *Organizing Women in Contemporary Russia –Engendering Transition,* Cambridge University Press, 1999.

Struova, L. G., *Trud, Semia, Byt Sovetskoi Zhenshchiny,* Moscow, Iuridicheskaia Literatura, 1990.

Stulhofer, Alexander and Theo Sandfort, *Sexuality and Gender in Post-communist Eastern Europe and Russia,* New York, 2005.

찾아보기

용어

인명